JN413015

발상과 기법의
리얼 종이접기

SOSAKU ORIGAMI HASSO TO GIHO

ⓒ Fumiaki Kawahata, 2022

All rights reserved.

Original Japanese edition published by Seibundo Shinkosha Publishing Co., Ltd.

Korean translation copyright ⓒ 2024 by THE FOREST BOOK Publishing Co.

Korean translation rights arranged with Seibundo Shinkosha Publishing Co., Ltd.

through Japan UNI Agency, Inc., Tokyo and BC Agency, Seoul.

이 책의 한국어판 저작권은 BC에이전시를 통해 저작권자와의 독점계약을 맺은 더숲에 있습니다.

저작권법에 의해 한국 내에서 보호를 받는 저작물이므로 무단전재와 무단복제를 금합니다.

발상과 기법의
리얼
종이접기

가와하타 후미아키 **지음** | **이진원** 옮김 | **오경란** 감수

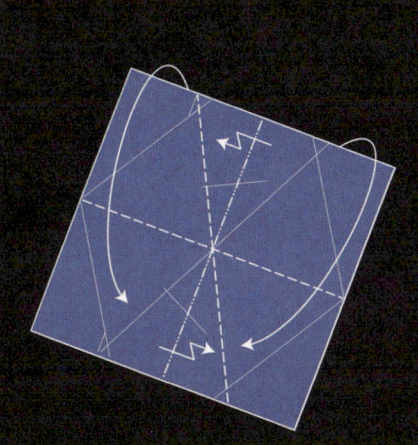

에밀
E-MEAL

깔끔하게 접는다

같은 작품이라도 종이접기의 완성도에 따라 결과물은 크게 달라질 수 있다. 이왕 종이접기를 할 바에야 누구나 조금 더 깔끔하고 보기 좋게 접고 싶기 마련이다. 그럴 때 구사할 수 있는 노하우를 실제 작품을 접어 나가며 소개한다.

어려운 과정
고양이
30쪽

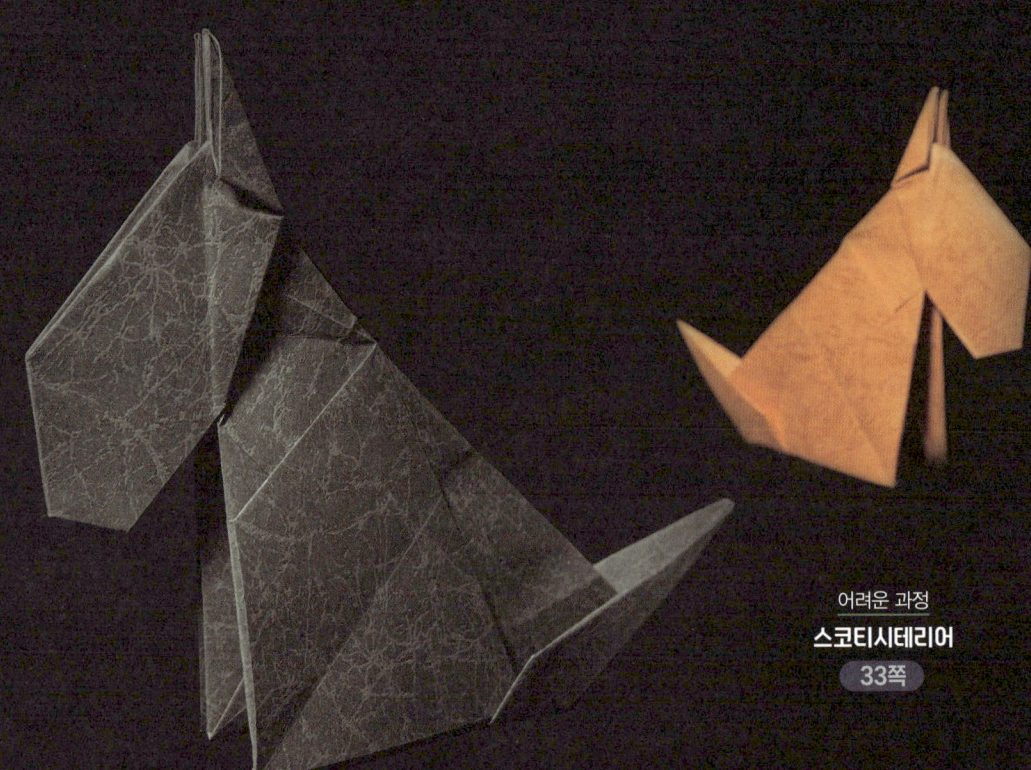

어려운 과정
스코티시테리어
33쪽

가늘게 접기
물총새
39쪽

가늘게 접기
단풍잎
36쪽

입체화
판다
48쪽

입체화
모아이
45쪽

입체화
합장가옥
43쪽

입체화
프레리도그
57쪽

입체화
토끼
52쪽

입체화
고릴라
62쪽

정확한 보조선
큰개미핥기
69쪽

정확한 보조선
유니콘
81쪽

정확한 보조선
펠리컨
75쪽

접기 과정을 구상한다

종이접기 창작 과정에서 시간이 가장 많이 소요되는 작업은 바로 도면 작업이다. 종이접기에서 도면은 누구나 작품을 접을 수 있게 해줄 뿐 아니라 기록으로 남는 중요한 역할을 한다. 종이접기 도면을 그릴 때는 최대한 쉽고 정확하게 접을 수 있는 순서를 고려해야 하며, 그러기 위해서는 작품을 여러 차례 접어 보면서 보다 나은 과정으로 세련되게 접어 나가야 한다. 이러한 반복 작업을 거쳐서 여러 노하우가 담긴 도면이 완성된다. 접기 과정의 다양한 시도를 실제 작품을 보면서 소개한다.

기준 설정
만타가오리
108쪽

기준 설정
조지아 국기
110쪽

접기 순서
박쥐
120쪽

접기 순서
단풍
116쪽

접기 순서
네잎클로버
114쪽

고정하기
백조
99쪽

구부리기
수도사
93쪽

고정하기
험프헤드래스(나폴레옹피시)
103쪽

고정하기
메기
96쪽

디자인을 생각한다

창작 종이접기란 말 그대로 지금까지 없던 작품을 새롭게 만들고 접어 나가는 것으로, 디자인(고안과 설계)을 해나가는 작업이라 할 수 있다. 종이접기에서 고안과 설계는 매우 밀접하게 연결되어 있어 떼려야 뗄 수 없는 관계다. 고안은 추상화 및 구체화를 포함해 어떤 작품을 접을 것인지 이미지화하는 과정이며, 설계는 이미지화한 형태를 실제로 접을 수 있도록 종이접기의 구조에 관해 생각하는 과정이라 할 수 있다. 창작 종이접기의 디자인을 실제 작품을 통해 소개한다.

주름접기
피라냐
133쪽

디테일
상어
157쪽

주름접기
초롱아귀
130쪽

인사이드 아웃
앵무조개 오브제
152쪽

인사이드 아웃
무당벌레
154쪽

보조선
범고래
137쪽

기본형
수녀
177쪽

기본형
티라노사우루스
180쪽

기본형
개구리
174쪽

원 영역 설계
여우
184쪽

부분 활용
히포캄포스
188쪽

머리말

창작 종이접기는 놀라울 만큼 빠르게 진화하고 있습니다. 지금 이 순간에도 많은 종이접기 작가가 멋진 작품을 창작해 내고 있으며, 종이접기 연구 또한 나날이 발전하여 쉼 없이 진화하고 있습니다. 이처럼 종이접기가 계속 진화하는 한편으로는 보편적이고 중요한 요소가 있다는 점을 깨닫습니다. 이는 다음 세 가지로 정리할 수 있습니다.

1 깔끔하게 접는다

2 반드시 필요하고 합리적인 접기 과정을 구상한다

3 작품의 디자인(고안·설계)을 생각한다

창작 종이접기에서는 이 세 항목 가운데 **2**와 **3**이 특히 중요합니다. 그런데 이 같은 노하우나 사고방식을 다루는 종이접기 작품이나 책을 찾아보기가 의외로 쉽지 않습니다. 이 책에서는 창작 작품을 소재로 다음 세 관점에서 설명합니다.

1 깔끔하게 접는다 ⇒ **어떻게 하면 좀 더 깔끔하게 접을 수 있을까?**

2 접기 과정을 구상한다 ⇒ **접기 과정의 목적과 새로운 시도는 무엇일까?**

3 디자인(고안·설계)을 생각한다 ⇒ **어디에 착안점을 두고 디자인했을까?**

이 책이 종이접기에 관심과 호기심을 가질 수 있게 하고, 나아가 종이접기 창작에 한 발 내딛는 데 도움이 된다면 큰 기쁨이겠습니다.

《발상과 기법의 리얼 종이접기》의 출간은 창작 종이접기에 관심과 호기심을 가진 국내 독자들에게 참으로 반가운 소식이다. 창작에 도움이 될 만한 도서가 국내에 매우 드문 상황에서 설레는 마음으로 책을 찬찬히 살펴보았다.

이 책의 장점은 독특하고 흥미로운 39개 수록 작품을 정확하고 깔끔하게 접는 데 중점을 두어 일반 독자들도 완성도 높은 작품을 접을 수 있도록 안내한다는 점이다.
또한 '깔끔하게 접는다', '접기 과정을 구상한다', '디자인을 생각한다'와 같이 세 파트로 나누어 창작 종이접기의 발상과 기법을 구체적으로 설명하고 있다. 즉 완성도 높은 작품을 위해 보조선을 정확하게 접고 불필요한 보조선이 생기지 않도록 하며, 접는 과정 전체를 고려하고 과정을 개선한다. 여러 기법을 활용하고 대상을 고안하며 기하학 계산을 이용해 설계하는, 디자인 면에서 대단히 효과적이고 유용한 방법을 소개한다. 더욱이 조금 까다로운 과정에서는 독자들이 책 뒤 QR코드로 이용할 수 있는 동영상을 참고해 순조롭게 종이접기를 진행할 수 있도록 도움을 주었다.

생동감 있고 사실적인 작품은 접는 이의 세심한 손과 치열한 고민 속에서 태어난다. 한층 감동을 주는 자신만의 창작 종이접기를 완성하기 위해 발상 단계에서 여러 사물과 동식물 등 대상을 정하고 어떻게 접근할 것인지, 창작을 위한 좀 더 효율적인 방법은 무엇일지 등을 고민하는 독자들에게 이 책을 적극 추천한다. 아울러 이미 창작 활동을 하고 있는 작가나 창작 활동을 할 수 있도록 지도하는 강사에게 크게 도움이 되리라 생각한다. 창작 종이접기를 시작하려는 독자들에게도 견고한 기초를 제공할 것이다.

이 책에 실린 39개 작품이 독자들의 손끝에서 리얼한 작품으로 탄생하기를, 그리고 창작 종이접기의 기발한 발상이 담긴 소중하고 특별한 자신만의 작품을 탄생시키기를 응원한다.

오경란

차례

* 포인트가 되는 접기 과정에는 왼쪽과 같은 동영상 안내가 표시되어 있다. 책 맨 뒤 페이지에 있는 **QR코드**를 통해 동영상을 확인하면서 작품의 완성도를 높여 보자.

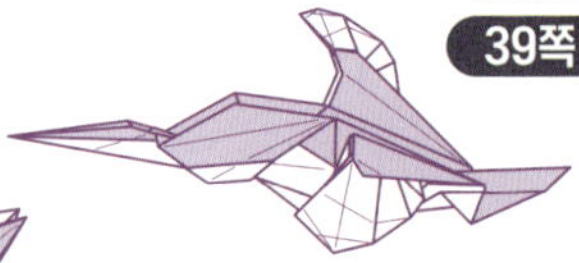

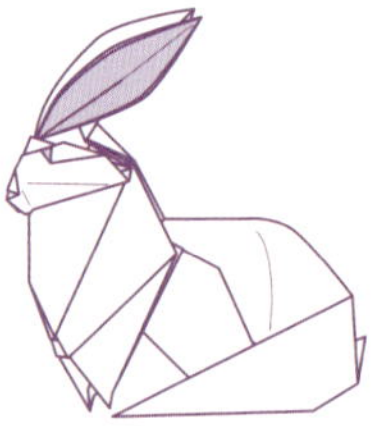

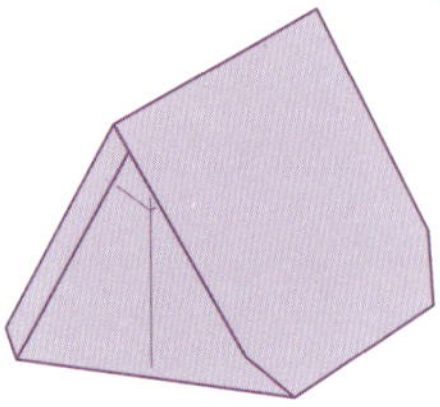

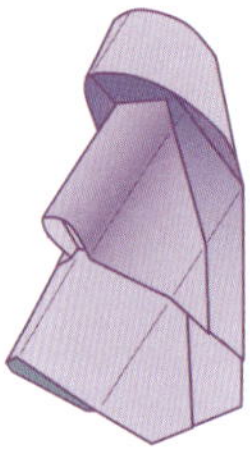

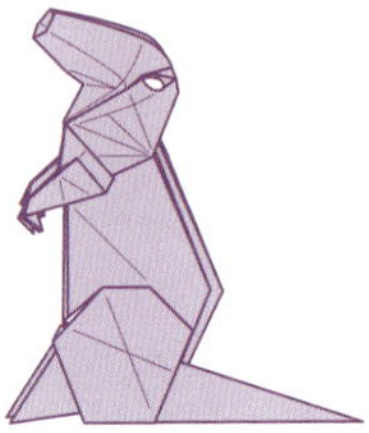

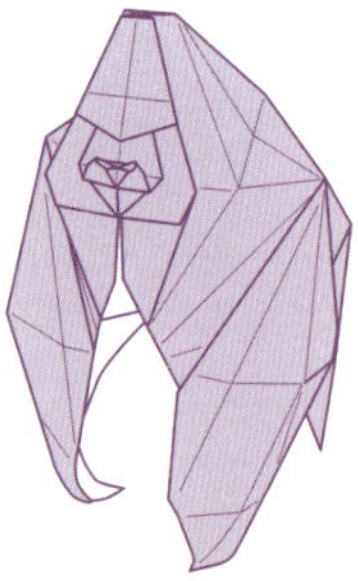

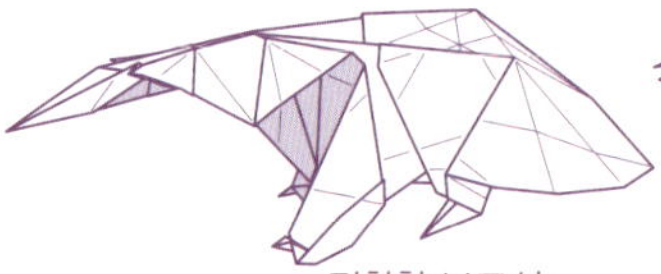

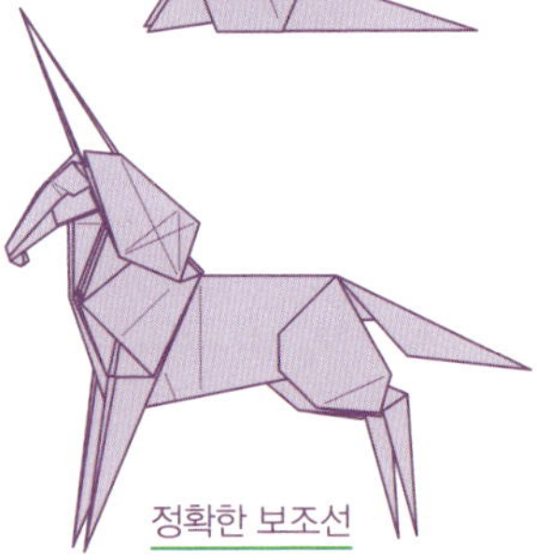

깔끔하게 접는다

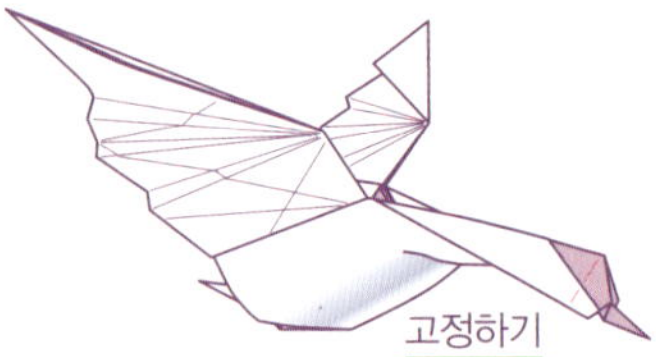

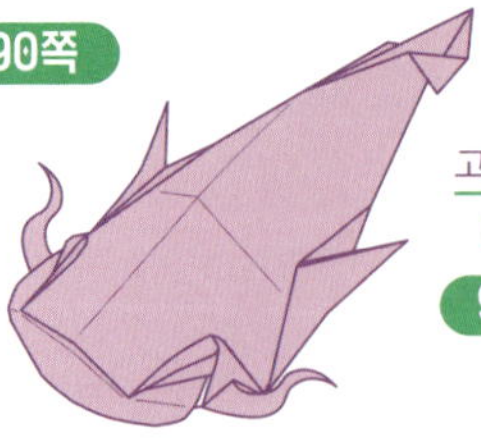

접기 과정을 구상한다

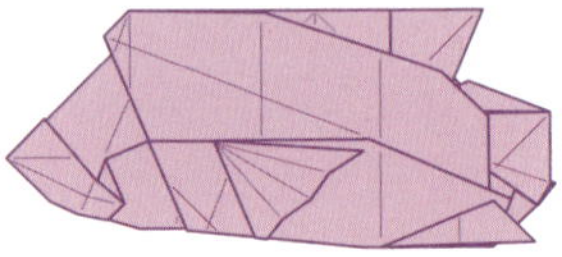

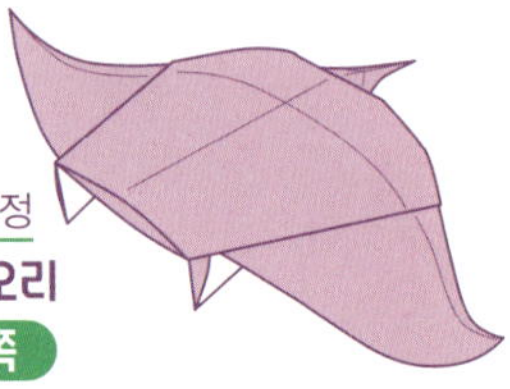

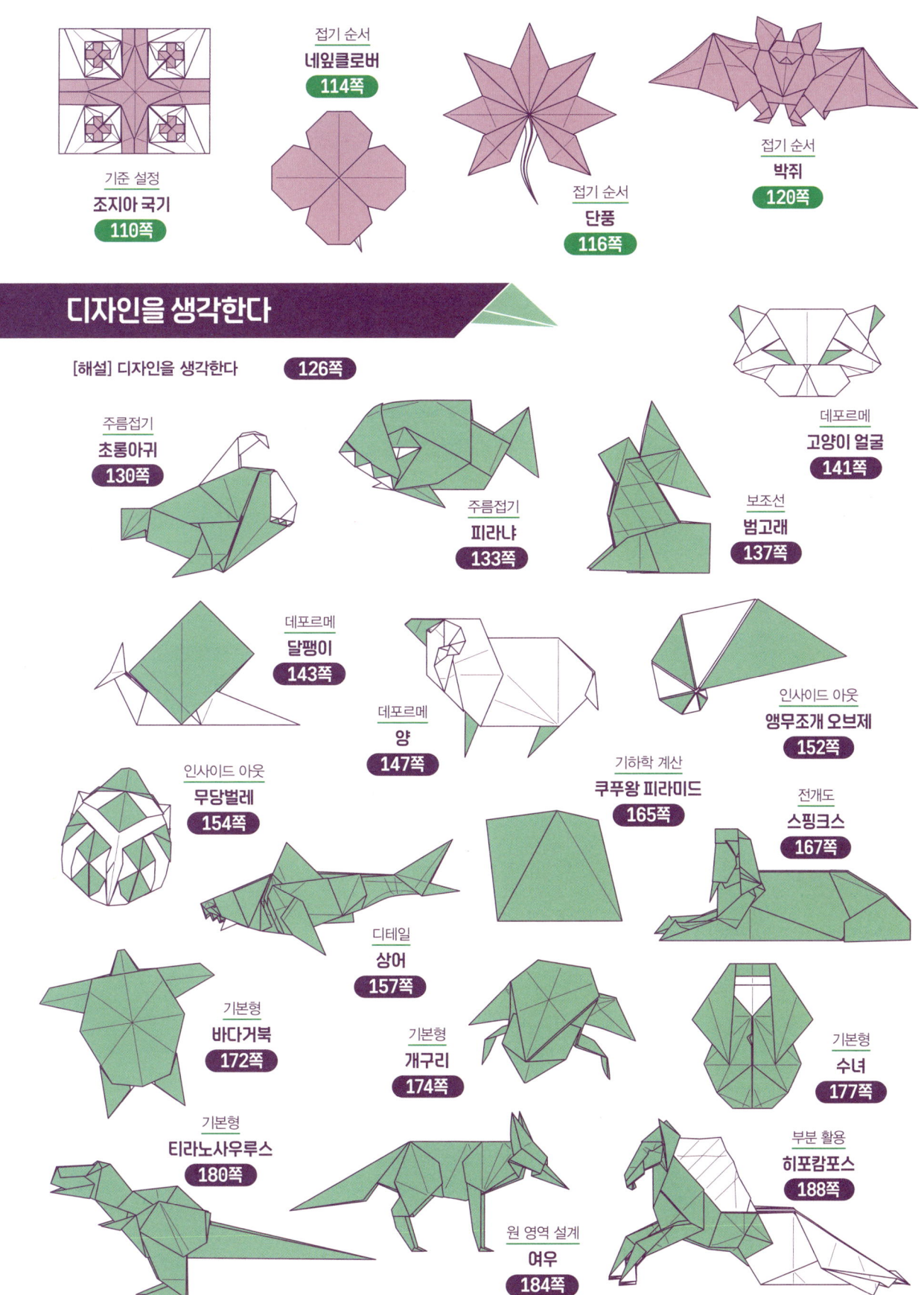

종이접기 기호

기호	설명	기호	설명
----------	골짜기접기선, 골짜기선	⇨	펼치는 곳을 가리킨다
—·—·—·—	산접기선, 산선	➡	누른다
··············	숨은선	⌢	둥글리다, 곡선으로 다듬는다
⌒→	화살표 방향으로 접는다	⇨	그림을 확대한다
⌒▷	뒤로 접는다	▷	그림을 축소한다
⌒→	접은 부분을 편다	↻	뒤집는다(위아래는 그대로)
⌒→	접었다 편다	↻ ↺	방향을 바꾼다
○⌢○→	두 ○을 맞추어 접는다, ○끼리 맞추어 접는다	≺	같은 각도
●	기준점	⊢—⊣	같은 길이
◎	위치를 나타내는 점	⌐	직각
—+⇢	안으로 접어넣는다	⇉	평행
⟹	잡아당긴다	👉	같은 방법으로 접는다
⬆	부풀린다	◀ 👁	도면 보는 방향을 나타낸다

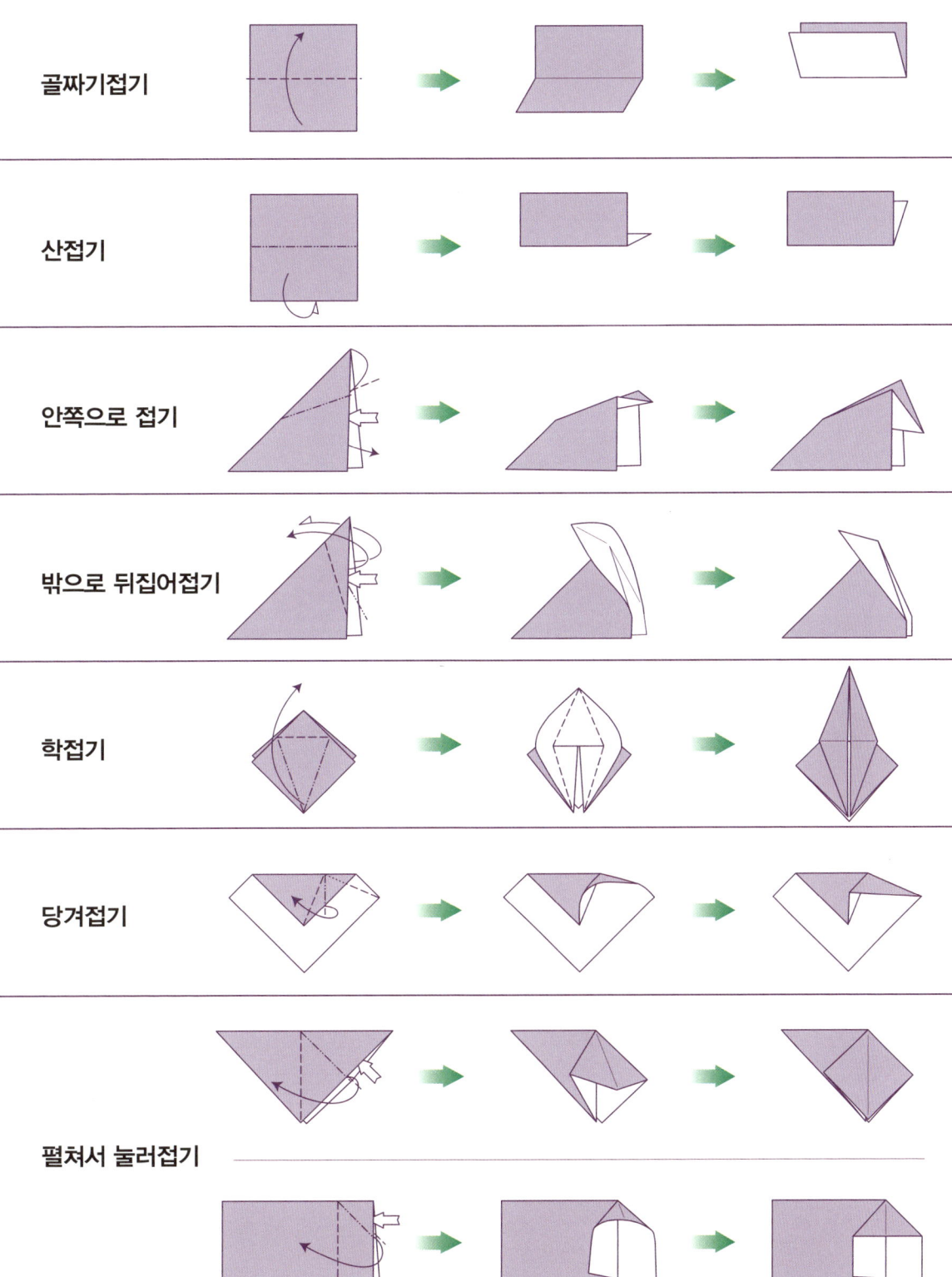

골짜기접기	
산접기	
안쪽으로 접기	
밖으로 뒤집어접기	
학접기	
당겨접기	
펼쳐서 눌러접기	

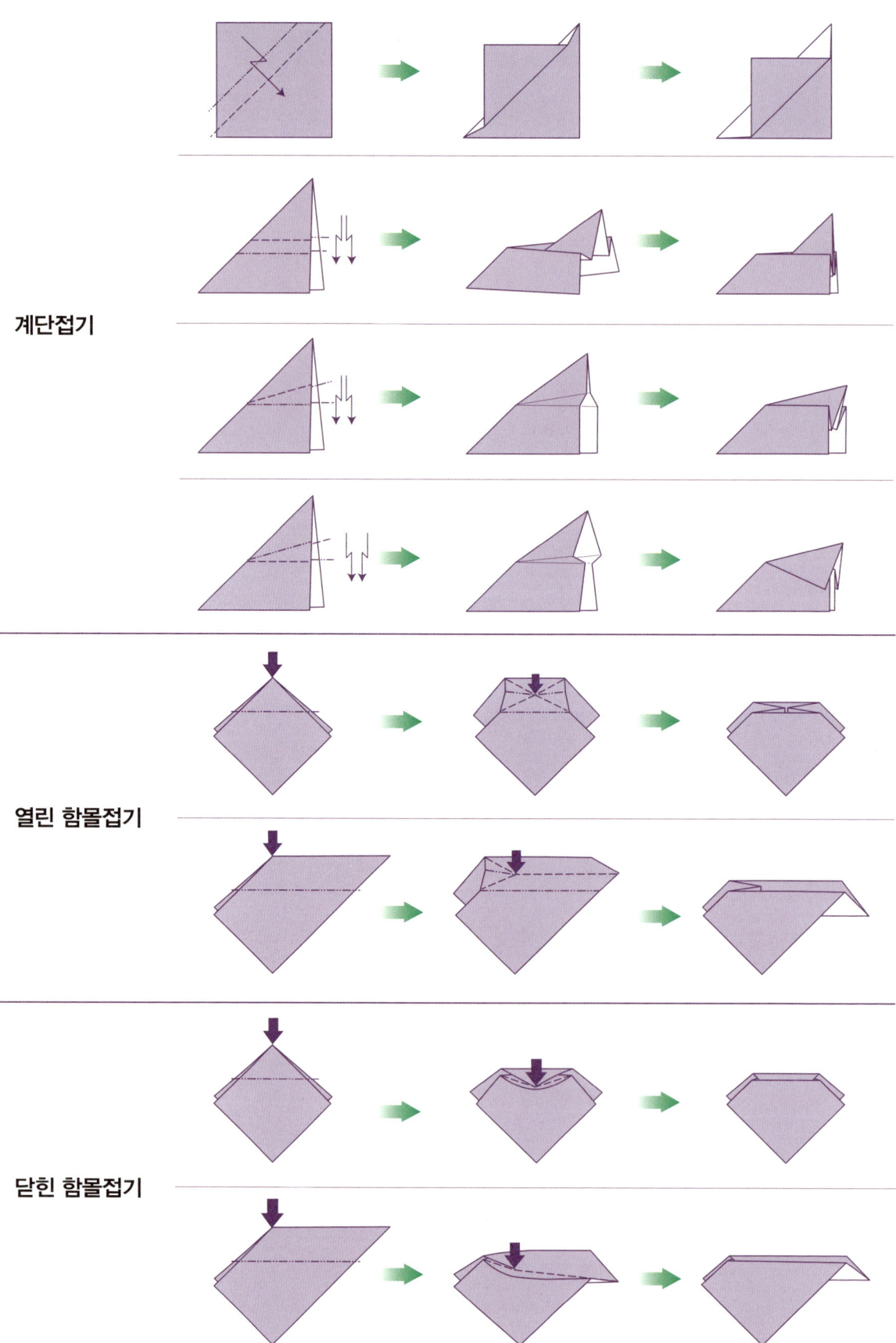

계단접기

열린 함몰접기

닫힌 함몰접기

1 보조선 접는 방법

종이접기에서는 보조선을 깔끔하고 정확하게 접는 것이 기본이
다. 예컨대 그림 1–1과 같이 삼각형을 접을 때 종이가 조금이라
도 어긋나면 다음 과정에서 접을 때는 더욱 어긋나 깔끔한 작품
으로 완성하기 어렵다. 도면에서 그림 1–2는 종이가 어긋나 보
이지만 이해를 돕기 위한 것일 뿐 실제로 어긋나지는 않았으므로
주의한다. 정확하게 접으려면 그림 1–3처럼 처음에 모서리를 정
확하게 맞추어 접어야 한다.

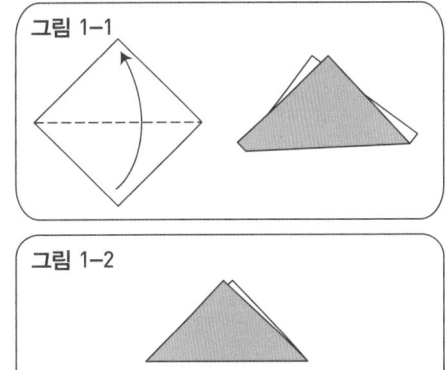

그림 1–1

그림 1–2

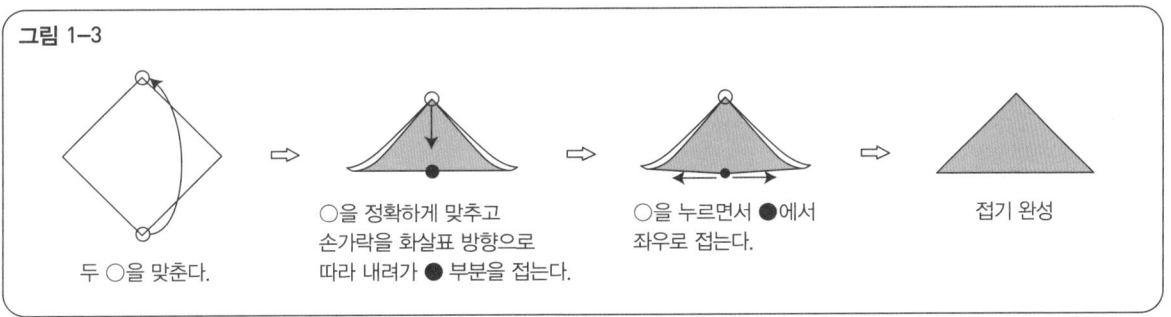

그림 1–3

두 ○을 맞춘다.

○을 정확하게 맞추고
손가락을 화살표 방향으로
따라 내려가 ● 부분을 접는다.

○을 누르면서 ●에서
좌우로 접는다.

접기 완성

2 보조선을 기준으로 정확하게 접는다

만들어 놓은 보조선을 기준으로 새로운 선을 접을 때 도움이 되는 몇 가지 방법을 소개한다. 그림 1–4의 경우
정확하게 접은 것처럼 보여도 오차가 생기기 마련이다. 이런 때에는 그림 1–5와 같이 기준이 되는 보조선에
맞추어 미리 접고 나서 그 끝이 걸리게 접으면 오차가 적은 보조선을 만들 수 있다. 또한 그림 1–6의 경우에도
오차가 생기기 쉽지만 그림 1–7과 같은 순서로 접으면 정확한 위치에 보조선을 만들 수 있다. 이것은 도면에
는 표시되지 않을 때가 많으므로 적절하게 응용하면 좀 더 정확하게 보조선을 접을 수 있다.

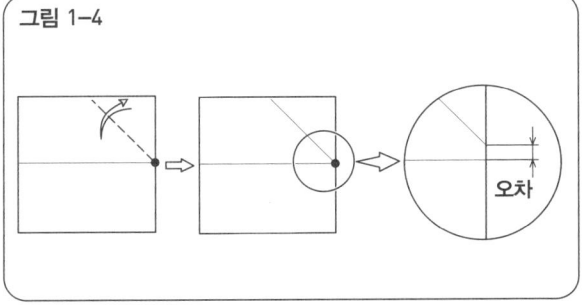

그림 1–4

오차

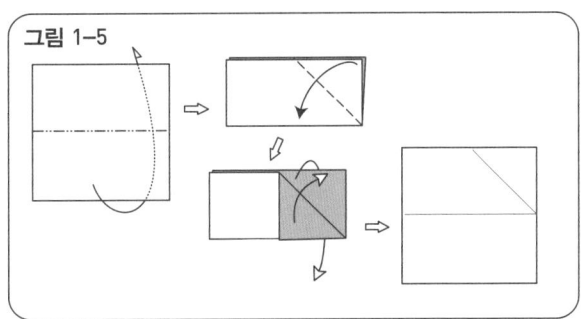

그림 1–5

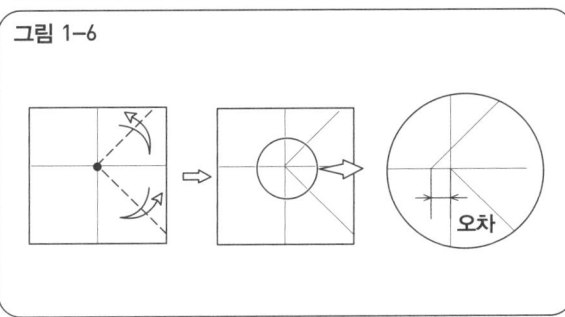

그림 1–6

오차

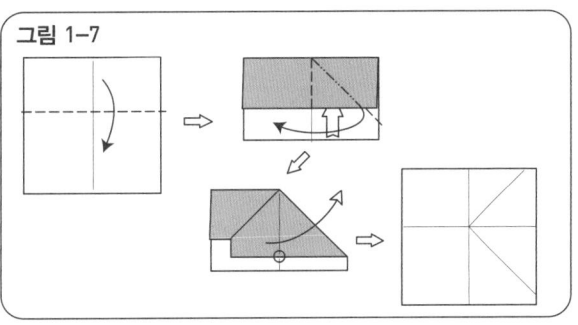

그림 1–7

그림 1-8처럼 보조선과 보조선이 만나는 교점을 기준으로 보조선을 접는 과정은 매우 어렵다. 이 경우에는 그림 1-9와 같이 보조선 두 개를 동시에 접고 교점 부분을 양쪽에서 집듯이 하며 표시한다. 다시 펼쳐서 표시된 것을 기준으로 하면 정확한 위치에 보조선을 접을 수 있다. 그림 1-10의 물총새 순서 9(39쪽)에서도 이 방법을 이용하면 유용하다.

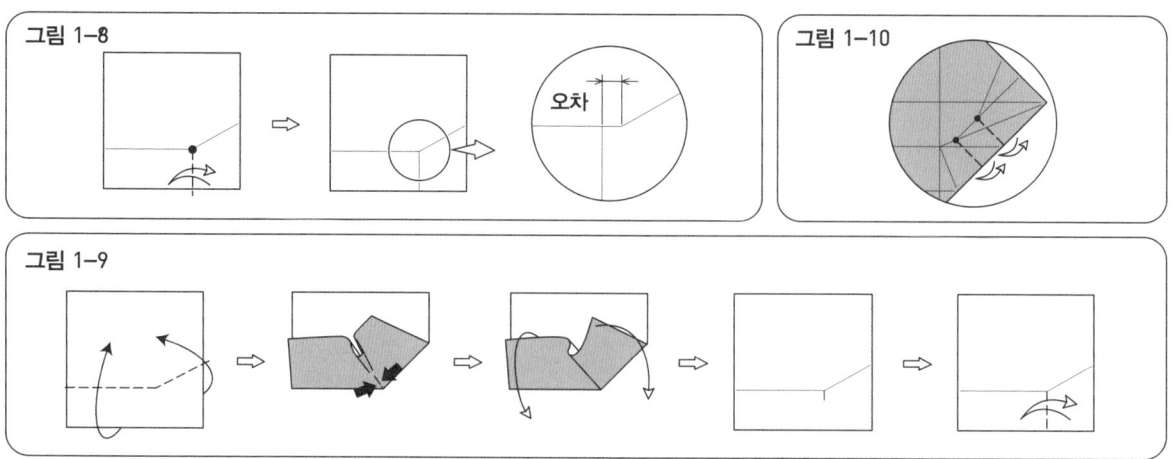

3 보조선의 일치성을 이용해 정확하게 접는다

그림 1-11은 큰개미핥기(69쪽)와 유니콘(81쪽)에서 사용하는 보조선의 그림인데, 보조선이 정확하게 교차하여 많은 점과 조화를 이루고 있음을 알 수 있다. 특히 22.5도(직각의 4분의 1 각도) 보조선을 사용하는 작품에서는 이러한 아름다운 조화를 볼 수 있다. 이 특징을 잘 활용하면 기준이 되는 표시를 찾을 수 있다. 그림 1-12는 펠리컨의 순서 15(76쪽), 그림 1-13은 유니콘의 순서 30(83쪽), 그림 1-14는 조지아 국기의 순서 16(111쪽)인데 ○ 부분에서 보조선이 만나도록 접으면 정확한 위치에서 접을 수 있다.

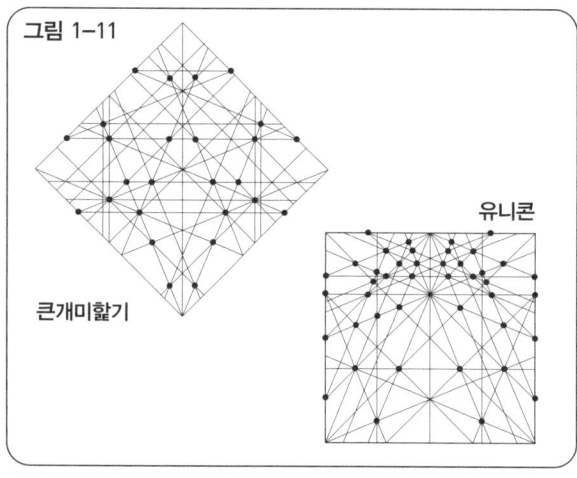

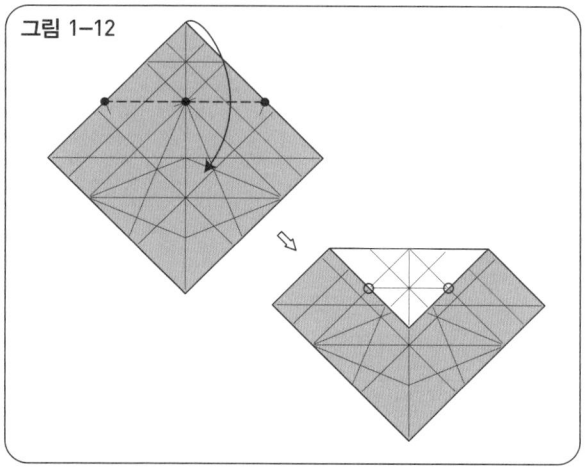

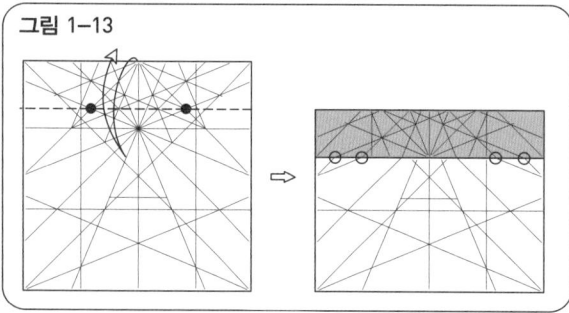

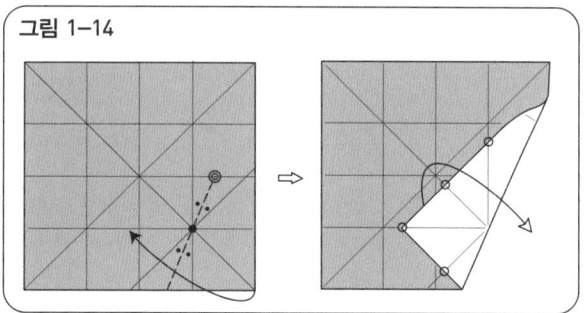

4 가는 부분을 접는 방법

단풍잎(36쪽)이나 물총새(39쪽) 등 종이의 가장자리를 가늘게
접는 과정에서는 도구를 이용하면 좋다. 그림 1-15와 같이 자
를 사용하거나 종이 한 장을 밑에 깔고 그 종이와 같이 세우
듯이 접으면 보조선을 정확하게 만들 수 있다. 이쑤시개, 핀
셋, 자 등 주변에서 쉽게 구할 수 있는 도구를 이용하면 바르
고 확실하게 종이접기를 하는 데 효과적이다.

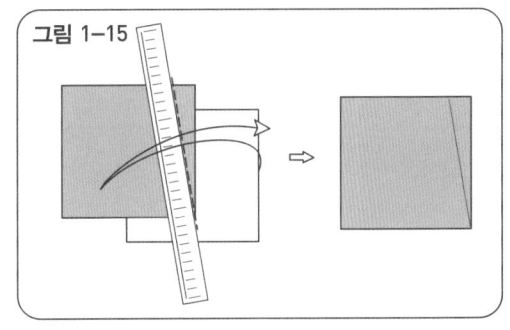

그림 1-15

5 입체화

종이접기를 입체적으로 마무리하는 방법은 다양하다. ① 누르
는 방법 : 그림 1-16과 같이 조금씩 누르며 곡선으로 만든다.
접는 사람의 감각에 따라 모양이 달라지는 기법으로, 동물의
등 부분을 표현하는 데 도움이 된다. 모아이의 순서 36(47쪽)
에서 이 방법을 이용한다. ② 안쪽에서 부풀리는 방법 : 그림
1-17과 같이 입체화할 구조를 미리 접어 둔다. 판다(48쪽)와 토
끼(52쪽)에서 이 방법을 이용한다.

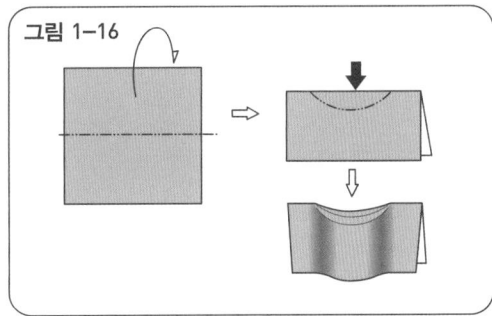

그림 1-16

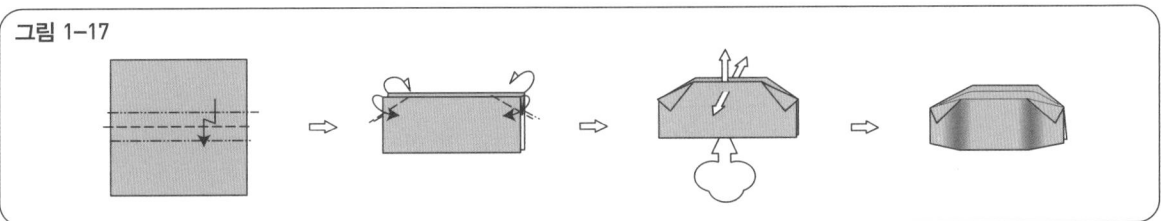

그림 1-17

6 불필요한 보조선을 만들지 않는다

외형이 돋보이는 작품으로 완성하려면 가능한 한 불필요한
보조선을 만들지 않아야 한다. 그러기 위해 완성 단계에서는
없는 편이 나은 보조선은 의도적으로 접지 않는다. 작품을 여
러 번 접으며 구조와 과정을 충분히 이해해야 실천할 수 있는
무척 어려운 방법이다. 이를테면 물총새(39쪽)의 날개에서 작
품에 필요한 보조선은 그림 1-18의 오른쪽 부분 정도이므로
이외의 보조선이 생기지 않도록 주의하며 접어 나간다. 모든
보조선에 적용할 수는 없지만 전시용 작품을 접을 때 도움이
된다.

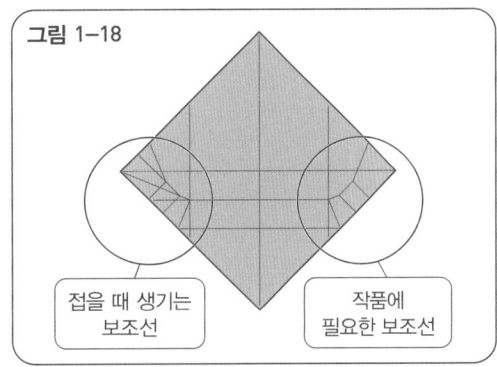

그림 1-18

접을 때 생기는
보조선

작품에
필요한 보조선

7 어려운 과정을 깔끔하게 접는다

종이접기에는 밖으로 뒤집어접기, 함몰접기 등 어려운 과정
이 있다. 잘 접는 요령은 도면을 정확하게 보는 것, 그중에서
도 보조선의 위치와 산선·골짜기선을 제대로 구분하는 것이
다. 보조선이 모이는 점은 산선이 많으면 볼록(凸)하게, 골짜
기선이 많으면 오목(凹)하게 되므로 접을 때 기준이 된다. 그
림 1-19 스코티시테리어 순서 27(35쪽)의 산선, 골짜기선에서
凹凸을 찾을 수 있다.

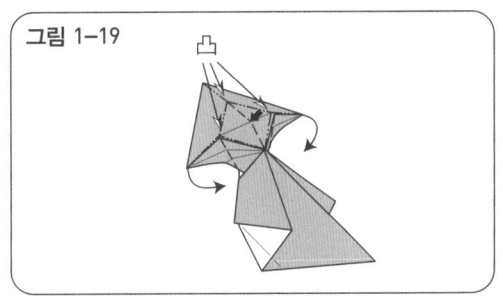

그림 1-19

고양이 Cat

'깔끔하게 접는다'를 테마로 한 첫 번째 작품이다. 종이접기에서 어려운 과정인 함몰접기를 깔끔하게 접어 보자. 한 번 펴듯이 한 다음 천천히 접어 나가는 것이 요령이다.

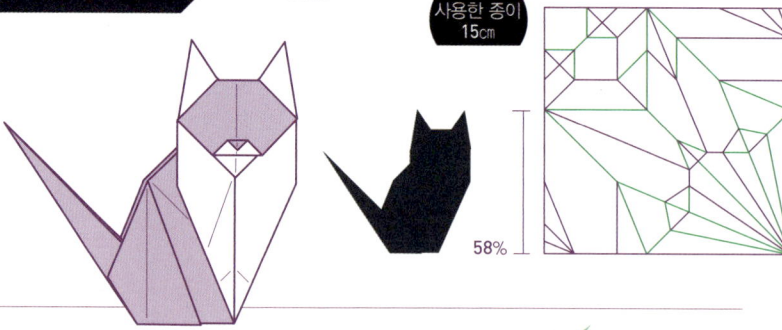

사용한 종이 15cm

58%

1

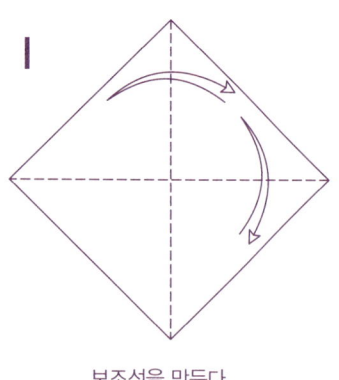

보조선을 만든다.

2

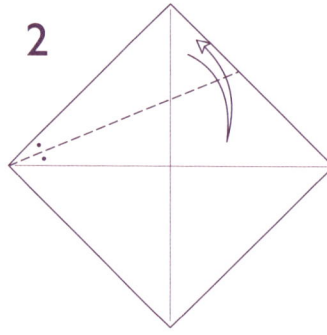

2분의 1 각도로 접었다 펴서 보조선을 만든다.

3

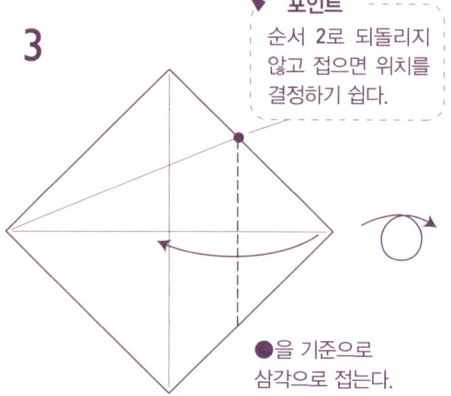

포인트
순서 2로 되돌리지 않고 접으면 위치를 결정하기 쉽다.

●을 기준으로 삼각으로 접는다.

4

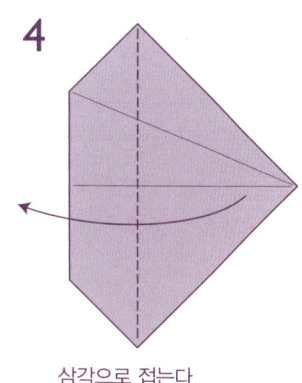

삼각으로 접는다.

5

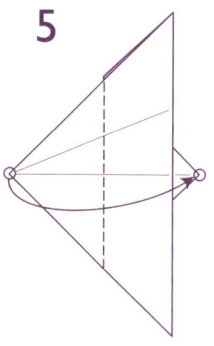

두 ○을 맞추어 접는다.

6

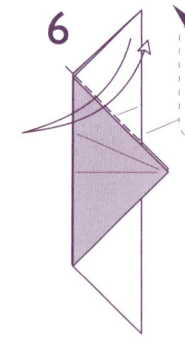

포인트
겹친 채 접을 때는 종이가 어긋나지 않도록 주의한다.

겹친 채 보조선을 만든다.

7

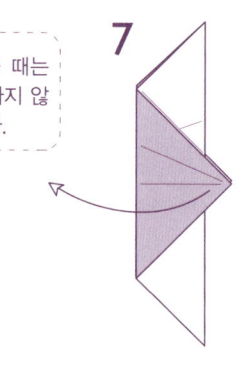

위 한 장만 펼친다.

8

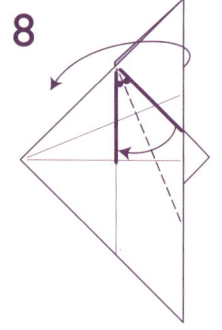

굵은 선끼리 맞추어 접는다.

9

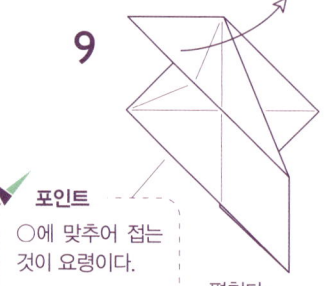

포인트
○에 맞추어 접는 것이 요령이다.

펼친다.

10

순서 8에서 만든 보조선을 따라 안쪽으로 접기 한다.

11

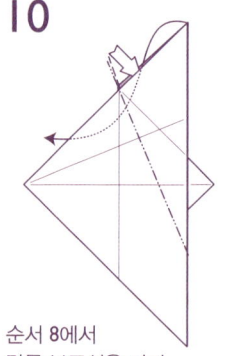

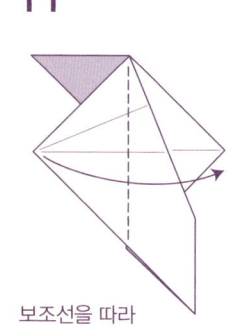

보조선을 따라 접는다.

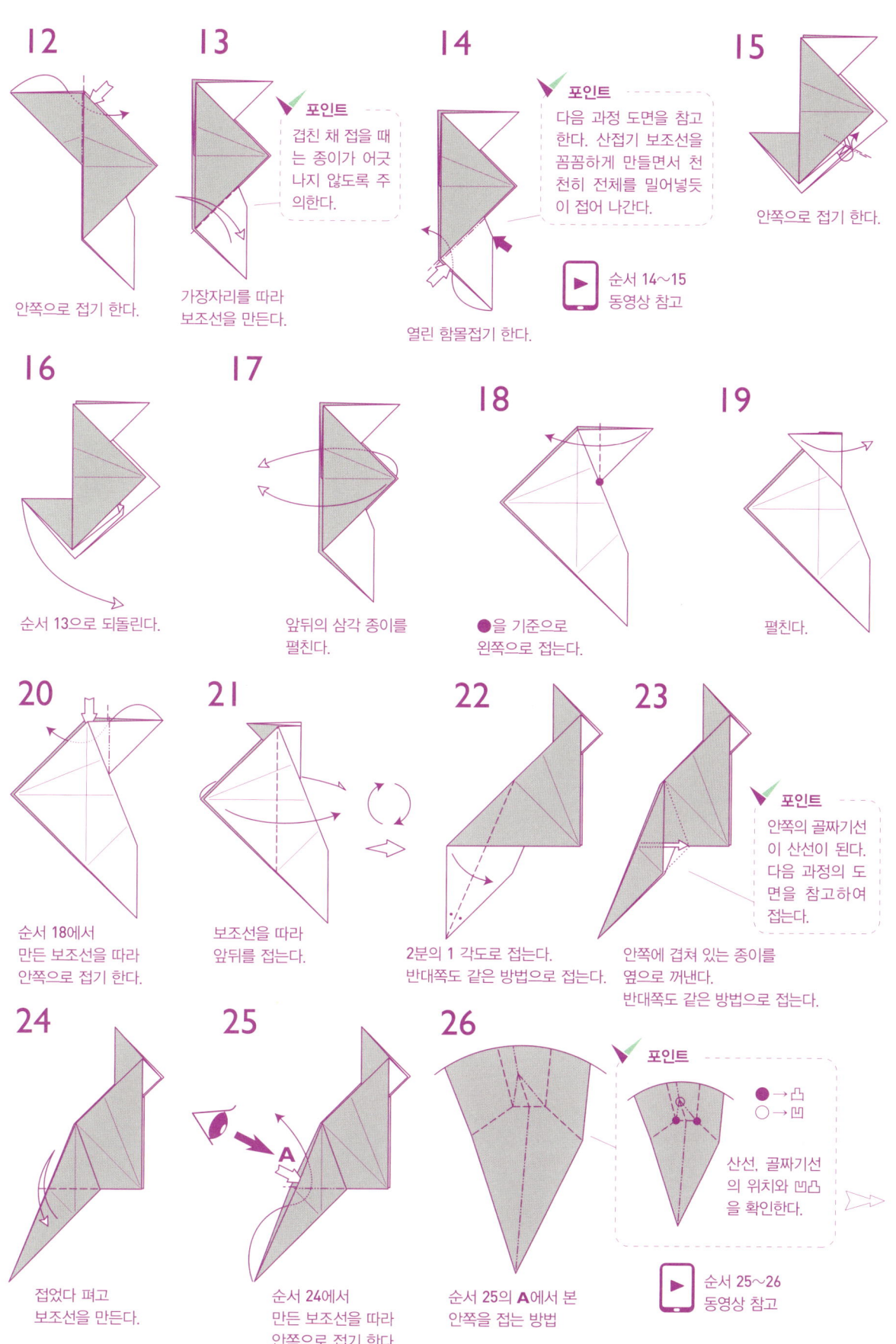

12

안쪽으로 접기 한다.

13

포인트
겹친 채 접을 때
는 종이가 어긋
나지 않도록 주
의한다.

가장자리를 따라
보조선을 만든다.

14

포인트
다음 과정 도면을 참고
한다. 산접기 보조선을
꼼꼼하게 만들면서 천
천히 전체를 밀어넣듯
이 접어 나간다.

열린 함몰접기 한다.

순서 14~15
동영상 참고

15

안쪽으로 접기 한다.

16

순서 13으로 되돌린다.

17

앞뒤의 삼각 종이를
펼친다.

18

●을 기준으로
왼쪽으로 접는다.

19

펼친다.

20

순서 18에서
만든 보조선을 따라
안쪽으로 접기 한다.

21

보조선을 따라
앞뒤를 접는다.

22

2분의 1 각도로 접는다.
반대쪽도 같은 방법으로 접는다.

23

포인트
안쪽의 골짜기선
이 산선이 된다.
다음 과정의 도
면을 참고하여
접는다.

안쪽에 겹쳐 있는 종이를
옆으로 꺼낸다.
반대쪽도 같은 방법으로 접는다.

24

접었다 펴고
보조선을 만든다.

25

A

순서 24에서
만든 보조선을 따라
안쪽으로 접기 한다.

26

순서 25의 **A**에서 본
안쪽을 접는 방법

포인트

●→凸
○→凹

산선, 골짜기선
의 위치와 凹凸
을 확인한다.

순서 25~26
동영상 참고

27

2분의 1 각도로 보조선을 만든다.
뒤쪽도 같은 방법으로 접는다.

28

순서 27에서 만든 보조선을 따라
안쪽으로 접기 한 뒤
뒤쪽도 같은 방법으로 접는다.

29

보조선을 만들고 뒤쪽도
같은 방법으로 접는다.

30

안쪽으로 접기 하고
뒤쪽도 같은 방법으로 접는다.

31

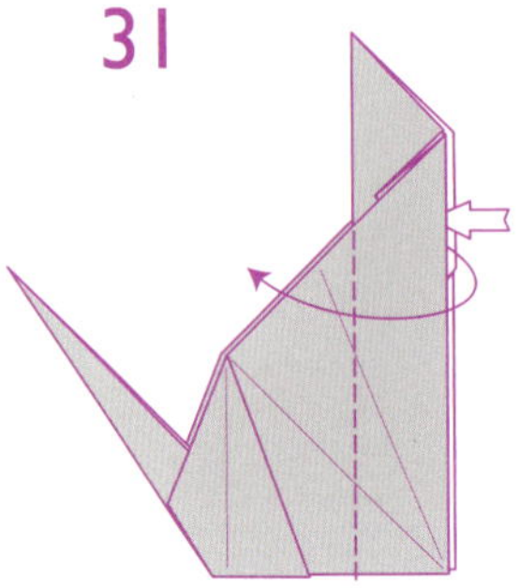

중앙에서 펼치듯이 접는다.

32

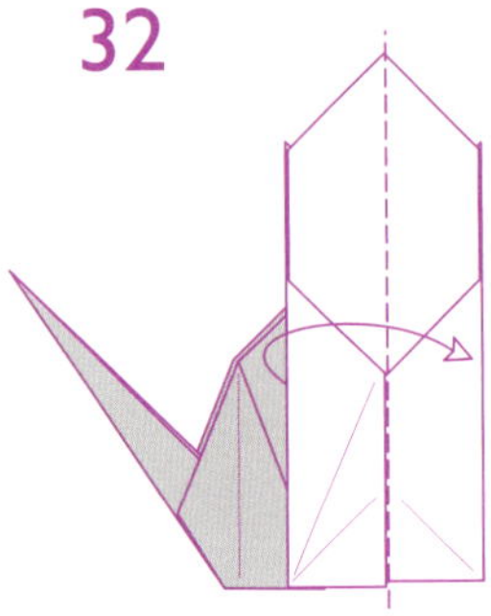

되돌린다.

33

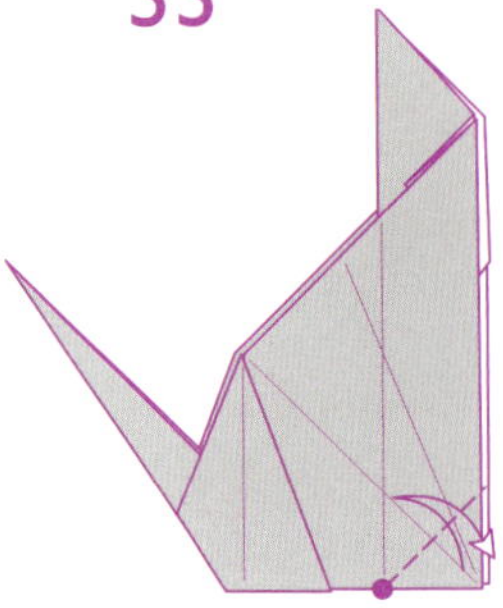

● 을 기준으로 삼각으로
보조선을 만든다.

34

순서 33에서 만든 보조선을
기준으로 감아넣듯이 접는다.

35

뒤쪽도 순서 31~34와
같은 방법으로 접는다.

36

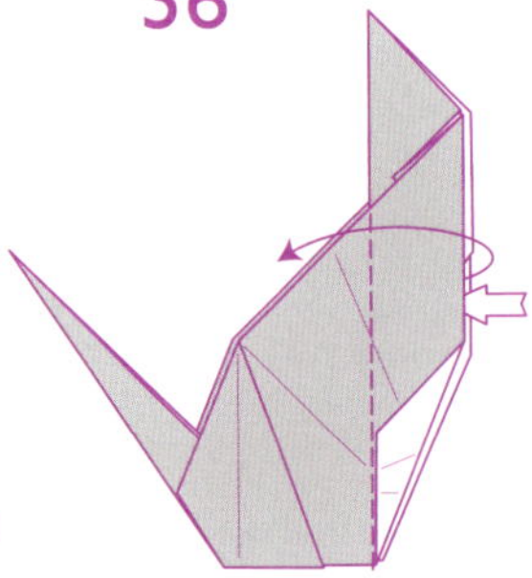

중앙에서 펼치듯이 접는다.

37

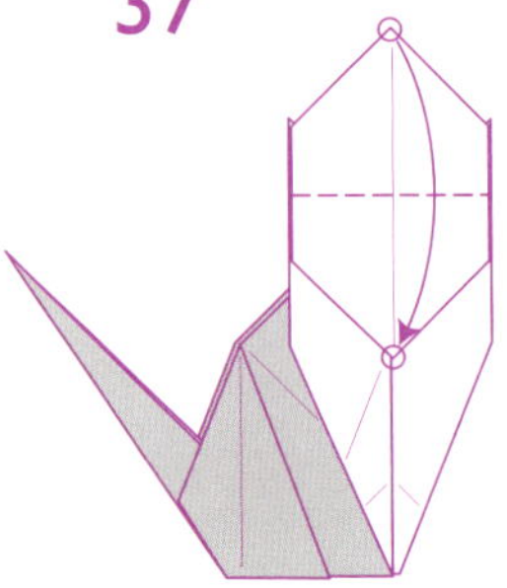

두 ○을 맞추어 접는다.

38

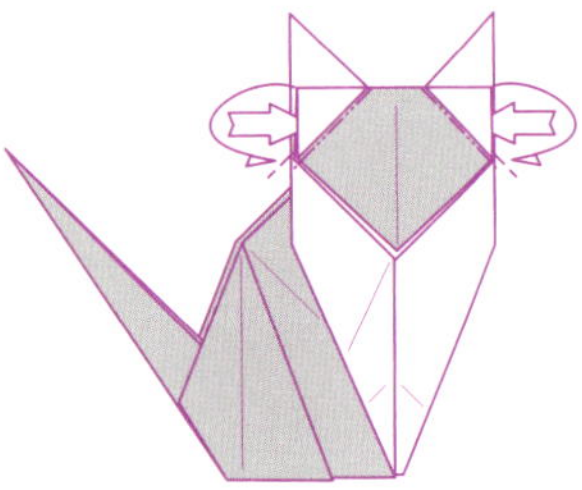

안쪽으로 접기 한다.

39

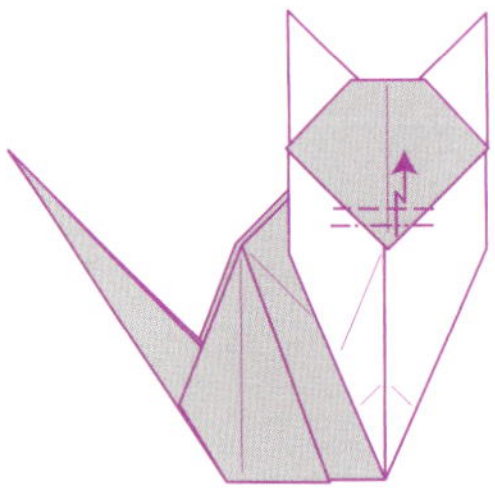

계단접기로
코를 접는다.

40

귀가 시작되는 부분을
한 번 접었다 편다.

41

완성

스코티시테리어

접는 과정에 평편하게 접지 않고 연속해서 입체적으로 접는 과정이 있다. 이 부분을 잘 접으려면 그 전 과정에서 보조선을 정확하게 만들어야 한다.

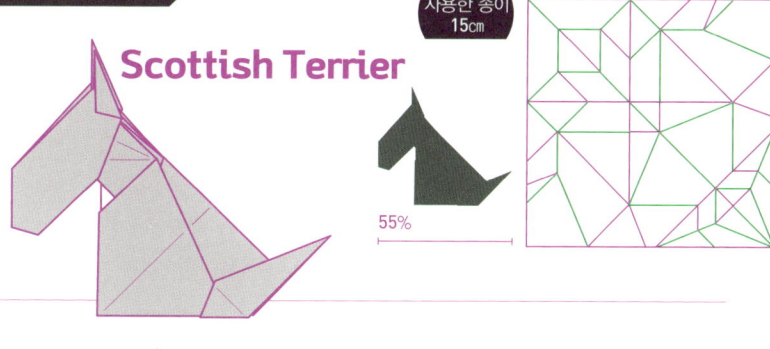

Scottish Terrier

사용한 종이
15cm

55%

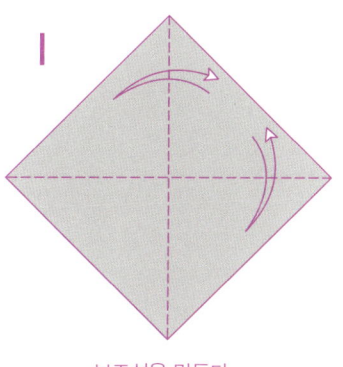

1

보조선을 만든다.

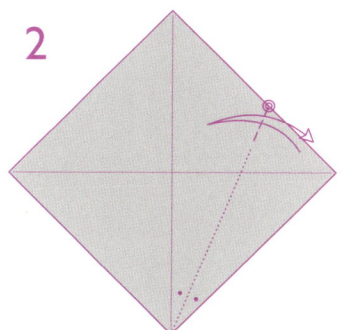

2

◎에 표시해 둔다.

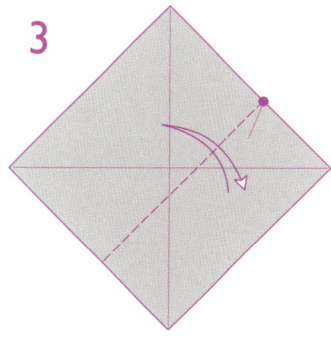

3

●을 기준으로 보조선을 만든다.

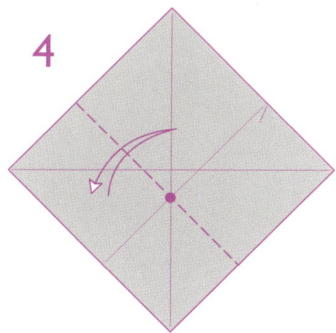

4

●을 기준으로 보조선을 만든다.

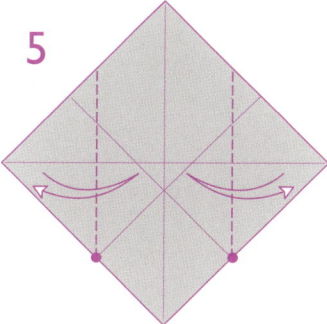

5

●을 기준으로 보조선을 만든다.
이후 도면에서는 순서 2의
표시는 생략한다.

6

●을 기준으로 보조선을 만든다.

7

✔ **포인트**
순서 7~12를 정확
하게 접어야 순서
15~16을 바르게
접을 수 있다.

두 ○을 맞추어
◎까지 보조선을 만든다.

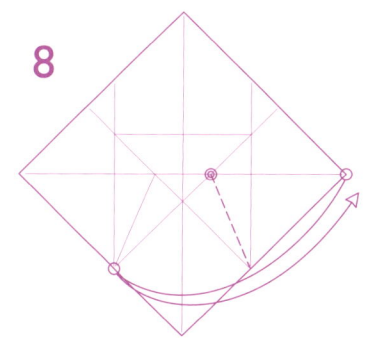

8

두 ○을 맞추어
◎까지 보조선을 만든다.

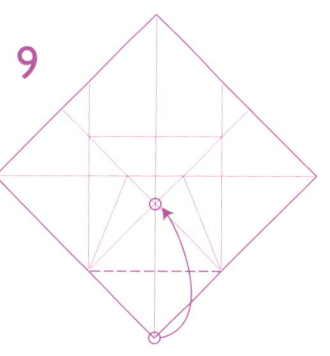

9

두 ○을 맞추어
삼각으로 접는다.

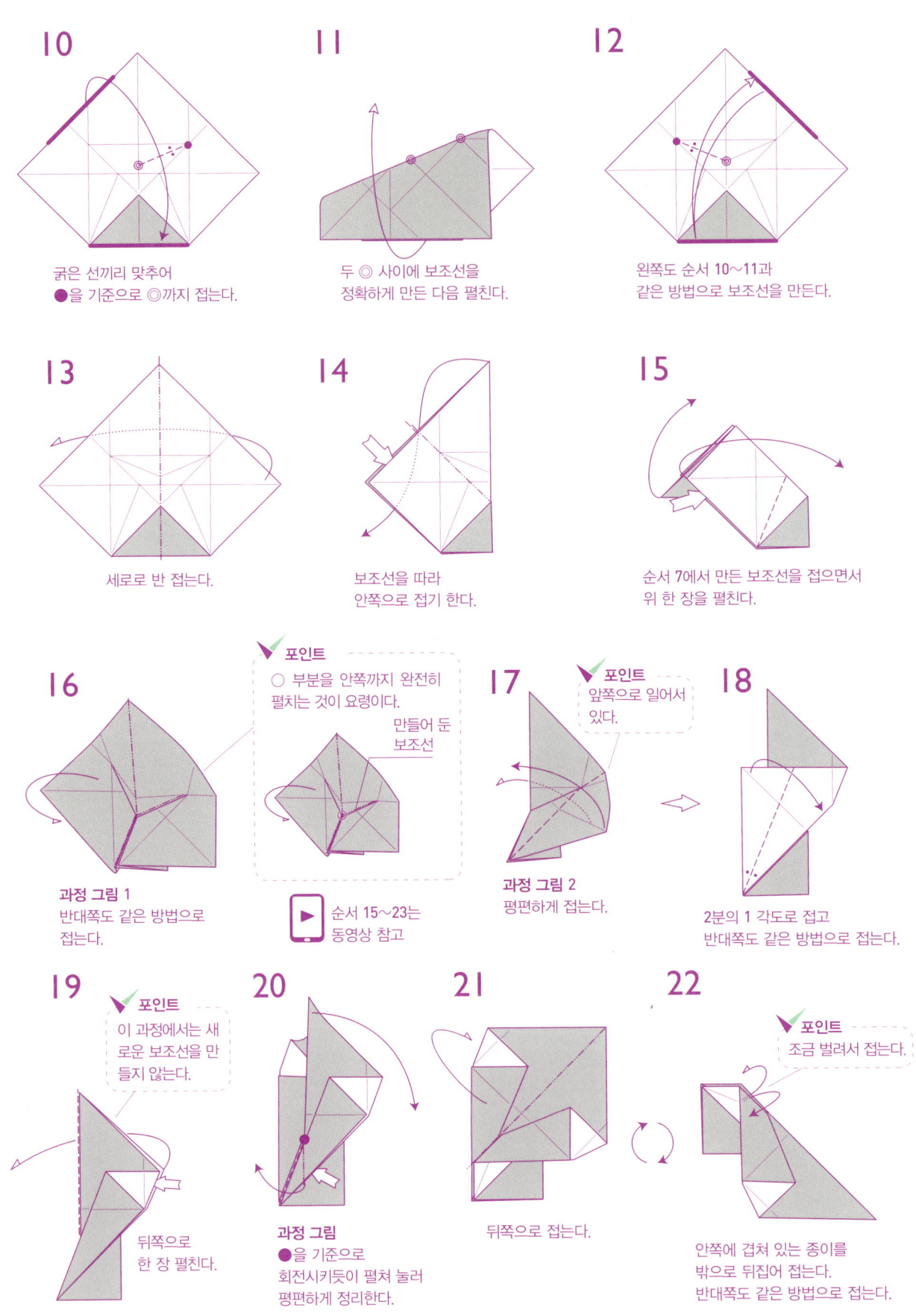

10

굵은 선끼리 맞추어
●을 기준으로 ◎까지 접는다.

11

두 ◎ 사이에 보조선을
정확하게 만든 다음 펼친다.

12

왼쪽도 순서 10~11과
같은 방법으로 보조선을 만든다.

13

세로로 반 접는다.

14

보조선을 따라
안쪽으로 접기 한다.

15

순서 7에서 만든 보조선을 접으면서
위 한 장을 펼친다.

16

과정 그림 1
반대쪽도 같은 방법으로
접는다.

📱 순서 15~23은
동영상 참고

✔ **포인트**
○ 부분을 안쪽까지 완전히
펼치는 것이 요령이다.

만들어 둔
보조선

17

✔ **포인트**
앞쪽으로 일어서
있다.

과정 그림 2
평편하게 접는다.

18

2분의 1 각도로 접고
반대쪽도 같은 방법으로 접는다.

19

✔ **포인트**
이 과정에서는 새
로운 보조선을 만
들지 않는다.

뒤쪽으로
한 장 펼친다.

20

과정 그림
●을 기준으로
회전시키듯이 펼쳐 눌러
평편하게 정리한다.

21

뒤쪽으로 접는다.

22

✔ **포인트**
조금 벌려서 접는다.

안쪽에 겹쳐 있는 종이를
밖으로 뒤집어 접는다.
반대쪽도 같은 방법으로 접는다.

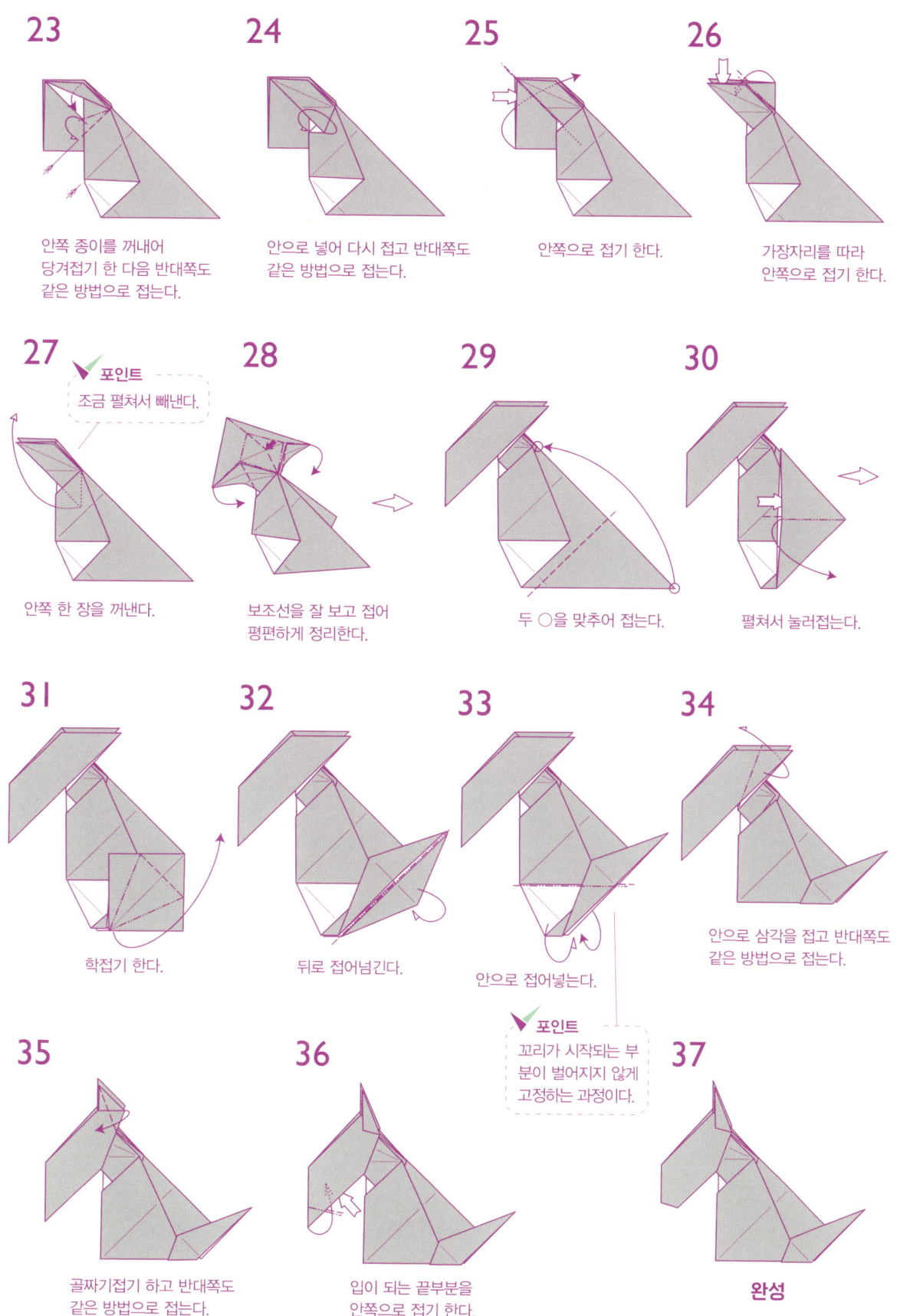

23

안쪽 종이를 꺼내어
당겨접기 한 다음 반대쪽도
같은 방법으로 접는다.

24

안으로 넣어 다시 접고 반대쪽도
같은 방법으로 접는다.

25

안쪽으로 접기 한다.

26

가장자리를 따라
안쪽으로 접기 한다.

27

▼ 포인트
조금 펼쳐서 빼낸다.

안쪽 한 장을 꺼낸다.

28

보조선을 잘 보고 접어
평편하게 정리한다.

29

두 ○을 맞추어 접는다.

30

펼쳐서 눌러접는다.

31

학접기 한다.

32

뒤로 접어넘긴다.

33

안으로 접어넣는다.

▼ 포인트
꼬리가 시작되는 부
분이 벌어지지 않게
고정하는 과정이다.

34

안으로 삼각을 접고 반대쪽도
같은 방법으로 접는다.

35

골짜기접기 하고 반대쪽도
같은 방법으로 접는다.

36

입이 되는 끝부분을
안쪽으로 접기 한다.

37

완성

단풍잎 Maple Leaf

캐나다 국기에 있는 단풍잎이다. 잎의
끝을 가늘게 접는 과정은 섬세한 작업
이므로 핀셋이나 이쑤시개 등 도구를
이용하면 좋다.

사용한 종이
15~24cm

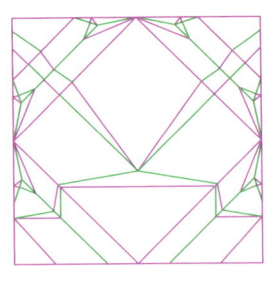

86%

1

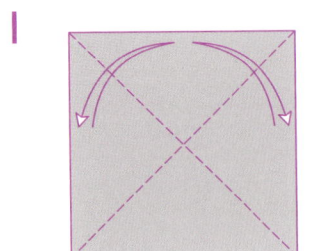

보조선을 만든다.

2

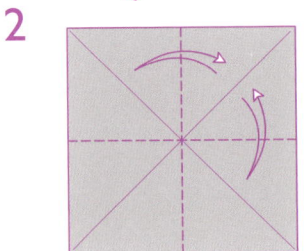

보조선을 만든다.

3

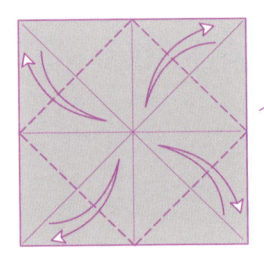

네 모서리를 접었다 펴서
보조선을 만든다.

4

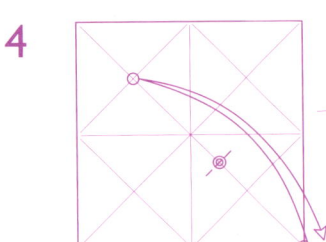

✔ 포인트
표시는 가능한 한 짧고
분명하게 접는 것이 요
령이다.

두 ○을 맞추어
◎에 표시해 둔다.

5

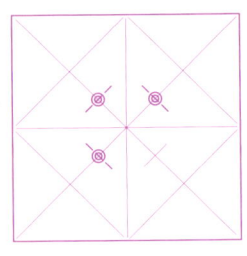

다른 세 곳도
같은 방법으로
표시한다.

6

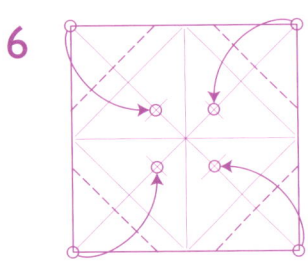

○끼리 맞추어 접는다.

7

순서 6을 접은 모양

8

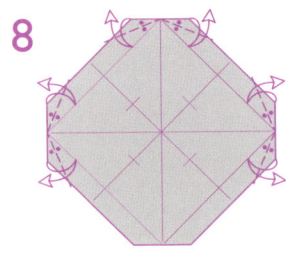

세 모서리만 2분의 1 각도로
보조선을 만든다.

9

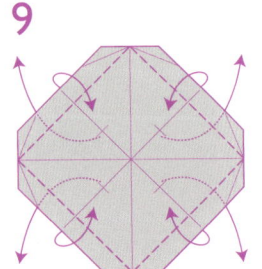

뒷장 모서리를 펼치면서
보조선을 따라 접는다.

10

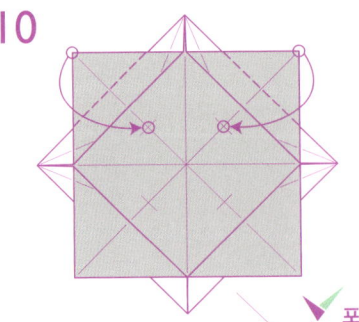

위쪽 두 모서리를 ○끼리
맞추어 삼각으로 접는다.
이후 순서 4~5의
표시는 생략한다.

✔ 포인트
순서 8에서 접지 않은
모서리의 위치가 바뀌
지 않도록 주의한다.

11

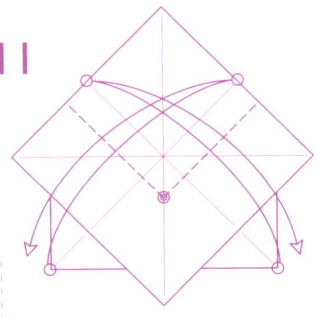

○끼리 맞추어 ◎까지
보조선을 만든다.

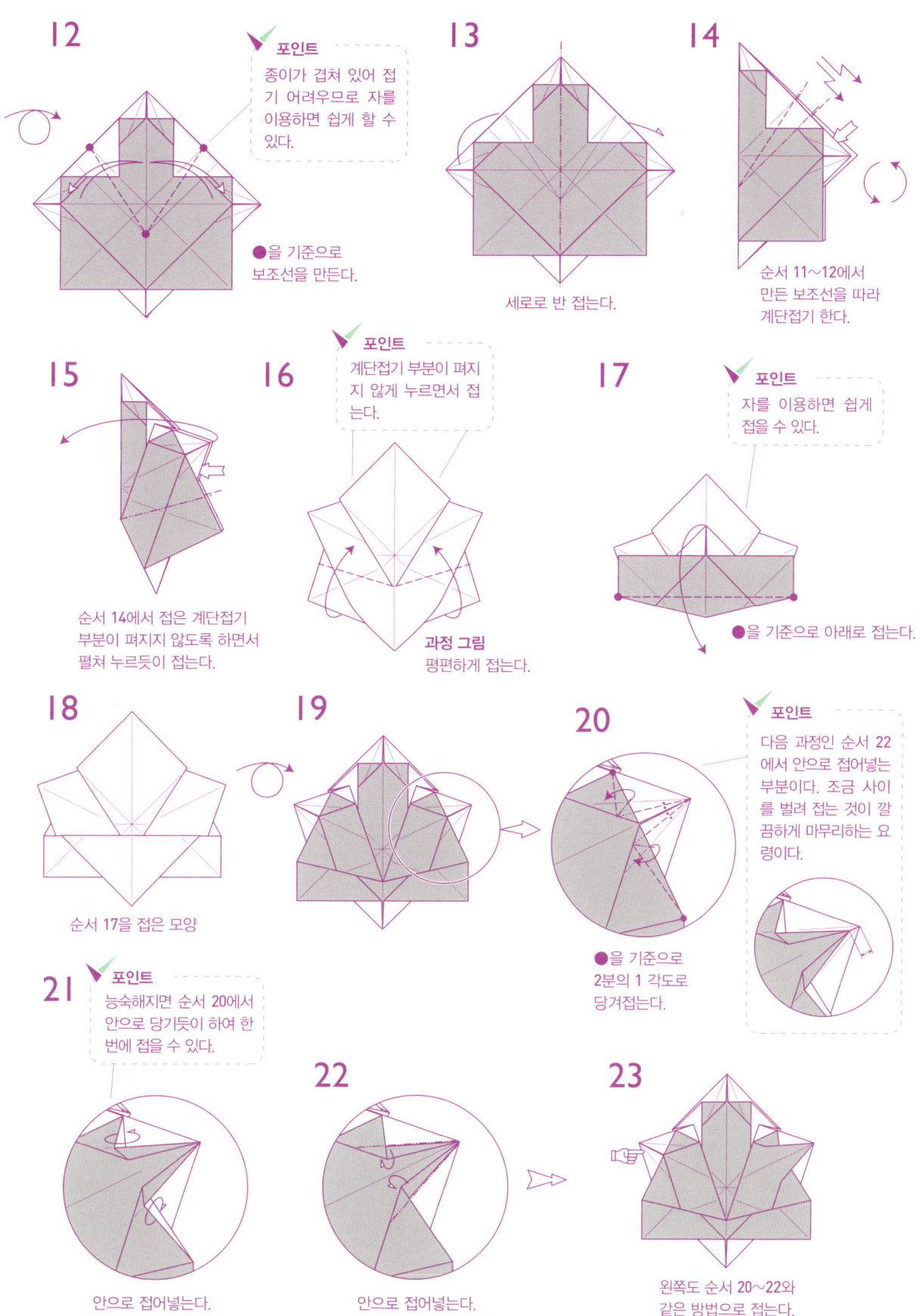

12

포인트
종이가 겹쳐 있어 접기 어려우므로 자를 이용하면 쉽게 할 수 있다.

●을 기준으로 보조선을 만든다.

13

세로로 반 접는다.

14

순서 11~12에서 만든 보조선을 따라 계단접기 한다.

15

순서 14에서 접은 계단접기 부분이 펴지지 않도록 하면서 펼쳐 누르듯이 접는다.

16

포인트
계단접기 부분이 펴지지 않게 누르면서 접는다.

과정 그림
평편하게 접는다.

17

포인트
자를 이용하면 쉽게 접을 수 있다.

●을 기준으로 아래로 접는다.

18

순서 17을 접은 모양

19

20

포인트
다음 과정인 순서 22에서 안으로 접어넣는 부분이다. 조금 사이를 벌려 접는 것이 깔끔하게 마무리하는 요령이다.

●을 기준으로 2분의 1 각도로 당겨접는다.

21

포인트
능숙해지면 순서 20에서 안으로 당기듯이 하여 한 번에 접을 수 있다.

안으로 접어넣는다.

22

안으로 접어넣는다.

23

왼쪽도 순서 20~22와 같은 방법으로 접는다.

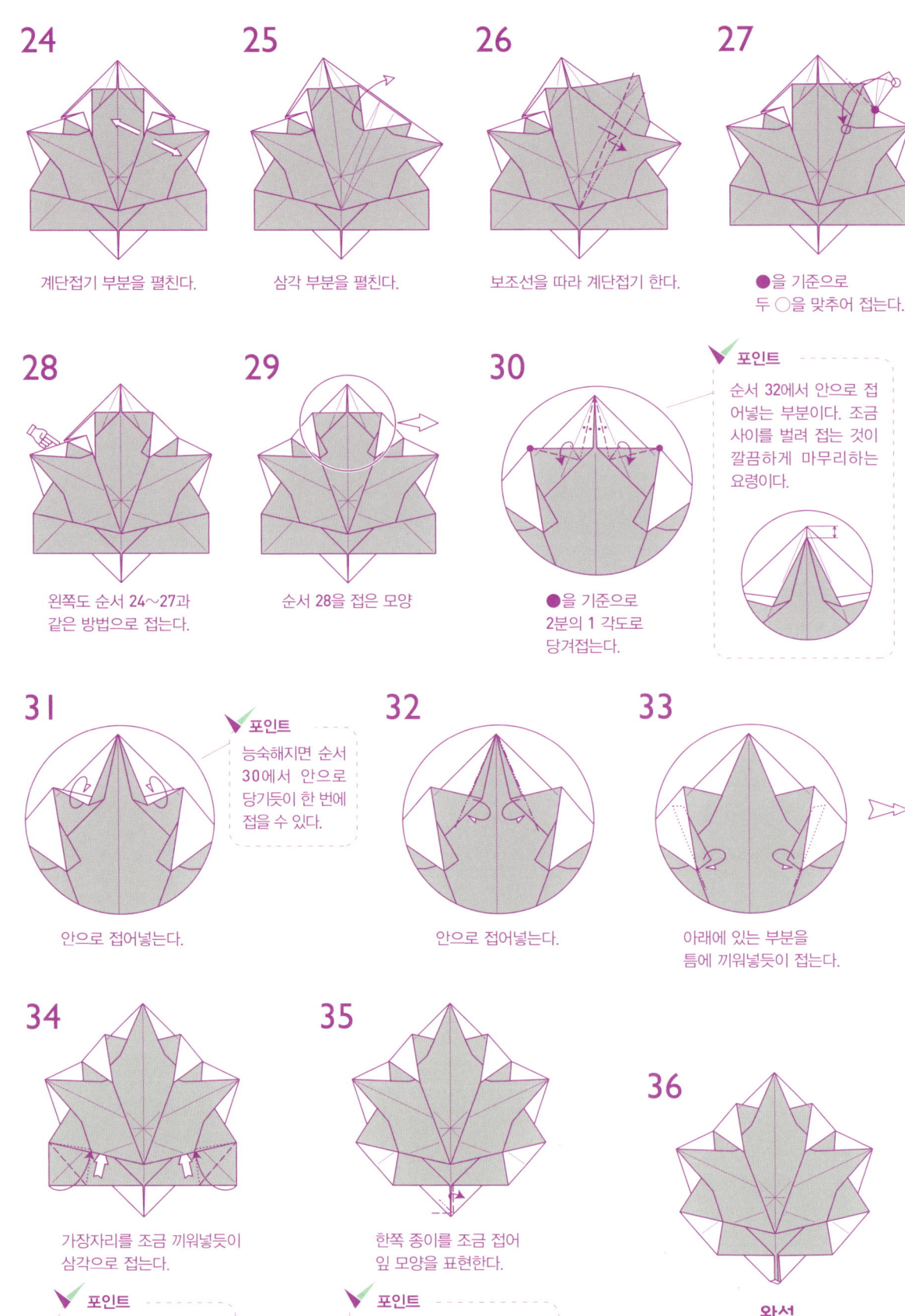

24

계단접기 부분을 펼친다.

25

삼각 부분을 펼친다.

26

보조선을 따라 계단접기 한다.

27

●을 기준으로
두 ○을 맞추어 접는다.

28

왼쪽도 순서 24~27과
같은 방법으로 접는다.

29

순서 28을 접은 모양

30

●을 기준으로
2분의 1 각도로
당겨접는다.

✔ **포인트**
순서 32에서 안으로 접
어넣는 부분이다. 조금
사이를 벌려 접는 것이
깔끔하게 마무리하는
요령이다.

31

안으로 접어넣는다.

✔ **포인트**
능숙해지면 순서
30에서 안으로
당기듯이 한 번에
접을 수 있다.

32

안으로 접어넣는다.

33

아래에 있는 부분을
틈에 끼워넣듯이 접는다.

34

가장자리를 조금 끼워넣듯이
삼각으로 접는다.

✔ **포인트**
1mm 정도만 접어넣으면
된다.

35

한쪽 종이를 조금 접어
잎 모양을 표현한다.

✔ **포인트**
정해진 기준이 없으므로 취
향대로 접는다.

36

완성

물총새 Kingfisher

가늘고 긴 물총새 부리를 접을 때는 자
등 도구를 사용해 끝을 깔끔하게 접는
다. 한편 계단접기를 이용해 날개의 조
형적 특징을 표현한다.

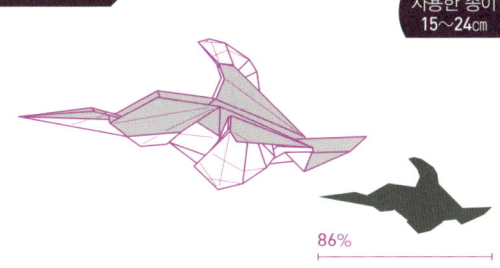

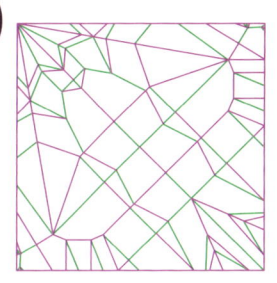

사용한 종이
15〜24cm

86%

1

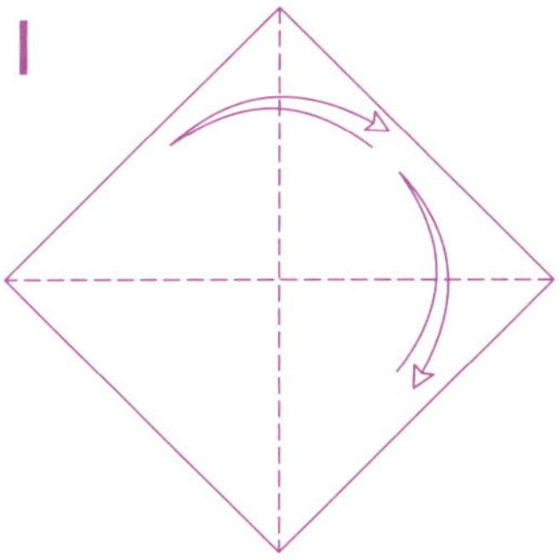

보조선을 만든다.

2

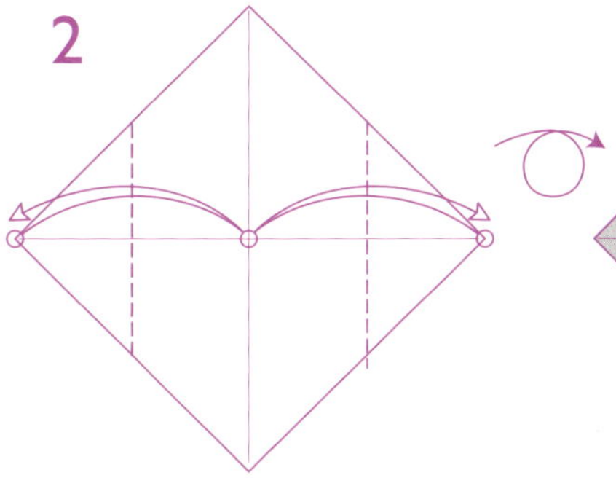

○끼리 맞추어
보조선을 만든다.

3

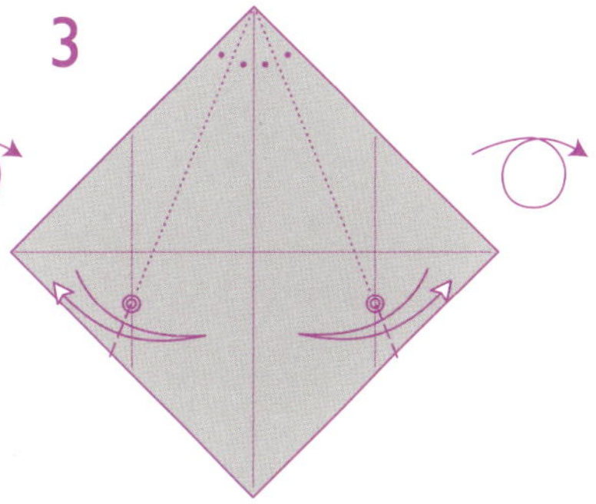

2분의 1 각도로
◎까지 보조선을 만든다.

4

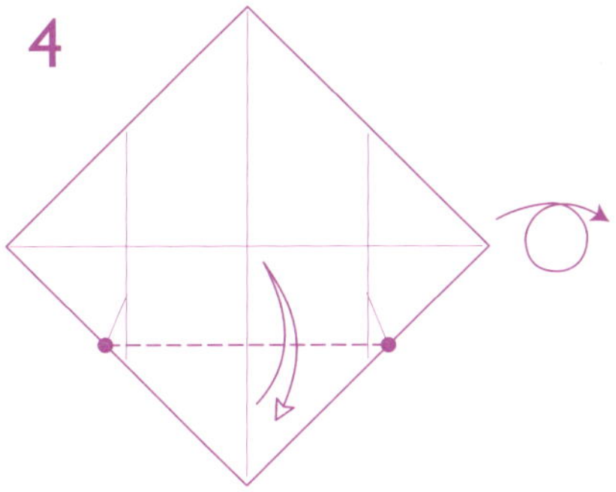

●을 기준으로
보조선을 만든다.

5

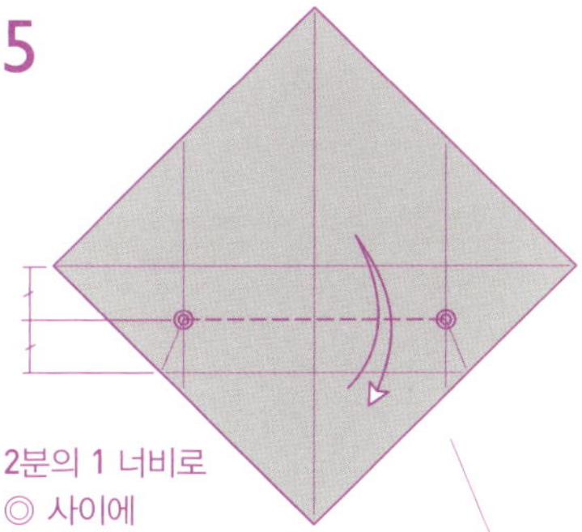

2분의 1 너비로
◎ 사이에
보조선을
만든다.

▷ **포인트**
날개 부분에 불필요한
보조선이 생기지 않도록
◎ 사이만 접는다.

6

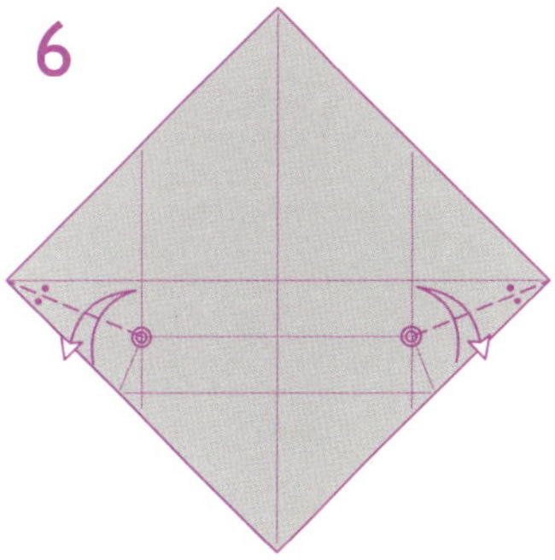

2분의 1 각도로
◎까지 보조선을 만든다.

▷ **포인트**
기준을 쉽게 알아보기 위
해서 순서 6〜8의 보조
선을 분명하게 접는다.

7

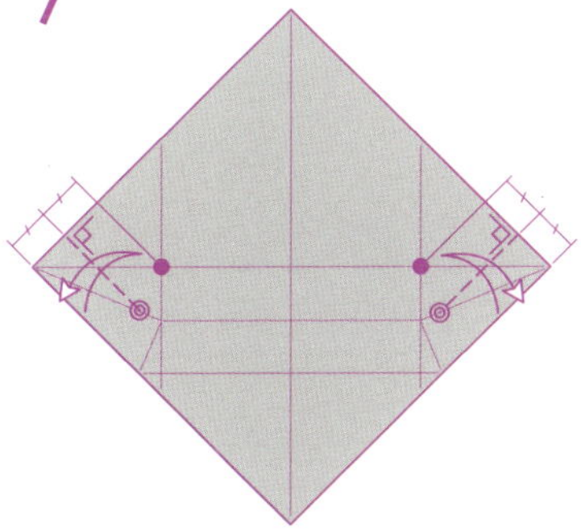

●을 기준으로
2분의 1 너비로
◎까지 보조선을 만든다.

8

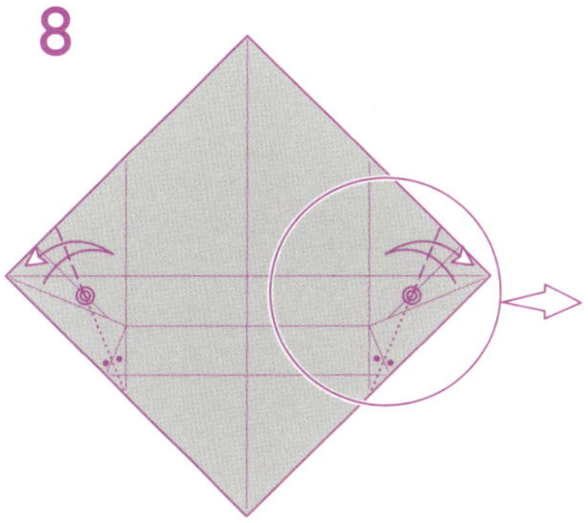

2분의 1 각도로
◎까지 보조선을 만든다.

9

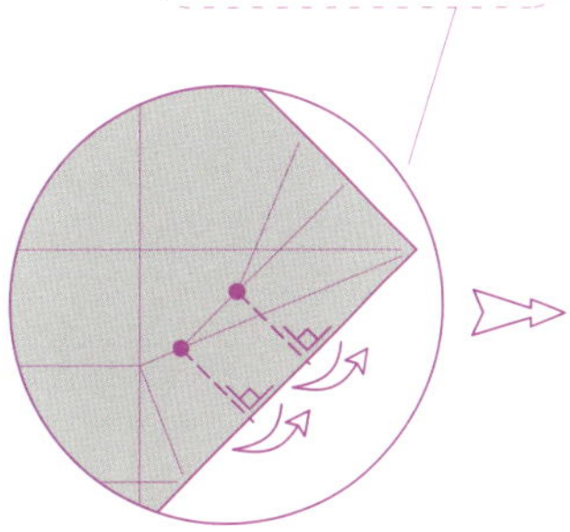

●을 기준으로
보조선을 만든다.

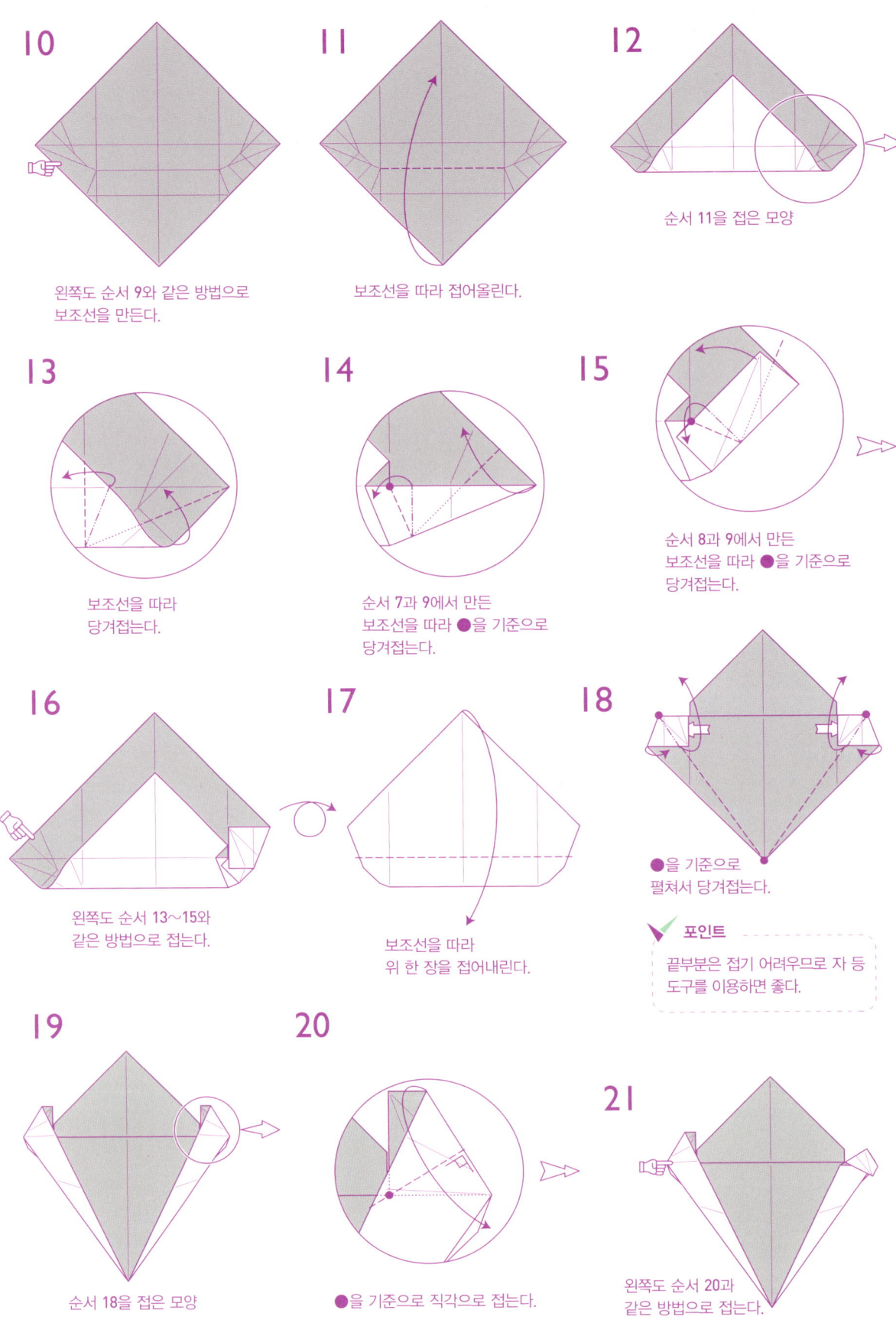

10

왼쪽도 순서 9와 같은 방법으로
보조선을 만든다.

11

보조선을 따라 접어올린다.

12

순서 11을 접은 모양

13

보조선을 따라
당겨접는다.

14

순서 7과 9에서 만든
보조선을 따라 ●을 기준으로
당겨접는다.

15

순서 8과 9에서 만든
보조선을 따라 ●을 기준으로
당겨접는다.

16

왼쪽도 순서 13~15와
같은 방법으로 접는다.

17

보조선을 따라
위 한 장을 접어내린다.

18

●을 기준으로
펼쳐서 당겨접는다.

✔ **포인트**

끝부분은 접기 어려우므로 자 등
도구를 이용하면 좋다.

19

순서 18을 접은 모양

20

●을 기준으로 직각으로 접는다.

21

왼쪽도 순서 20과
같은 방법으로 접는다.

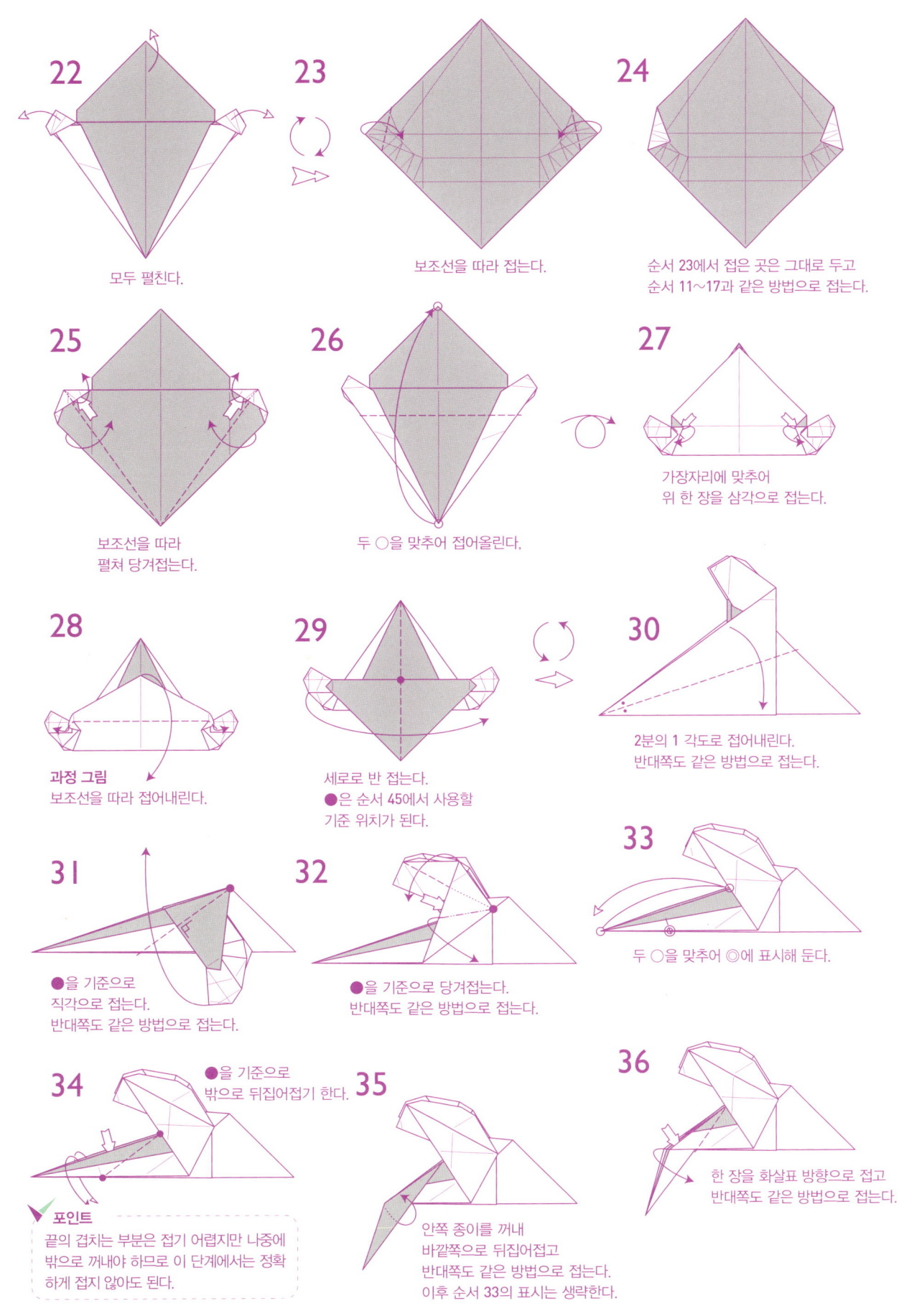

22

모두 펼친다.

23

보조선을 따라 접는다.

24

순서 23에서 접은 곳은 그대로 두고
순서 11~17과 같은 방법으로 접는다.

25

보조선을 따라
펼쳐 당겨접는다.

26

두 ○을 맞추어 접어올린다.

27

가장자리에 맞추어
위 한 장을 삼각으로 접는다.

28

과정 그림
보조선을 따라 접어내린다.

29

세로로 반 접는다.
●은 순서 45에서 사용할
기준 위치가 된다.

30

2분의 1 각도로 접어내린다.
반대쪽도 같은 방법으로 접는다.

31

●을 기준으로
직각으로 접는다.
반대쪽도 같은 방법으로 접는다.

32

●을 기준으로 당겨접는다.
반대쪽도 같은 방법으로 접는다.

33

두 ○을 맞추어 ◎에 표시해 둔다.

34

●을 기준으로
밖으로 뒤집어접기 한다.

포인트
끝의 겹치는 부분은 접기 어렵지만 나중에
밖으로 꺼내야 하므로 이 단계에서는 정확
하게 접지 않아도 된다.

35

안쪽 종이를 꺼내
바깥쪽으로 뒤집어접고
반대쪽도 같은 방법으로 접는다.
이후 순서 33의 표시는 생략한다.

36

한 장을 화살표 방향으로 접고
반대쪽도 같은 방법으로 접는다.

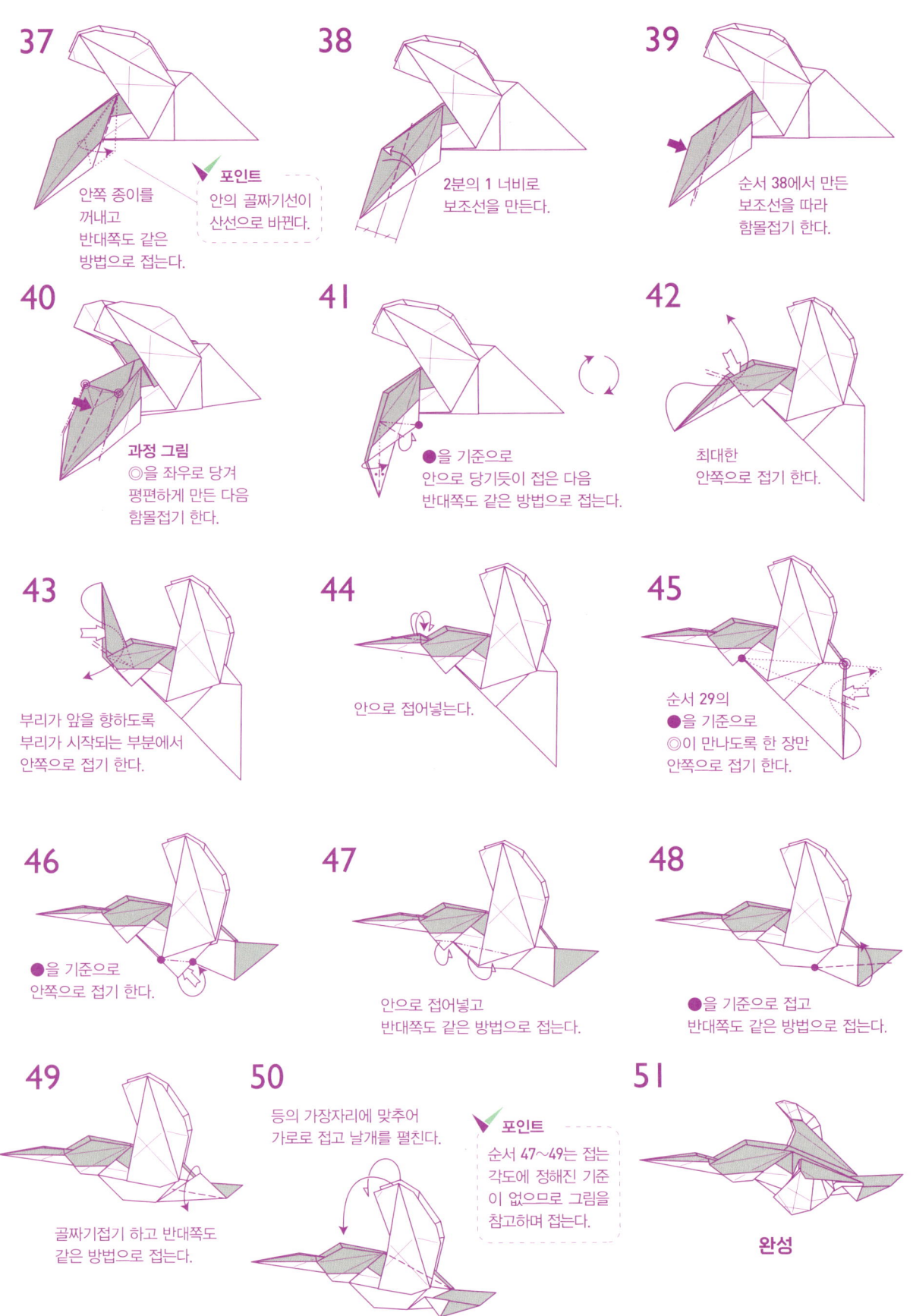

37

안쪽 종이를
꺼내고
반대쪽도 같은
방법으로 접는다.

포인트
안의 골짜기선이
산선으로 바뀐다.

38

2분의 1 너비로
보조선을 만든다.

39

순서 38에서 만든
보조선을 따라
함몰접기 한다.

40

과정 그림
◎을 좌우로 당겨
평편하게 만든 다음
함몰접기 한다.

41

●을 기준으로
안으로 당기듯이 접은 다음
반대쪽도 같은 방법으로 접는다.

42

최대한
안쪽으로 접기 한다.

43

부리가 앞을 향하도록
부리가 시작되는 부분에서
안쪽으로 접기 한다.

44

안으로 접어넣는다.

45

순서 29의
●을 기준으로
◎이 만나도록 한 장만
안쪽으로 접기 한다.

46

●을 기준으로
안쪽으로 접기 한다.

47

안으로 접어넣고
반대쪽도 같은 방법으로 접는다.

48

●을 기준으로 접고
반대쪽도 같은 방법으로 접는다.

49

골짜기접기 하고 반대쪽도
같은 방법으로 접는다.

50

등의 가장자리에 맞추어
가로로 접고 날개를 펼친다.

포인트
순서 47~49는 접는
각도에 정해진 기준
이 없으므로 그림을
참고하며 접는다.

51

완성

합장가옥* Gassho-Zukuri

종이접기로 건물을 만들 경우, 입체적으로 접는
방법이 필요해진다. 이 합장가옥에서는 지붕과
벽만으로 입체적인 표현을 해보았다.

* 눈이 많이 내리는 일본의 대설 지역에서 볼 수 있는
  독특한 건축 양식으로, 눈이 쌓여 무너지는 일이 없도
  록 지붕을 급경사로 만든다. — 옮긴이

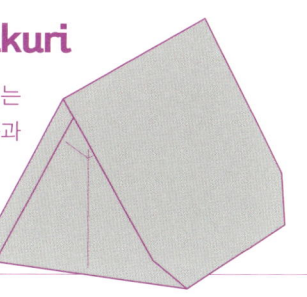

사용한 종이
15cm

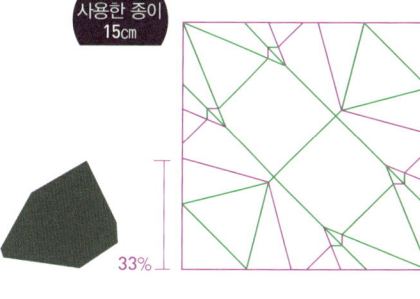

33%

1

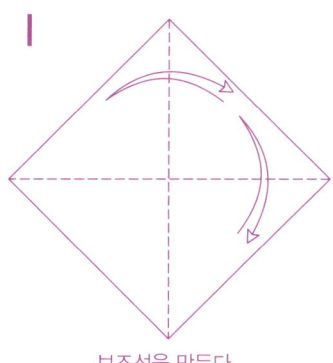

보조선을 만든다.

2

2분의 1 각도로
◎까지 접어 보조선을 만든다.

3

○끼리 맞추어
◎에 표시해 둔다.

4

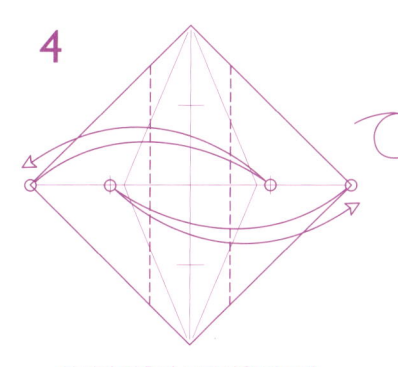

○끼리 맞추어 보조선을 만든다.

5

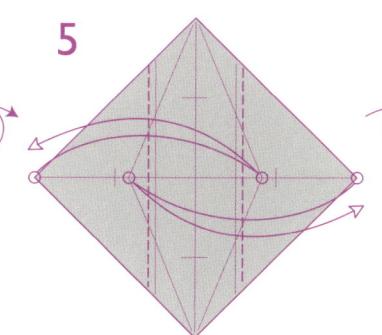

○끼리 맞추어 보조선을 만든다.

6

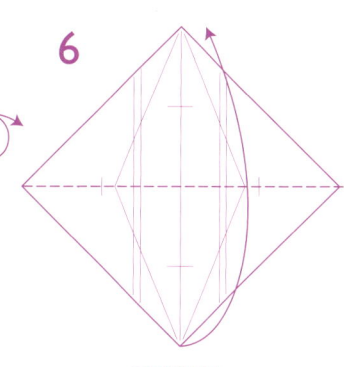

접어올린다.

7

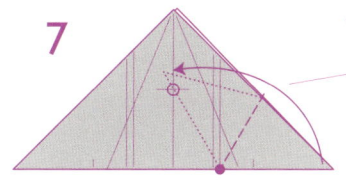

●을 기준으로
○ 부분과 만나도록 접는다.

✔ 포인트
순서 7과 8에서는 어
림잡아 3등분 각도
의 보조선을 만든다.

8

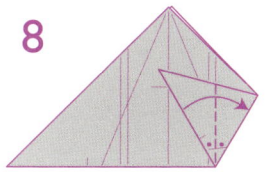

2분의 1 각도로 접는다.

9

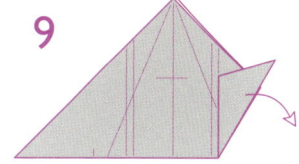

펼친다.

10

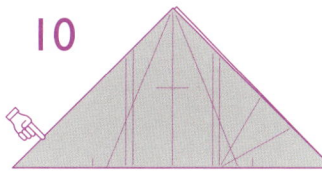

왼쪽도 순서 7~9와
같은 방법으로 접는다.

11

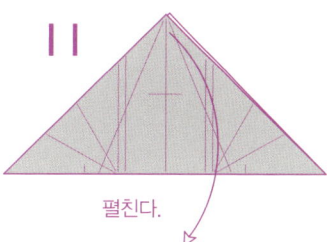

펼친다.

12

산선과
골짜기선으로
보조선을
다시 접는다.
이후 순서 3의
표시는 생략한다.

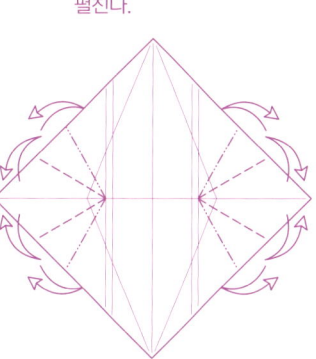

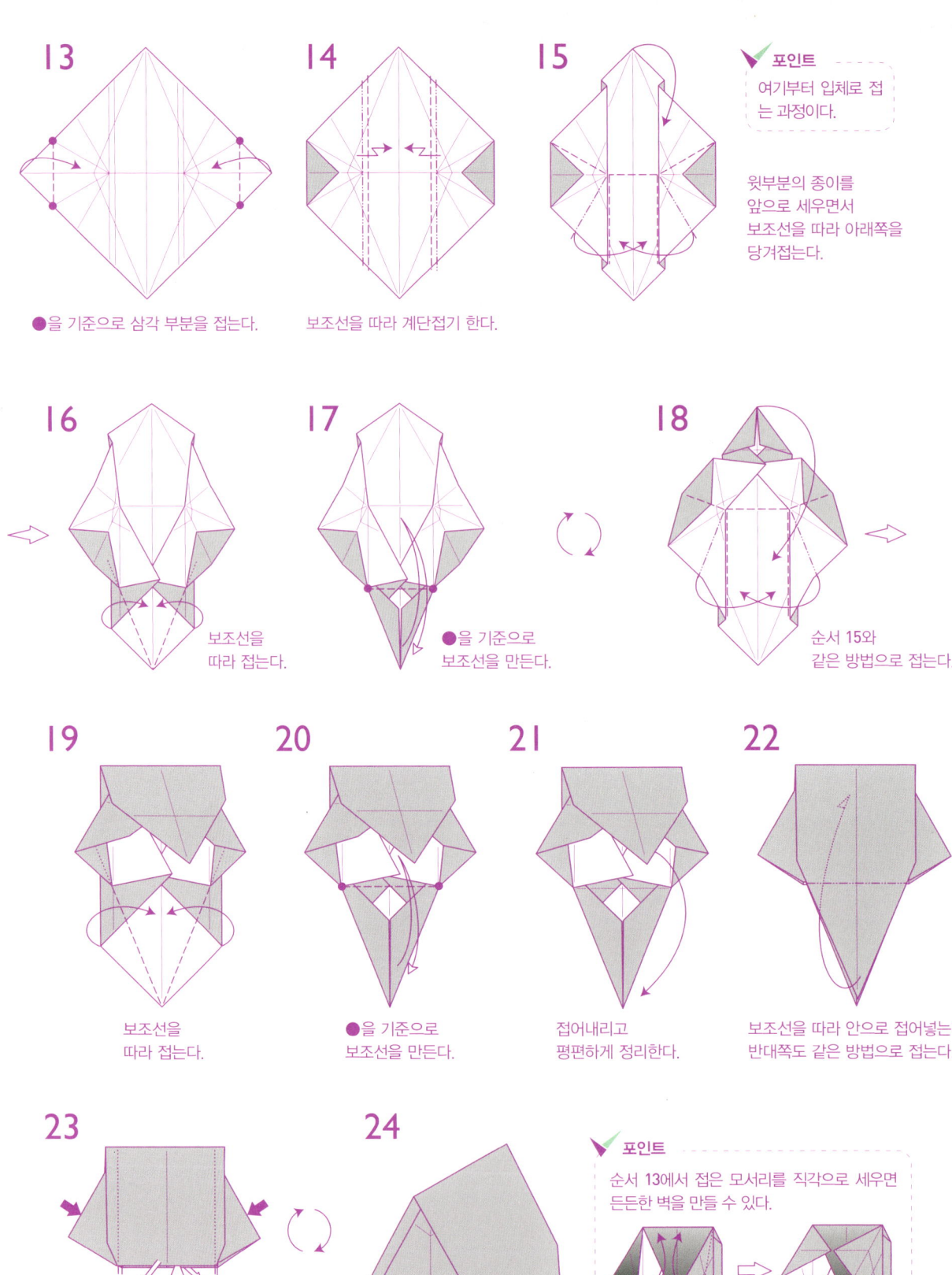

13

●을 기준으로 삼각 부분을 접는다.

14

보조선을 따라 계단접기 한다.

15

✔ 포인트
여기부터 입체로 접
는 과정이다.

윗부분의 종이를
앞으로 세우면서
보조선을 따라 아래쪽을
당겨접는다.

16

보조선을
따라 접는다.

17

●을 기준으로
보조선을 만든다.

18

순서 15와
같은 방법으로 접는다.

19

보조선을
따라 접는다.

20

●을 기준으로
보조선을 만든다.

21

접어내리고
평편하게 정리한다.

22

보조선을 따라 안으로 접어넣는다.
반대쪽도 같은 방법으로 접는다.

23

아래에서 펼쳐
모양을 다듬는다.

24

완성

✔ 포인트
순서 13에서 접은 모서리를 직각으로 세우면
든든한 벽을 만들 수 있다.

모아이 Moai

이스터섬에 남아 있는 고대 유적이다.
조각의 깊은 눈이 매우 인상적인 작품
으로, 마지막 마무리 단계에서 그 특징
을 입체적으로 표현한다.

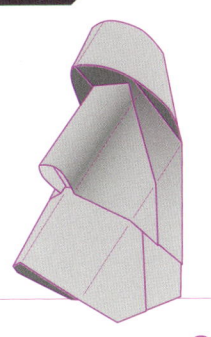

사용한 종이
15〜24㎝

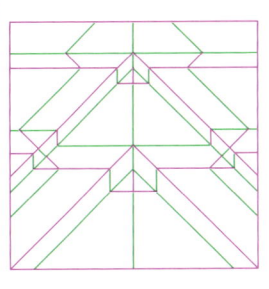

60%

1

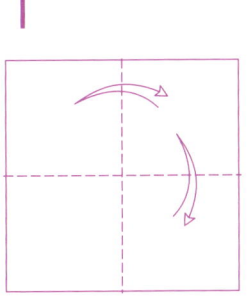

보조선을 만든다.

2

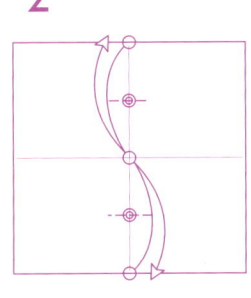

○끼리 맞추어
◎에 표시해 둔다.

3

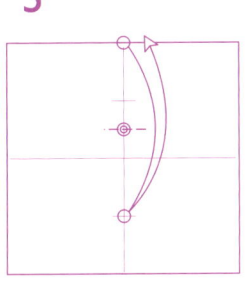

두 ○을 맞추어
◎에 표시해 둔다.

4

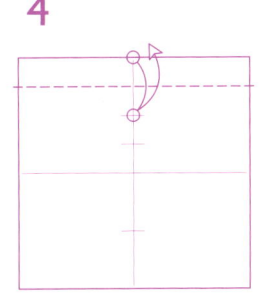

두 ○을 맞추어
보조선을 만든다.

5

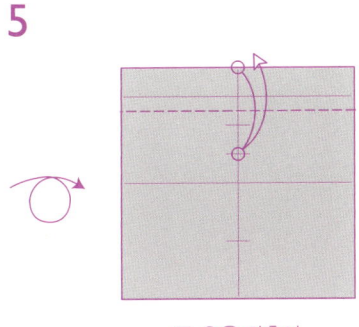

두 ○을 맞추어
보조선을 만든다.

6

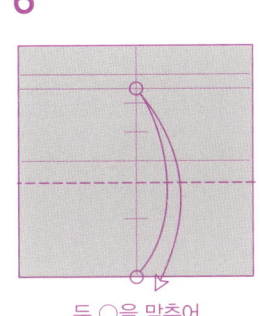

두 ○을 맞추어
보조선을 만든다.

7

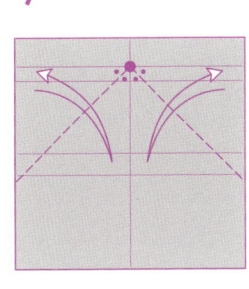

●을 기준으로
보조선을 만든다.
이후 순서 2〜3의
표시는 생략한다.

8

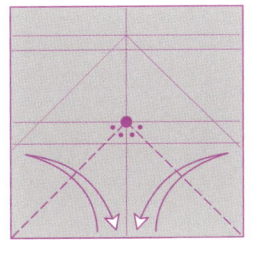

●을 기준으로
보조선을 만든다.

9

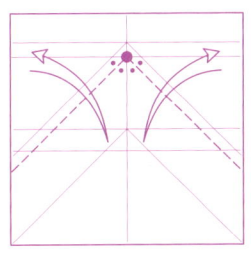

●을 기준으로
보조선을 만든다.

10

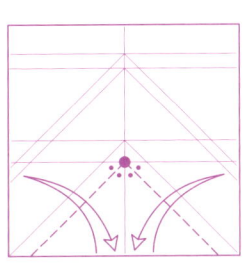

●을 기준으로
보조선을 만든다.

11

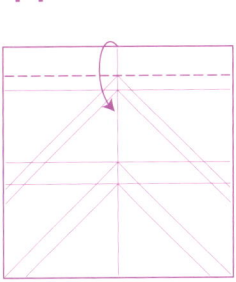

보조선을 아래로 접는다.

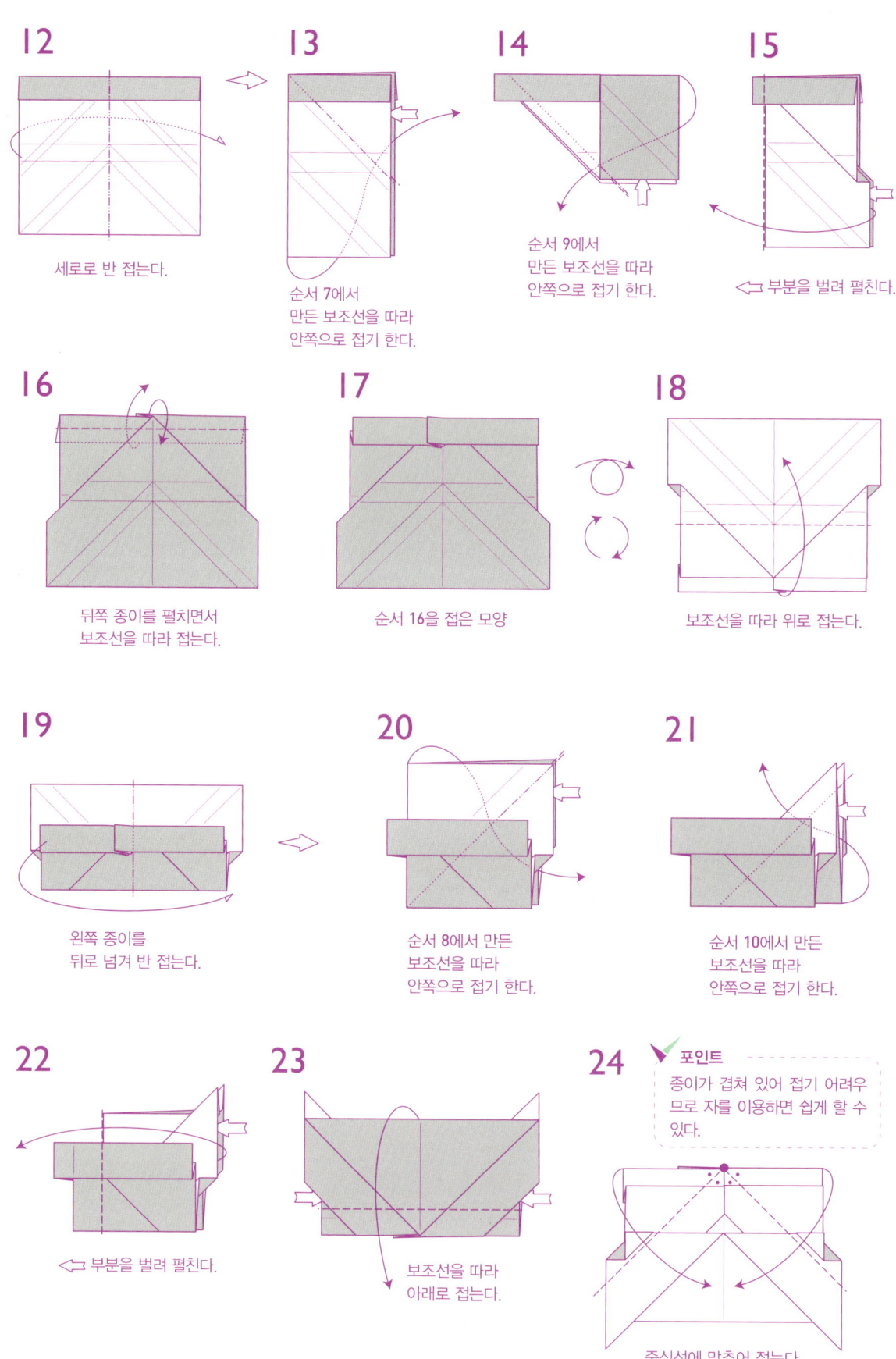

12

세로로 반 접는다.

13

순서 7에서
만든 보조선을 따라
안쪽으로 접기 한다.

14

순서 9에서
만든 보조선을 따라
안쪽으로 접기 한다.

15

◁── 부분을 벌려 펼친다.

16

뒤쪽 종이를 펼치면서
보조선을 따라 접는다.

17

순서 16을 접은 모양

18

보조선을 따라 위로 접는다.

19

왼쪽 종이를
뒤로 넘겨 반 접는다.

20

순서 8에서 만든
보조선을 따라
안쪽으로 접기 한다.

21

순서 10에서 만든
보조선을 따라
안쪽으로 접기 한다.

22

◁── 부분을 벌려 펼친다.

23

보조선을 따라
아래로 접는다.

24

✔ **포인트**
종이가 겹쳐 있어 접기 어려우
므로 자를 이용하면 쉽게 할 수
있다.

중심선에 맞추어 접는다.

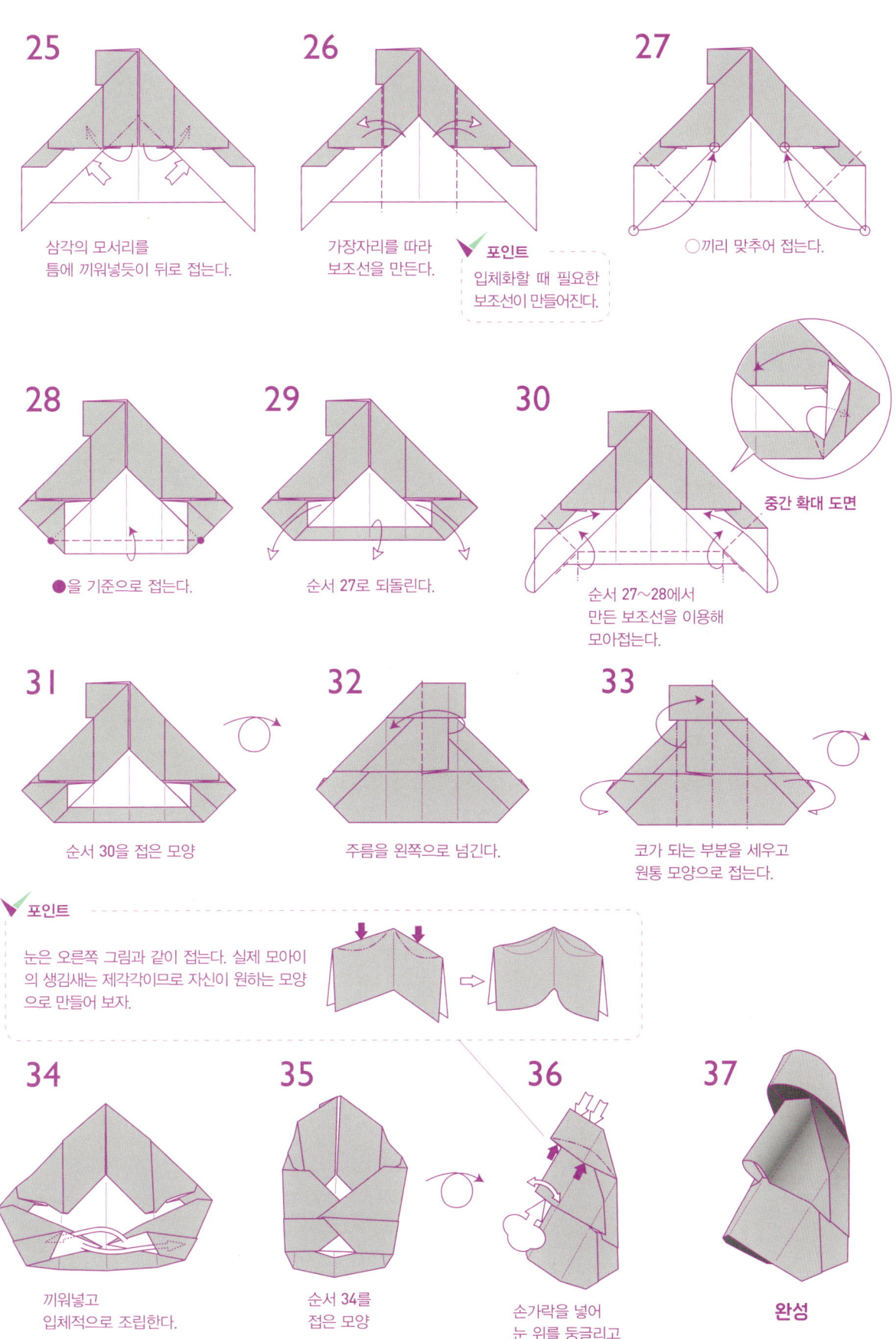

25

삼각의 모서리를
틈에 끼워넣듯이 뒤로 접는다.

26

가장자리를 따라
보조선을 만든다.

✔ **포인트**
입체화할 때 필요한
보조선이 만들어진다.

27

○끼리 맞추어 접는다.

28

●을 기준으로 접는다.

29

순서 **27**로 되돌린다.

30

중간 확대 도면

순서 **27～28**에서
만든 보조선을 이용해
모아접는다.

31

순서 **30**을 접은 모양

32

주름을 왼쪽으로 넘긴다.

33

코가 되는 부분을 세우고
원통 모양으로 접는다.

✔ **포인트**

눈은 오른쪽 그림과 같이 접는다. 실제 모아이
의 생김새는 제각각이므로 자신이 원하는 모양
으로 만들어 보자.

34

끼워넣고
입체적으로 조립한다.

35

순서 **34**를
접은 모양

36

손가락을 넣어
눈 위를 둥글리고
코를 옆으로 편다.

37

완성

판다 Giant Panda

동글동글한 몸의 곡선이 무척 귀여운
판다를 입체화 작품의 예로 만들어
보았다. 마지막 단계의 입체화 작업은
꽤 어렵지만 제대로 접으면 보람을
느낄 수 있는 과정이다.

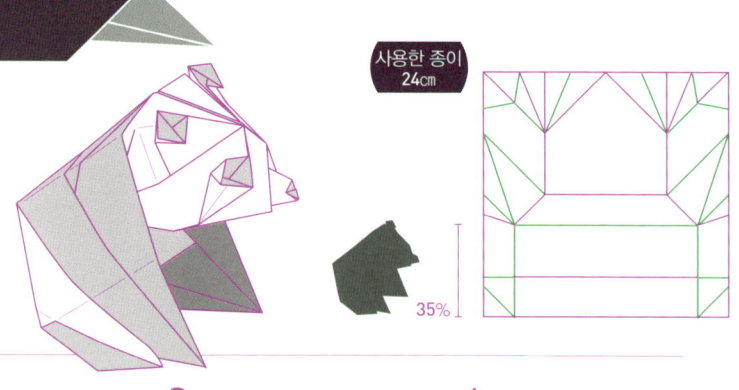

사용한 종이
24cm

35%

1

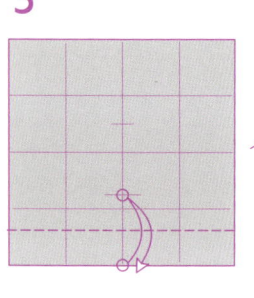

보조선을 만든다.

2

2분의 1 너비로
보조선을 만든다.

3

두 ○을 맞추어
표시해 둔다.

4

두 ○을 맞추어
표시해 둔다.

5

두 ○을 맞추어
보조선을 만든다.

6

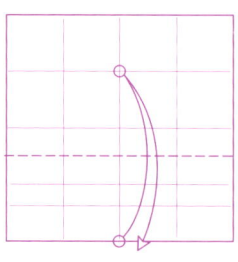

두 ○을 맞추어
보조선을 만든다.
이후 순서 3~4의
표시는 생략한다.

7

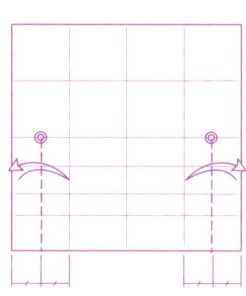

2분의 1 너비로
◎까지 보조선을 만든다.

8

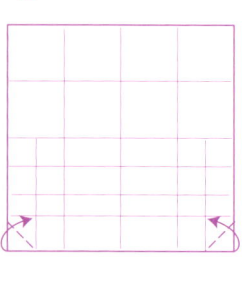

삼각으로 접는다.

9

삼각으로 접는다.

10

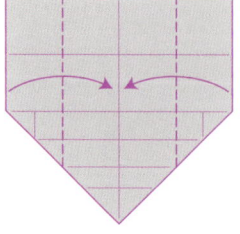

2분의 1 너비로 접는다.

11

겹친 채 ◎까지
보조선을 만든다.

12

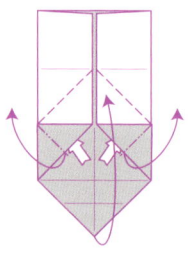

순서 11에서 만든
보조선을 따라
펼치듯이 접는다.

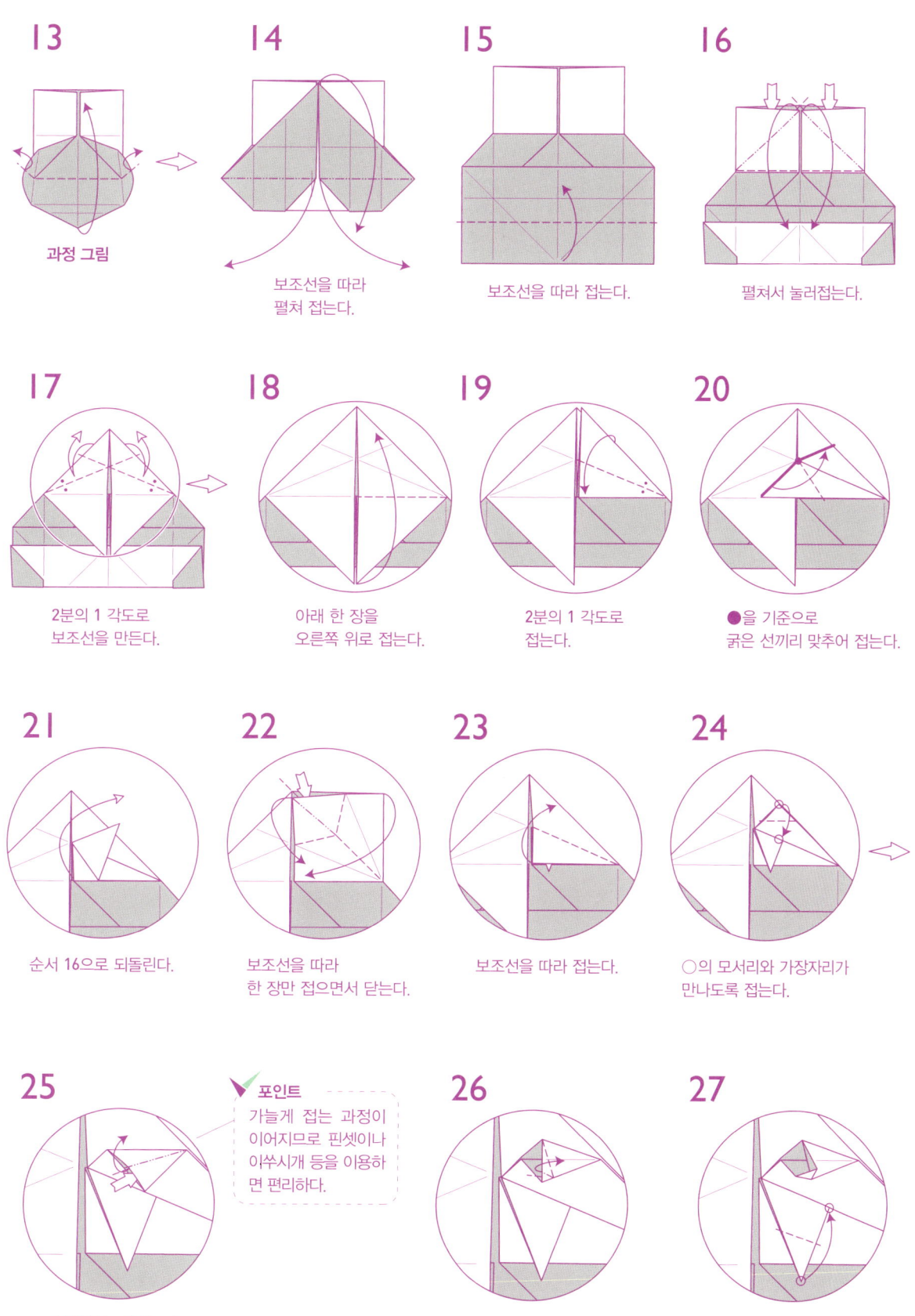

13

과정 그림

14

보조선을 따라
펼쳐 접는다.

15

보조선을 따라 접는다.

16

펼쳐서 눌러접는다.

17

2분의 1 각도로
보조선을 만든다.

18

아래 한 장을
오른쪽 위로 접는다.

19

2분의 1 각도로
접는다.

20

●을 기준으로
굵은 선끼리 맞추어 접는다.

21

순서 16으로 되돌린다.

22

보조선을 따라
한 장만 접으면서 닫는다.

23

보조선을 따라 접는다.

24

○의 모서리와 가장자리가
만나도록 접는다.

25

펼쳐서 눌러접는다.

포인트
가늘게 접는 과정이
이어지므로 핀셋이나
이쑤시개 등을 이용하
면 편리하다.

26

당겨접는다.

27

두 ○을 맞추어 접는다.

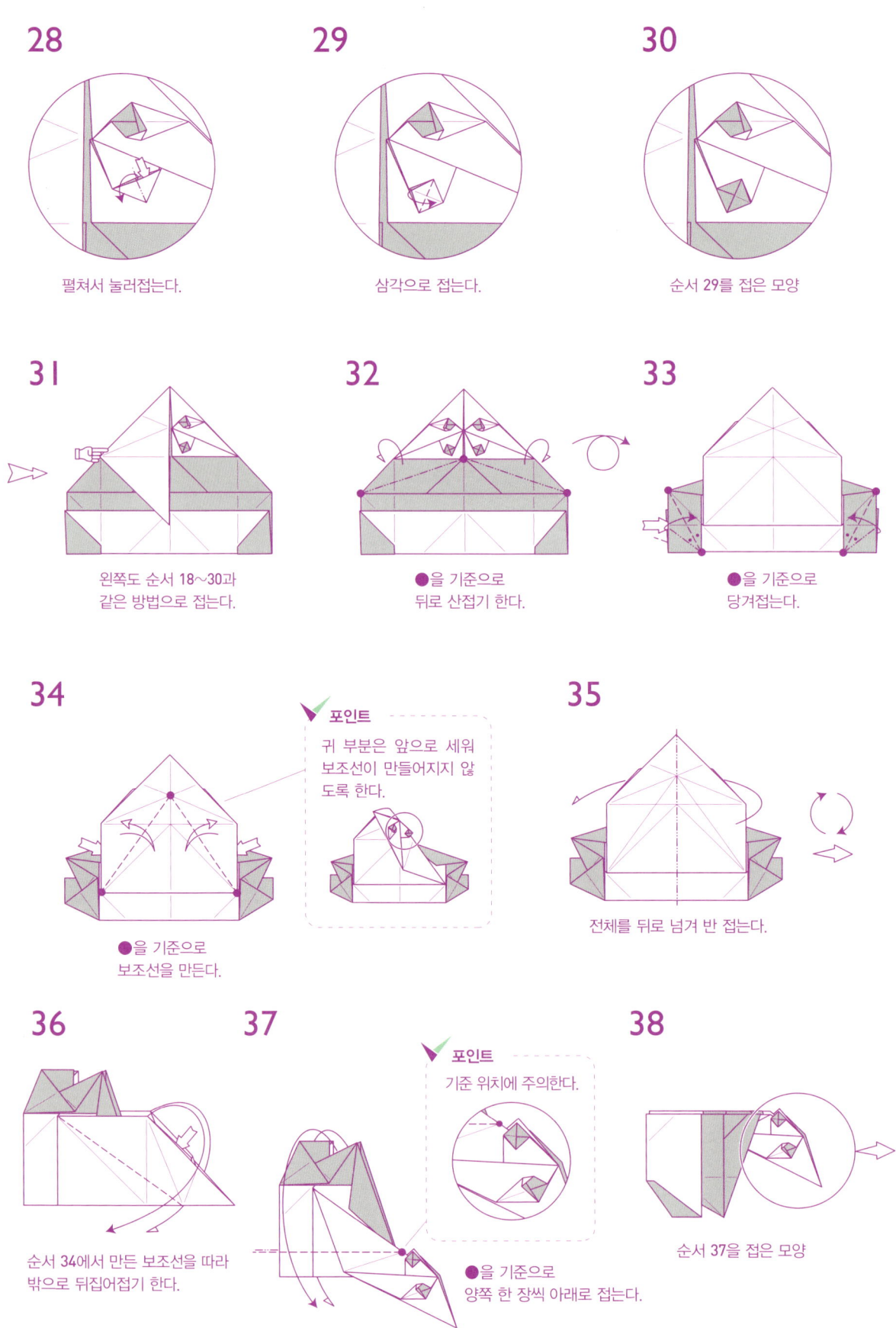

28

펼쳐서 눌러접는다.

29

삼각으로 접는다.

30

순서 29를 접은 모양

31

왼쪽도 순서 18~30과
같은 방법으로 접는다.

32

●을 기준으로
뒤로 산접기 한다.

33

●을 기준으로
당겨접는다.

34

●을 기준으로
보조선을 만든다.

포인트
귀 부분은 앞으로 세워
보조선이 만들어지지 않
도록 한다.

35

전체를 뒤로 넘겨 반 접는다.

36

순서 34에서 만든 보조선을 따라
밖으로 뒤집어접기 한다.

37

포인트
기준 위치에 주의한다.

●을 기준으로
양쪽 한 장씩 아래로 접는다.

38

순서 37을 접은 모양

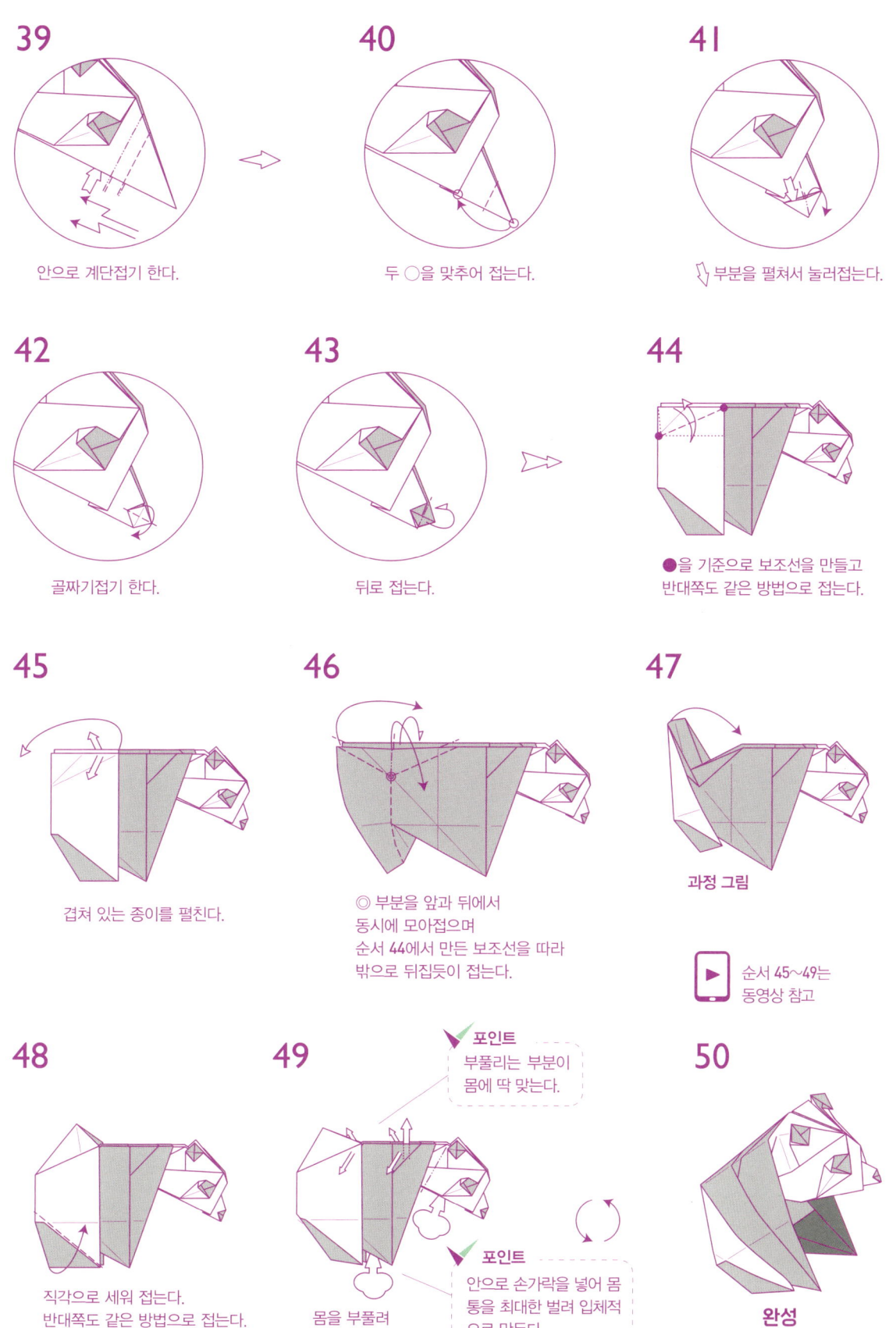

39

안으로 계단접기 한다.

40

두 ○을 맞추어 접는다.

41

⇓ 부분을 펼쳐서 눌러접는다.

42

골짜기접기 한다.

43

뒤로 접는다.

44

●을 기준으로 보조선을 만들고
반대쪽도 같은 방법으로 접는다.

45

겹쳐 있는 종이를 펼친다.

46

◎ 부분을 앞과 뒤에서
동시에 모아접으며
순서 44에서 만든 보조선을 따라
밖으로 뒤집듯이 접는다.

47

과정 그림

▶ 순서 45~49는
동영상 참고

48

직각으로 세워 접는다.
반대쪽도 같은 방법으로 접는다.

49

포인트
부풀리는 부분이
몸에 딱 맞는다.

몸을 부풀려
모양을 다듬는다.

포인트
안으로 손가락을 넣어 몸
통을 최대한 벌려 입체적
으로 만든다.

50

완성

토끼 Rabbit

토끼를 사실적으로 만든 작품이다. 등
에서 꼬리로 이어지는 입체화 과정을
즐겨 보자. 마무리 단계에서는 안으로
손가락을 넣어 둥글게 부풀린다.

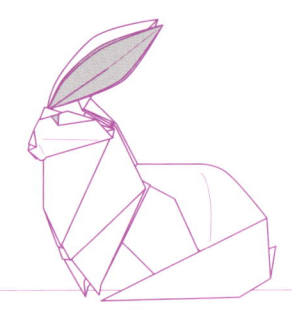

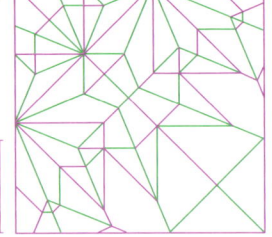

사용한 종이
35cm

30%

1

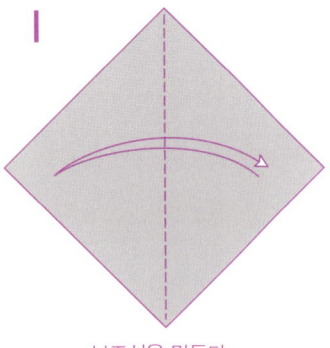

보조선을 만든다.

2

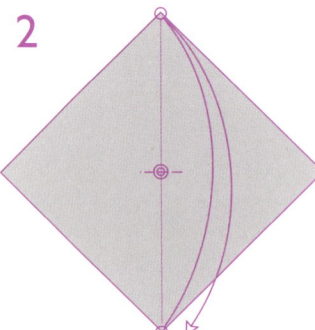

두 ○을 맞추어
◎에 표시해 둔다.

3

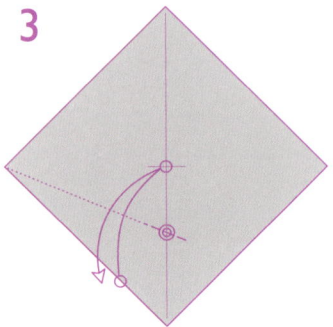

두 ○을 맞추어
◎에 표시해 둔다.

4

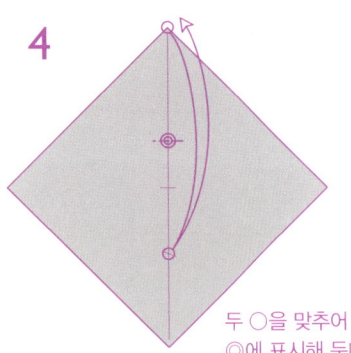

두 ○을 맞추어
◎에 표시해 둔다.

5

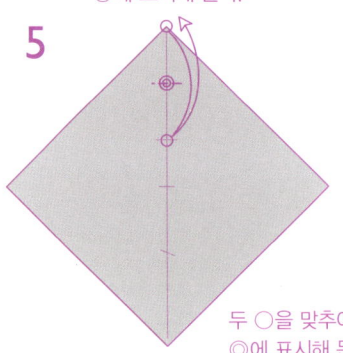

두 ○을 맞추어
◎에 표시해 둔다.

6

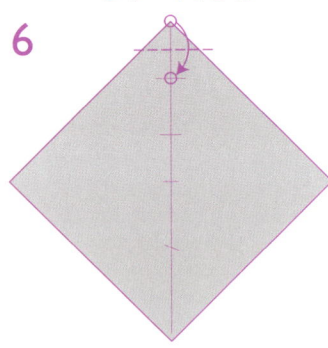

두 ○을 맞추어 접는다.

7

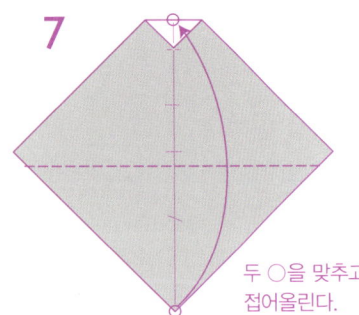

두 ○을 맞추고
접어올린다.

8

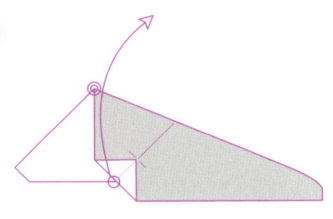

두 ○을 맞추어
◎에 표시가 생기도록 접는다.

9

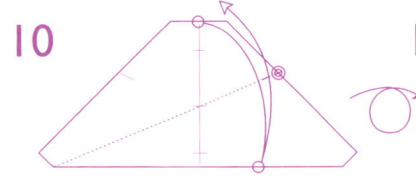

○이 만나는지 확인하고
◎에 확실하게 표시한 뒤
펼친다.

10

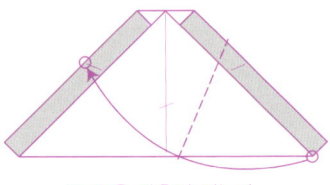

오른쪽도 순서 8~9와
같은 방법으로 표시한다.

11

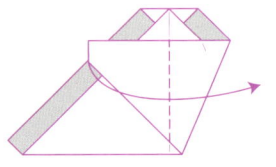

두 ○을 맞추어 접는다.

12

중심선에 맞추어
오른쪽으로 접는다.

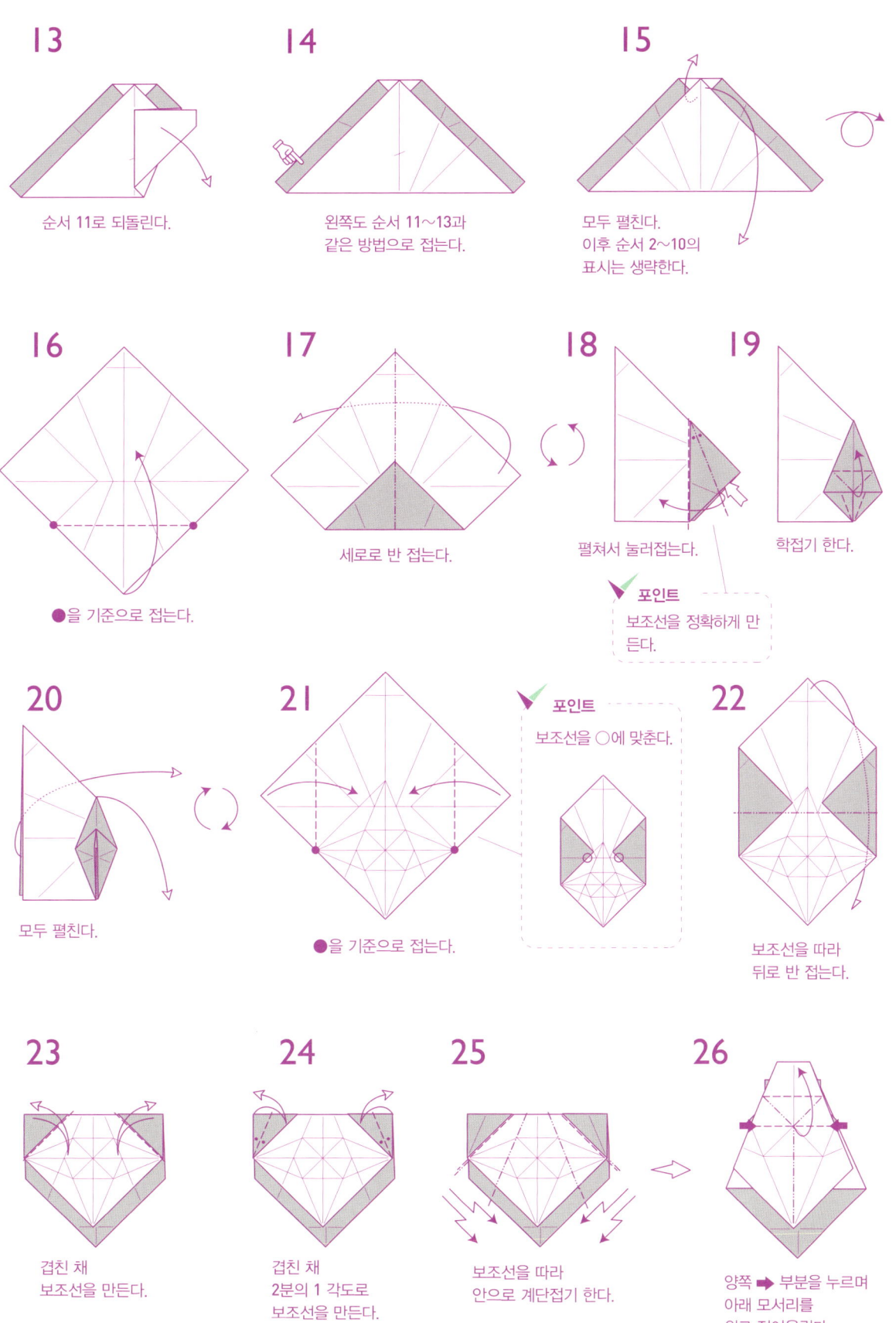

13
순서 11로 되돌린다.

14
왼쪽도 순서 11~13과
같은 방법으로 접는다.

15
모두 펼친다.
이후 순서 2~10의
표시는 생략한다.

16
●을 기준으로 접는다.

17
세로로 반 접는다.

18
펼쳐서 눌러접는다.

▼ 포인트
보조선을 정확하게 만
든다.

19
학접기 한다.

20
모두 펼친다.

21
●을 기준으로 접는다.

▼ 포인트
보조선을 ○에 맞춘다.

22
보조선을 따라
뒤로 반 접는다.

23
겹친 채
보조선을 만든다.

24
겹친 채
2분의 1 각도로
보조선을 만든다.

25
보조선을 따라
안으로 계단접기 한다.

26
양쪽 ➡ 부분을 누르며
아래 모서리를
위로 접어올린다.

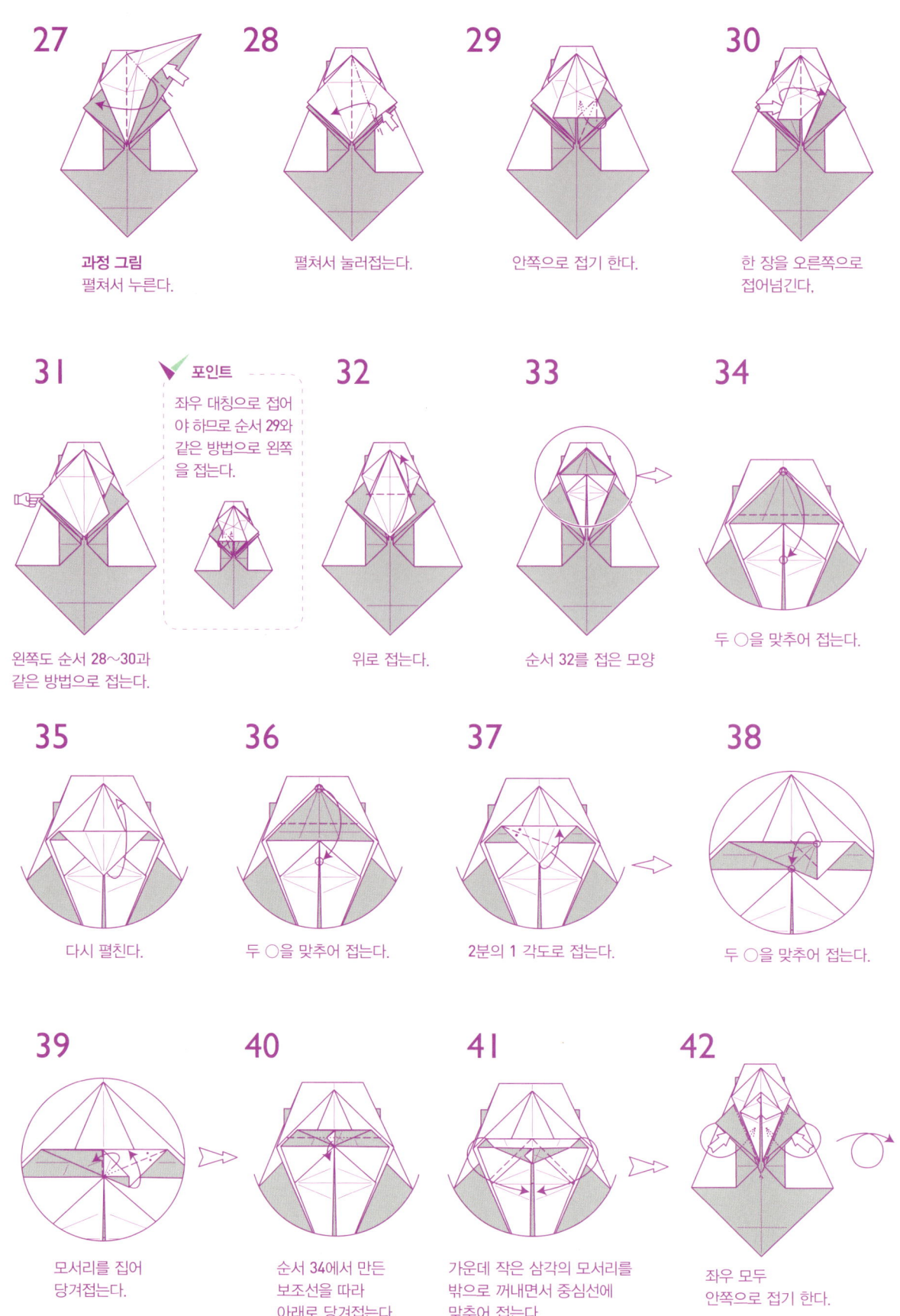

27

과정 그림
펼쳐서 누른다.

28

펼쳐서 눌러접는다.

29

안쪽으로 접기 한다.

30

한 장을 오른쪽으로
접어넘긴다.

31

왼쪽도 순서 28~30과
같은 방법으로 접는다.

포인트

좌우 대칭으로 접어
야 하므로 순서 29와
같은 방법으로 왼쪽
을 접는다.

32

위로 접는다.

33

순서 32를 접은 모양

34

두 ○을 맞추어 접는다.

35

다시 펼친다.

36

두 ○을 맞추어 접는다.

37

2분의 1 각도로 접는다.

38

두 ○을 맞추어 접는다.

39

모서리를 집어
당겨접는다.

40

순서 34에서 만든
보조선을 따라
아래로 당겨접는다.

41

가운데 작은 삼각의 모서리를
밖으로 꺼내면서 중심선에
맞추어 접는다.

42

좌우 모두
안쪽으로 접기 한다.

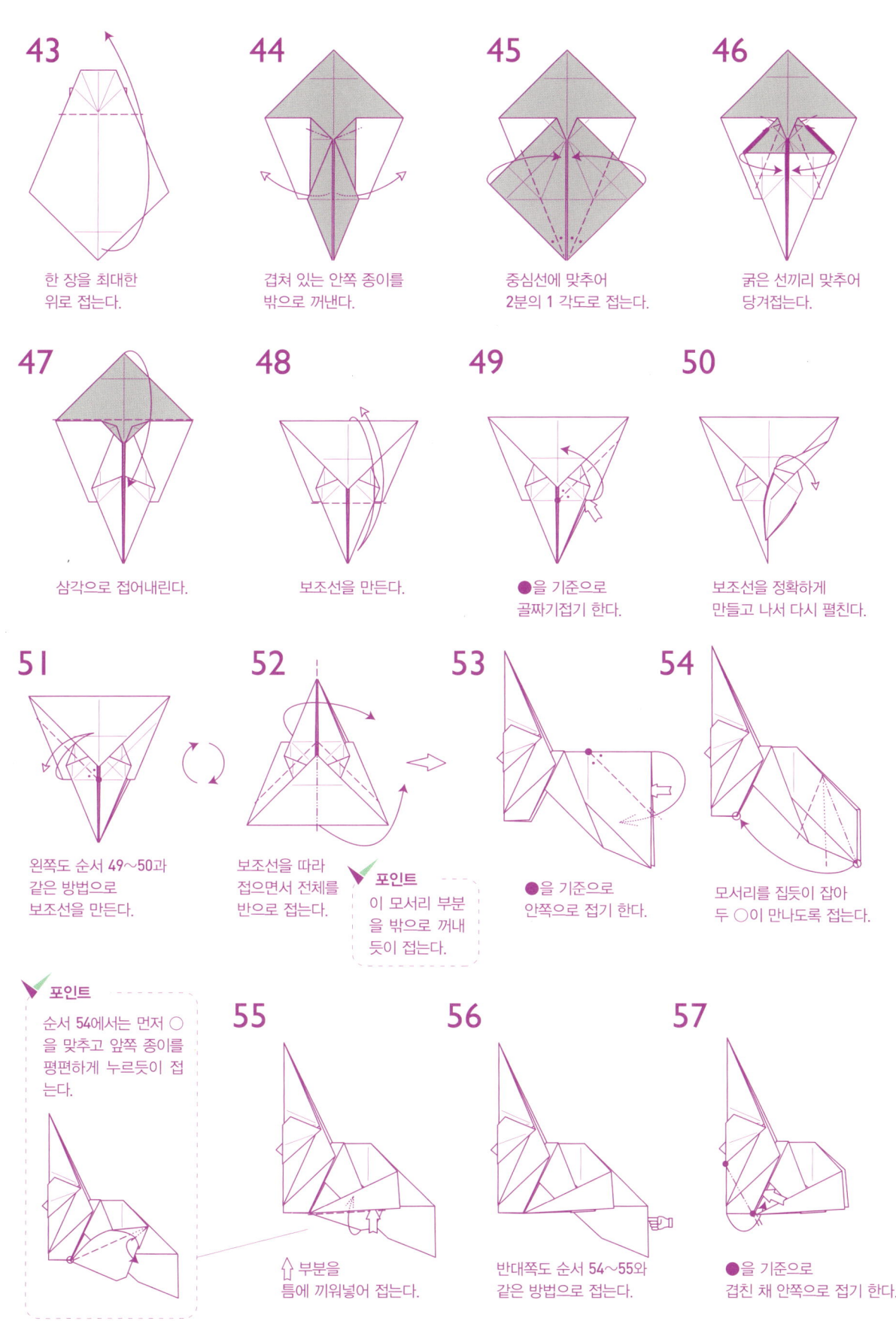

43 한 장을 최대한 위로 접는다.

44 겹쳐 있는 안쪽 종이를 밖으로 꺼낸다.

45 중심선에 맞추어 2분의 1 각도로 접는다.

46 굵은 선끼리 맞추어 당겨접는다.

47 삼각으로 접어내린다.

48 보조선을 만든다.

49 ●을 기준으로 골짜기접기 한다.

50 보조선을 정확하게 만들고 나서 다시 펼친다.

51 왼쪽도 순서 49~50과 같은 방법으로 보조선을 만든다.

52 보조선을 따라 접으면서 전체를 반으로 접는다.

포인트 이 모서리 부분을 밖으로 꺼내 듯이 접는다.

53 ●을 기준으로 안쪽으로 접기 한다.

54 모서리를 집듯이 잡아 두 ○이 만나도록 접는다.

포인트 순서 54에서는 먼저 ○을 맞추고 앞쪽 종이를 평편하게 누르듯이 접는다.

55 ⇧ 부분을 틈에 끼워넣어 접는다.

56 반대쪽도 순서 54~55와 같은 방법으로 접는다.

57 ●을 기준으로 겹친 채 안쪽으로 접기 한다.

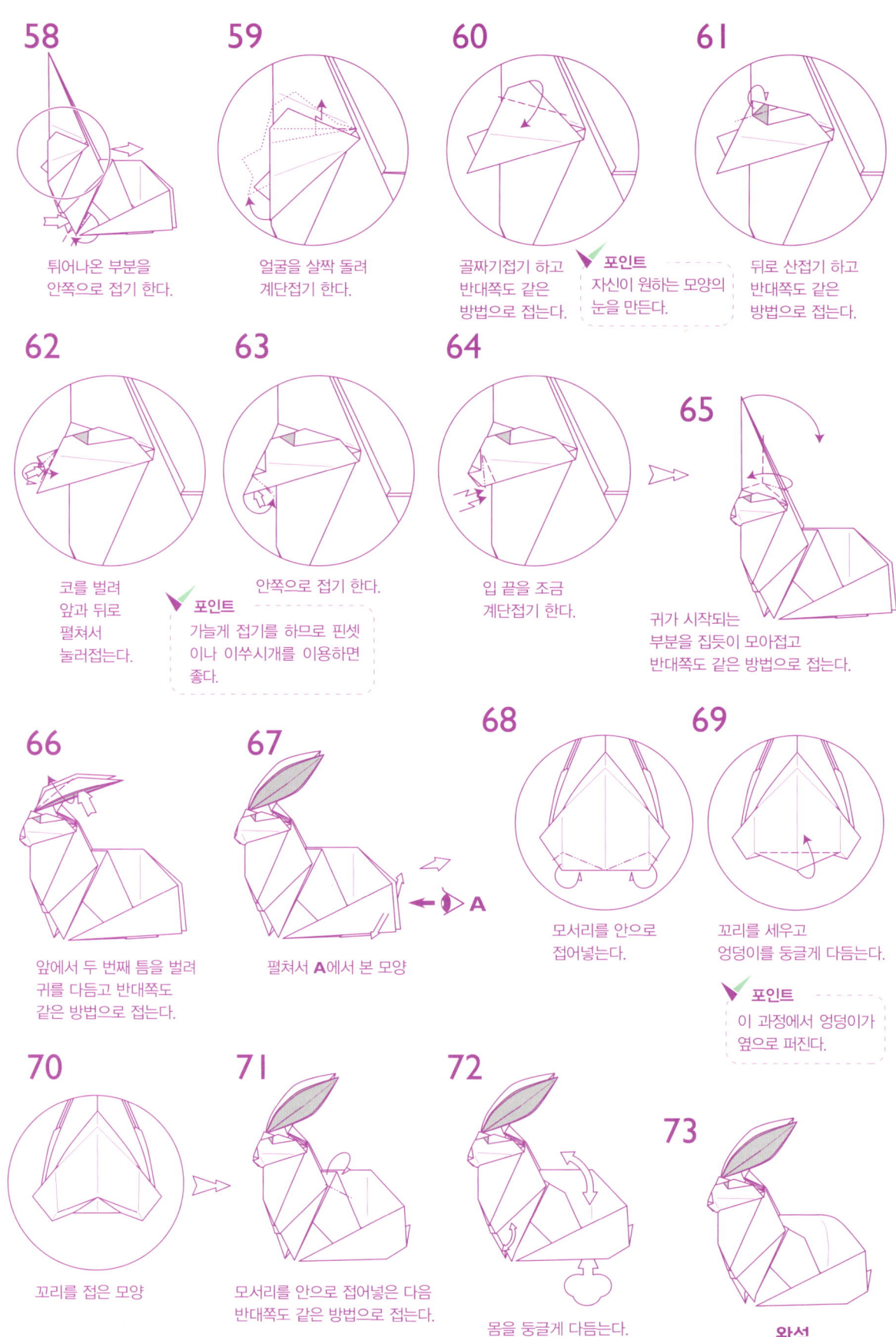

58

튀어나온 부분을
안쪽으로 접기 한다.

59

얼굴을 살짝 돌려
계단접기 한다.

60

골짜기접기 하고
반대쪽도 같은
방법으로 접는다.

✔ **포인트**
자신이 원하는 모양의
눈을 만든다.

61

뒤로 산접기 하고
반대쪽도 같은
방법으로 접는다.

62

코를 벌려
앞과 뒤로
펼쳐서
눌러접는다.

✔ **포인트**
가늘게 접기를 하므로 핀셋
이나 이쑤시개를 이용하면
좋다.

63

안쪽으로 접기 한다.

64

입 끝을 조금
계단접기 한다.

65

귀가 시작되는
부분을 집듯이 모아접고
반대쪽도 같은 방법으로 접는다.

66

앞에서 두 번째 틈을 벌려
귀를 다듬고 반대쪽도
같은 방법으로 접는다.

67

펼쳐서 **A**에서 본 모양

68

모서리를 안으로
접어넣는다.

69

꼬리를 세우고
엉덩이를 둥글게 다듬는다.

✔ **포인트**
이 과정에서 엉덩이가
옆으로 퍼진다.

70

꼬리를 접은 모양

71

모서리를 안으로 접어넣은 다음
반대쪽도 같은 방법으로 접는다.

72

몸을 둥글게 다듬는다.

73

완성

프레리도그 Prairie Dog

종이접기에서 동물을 입체화할 경우
몸통을 만드는 작업이 과정 대부분을
차지하는데, 이 작품에서는 목 주변에
입체화 기법을 사용했다. 입체화로 목
의 각도를 표현할 수 있다.

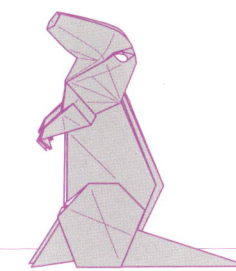

사용한 종이
24cm

44%

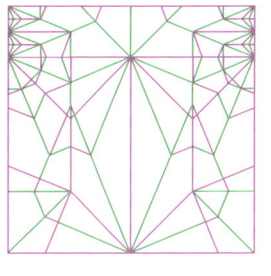

1

보조선을 만든다.

2

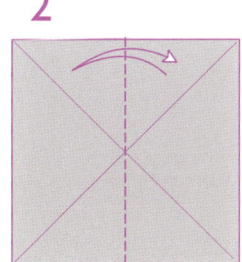

보조선을 만든다.

3

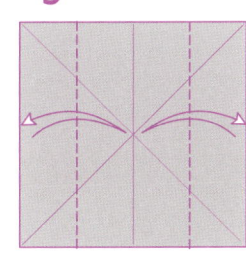

2분의 1 너비로
보조선을 만든다.

4

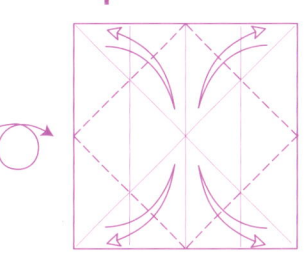

보조선을 만든다.

5

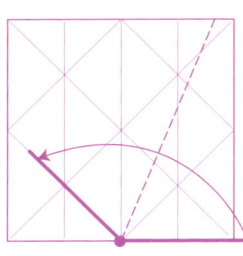

●을 기준으로
굵은 선끼리 맞추어 접는다.

6

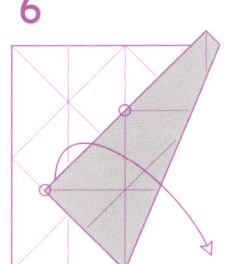

○이 일치하는지
확인하고 다시 펼친다.

포인트

종이의 방향이 바뀌지 않도록 주의한
다(세로 보조선의 방향).

7

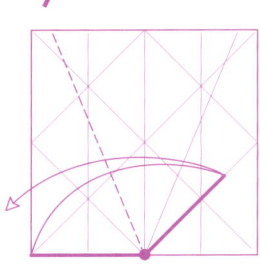

왼쪽도 순서 5~6과
같은 방법으로
보조선을 만든다.

8

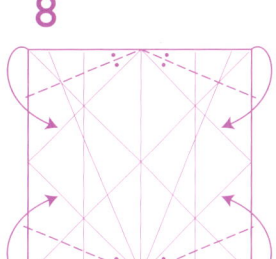

2분의 1 각도로 접는다.

9

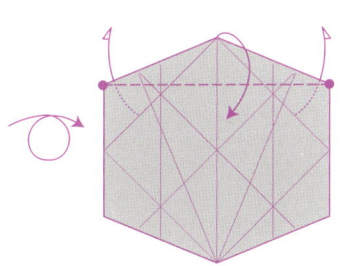

●을 기준으로
뒷장을 펼치면서 접는다.

10

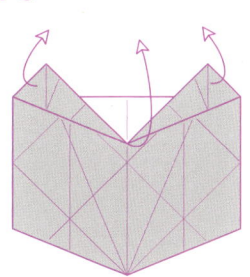

윗부분을 모두 펼친다.

11

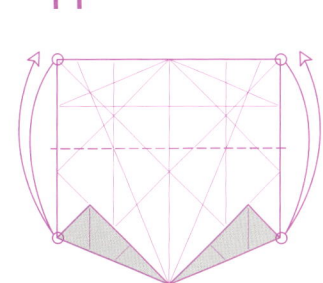

○끼리 맞추어
보조선을 만든다.

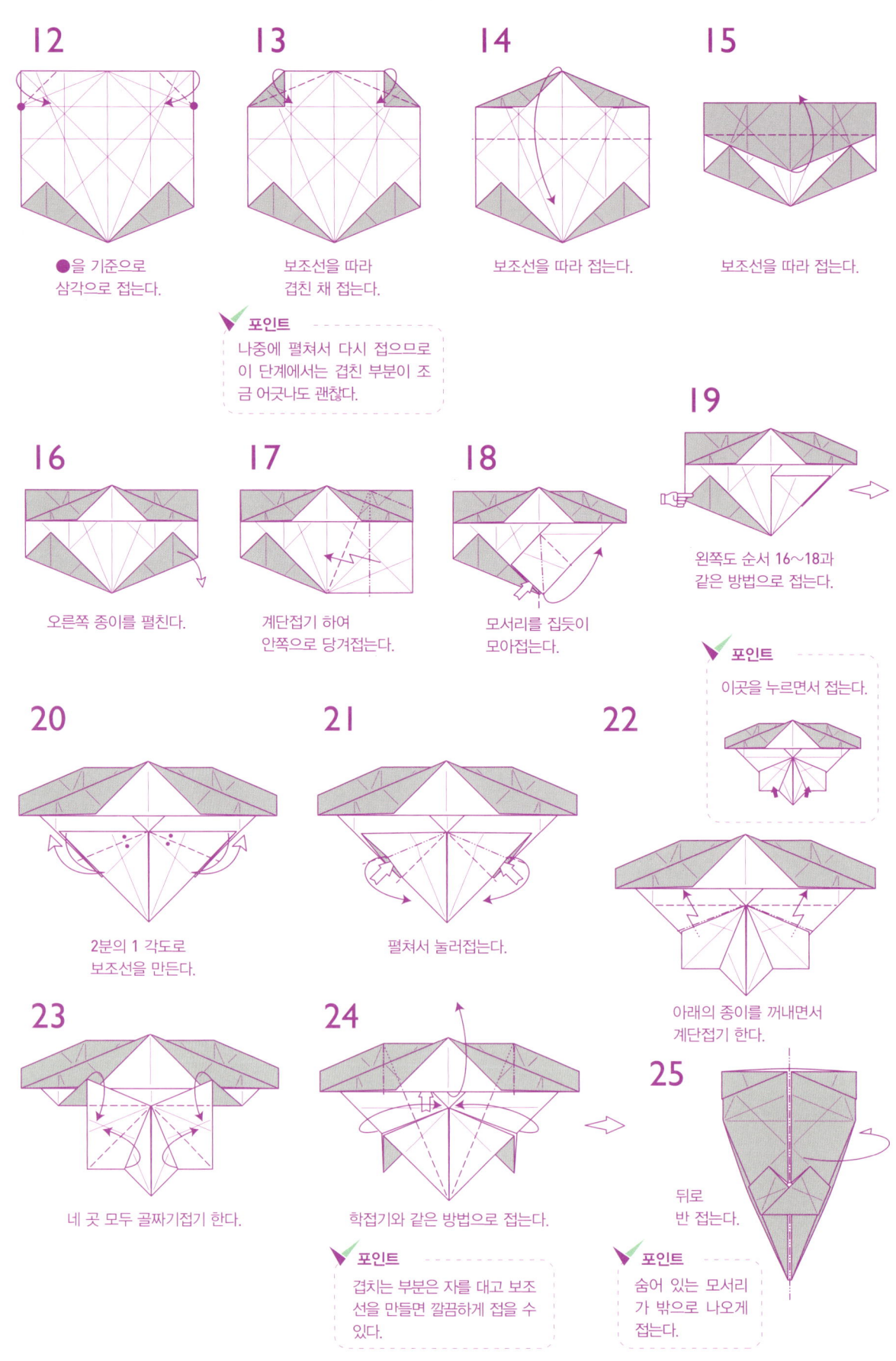

12

●을 기준으로
삼각으로 접는다.

13

보조선을 따라
겹친 채 접는다.

▼ **포인트**
나중에 펼쳐서 다시 접으므로
이 단계에서는 겹친 부분이 조
금 어긋나도 괜찮다.

14

보조선을 따라 접는다.

15

보조선을 따라 접는다.

16

오른쪽 종이를 펼친다.

17

계단접기 하여
안쪽으로 당겨접는다.

18

모서리를 집듯이
모아접는다.

19

왼쪽도 순서 16~18과
같은 방법으로 접는다.

▼ **포인트**
이곳을 누르면서 접는다.

20

2분의 1 각도로
보조선을 만든다.

21

펼쳐서 눌러접는다.

22

아래의 종이를 꺼내면서
계단접기 한다.

23

네 곳 모두 골짜기접기 한다.

24

학접기와 같은 방법으로 접는다.

▼ **포인트**
겹치는 부분은 자를 대고 보조
선을 만들면 깔끔하게 접을 수
있다.

25

뒤로
반 접는다.

▼ **포인트**
숨어 있는 모서리
가 밖으로 나오게
접는다.

26

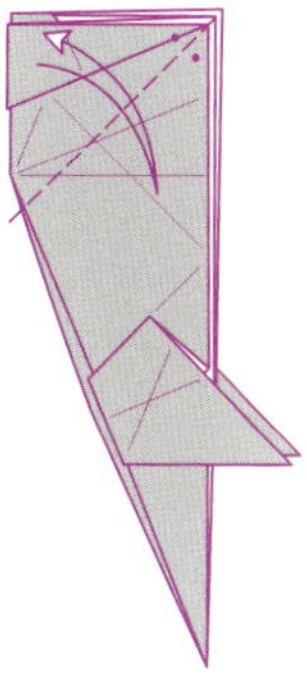

위 한 장에
보조선을 만든 다음
반대쪽도 같은
방법으로 접는다.

27

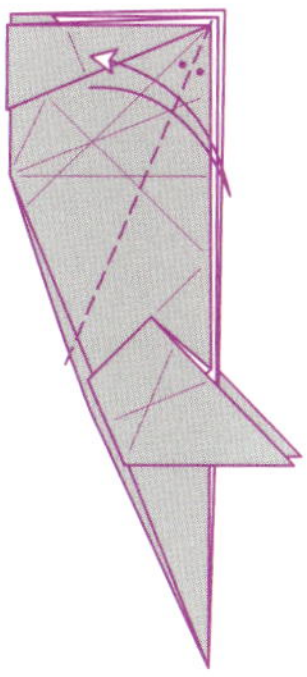

위 한 장에
2분의 1 각도로
보조선을 만든다.
반대쪽도 같은
방법으로 접는다.

28

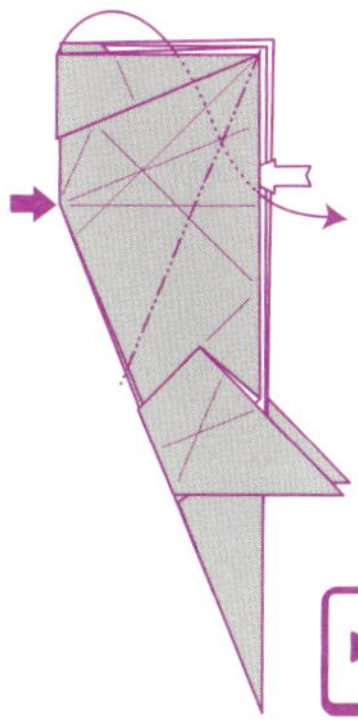

앞쪽 틈에서
안쪽으로 접기 한다.
모서리 부분은
닫힌 함몰접기로
밀어넣듯이 접는다.

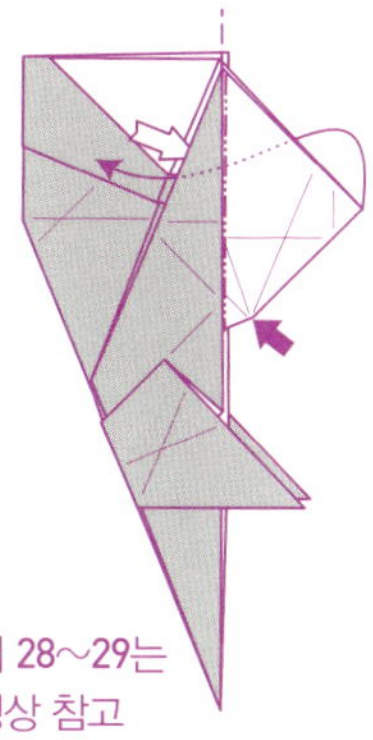

▶ 순서 28~29는
동영상 참고

29

안쪽으로 접기 한다.
모서리 부분은
닫힌 함몰접기로
밀어넣듯이 접는다.

30

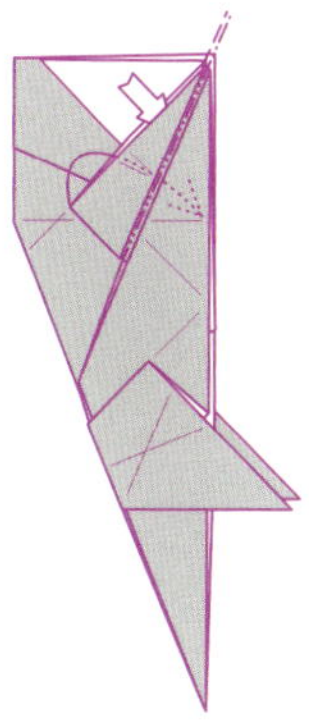

안쪽으로 접기 한다.

31

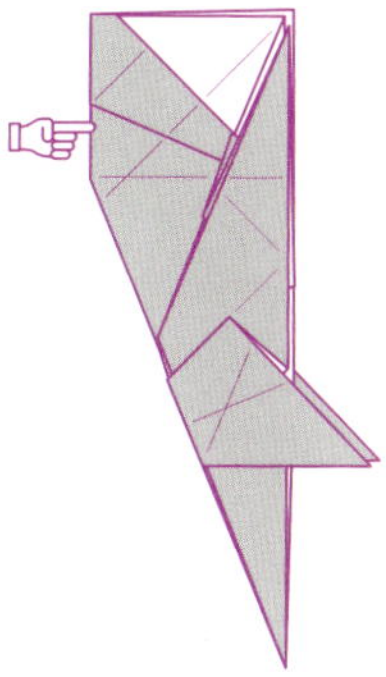

반대쪽도 순서 28~30과
같은 방법으로 접는다.

32

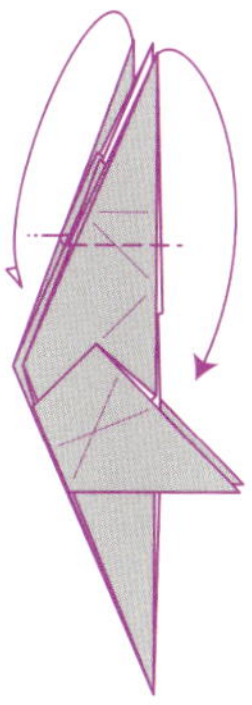

모서리를
앞뒤 한 장씩
아래로 접는다.

33

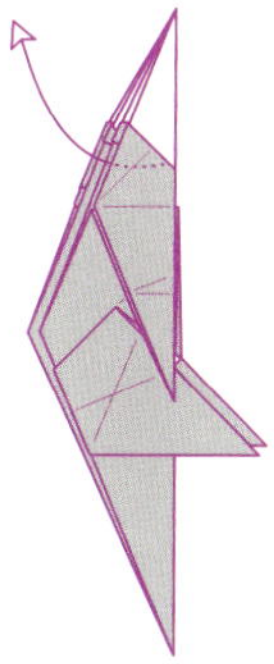

겹친 종이를
꺼낸다.

✔ **포인트**
전체를 조금 벌려서 접은
다음 다시 닫는다.

34

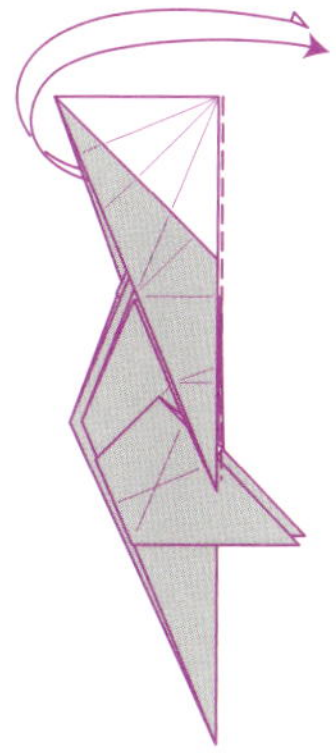

꺼낸 부분을
밖으로 뒤집어접기 한다.

35

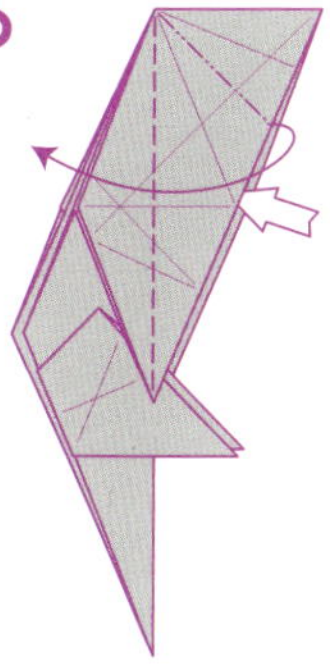

펼쳐서
눌러접는다.

36

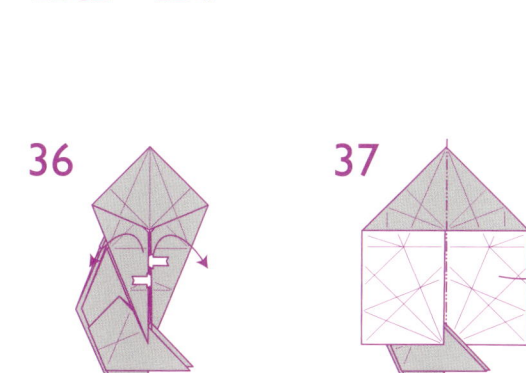

겹쳐 있는 종이를
모두 꺼내 펼친다.

37

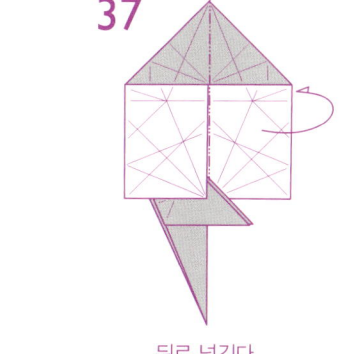

뒤로 넘긴다.

38

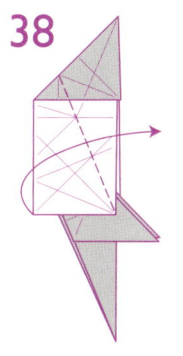

보조선을 따라
골짜기접기 한다.
반대쪽도 같은 방법으로 접는다.

39

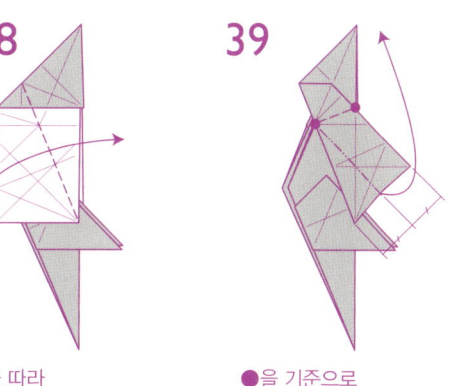

●을 기준으로
2분의 1 너비로 접어올린다.
반대쪽도 같은 방법으로 접는다.

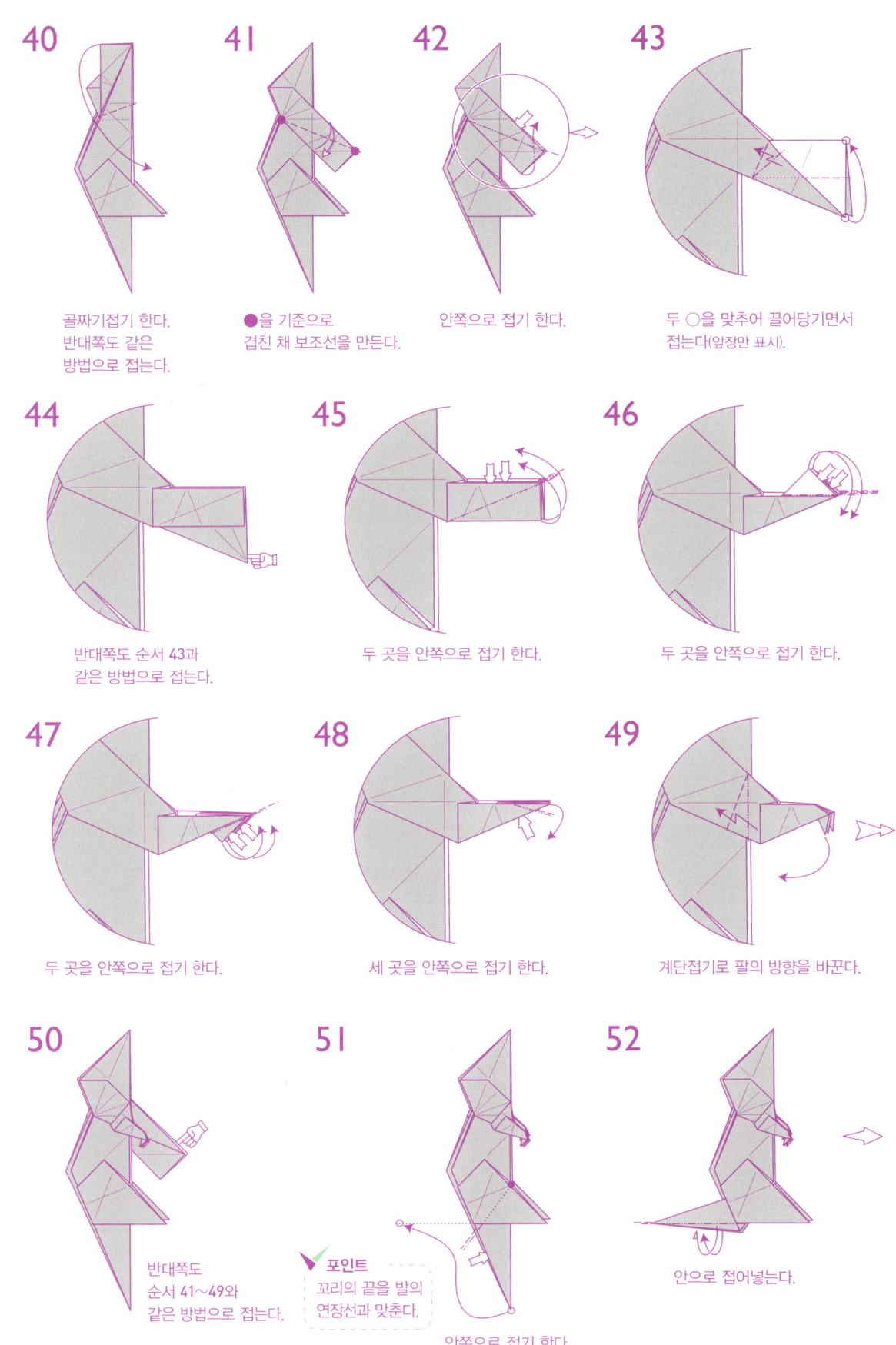

40

골짜기접기 한다.
반대쪽도 같은
방법으로 접는다.

41

●을 기준으로
겹친 채 보조선을 만든다.

42

안쪽으로 접기 한다.

43

두 ○을 맞추어 끌어당기면서
접는다(앞장만 표시).

44

반대쪽도 순서 **43**과
같은 방법으로 접는다.

45

두 곳을 안쪽으로 접기 한다.

46

두 곳을 안쪽으로 접기 한다.

47

두 곳을 안쪽으로 접기 한다.

48

세 곳을 안쪽으로 접기 한다.

49

계단접기로 팔의 방향을 바꾼다.

50

반대쪽도
순서 **41∼49**와
같은 방법으로 접는다.

51

✔ **포인트**
꼬리의 끝을 발의
연장선과 맞춘다.

안쪽으로 접기 한다.

52

안으로 접어넣는다.

53

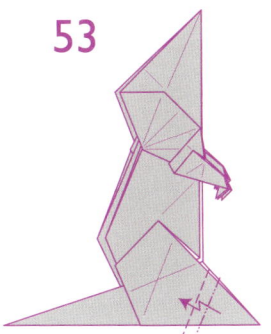

계단접기 한 다음 반대쪽도
같은 방법으로 접는다.

54

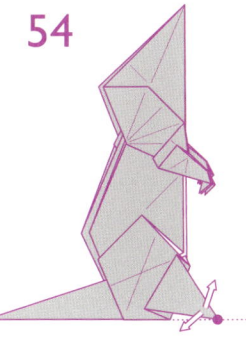

●의 높이를 조정한 다음
반대쪽도 같은 방법으로 접는다.

55

다시 펼치고 반대쪽도
같은 방법으로 접는다.

56

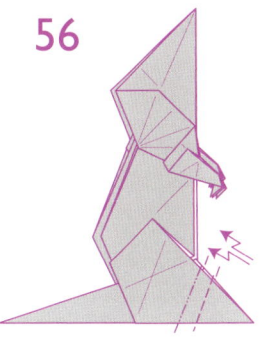

순서 54에서 만든 보조선을
따라 안쪽으로 계단접기 한다.
반대쪽도 같은 방법으로 접는다.

57

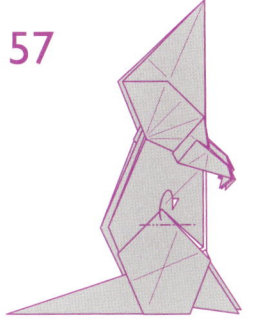

안으로 접어넣은 뒤
반대쪽도 같은 방법으로 접는다.

58

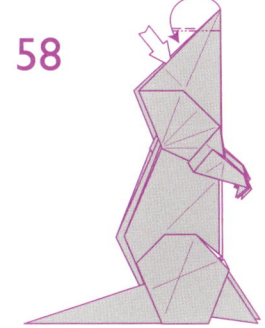

끝부분을 조금
안쪽으로 접기 한다.

59

안쪽에서 종이를 꺼낸다.

60

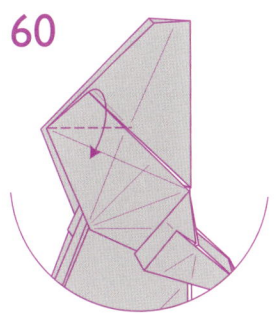

보조선을 따라 골짜기접기 하고
반대쪽도 같은 방법으로 접는다.

61

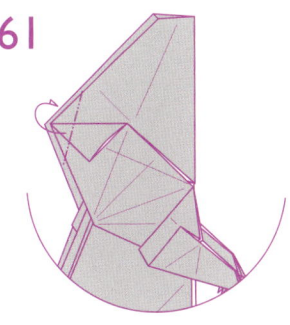

안으로 접어넣은 뒤
반대쪽도 같은 방법으로 접는다.

62

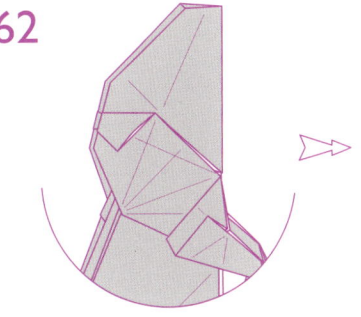

순서 61을 접은 모양

63

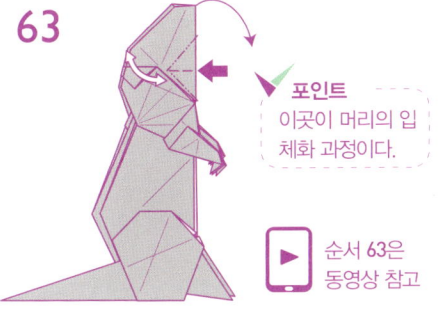

포인트
이곳이 머리의 입
체화 과정이다.

▶ 순서 63은
동영상 참고

목 부분을 밀어넣어 부풀리면서
화살표 방향으로 조금 기울인다.

64

귀를 펼쳐 다듬고 반대쪽도
같은 방법으로 접는다.

65

완성

고릴라 Gorilla

입체화의 마지막 작품이다. 이 작품의 특징은 어깨를 입체적으로 접기 위해 미리 보조선을 만들어 두고 마지막에 그 보조선을 이용해 입체화하는 것이다. 이 재미있는 과정을 꼭 즐겨 보기를 바란다.

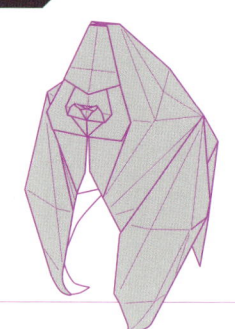

사용한 종이
24cm

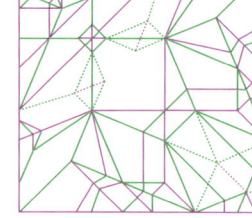
44%

참고 : 점선은 입체화 단계의 보조선

I
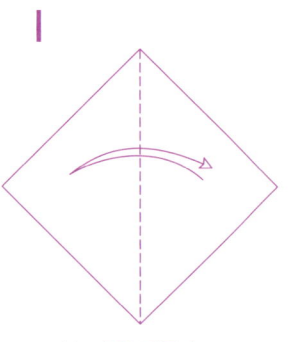
보조선을 만든다.

2
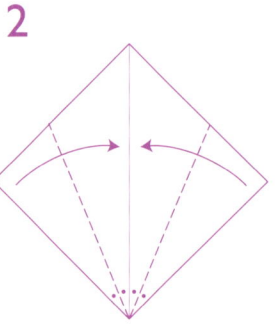
중심에 맞추어 접는다.

3
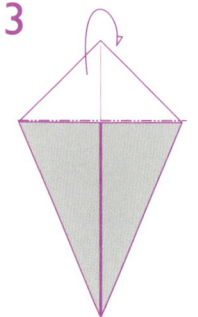
뒤쪽으로 산접기 한다.

4
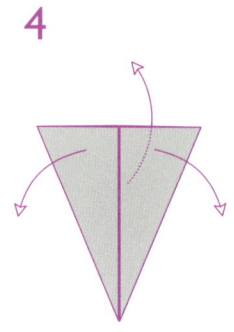
모두 펼친다.

5
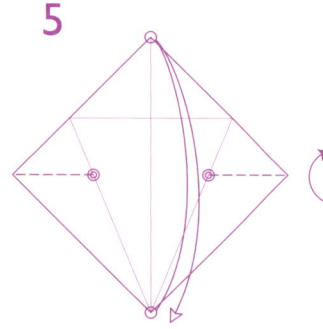
두 ○을 맞추어
◎까지 두 곳에
보조선을 만든다.

6
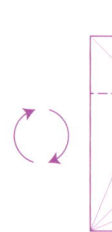
●을 기준으로
두 ○을 맞추어 접는다.

7
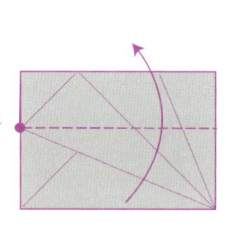
●을 기준으로
뒷장 가장자리에
맞추어 접는다.

8
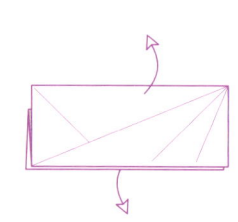
모두 펼친다.

9
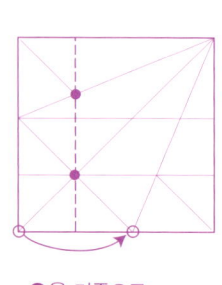
●을 기준으로
두 ○에 맞추어 접는다.

10
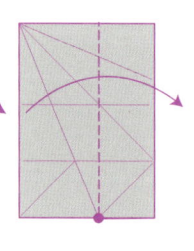
●을 기준으로
뒷장 가장자리에
맞추어 접는다.

II
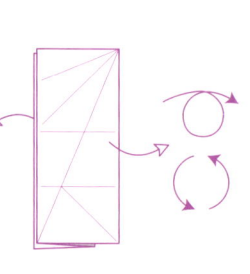
모두 펼친다.

12
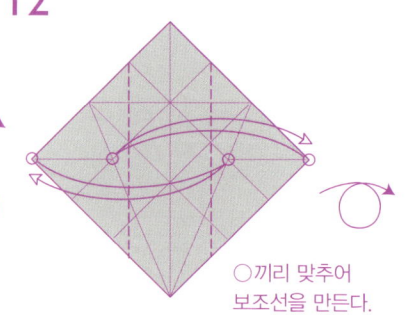
○끼리 맞추어
보조선을 만든다.

✔ 포인트
만들어 둔 보조선을 확인하여
종이의 방향이 바뀌지 않도록
주의한다.

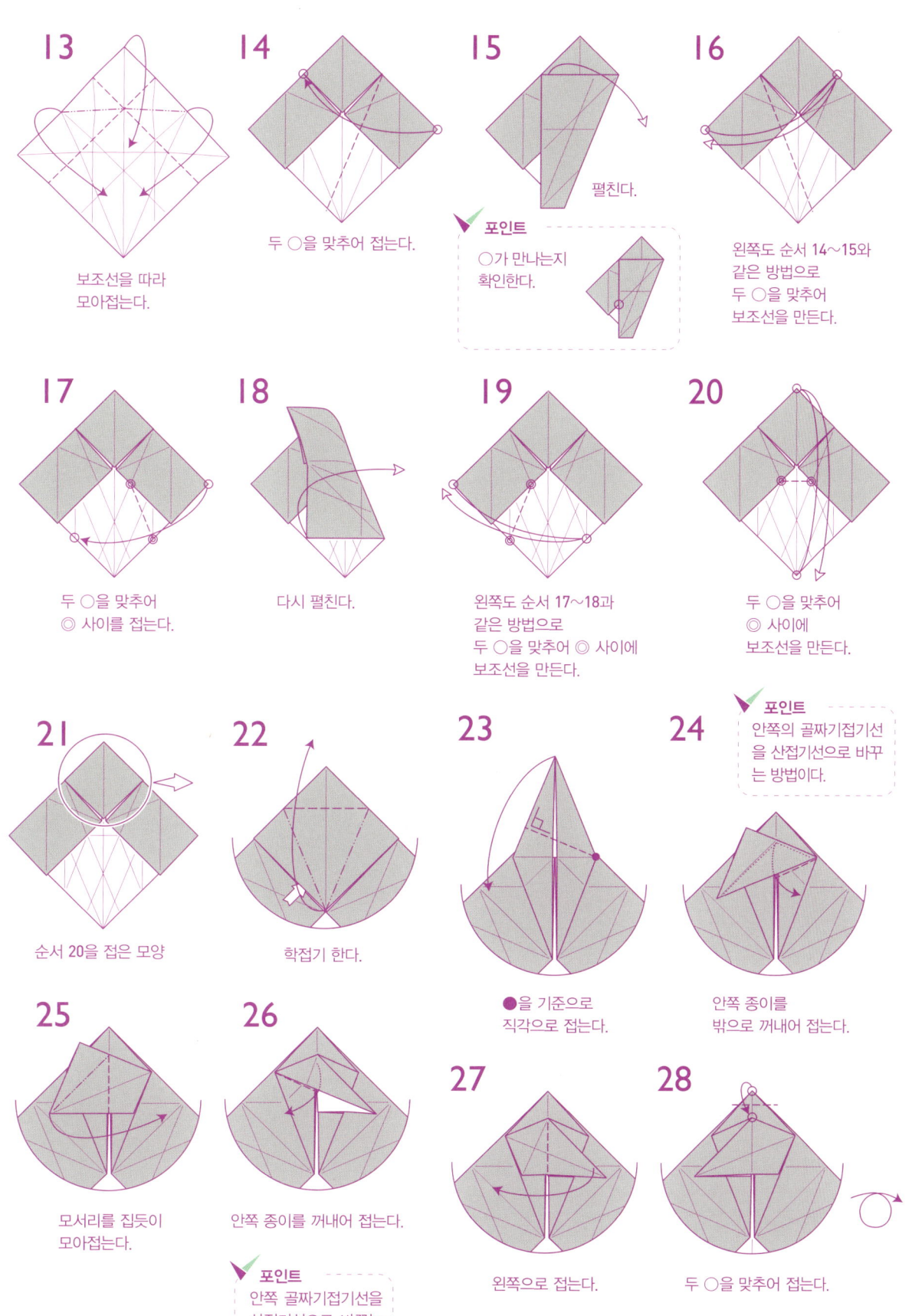

13

보조선을 따라
모아접는다.

14

두 ○을 맞추어 접는다.

15

펼친다.

포인트
○가 만나는지
확인한다.

16

왼쪽도 순서 14~15와
같은 방법으로
두 ○을 맞추어
보조선을 만든다.

17

두 ○을 맞추어
◎ 사이를 접는다.

18

다시 펼친다.

19

왼쪽도 순서 17~18과
같은 방법으로
두 ○을 맞추어 ◎ 사이에
보조선을 만든다.

20

두 ○을 맞추어
◎ 사이에
보조선을 만든다.

21

순서 20을 접은 모양

22

학접기 한다.

23

●을 기준으로
직각으로 접는다.

24

포인트
안쪽의 골짜기접기선
을 산접기선으로 바꾸
는 방법이다.

안쪽 종이를
밖으로 꺼내어 접는다.

25

모서리를 집듯이
모아접는다.

26

안쪽 종이를 꺼내어 접는다.

포인트
안쪽 골짜기접기선을
산접기선으로 바꾸는
방법이다.

27

왼쪽으로 접는다.

28

두 ○을 맞추어 접는다.

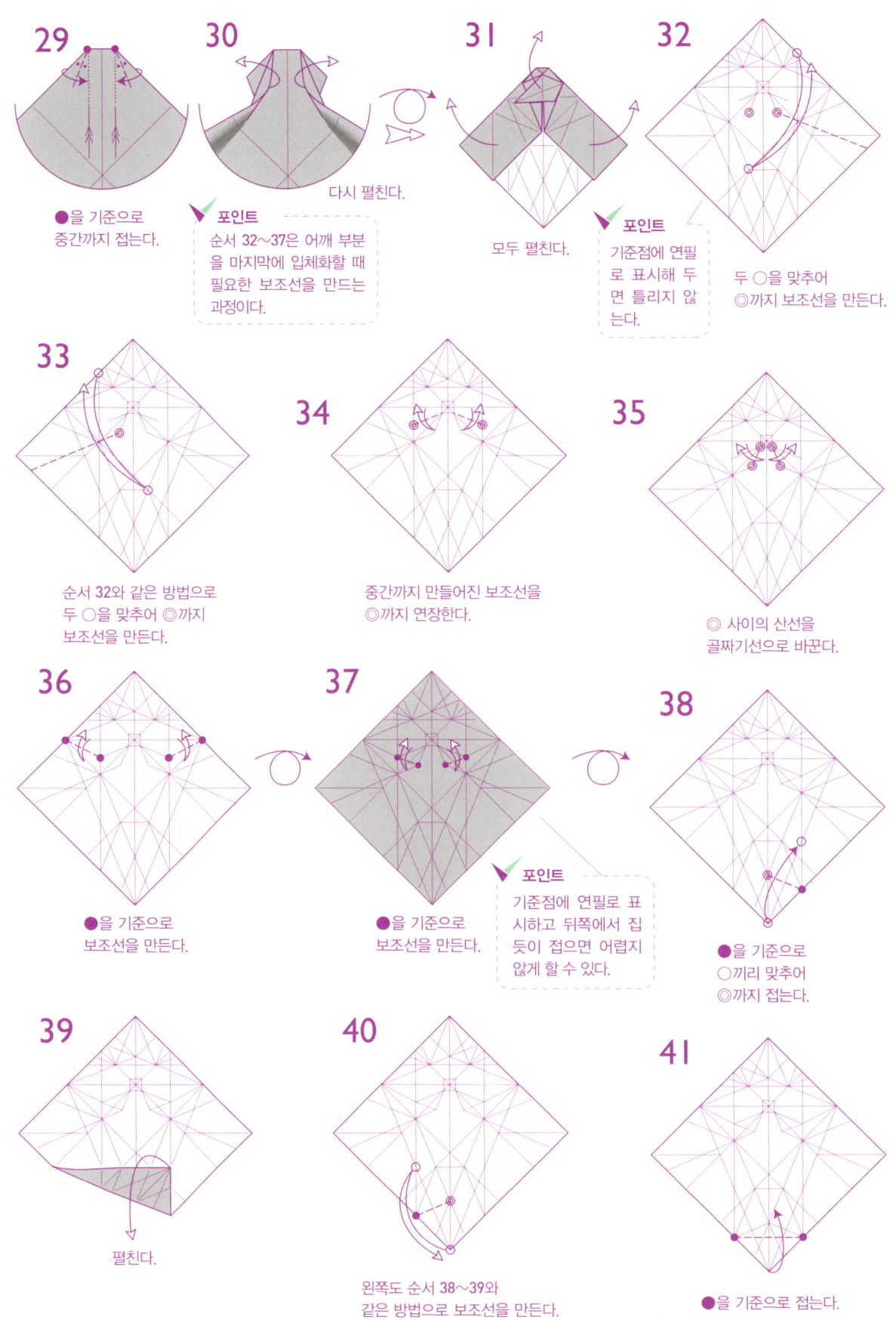

29

●을 기준으로
중간까지 접는다.

30

다시 펼친다.

포인트
순서 32~37은 어깨 부분
을 마지막에 입체화할 때
필요한 보조선을 만드는
과정이다.

31

모두 펼친다.

32

포인트
기준점에 연필
로 표시해 두
면 틀리지 않
는다.

두 ○을 맞추어
◎까지 보조선을 만든다.

33

순서 32와 같은 방법으로
두 ○을 맞추어 ◎까지
보조선을 만든다.

34

중간까지 만들어진 보조선을
◎까지 연장한다.

35

◎ 사이의 산선을
골짜기선으로 바꾼다.

36

●을 기준으로
보조선을 만든다.

37

●을 기준으로
보조선을 만든다.

포인트
기준점에 연필로 표
시하고 뒤쪽에서 집
듯이 접으면 어렵지
않게 할 수 있다.

38

●을 기준으로
○끼리 맞추어
◎까지 접는다.

39

펼친다.

40

왼쪽도 순서 38~39와
같은 방법으로 보조선을 만든다.

41

●을 기준으로 접는다.

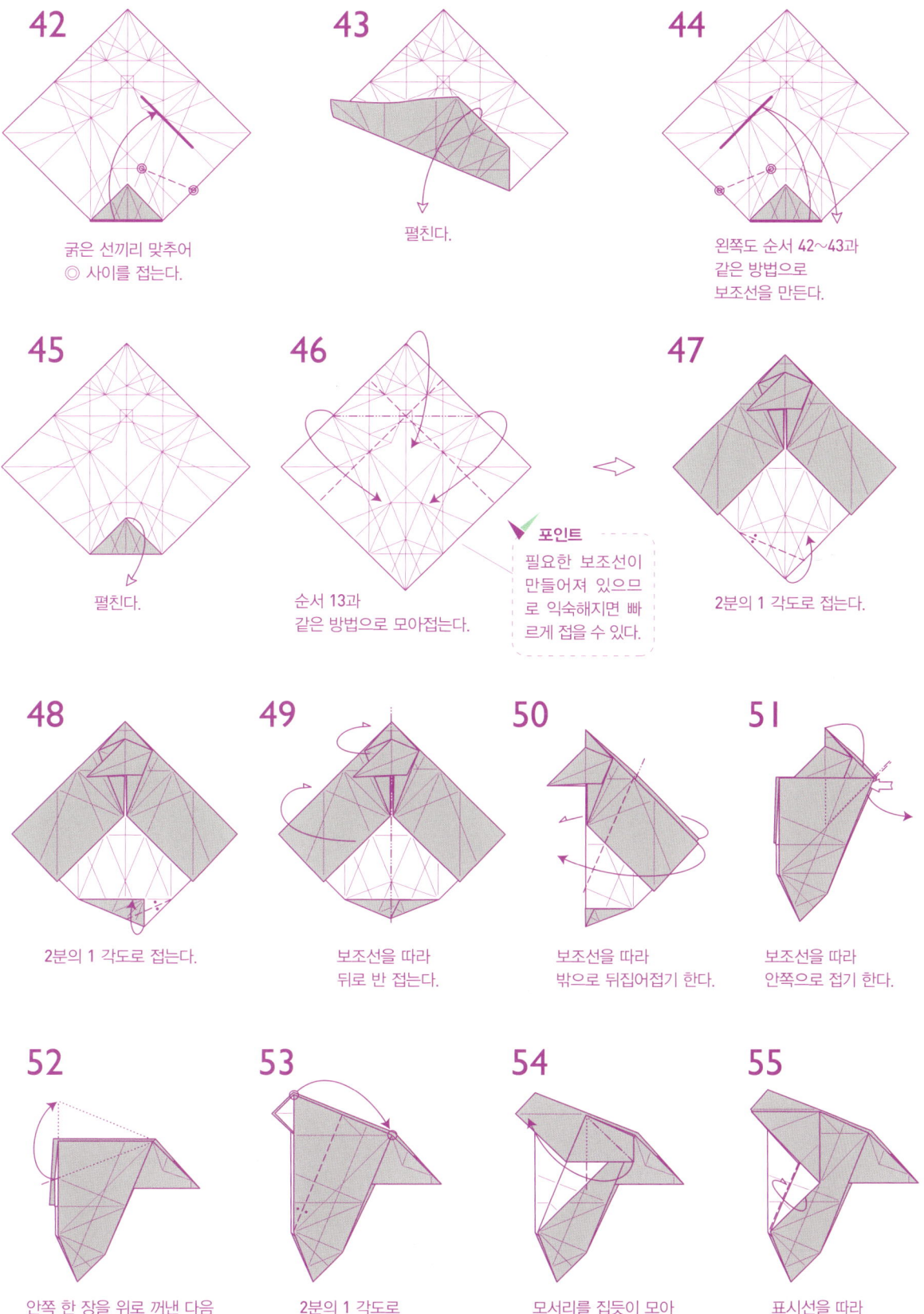

42

굵은 선끼리 맞추어
◎ 사이를 접는다.

43

펼친다.

44

왼쪽도 순서 42~43과
같은 방법으로
보조선을 만든다.

45

펼친다.

46

순서 13과
같은 방법으로 모아접는다.

포인트
필요한 보조선이
만들어져 있으므
로 익숙해지면 빠
르게 접을 수 있다.

47

2분의 1 각도로 접는다.

48

2분의 1 각도로 접는다.

49

보조선을 따라
뒤로 반 접는다.

50

보조선을 따라
밖으로 뒤집어접기 한다.

51

보조선을 따라
안쪽으로 접기 한다.

52

안쪽 한 장을 위로 꺼낸 다음
반대쪽도 같은 방법으로 접는다.

53

2분의 1 각도로
○끼리 맞추어
앞쪽 종이를 접는다.

54

모서리를 집듯이 모아
화살표 방향으로 접는다.

55

표시선을 따라
안으로 접어넣는다.

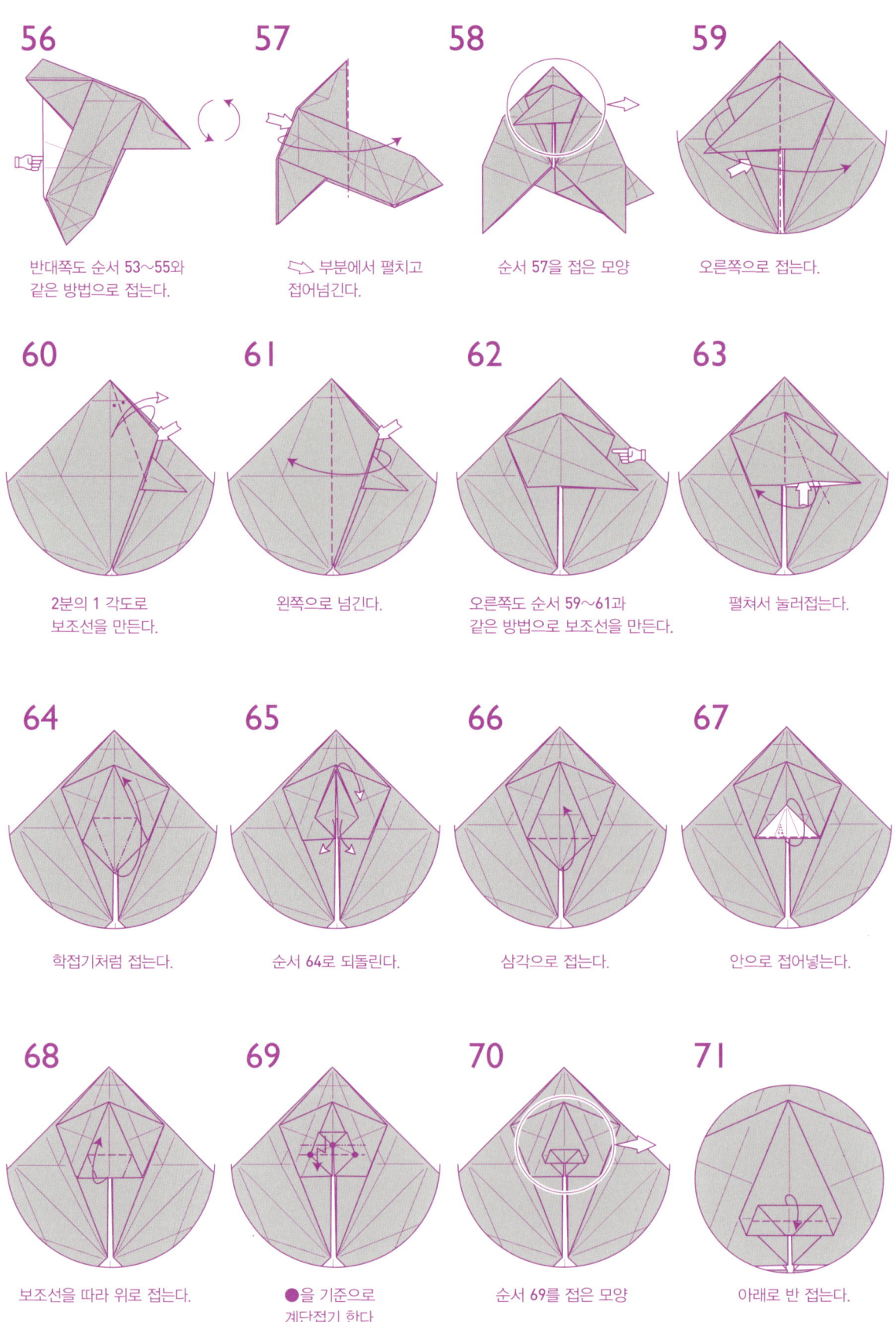

56

반대쪽도 순서 53~55와
같은 방법으로 접는다.

57

부분에서 펼치고
접어넘긴다.

58

순서 57을 접은 모양

59

오른쪽으로 접는다.

60

2분의 1 각도로
보조선을 만든다.

61

왼쪽으로 넘긴다.

62

오른쪽도 순서 59~61과
같은 방법으로 보조선을 만든다.

63

펼쳐서 눌러접는다.

64

학접기처럼 접는다.

65

순서 64로 되돌린다.

66

삼각으로 접는다.

67

안으로 접어넣는다.

68

보조선을 따라 위로 접는다.

69

●을 기준으로
계단접기 한다.

70

순서 69를 접은 모양

71

아래로 반 접는다.

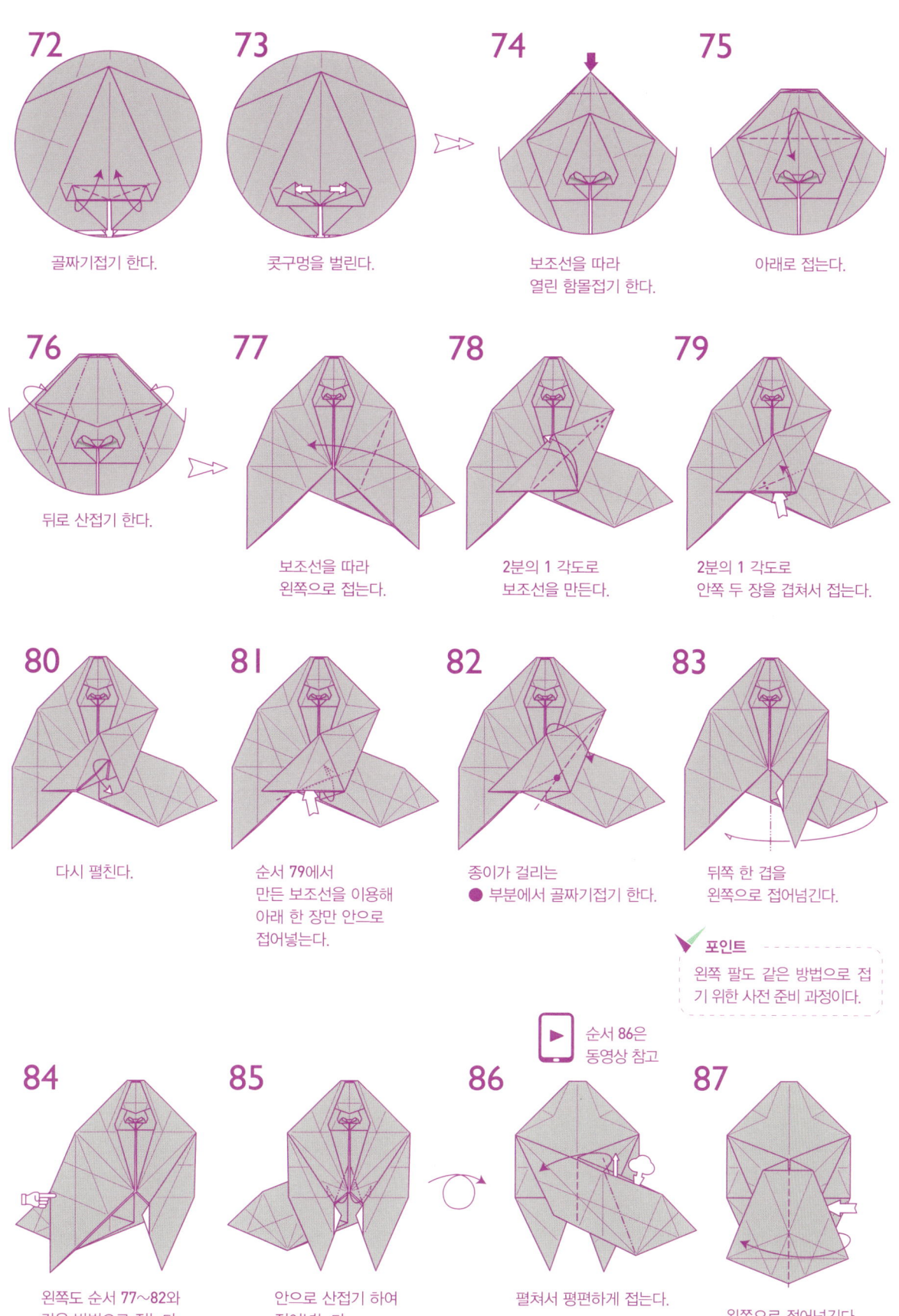

72 골짜기접기 한다.

73 콧구멍을 벌린다.

74 보조선을 따라
열린 함몰접기 한다.

75 아래로 접는다.

76 뒤로 산접기 한다.

77 보조선을 따라
왼쪽으로 접는다.

78 2분의 1 각도로
보조선을 만든다.

79 2분의 1 각도로
안쪽 두 장을 겹쳐서 접는다.

80 다시 펼친다.

81 순서 **79**에서
만든 보조선을 이용해
아래 한 장만 안으로
접어넣는다.

82 종이가 걸리는
● 부분에서 골짜기접기 한다.

83 뒤쪽 한 겹을
왼쪽으로 접어넘긴다.

✔ **포인트**
왼쪽 팔도 같은 방법으로 접
기 위한 사전 준비 과정이다.

▶ 순서 **86**은
동영상 참고

84 왼쪽도 순서 **77**~**82**와
같은 방법으로 접는다.

85 안으로 산접기 하여
접어넣는다.

86 펼쳐서 평편하게 접는다.

87 왼쪽으로 접어넘긴다.

88

●을 기준으로
2분의 1 각도로
보조선을 만든다.

89

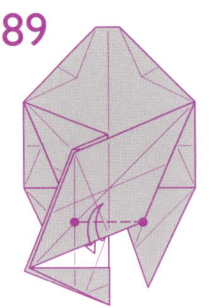

●을 기준으로
위 한 장에
보조선을 만든다.

90

한 장을 모아접으면서
순서 **88**에서 만든
보조선을 따라 닫듯이 접는다.

91

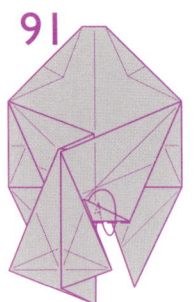

윗장을
안으로 접어넣는다.

92

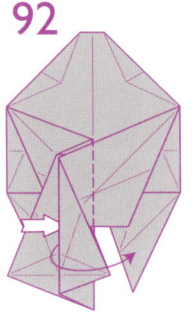

비스듬히
뒤에서 본 그림

93

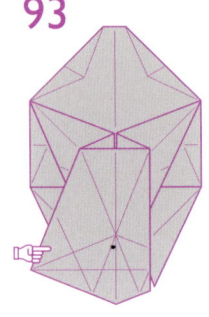

왼쪽도 순서 **87~92**와
같은 방법으로 접는다.

94

 포인트

여기부터 입체
적으로 접는 과
정이다.

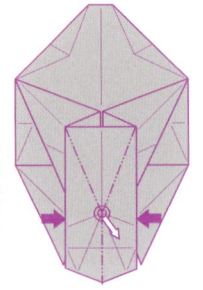

◎을 집어
조금 당긴다.

95

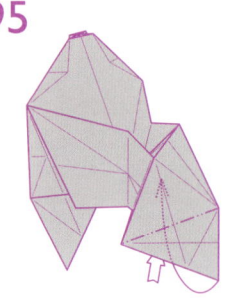

안쪽으로 접기 한다.

96

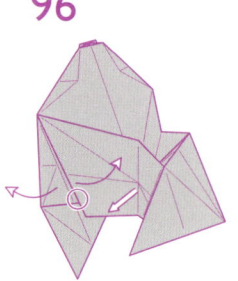

○의 계단접기 부분을
살짝 펴서 입체적으로 다듬고
반대쪽도 같은 방법으로 접는다.

97

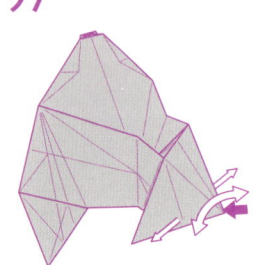

조금 둥글려
모양을 다듬는다.

98

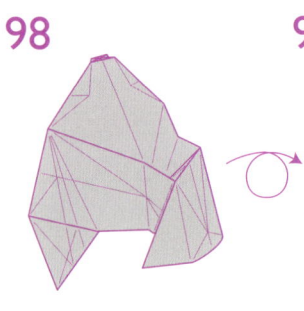

순서 **97**을 접은 모양.
반대쪽도
같은 방법으로 접는다.

99

양팔을 부풀려
몸을 좌우로 펼친다.

100

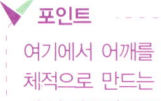 순서 **94~100**은
동영상 참고

포인트

여기에서 어깨를 입
체적으로 만드는 것
이 이 작품의 목표다.

어깨 부분을 눌러
입체가 되도록 하고
팔 끝을 곡선으로 다듬는다.

101

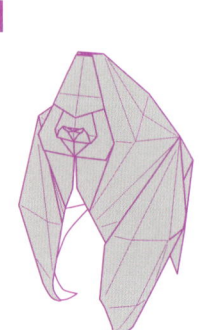

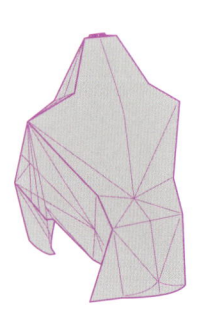

완성　　　　　**등 쪽 모양**

큰개미핥기 Giant Anteater

사용한 종이
24cm

종이의 앞뒤 색 차이를 활용한 인사이드 아웃 작품으로, 정확한 보조선을 만들기 위한 노하우를 소개한다. 이 작품에서도 정확하게 접는 데 필요한 다양한 기준을 찾아볼 수 있다.

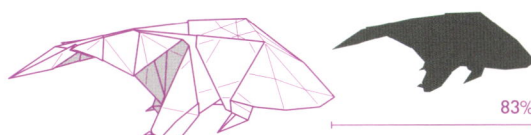
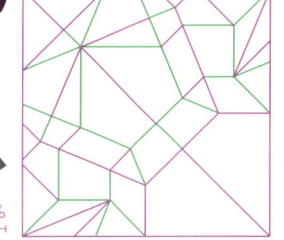

83%

1

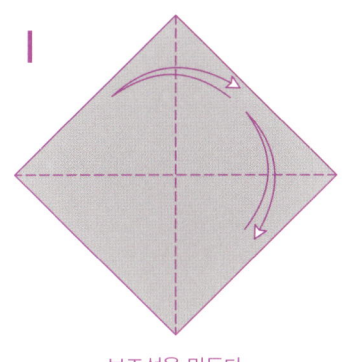

보조선을 만든다.

2

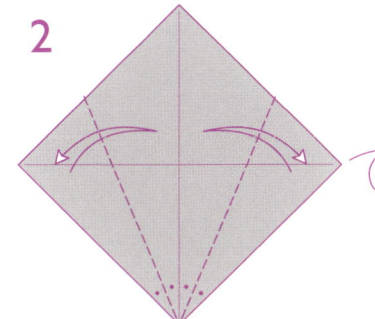

2분의 1 각도로
보조선을 만든다.

3

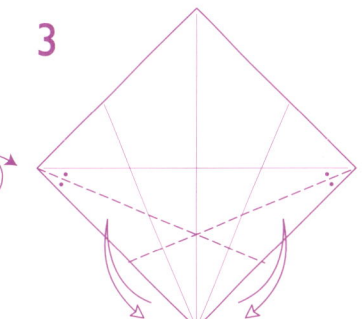

2분의 1 각도로
보조선을 만든다.

4

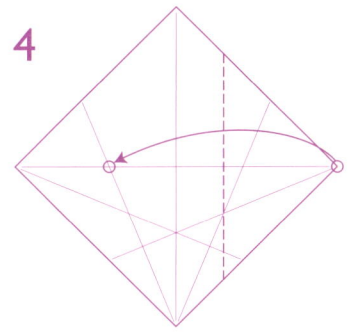

두 ○을 맞추어 접는다.

5

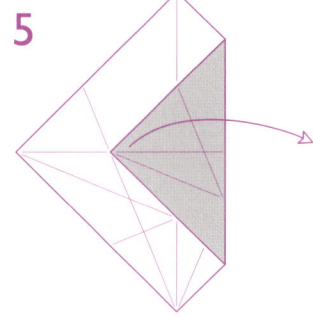

펼친다.

6

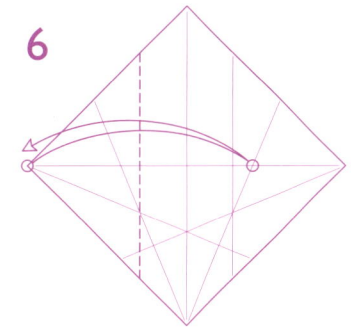

왼쪽도 순서 4~5와
같은 방법으로 보조선을 만든다.

7

✔ **포인트**

◎에서 보조선을 멈추는 것은 완성 작품에 가능한 한 불필요한 보조선이 생기지 않도록 하기 위해서이다.

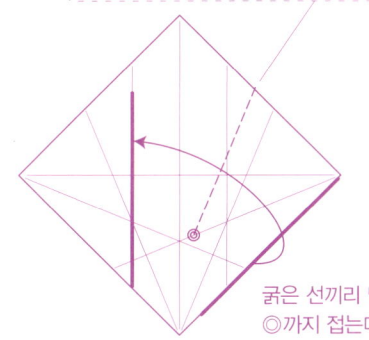

굵은 선끼리 맞추어
◎까지 접는다.

8

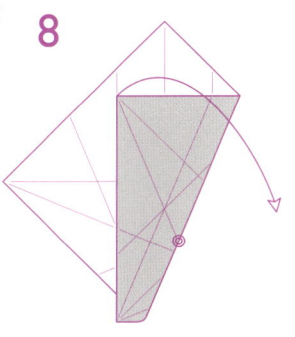

펼친다.

9

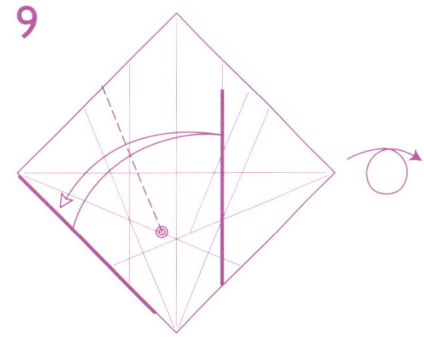

왼쪽도 순서 7~8과
같은 방법으로 보조선을 만든다.

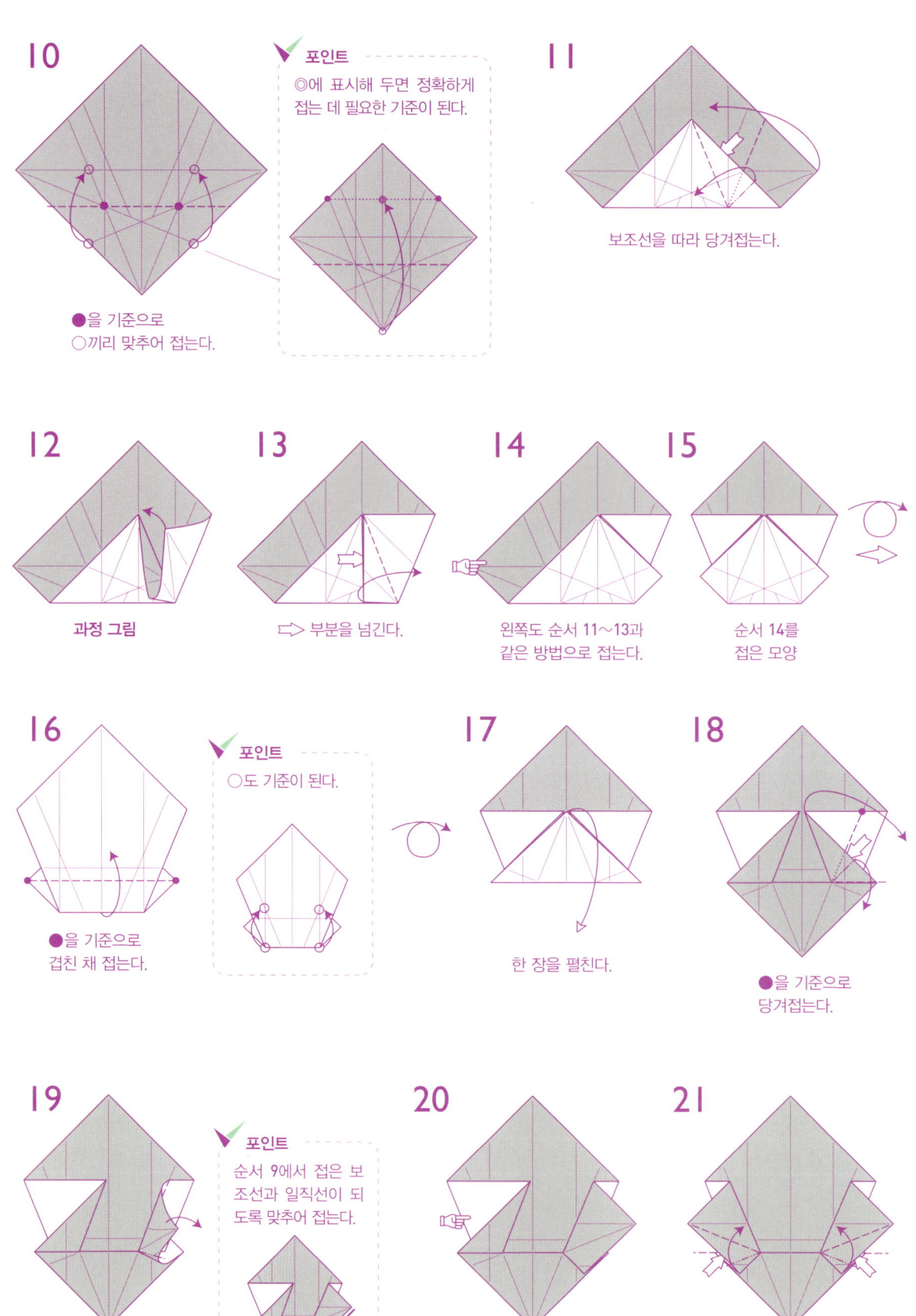

10

●을 기준으로
○끼리 맞추어 접는다.

포인트
◎에 표시해 두면 정확하게
접는 데 필요한 기준이 된다.

11

보조선을 따라 당겨접는다.

12

과정 그림

13

⇨ 부분을 넘긴다.

14

왼쪽도 순서 11~13과
같은 방법으로 접는다.

15

순서 14를
접은 모양

16

●을 기준으로
겹친 채 접는다.

포인트
○도 기준이 된다.

17

한 장을 펼친다.

18

●을 기준으로
당겨접는다.

19

과정 그림

포인트
순서 9에서 접은 보
조선과 일직선이 되
도록 맞추어 접는다.

20

왼쪽도 순서 18~19와
같은 방법으로 접는다.

21

당겨접는다.

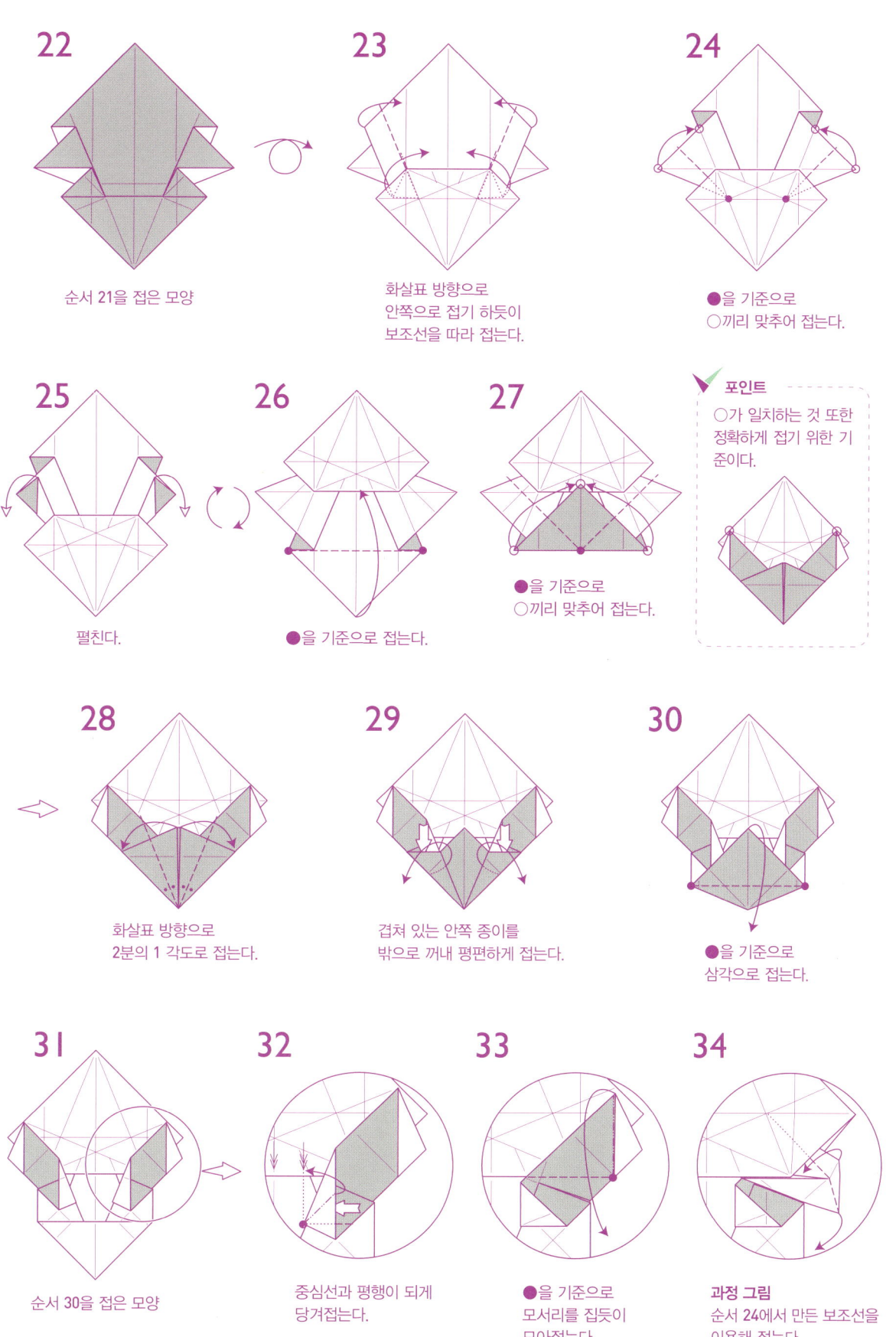

22

순서 21을 접은 모양

23

화살표 방향으로
안쪽으로 접기 하듯이
보조선을 따라 접는다.

24

●을 기준으로
○끼리 맞추어 접는다.

25

펼친다.

26

●을 기준으로 접는다.

27

●을 기준으로
○끼리 맞추어 접는다.

✔ **포인트**
○가 일치하는 것 또한
정확하게 접기 위한 기
준이다.

28

화살표 방향으로
2분의 1 각도로 접는다.

29

겹쳐 있는 안쪽 종이를
밖으로 꺼내 평편하게 접는다.

30

●을 기준으로
삼각으로 접는다.

31

순서 30을 접은 모양

32

중심선과 평행이 되게
당겨접는다.

33

●을 기준으로
모서리를 집듯이
모아접는다.

34

과정 그림
순서 24에서 만든 보조선을
이용해 접는다.

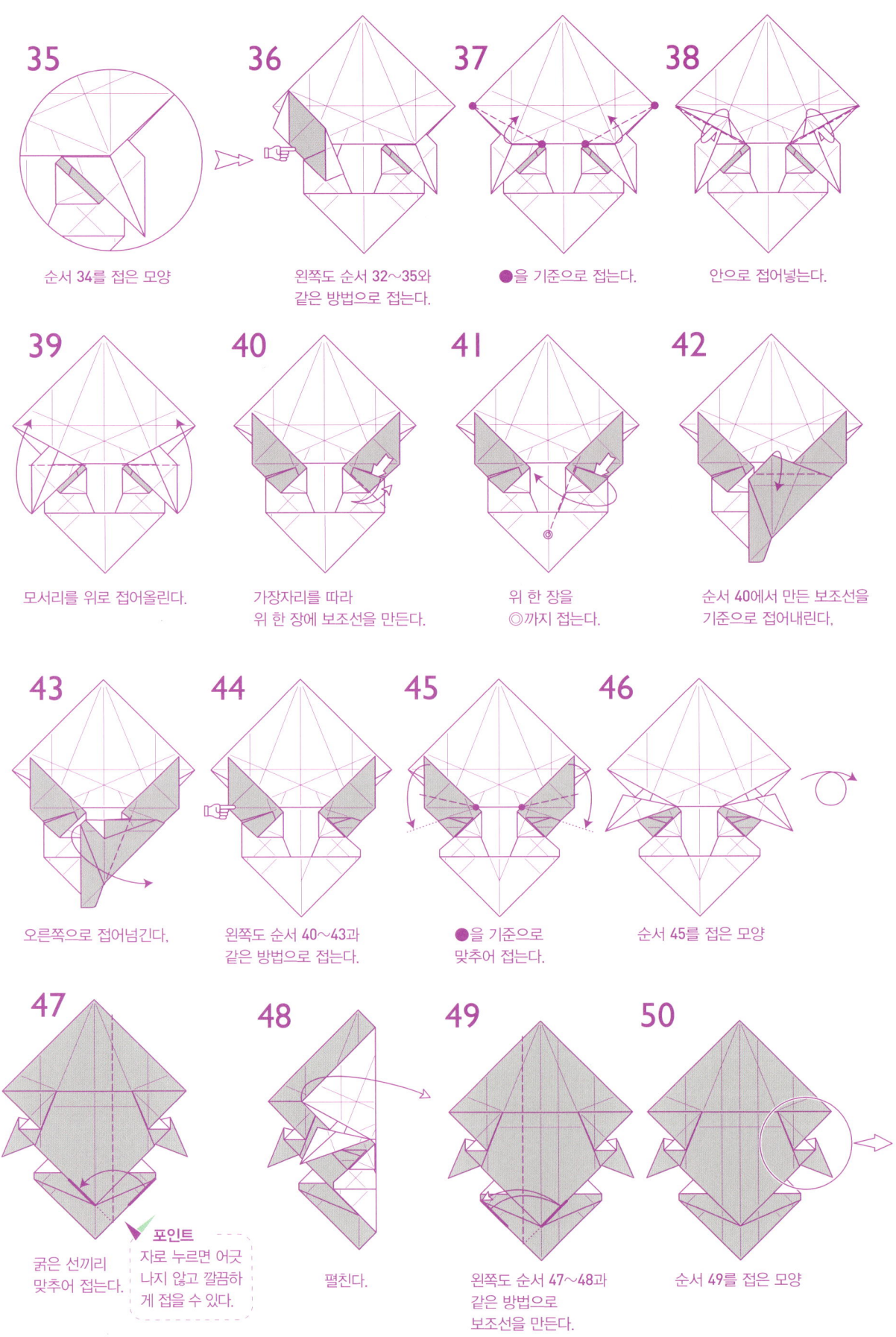

35 순서 34를 접은 모양

36 왼쪽도 순서 32~35와 같은 방법으로 접는다.

37 ●을 기준으로 접는다.

38 안으로 접어넣는다.

39 모서리를 위로 접어올린다.

40 가장자리를 따라 위 한 장에 보조선을 만든다.

41 위 한 장을 ◎까지 접는다.

42 순서 40에서 만든 보조선을 기준으로 접어내린다.

43 오른쪽으로 접어넘긴다.

44 왼쪽도 순서 40~43과 같은 방법으로 접는다.

45 ●을 기준으로 맞추어 접는다.

46 순서 45를 접은 모양

47 굵은 선끼리 맞추어 접는다.

포인트
자로 누르면 어긋 나지 않고 깔끔하 게 접을 수 있다.

48 펼친다.

49 왼쪽도 순서 47~48과 같은 방법으로 보조선을 만든다.

50 순서 49를 접은 모양

51

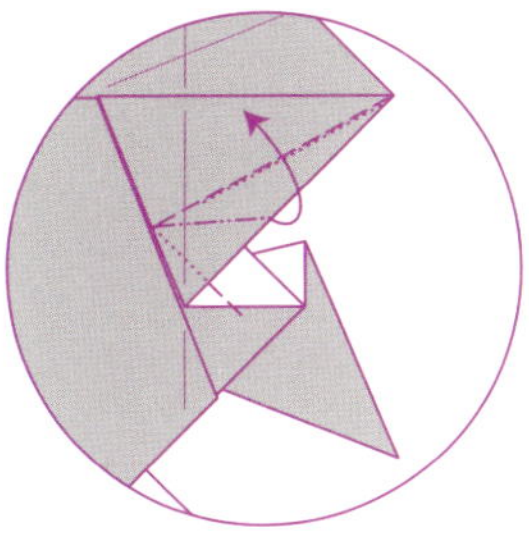

뒷장 가장자리에
맞추어 당겨접는다.

포인트
가장자리가 평행
이 되도록 접는다.

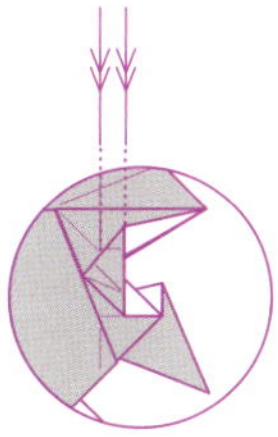

52

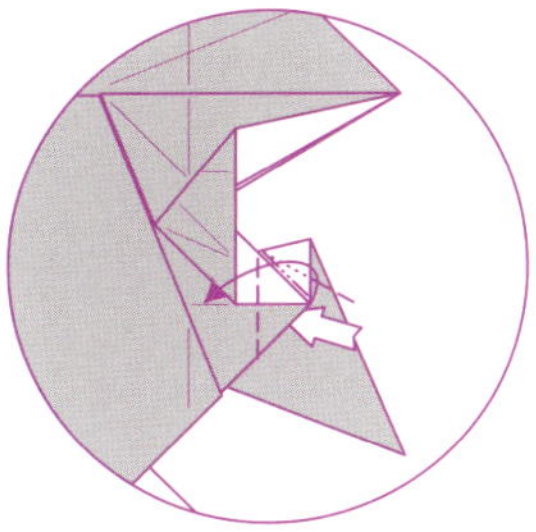

당겨접는다.

53

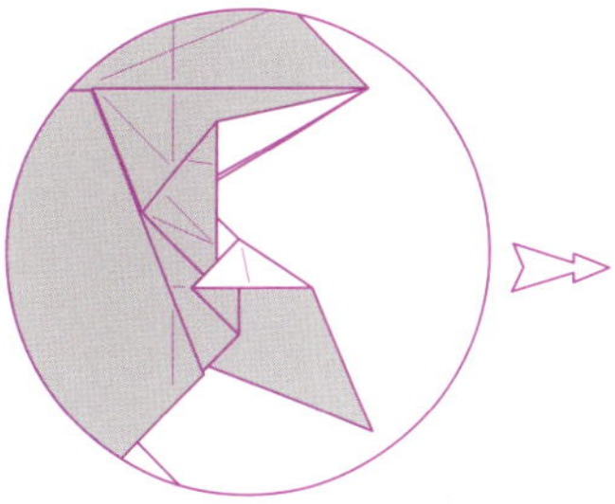

순서 52를 접은 모양

54

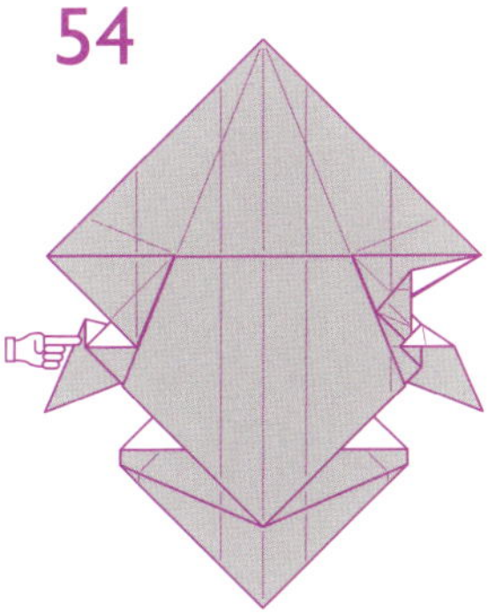

왼쪽도 순서 51~53과
같은 방법으로 접는다.

55

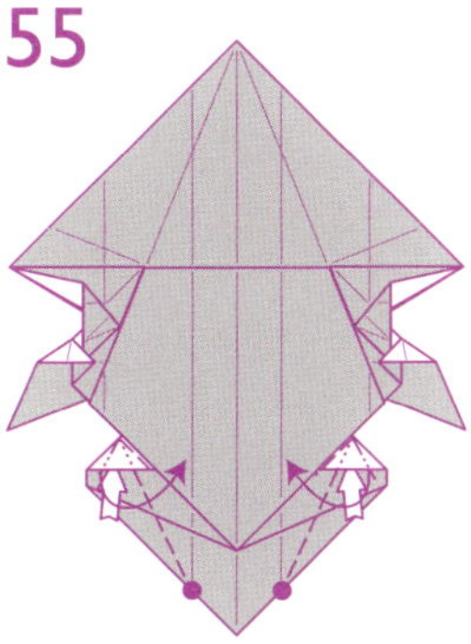

●을 기준으로
펼쳐 눌러접는다.

56

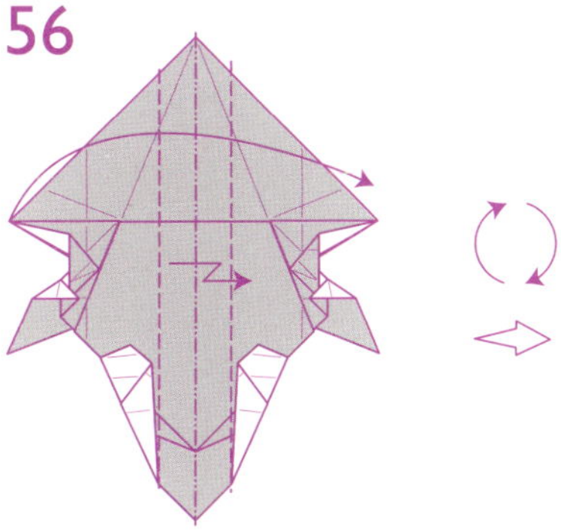

가운데를 계단접기 하면서
전체를 반으로 접는다.

57

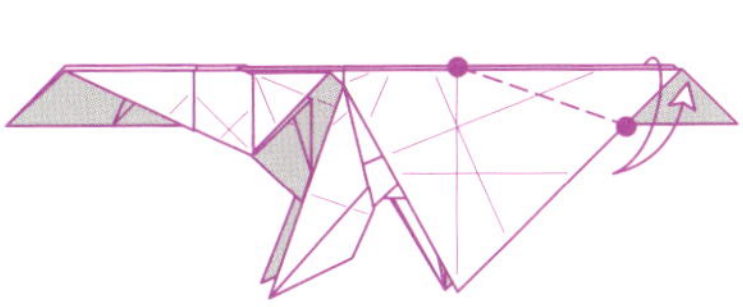

●을 기준으로 겹쳐서
보조선을 만든다.

58

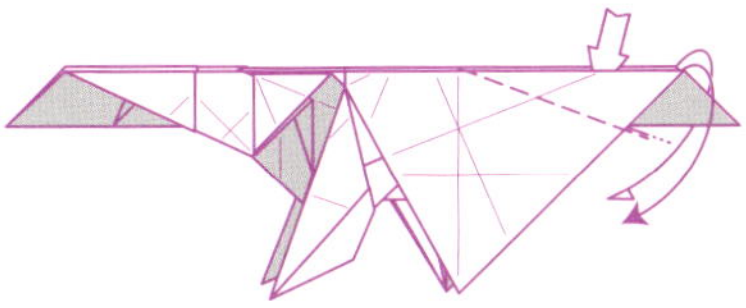

순서 57에서 만든 보조선을 따라
밖으로 뒤집어접기 한다.

59

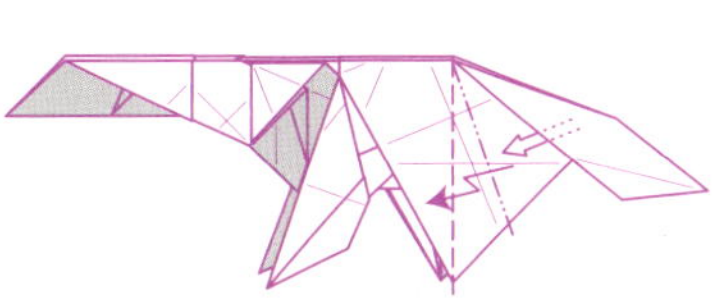

겹쳐 있는 안쪽 종이를
꺼내면서 계단접기 한다.
반대쪽도 같은 방법으로 접는다.

60

●을 기준으로
뒷다리를 2분의 1 각도로
당겨서 안으로 접어넣는다.
반대쪽도 같은 방법으로 접는다.

61

●을 기준으로
안쪽에 있는 ⬇ 부분을 보면서
사선을 따라 밖으로 뒤집어접기 한다.

포인트
물총새 순서 35(41쪽)
와 같은 방법으로 접
는다.

62

겹쳐 있는 안쪽 종이를
밖으로 꺼내 골짜기접기 한다.
반대쪽도 같은 방법으로 접는다.

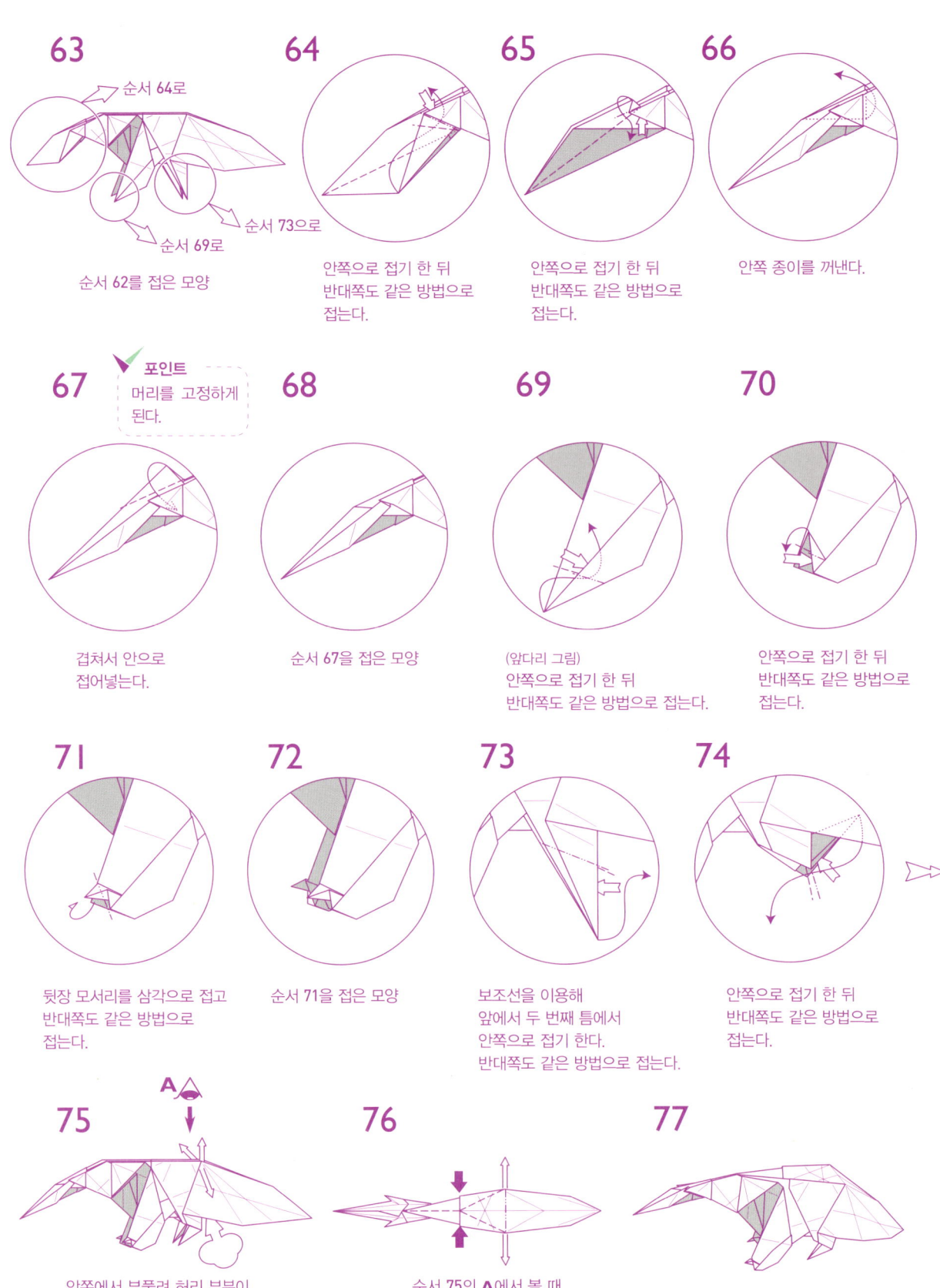

63

순서 64로

순서 73으로

순서 69로

순서 62를 접은 모양

64

안쪽으로 접기 한 뒤
반대쪽도 같은 방법으로
접는다.

65

안쪽으로 접기 한 뒤
반대쪽도 같은 방법으로
접는다.

66

안쪽 종이를 꺼낸다.

67

✔ **포인트**
머리를 고정하게
된다.

겹쳐서 안으로
접어넣는다.

68

순서 67을 접은 모양

69

(앞다리 그림)
안쪽으로 접기 한 뒤
반대쪽도 같은 방법으로 접는다.

70

안쪽으로 접기 한 뒤
반대쪽도 같은 방법으로
접는다.

71

뒷장 모서리를 삼각으로 접고
반대쪽도 같은 방법으로
접는다.

72

순서 71을 접은 모양

73

보조선을 이용해
앞에서 두 번째 틈에서
안쪽으로 접기 한다.
반대쪽도 같은 방법으로 접는다.

74

안쪽으로 접기 한 뒤
반대쪽도 같은 방법으로
접는다.

75

A

안쪽에서 부풀려 허리 부분이
입체가 되도록 벌린다.

76

순서 75의 **A**에서 볼 때
부풀린 모양

77

완성

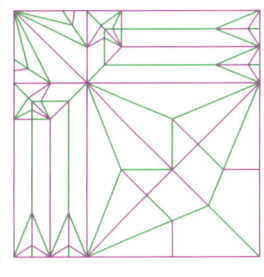

사용한 종이
24cm

펠리컨 Pelican

전반부 과정에서는 필요한 보조선을
만드는 작업이 이어지는데, 보조선을
정확하게 접는 것은 매우 중요하다. 다
양한 기준을 이용해 보자.

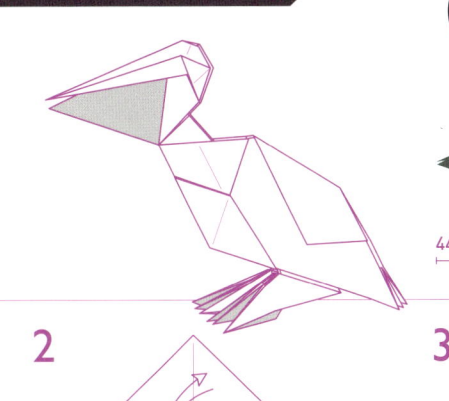

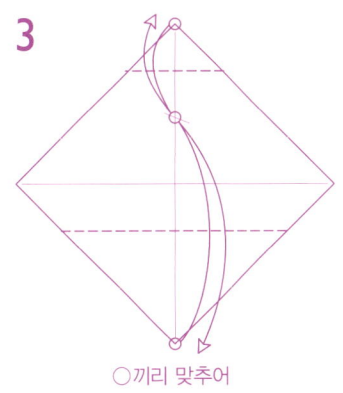

44%

1

보조선을 만든다.

2

◎에 표시해 둔다.

3

○끼리 맞추어
보조선을 만든다.

4

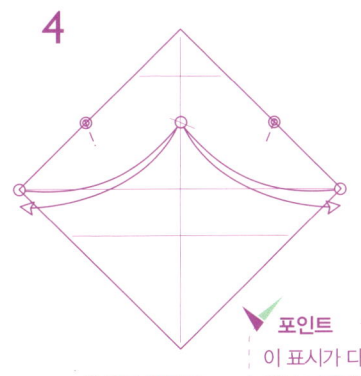

○끼리 맞추어
◎에 표시해 둔다.

✔ **포인트**
이 표시가 다음 과정
에서 기준이 된다.

5

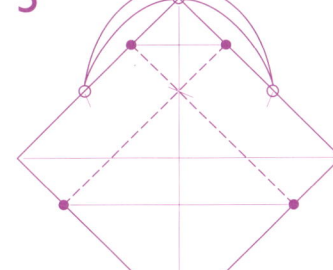

○끼리 맞추면서
●을 기준으로
보조선을 만든다.

6

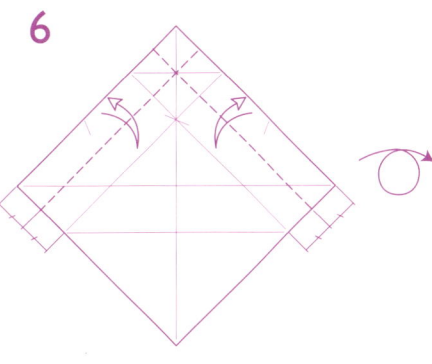

2분의 1 너비로
보조선을 만든다.

7

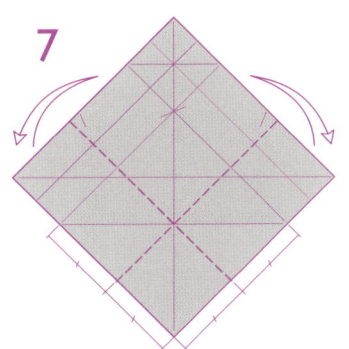

2분의 1 너비로
보조선을 만든다.

8

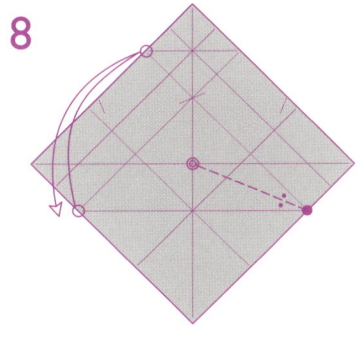

두 ○을 맞추어 2분의 1 각도로
◎까지 보조선을 만든다.

9

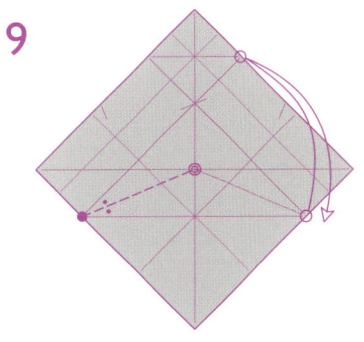

왼쪽도 순서 8과
같은 방법으로
보조선을 만든다.

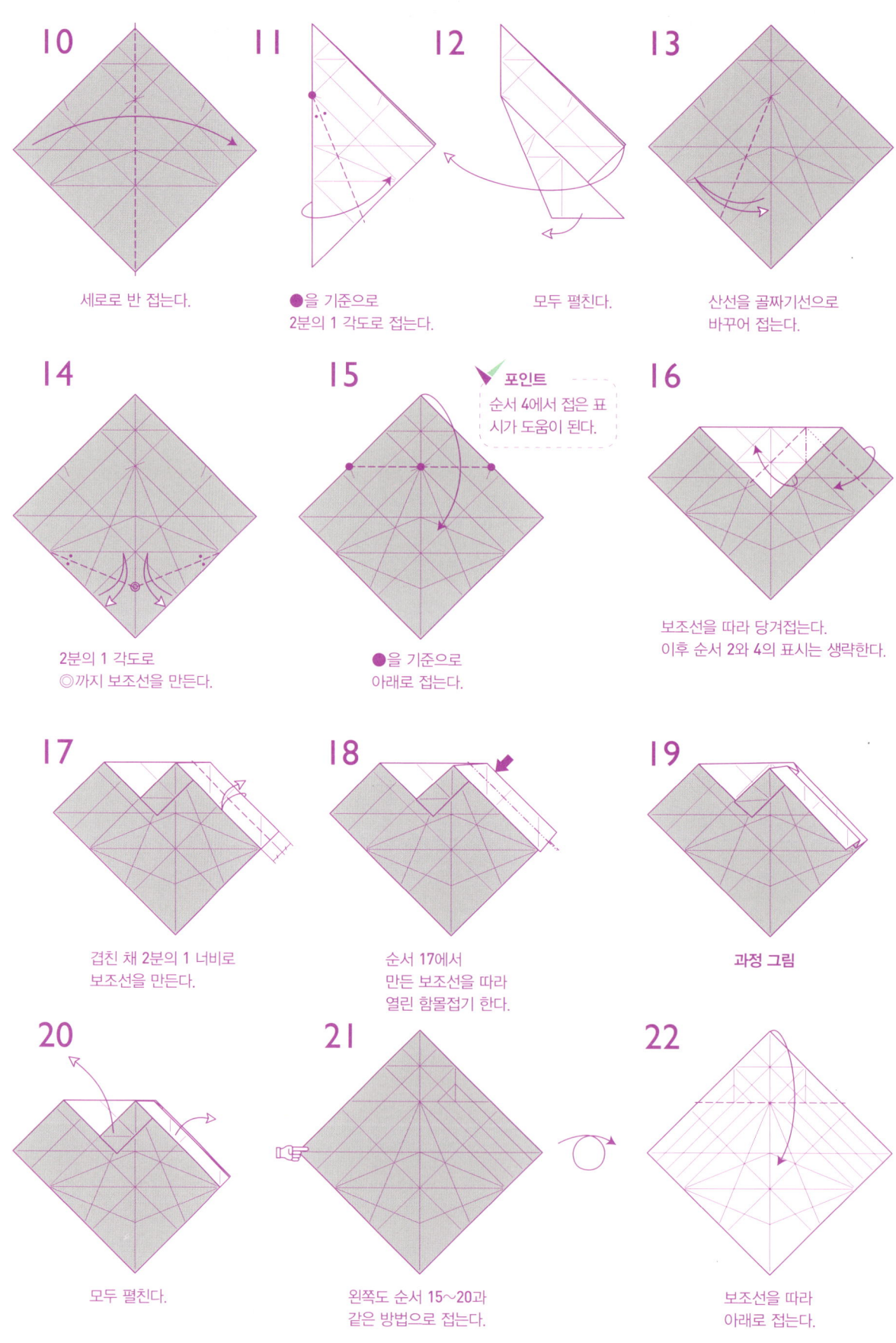

10

세로로 반 접는다.

11

●을 기준으로
2분의 1 각도로 접는다.

12

모두 펼친다.

13

산선을 골짜기선으로
바꾸어 접는다.

14

2분의 1 각도로
◎까지 보조선을 만든다.

15

✔ **포인트**
순서 4에서 접은 표
시가 도움이 된다.

●을 기준으로
아래로 접는다.

16

보조선을 따라 당겨접는다.
이후 순서 2와 4의 표시는 생략한다.

17

겹친 채 2분의 1 너비로
보조선을 만든다.

18

순서 17에서
만든 보조선을 따라
열린 함몰접기 한다.

19

과정 그림

20

모두 펼친다.

21

왼쪽도 순서 15~20과
같은 방법으로 접는다.

22

보조선을 따라
아래로 접는다.

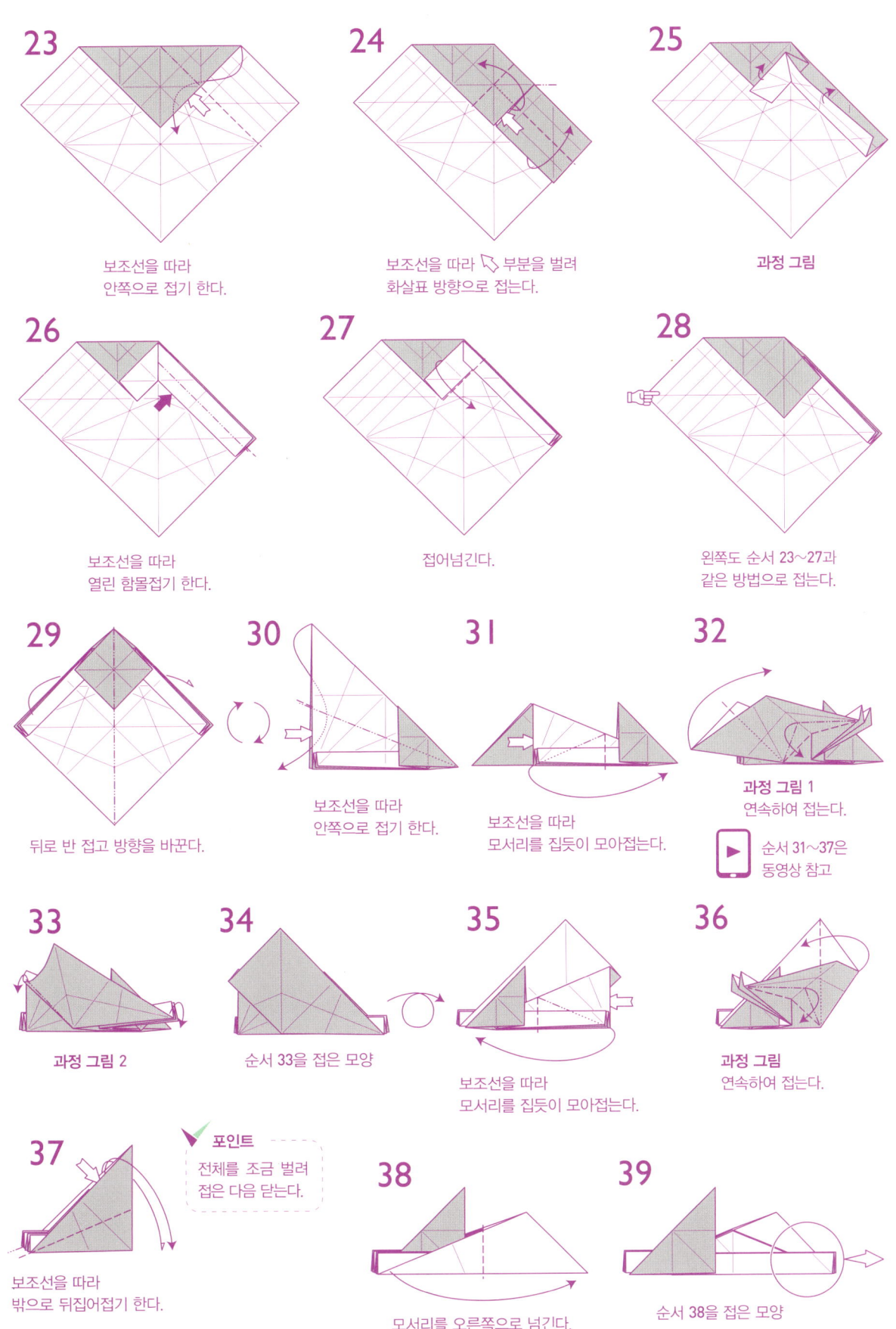

23

보조선을 따라
안쪽으로 접기 한다.

24

보조선을 따라 ⤵ 부분을 벌려
화살표 방향으로 접는다.

25

과정 그림

26

보조선을 따라
열린 함몰접기 한다.

27

접어넘긴다.

28

왼쪽도 순서 23~27과
같은 방법으로 접는다.

29

뒤로 반 접고 방향을 바꾼다.

30

보조선을 따라
안쪽으로 접기 한다.

31

보조선을 따라
모서리를 집듯이 모아접는다.

32

과정 그림 1
연속하여 접는다.

▶ 순서 31~37은
동영상 참고

33

과정 그림 2

34

순서 33을 접은 모양

35

보조선을 따라
모서리를 집듯이 모아접는다.

36

과정 그림
연속하여 접는다.

37

✔ **포인트**
전체를 조금 벌려
접은 다음 닫는다.

보조선을 따라
밖으로 뒤집어접기 한다.

38

모서리를 오른쪽으로 넘긴다.

39

순서 38을 접은 모양

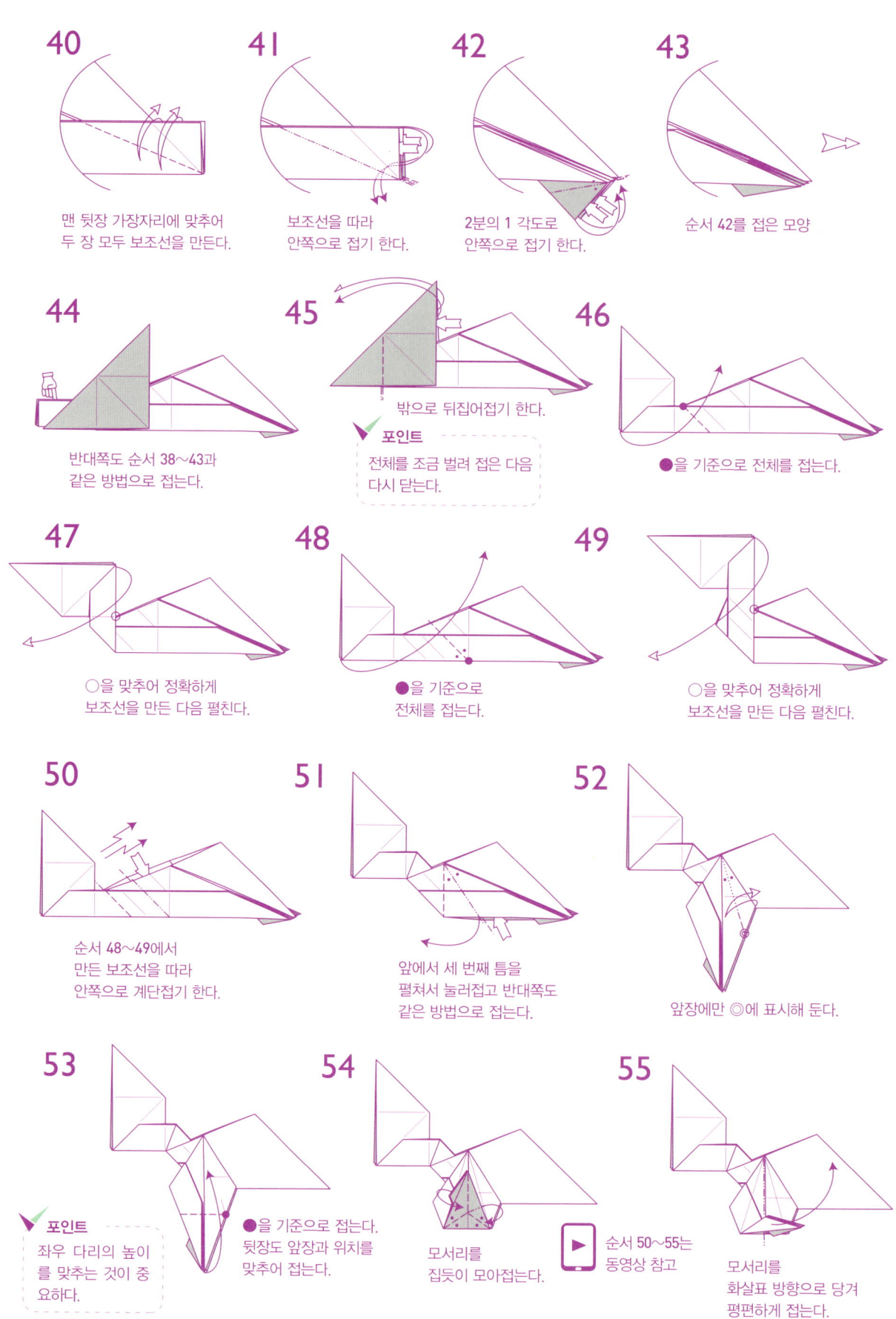

40 맨 뒷장 가장자리에 맞추어
두 장 모두 보조선을 만든다.

41 보조선을 따라
안쪽으로 접기 한다.

42 2분의 1 각도로
안쪽으로 접기 한다.

43 순서 42를 접은 모양

44 반대쪽도 순서 38~43과
같은 방법으로 접는다.

45 밖으로 뒤집어접기 한다.

✔ **포인트**
전체를 조금 벌려 접은 다음
다시 닫는다.

46 ●을 기준으로 전체를 접는다.

47 ○을 맞추어 정확하게
보조선을 만든 다음 펼친다.

48 ●을 기준으로
전체를 접는다.

49 ○을 맞추어 정확하게
보조선을 만든 다음 펼친다.

50 순서 48~49에서
만든 보조선을 따라
안쪽으로 계단접기 한다.

51 앞에서 세 번째 틈을
펼쳐서 눌러접고 반대쪽도
같은 방법으로 접는다.

52 앞장에만 ◎에 표시해 둔다.

53
✔ **포인트**
좌우 다리의 높이
를 맞추는 것이 중
요하다.

●을 기준으로 접는다.
뒷장도 앞장과 위치를
맞추어 접는다.

54 모서리를
집듯이 모아접는다.

▶ 순서 50~55는
동영상 참고

55 모서리를
화살표 방향으로 당겨
평편하게 접는다.

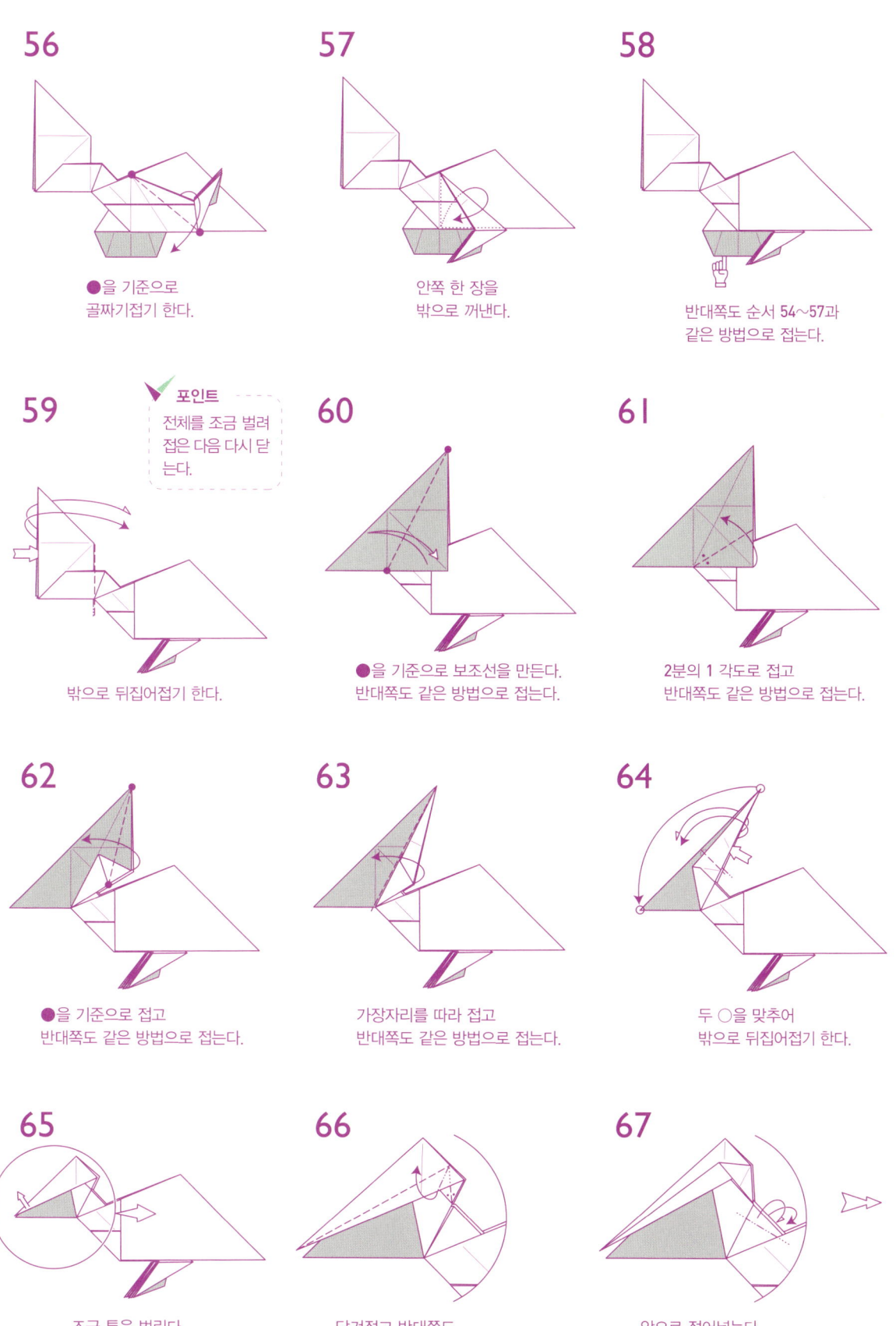

56

●을 기준으로
골짜기접기 한다.

57

안쪽 한 장을
밖으로 꺼낸다.

58

반대쪽도 순서 54~57과
같은 방법으로 접는다.

59

밖으로 뒤집어접기 한다.

포인트
전체를 조금 벌려
접은 다음 다시 닫
는다.

60

●을 기준으로 보조선을 만든다.
반대쪽도 같은 방법으로 접는다.

61

2분의 1 각도로 접고
반대쪽도 같은 방법으로 접는다.

62

●을 기준으로 접고
반대쪽도 같은 방법으로 접는다.

63

가장자리를 따라 접고
반대쪽도 같은 방법으로 접는다.

64

두 ○을 맞추어
밖으로 뒤집어접기 한다.

65

조금 틈을 벌린다.

66

당겨접고 반대쪽도
같은 방법으로 접는다.

67

안으로 접어넣는다.

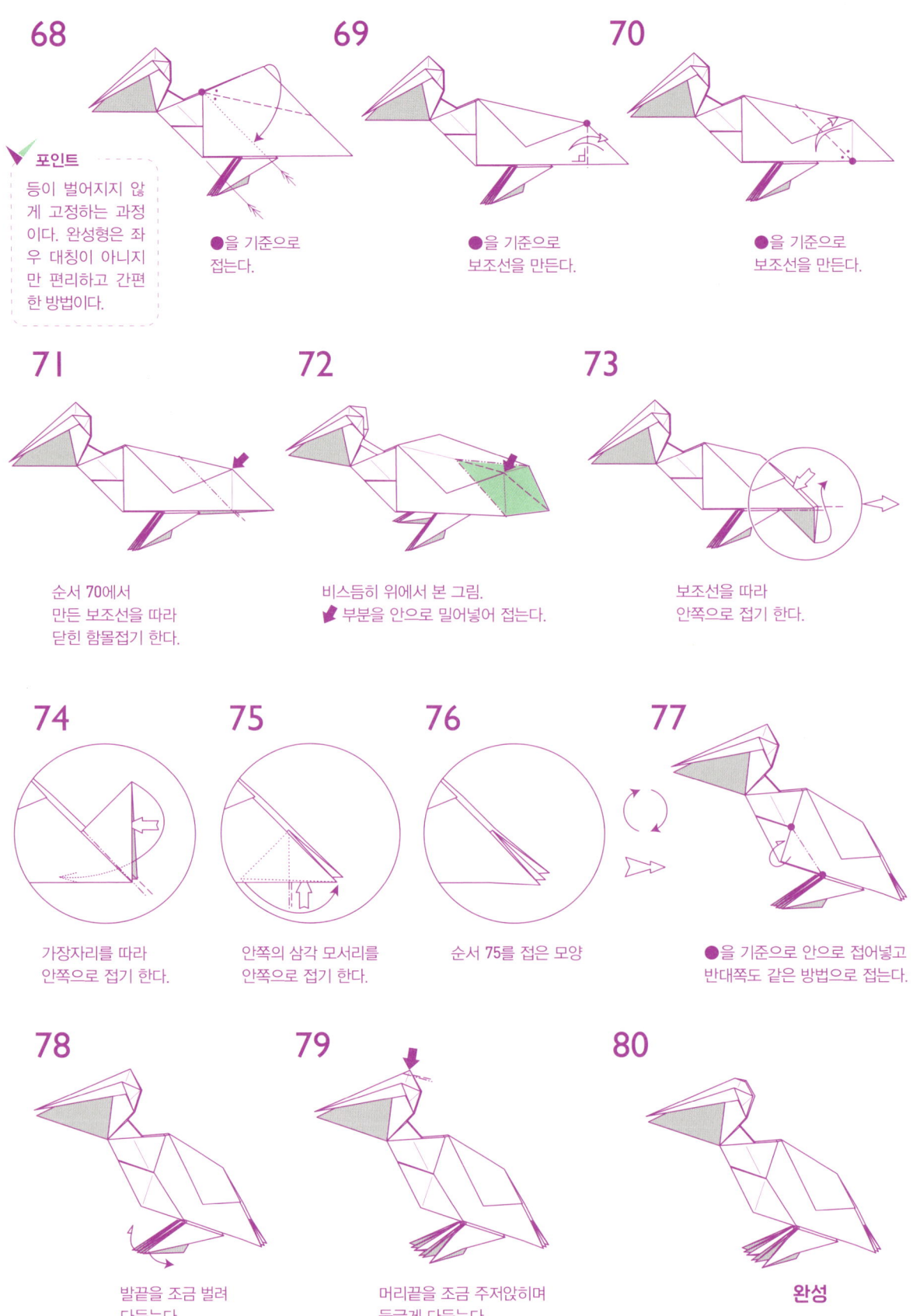

68

포인트

등이 벌어지지 않
게 고정하는 과정
이다. 완성형은 좌
우 대칭이 아니지
만 편리하고 간편
한 방법이다.

69

●을 기준으로
접는다.

●을 기준으로
보조선을 만든다.

70

●을 기준으로
보조선을 만든다.

71

순서 **70**에서
만든 보조선을 따라
닫힌 함몰접기 한다.

72

비스듬히 위에서 본 그림.
▼ 부분을 안으로 밀어넣어 접는다.

73

보조선을 따라
안쪽으로 접기 한다.

74

가장자리를 따라
안쪽으로 접기 한다.

75

안쪽의 삼각 모서리를
안쪽으로 접기 한다.

76

순서 **75**를 접은 모양

77

●을 기준으로 안으로 접어넣고
반대쪽도 같은 방법으로 접는다.

78

발끝을 조금 벌려
다듬는다.

79

머리끝을 조금 주저앉히며
둥글게 다듬는다.

80

완성

유니콘 Unicorn

정확한 보조선 접기의 마지막 작품을 소개한다. 순서 1~33까지 보조선 만들기가 이어지는데, 이 단계에서 보조선을 제대로 만들면 뒤의 과정도 정확하게 접을 수 있다.

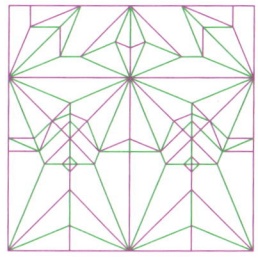

사용한 종이 35cm

42%

1 보조선을 만든다.

2 보조선을 만든다.

3 2분의 1 너비로 보조선을 만든다.

4 2분의 1 각도로 보조선을 만든다.

5 ○끼리 맞추어 보조선을 만든다.

6 ●을 기준으로 접는다.

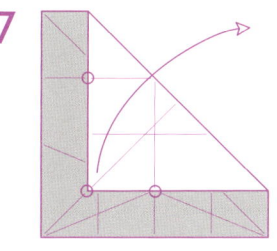
7 ○ 부분이 미리 접어 둔 보조선과 만나는지 확인하고 펼친다.

포인트
○이 만나도록 신경 쓰면 보조선을 정확하게 접을 수 있다.

8 왼쪽도 순서 6~7과 같은 방법으로 보조선을 만든다.

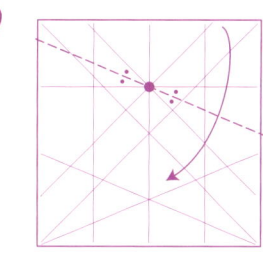
9 ●을 기준으로 2분의 1 각도로 접는다.

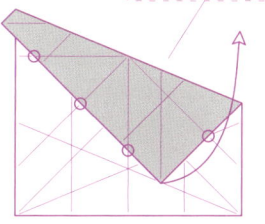
10 ○ 부분이 미리 접어 둔 보조선과 만나는지 확인하고 펼친다.

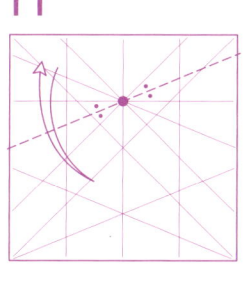
11 왼쪽도 순서 9~10과 같은 방법으로 보조선을 만든다.

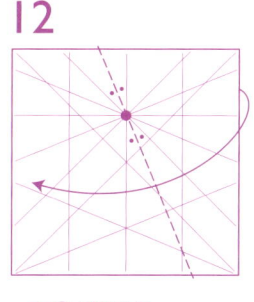
12 ●을 기준으로 2분의 1 각도로 접는다.

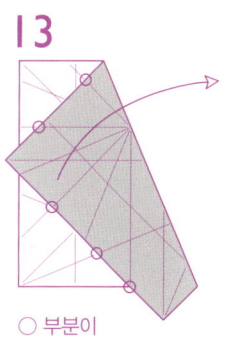
13 ○ 부분이 미리 접어 둔 보조선과 만나는지 확인하고 펼친다.

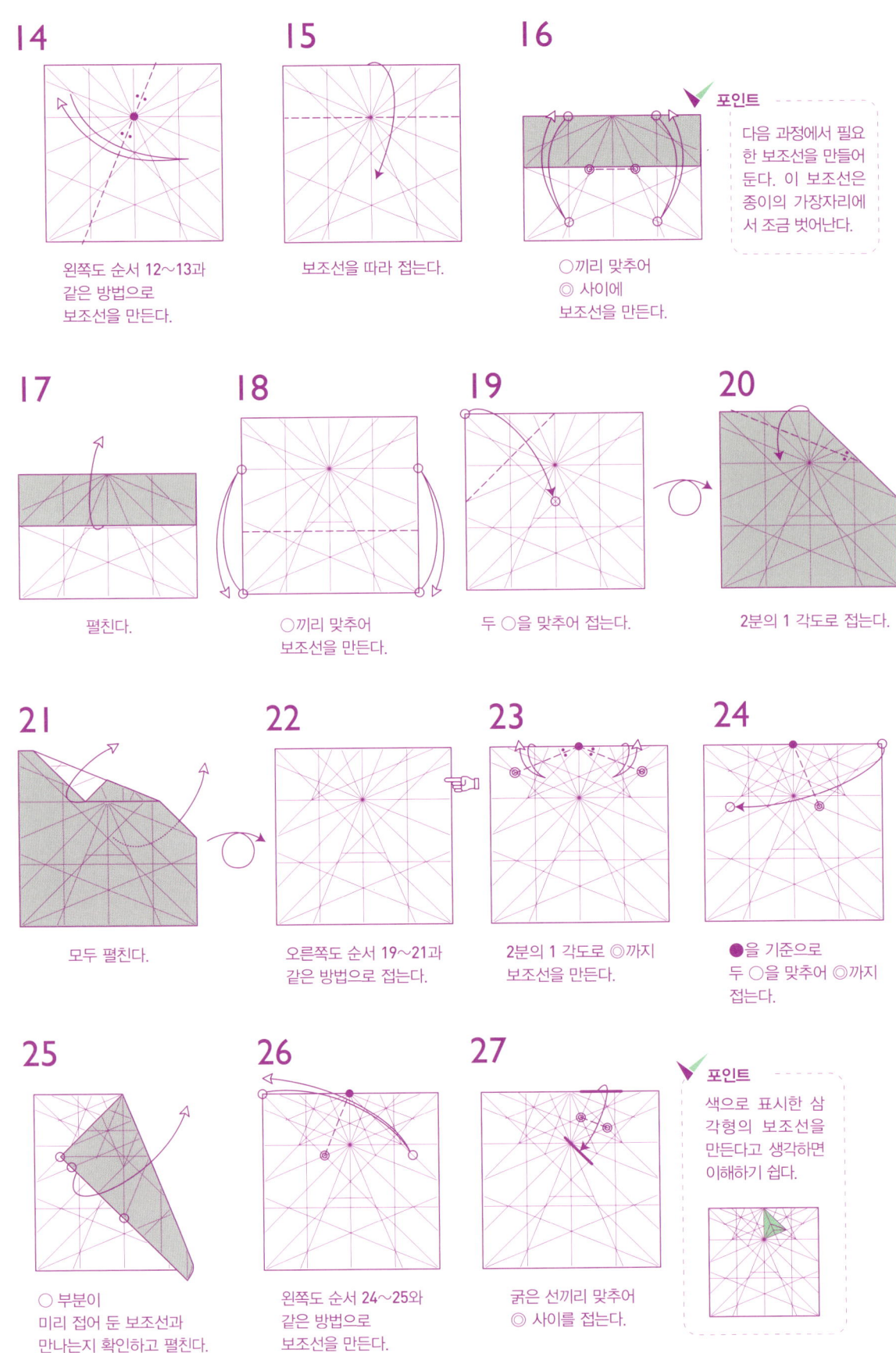

14

왼쪽도 순서 12~13과
같은 방법으로
보조선을 만든다.

15

보조선을 따라 접는다.

16

○끼리 맞추어
◎ 사이에
보조선을 만든다.

✔ **포인트**

다음 과정에서 필요
한 보조선을 만들어
둔다. 이 보조선은
종이의 가장자리에
서 조금 벗어난다.

17

펼친다.

18

○끼리 맞추어
보조선을 만든다.

19

두 ○을 맞추어 접는다.

20

2분의 1 각도로 접는다.

21

모두 펼친다.

22

오른쪽도 순서 19~21과
같은 방법으로 접는다.

23

2분의 1 각도로 ◎까지
보조선을 만든다.

24

●을 기준으로
두 ○을 맞추어 ◎까지
접는다.

25

○ 부분이
미리 접어 둔 보조선과
만나는지 확인하고 펼친다.

26

왼쪽도 순서 24~25와
같은 방법으로
보조선을 만든다.

27

굵은 선끼리 맞추어
◎ 사이를 접는다.

✔ **포인트**

색으로 표시한 삼
각형의 보조선을
만든다고 생각하면
이해하기 쉽다.

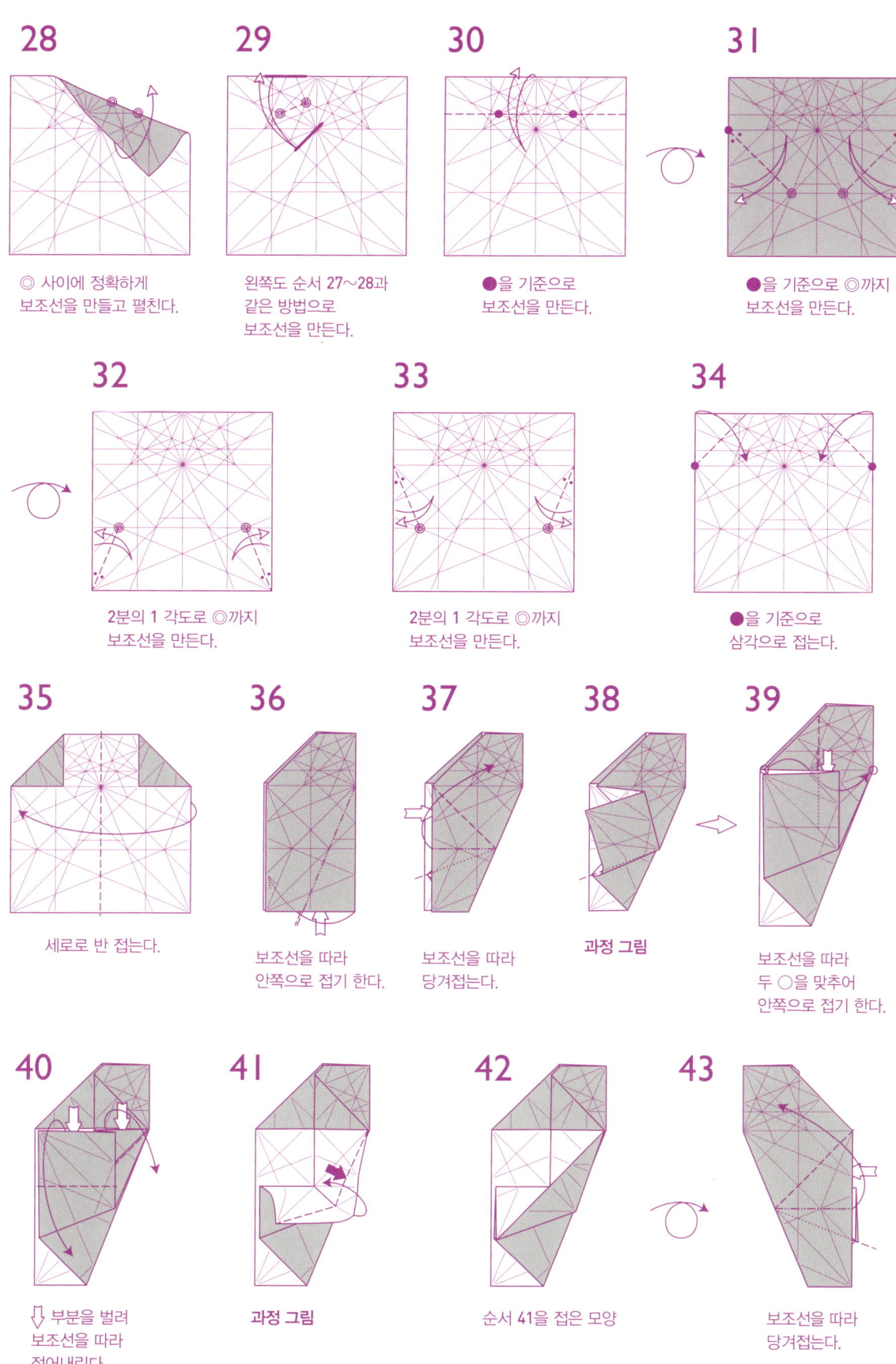

28

◎ 사이에 정확하게
보조선을 만들고 펼친다.

29

왼쪽도 순서 **27~28**과
같은 방법으로
보조선을 만든다.

30

●을 기준으로
보조선을 만든다.

31

●을 기준으로 ◎까지
보조선을 만든다.

32

2분의 1 각도로 ◎까지
보조선을 만든다.

33

2분의 1 각도로 ◎까지
보조선을 만든다.

34

●을 기준으로
삼각으로 접는다.

35

세로로 반 접는다.

36

보조선을 따라
안쪽으로 접기 한다.

37

보조선을 따라
당겨접는다.

38

과정 그림

39

보조선을 따라
두 ○을 맞추어
안쪽으로 접기 한다.

40

⬇ 부분을 벌려
보조선을 따라
접어내린다.

41

과정 그림

42

순서 **41**을 접은 모양

43

보조선을 따라
당겨접는다.

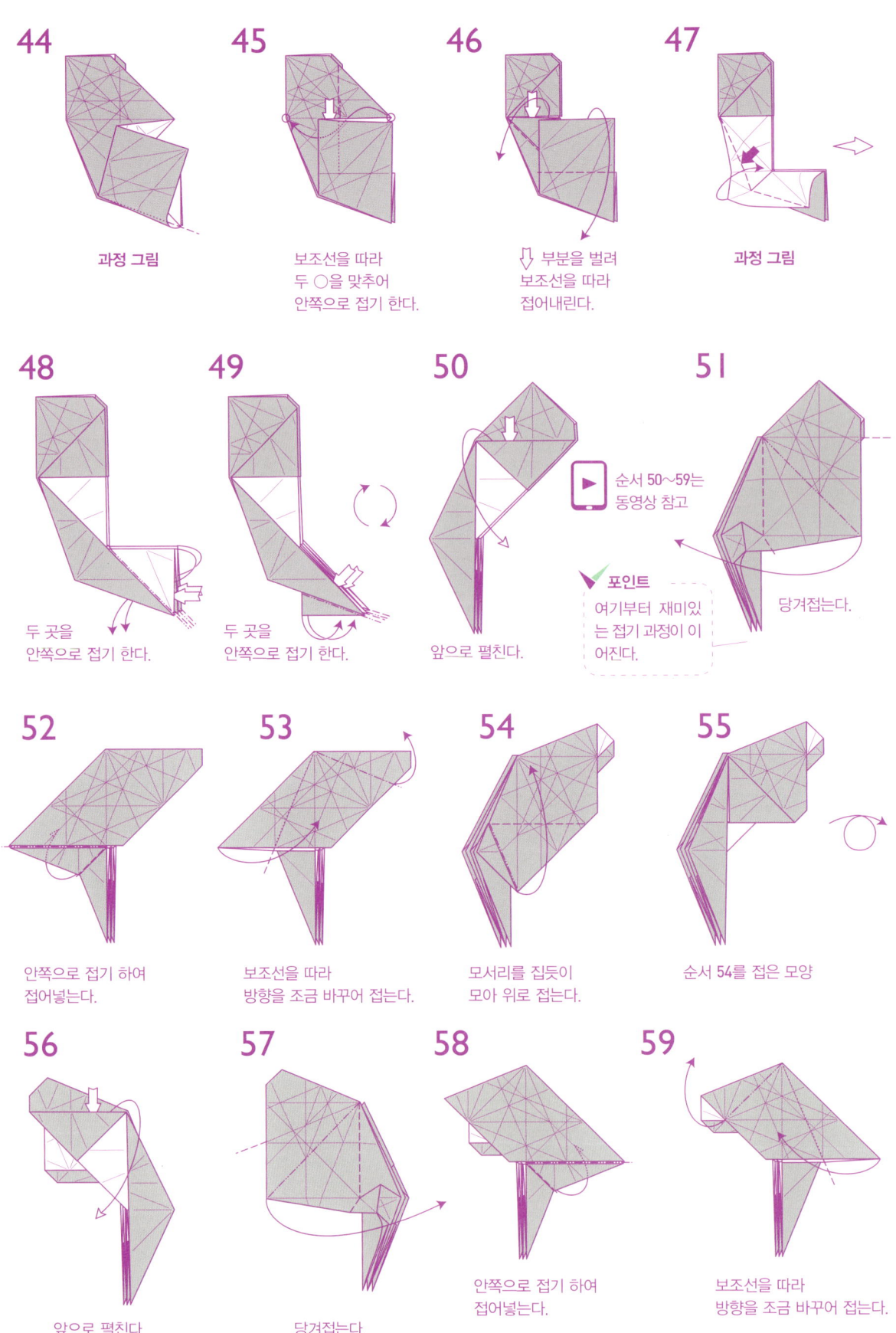

44

과정 그림

45

보조선을 따라
두 ○을 맞추어
안쪽으로 접기 한다.

46

⬇ 부분을 벌려
보조선을 따라
접어내린다.

47

과정 그림

48

두 곳을
안쪽으로 접기 한다.

49

두 곳을
안쪽으로 접기 한다.

50

▶ 순서 50~59는
동영상 참고

✔ **포인트**
여기부터 재미있
는 접기 과정이 이
어진다.

앞으로 펼친다.

5 1

당겨접는다.

52

안쪽으로 접기 하여
접어넣는다.

53

보조선을 따라
방향을 조금 바꾸어 접는다.

54

모서리를 집듯이
모아 위로 접는다.

55

순서 54를 접은 모양

56

앞으로 펼친다.

57

당겨접는다.

58

안쪽으로 접기 하여
접어넣는다.

59

보조선을 따라
방향을 조금 바꾸어 접는다.

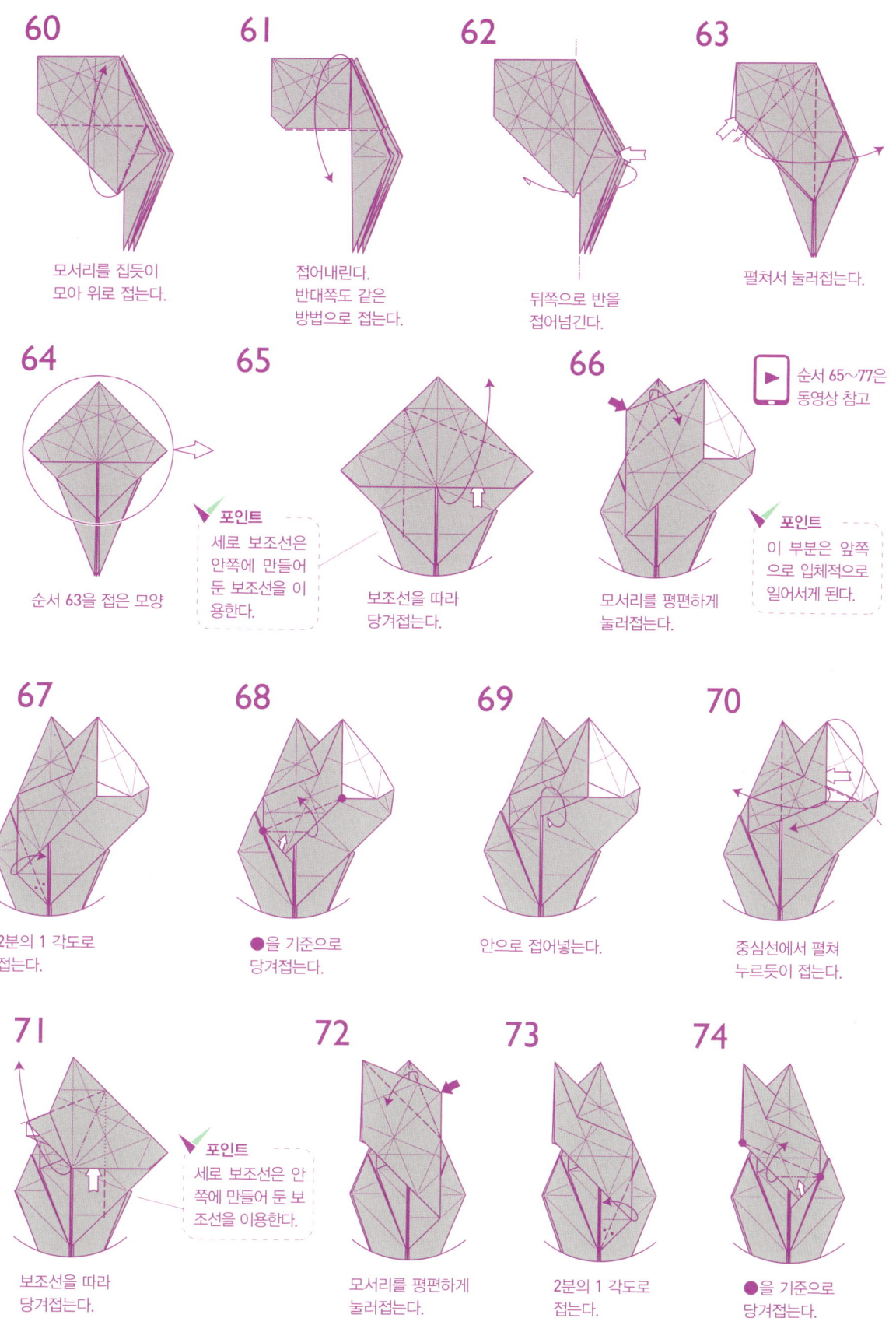

60

모서리를 집듯이
모아 위로 접는다.

61

접어내린다.
반대쪽도 같은
방법으로 접는다.

62

뒤쪽으로 반을
접어넘긴다.

63

펼쳐서 눌러접는다.

64

순서 63을 접은 모양

65

▼ **포인트**
세로 보조선은
안쪽에 만들어
둔 보조선을 이
용한다.

보조선을 따라
당겨접는다.

66

▶ 순서 65~77은
동영상 참고

▼ **포인트**
이 부분은 앞쪽
으로 입체적으로
일어서게 된다.

모서리를 평편하게
눌러접는다.

67

2분의 1 각도로
접는다.

68

●을 기준으로
당겨접는다.

69

안으로 접어넣는다.

70

중심선에서 펼쳐
누르듯이 접는다.

71

▼ **포인트**
세로 보조선은 안
쪽에 만들어 둔 보
조선을 이용한다.

보조선을 따라
당겨접는다.

72

모서리를 평편하게
눌러접는다.

73

2분의 1 각도로
접는다.

74

●을 기준으로
당겨접는다.

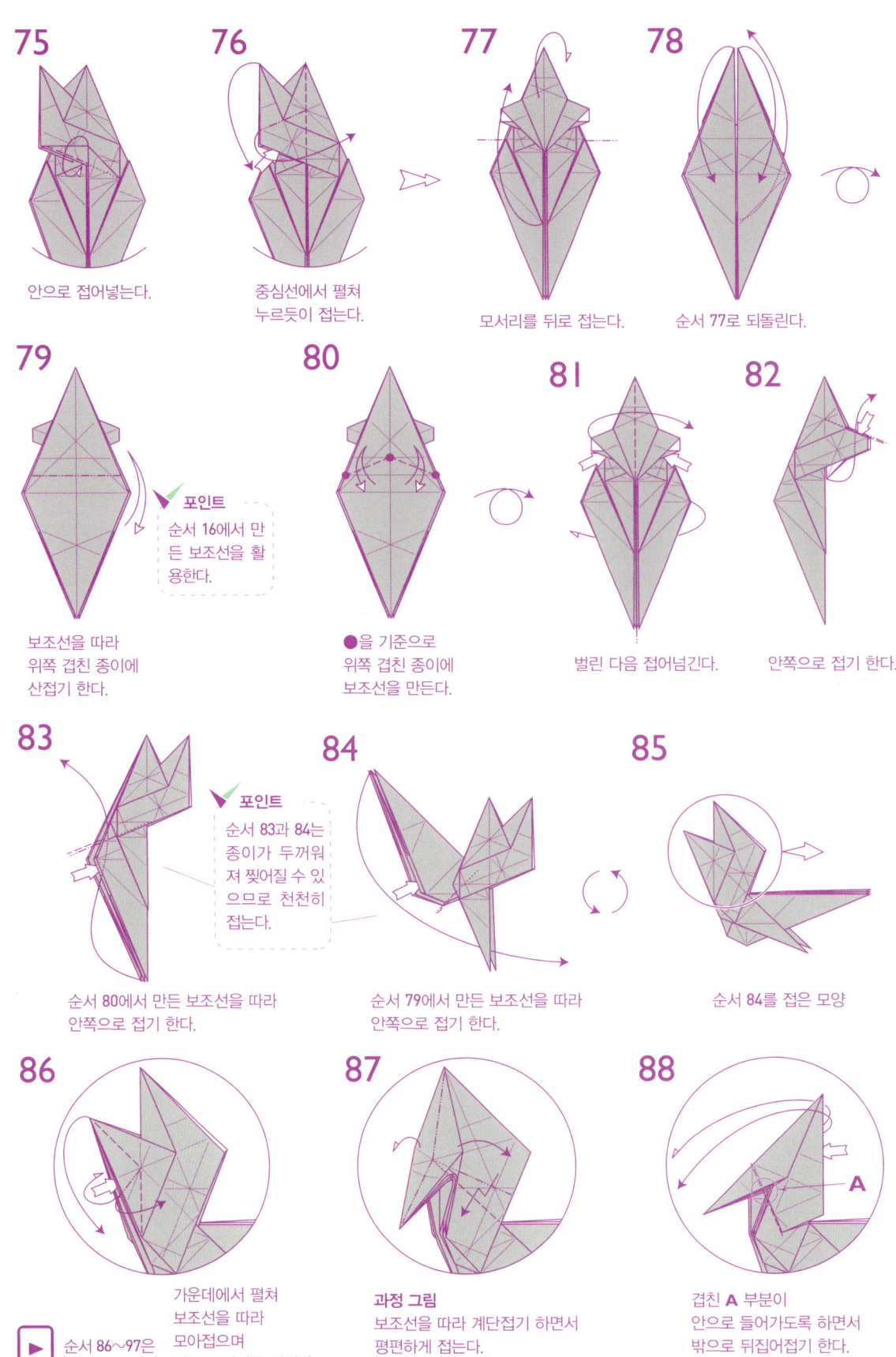

75

안으로 접어넣는다.

76

중심선에서 펼쳐
누르듯이 접는다.

77

모서리를 뒤로 접는다.

78

순서 77로 되돌린다.

79

✔ **포인트**
순서 16에서 만
든 보조선을 활
용한다.

보조선을 따라
위쪽 겹친 종이에
산접기 한다.

80

●을 기준으로
위쪽 겹친 종이에
보조선을 만든다.

81

벌린 다음 접어넘긴다.

82

안쪽으로 접기 한다.

83

✔ **포인트**
순서 83과 84는
종이가 두꺼워
져 찢어질 수 있
으므로 천천히
접는다.

순서 80에서 만든 보조선을 따라
안쪽으로 접기 한다.

84

순서 79에서 만든 보조선을 따라
안쪽으로 접기 한다.

85

순서 84를 접은 모양

86

▶ 순서 86~97은
동영상 참고

가운데에서 펼쳐
보조선을 따라
모아접으며
위쪽 모서리를 내린다.

87

과정 그림
보조선을 따라 계단접기 하면서
평편하게 접는다.
반대쪽도 동시에 접는다.

88

A

겹친 **A** 부분이
안으로 들어가도록 하면서
밖으로 뒤집어접기 한다.

89
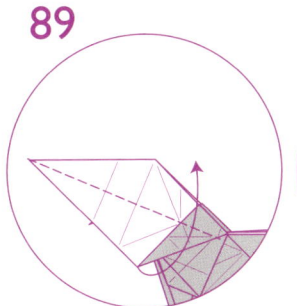
보조선을 따라 접는다.
반대쪽도 같은 방법으로
접는다.

90
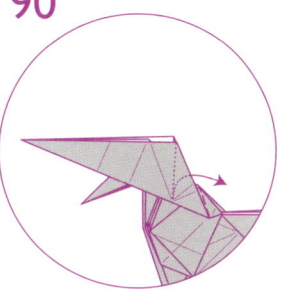
겹쳐 있는 안쪽 종이의
위 한 장만 밖으로 꺼낸다.
반대쪽도 같은 방법으로 접는다.

91
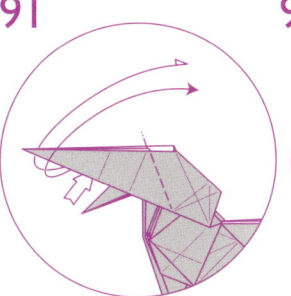
보조선을 따라
밖으로 뒤집어접기 한다.

92
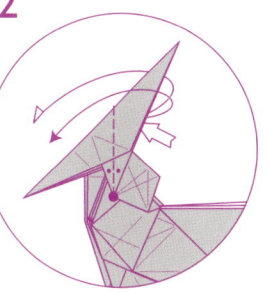
●을 기준으로
밖으로 뒤집어접기 한다.

93
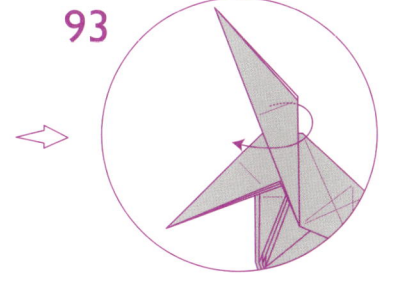
겹쳐 있는 한 장을 꺼내고
반대쪽도 같은 방법으로
접는다.

94
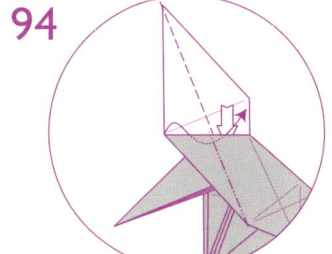
안쪽으로 접기 하고
반대쪽도 같은 방법으로
접는다.

95
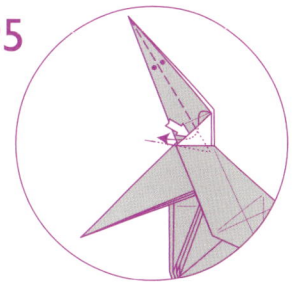
2분의 1 각도로
안쪽으로 접기 하고
반대쪽도 같은 방법으로 접는다.

96
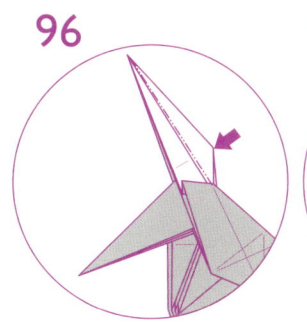
열린 함몰접기 하여
뿔을 가늘게 접는다.

97
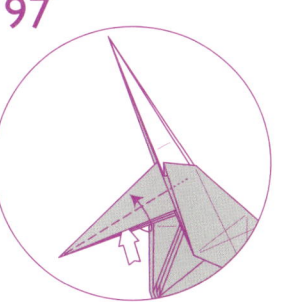
위 한 장을
안쪽으로 접기 하듯이 접고
반대쪽도 같은 방법으로 접는다.

98
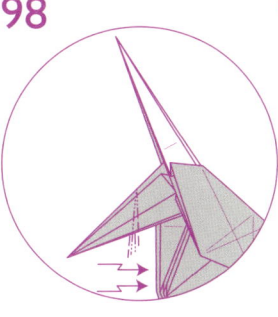
씌워접기 하듯이 계단접기 하고
반대쪽도 같은 방법으로
접는다.

99
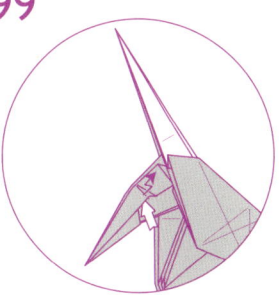
순서 98과 동시에
계단접기 하여 눈을 만든다.
반대쪽도 같은 방법으로
접는다.

100
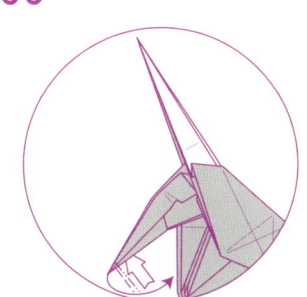
끝을 조금
안쪽으로 접기 한다.

101
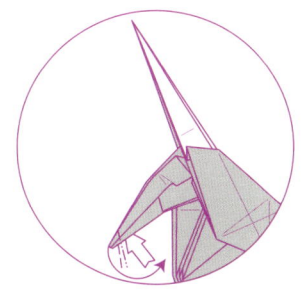
안쪽으로 접기 한다.

102
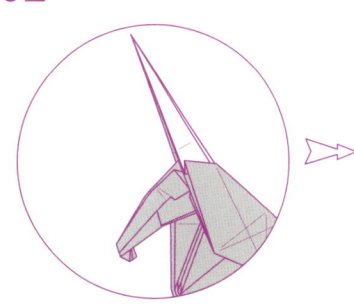
얼굴 부분 완성

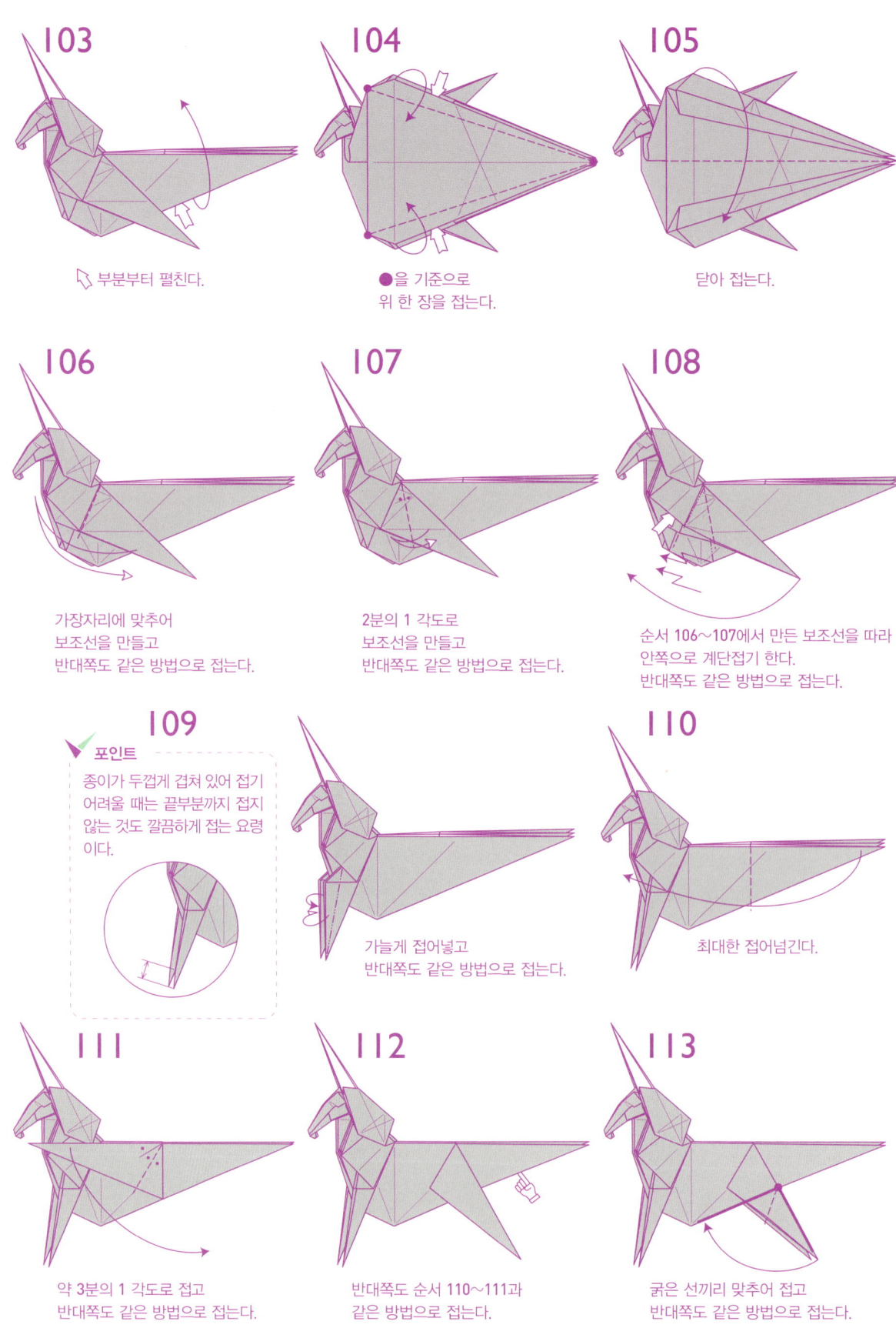

103
↖ 부분부터 펼친다.

104
● 을 기준으로
위 한 장을 접는다.

105
닫아 접는다.

106
가장자리에 맞추어
보조선을 만들고
반대쪽도 같은 방법으로 접는다.

107
2분의 1 각도로
보조선을 만들고
반대쪽도 같은 방법으로 접는다.

108
순서 106~107에서 만든 보조선을 따라
안쪽으로 계단접기 한다.
반대쪽도 같은 방법으로 접는다.

109
✔ 포인트
종이가 두껍게 겹쳐 있어 접기
어려울 때는 끝부분까지 접지
않는 것도 깔끔하게 접는 요령
이다.

가늘게 접어넣고
반대쪽도 같은 방법으로 접는다.

110
최대한 접어넘긴다.

111
약 3분의 1 각도로 접고
반대쪽도 같은 방법으로 접는다.

112
반대쪽도 순서 110~111과
같은 방법으로 접는다.

113
굵은 선끼리 맞추어 접고
반대쪽도 같은 방법으로 접는다.

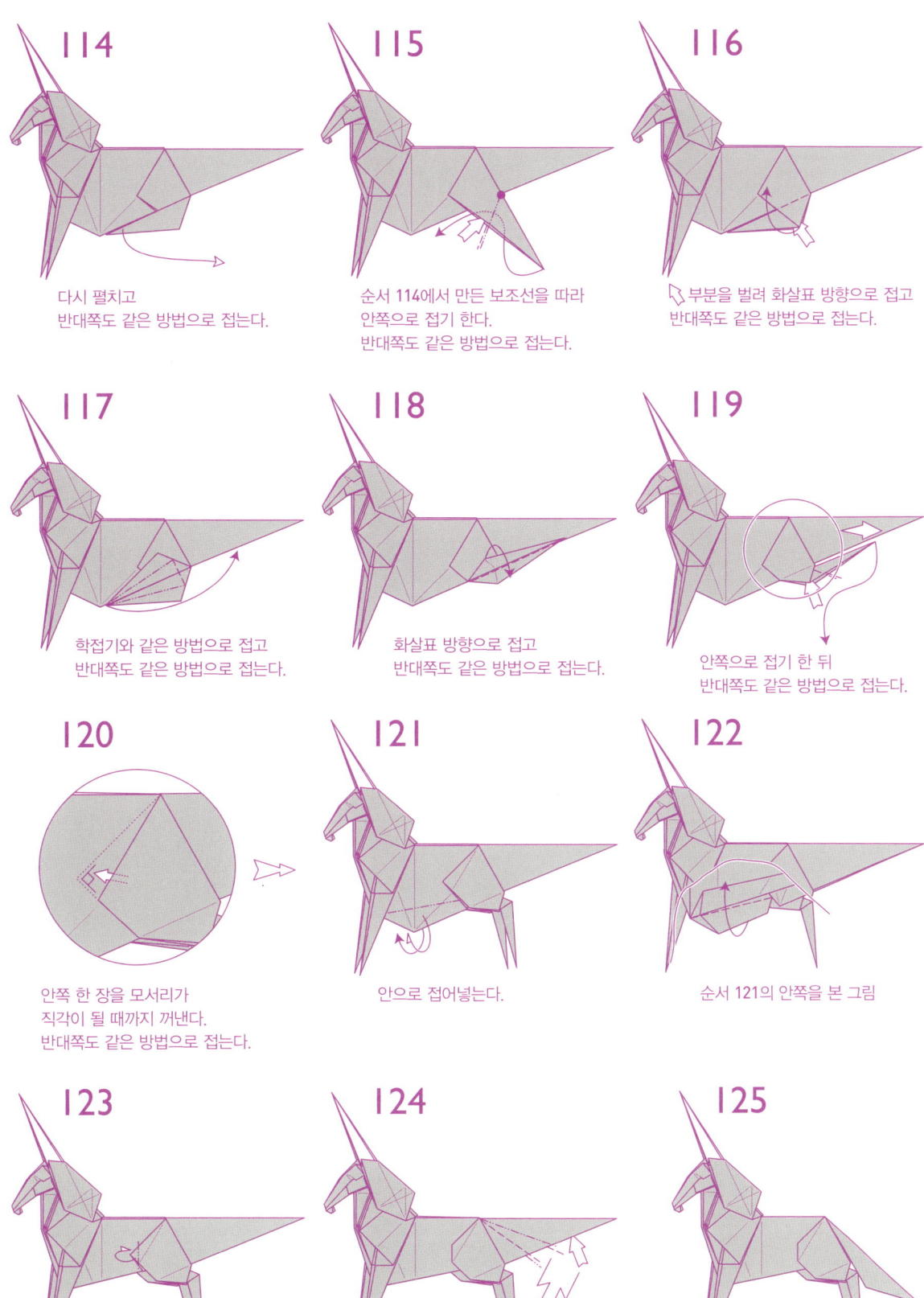

114
다시 펼치고
반대쪽도 같은 방법으로 접는다.

115
순서 114에서 만든 보조선을 따라
안쪽으로 접기 한다.
반대쪽도 같은 방법으로 접는다.

116
◁ 부분을 벌려 화살표 방향으로 접고
반대쪽도 같은 방법으로 접는다.

117
학접기와 같은 방법으로 접고
반대쪽도 같은 방법으로 접는다.

118
화살표 방향으로 접고
반대쪽도 같은 방법으로 접는다.

119
안쪽으로 접기 한 뒤
반대쪽도 같은 방법으로 접는다.

120
안쪽 한 장을 모서리가
직각이 될 때까지 꺼낸다.
반대쪽도 같은 방법으로 접는다.

121
안으로 접어넣는다.

122
순서 121의 안쪽을 본 그림

123
안으로 접어넣고
반대쪽도 같은 방법으로 접는다.

124
꼬리가 시작되는 부분에서
계단접기 한다.

125
완성

1 기준점 접기

종이접기에서 기준점을 만들 때 3등
분이나 5등분 또는 어려운 비율로
접어야 할 때가 있다. 자로 재어 표
시해도 좋지만 역시 접기만으로 다
양한 비율을 접는 것이 바람직하
다. 이때 기하학을 이용해 접근하
면 도움이 된다.

예를 들어 그림 2–1과 같이 윗변을
8등분하고 각 등분점과 오른쪽 아
래 모서리를 연결하는 보조선을 만
들면 각 보조선과 대각선의 교점을
이용해 다양한 비율을 접을 수 있다.
이 방법으로 3분의 1을 접는 순서는
그림 2–2와 같다. 험프헤드래스 순
서 2~3(103쪽)은 이 방법을 이용한
것이다.

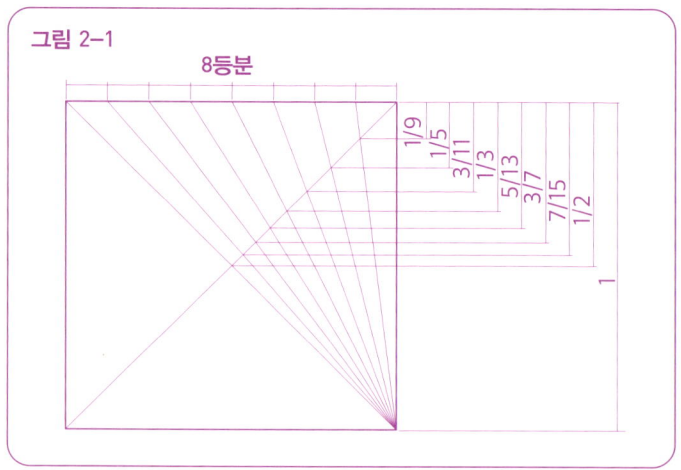

그림 2–1

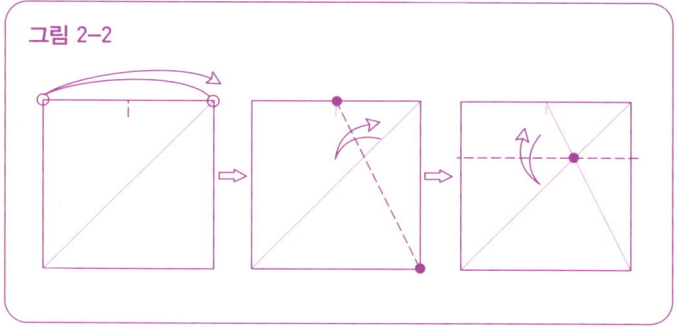

그림 2–2

또한 난이도가 있는 테크닉이지만 전개도(작품을 구성하는 주요 보조선을 그린 그림)에서 필요한 기준점을 접
는 방법이 있다. 그림 2–3과 같은 전개도는 ●점의 위치를 알면 접을 수 있다. 우선 그림 2–4에서 보듯 전
개도에 포함된 하나의 삼각형에 주목한다. 그림 2–5와 같이 ◎을 기준으로 한 여러 삼각형을 생각하면 ●점
은 점선 위에 반드시 존재한다. 또한 구하는 ●점은 분명히 대각선 위에 있으므로 이 점선과 대각선의 교점
이 구하는 ●점이 된다. 이것을 이용해 생각한 접기 순서가 그림 2–6이다. 이 방법은 다양한 작품에 응용할
수 있다. 이를테면 조지아 국기(110쪽)에서는 그림 2–7의 전개도 속에 삼각형 ①과 사각형 ②가 있으며 두
도형이 만나는 ●점을 구하는 순서를 생각한다. 삼각형 ①에서는 그림 2–8과 같이 선 ab 위에 ●점이 있고
사각형 ②에서는 그림 2–9와 같이 선 cd 위에 ●이 있기 때문에, 그림 2–10과 같이 두 보조선의 교점이 구
하는 ●점이 된다. 실제 접기 과정은 110쪽의 순서가 된다.[1]

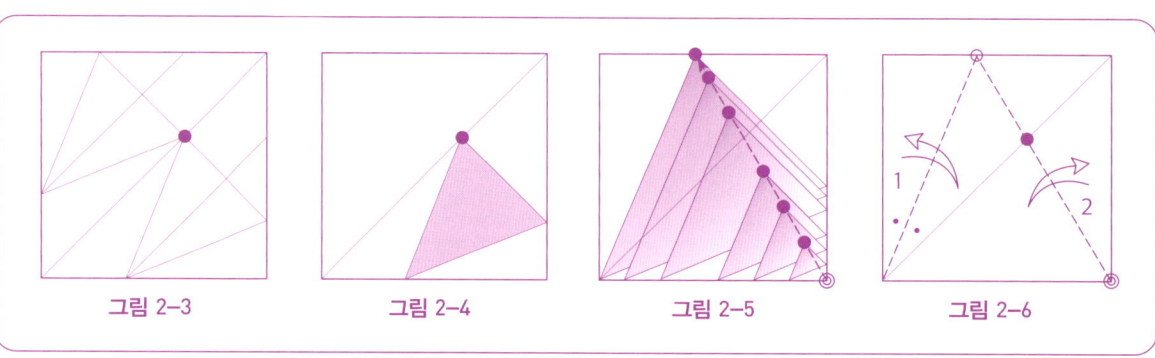

그림 2–3　　　　　그림 2–4　　　　　그림 2–5　　　　　그림 2–6

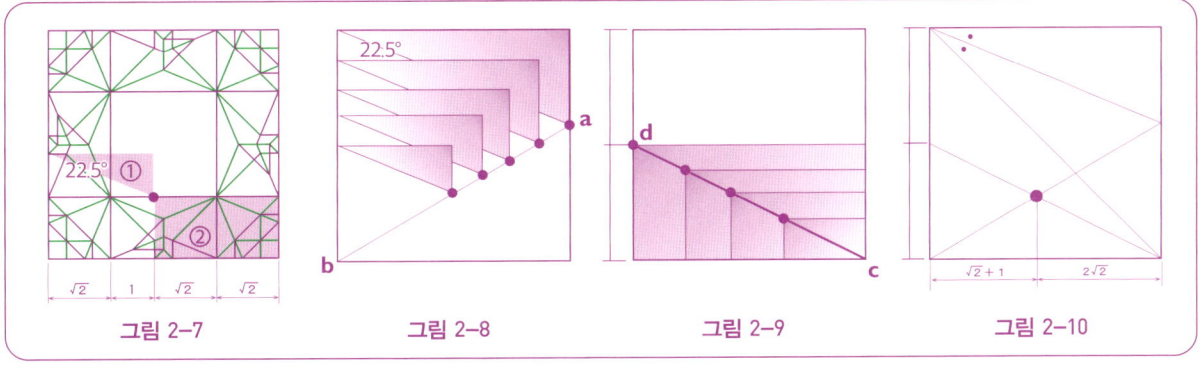

그림 2-7   그림 2-8   그림 2-9   그림 2-10

2 과정 전체를 고려한 접기 순서

종이접기를 하는 도중에 '처음에 이 보조선을 만들어 두는 편이 좋았을 텐데'라거나 '이 보조선은 나중에 만들기 어렵다'라고 느낄 때가 종종 있다. 이렇게 하면 좀 더 쉽게 접을 수 있을 거라는 생각을 바탕으로 접기 쉬운 과정을 구성하려면 끊임없이 개선할 필요가 있다. 과정의 길이, 정확성, 용이성 등 여러 가지를 고려하면서 과정을 개선해 나가는 것도 창작 종이접기의 즐거움이다. 처음에 필요한 보조선을 만들어 두는 예로는 그림 2-11의 네잎클로버 순서 5~6(114쪽)이 있다. 그림 2-12에서 보듯이 뒤의 순서 17~18에서 사용할 보조선을 미리 접어 두는 것이다.

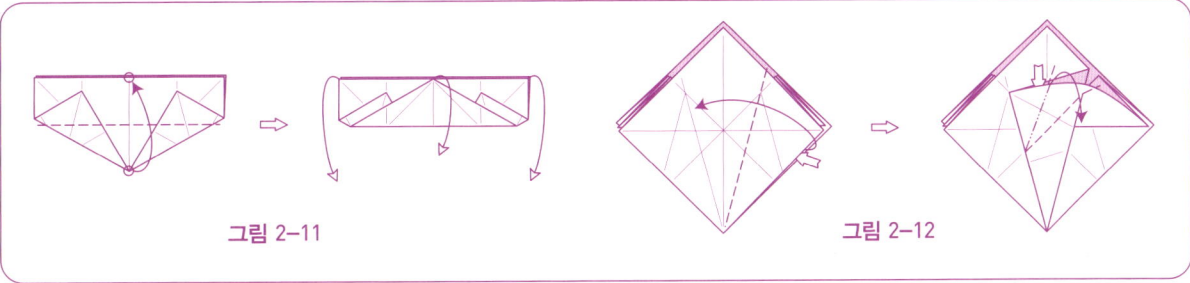

그림 2-11   그림 2-12

또한 같은 형태를 접어도 접는 순서는 다양하다. 그림 2-13에서는 전승 종이접기의 사각주머니접기 기본형을 접는 여러 순서를 보여 주지만 이것이 꼭 정답이라고는 말할 수 없다. 각 작품에 적합한 과정을 선택하는 것이 중요하다.

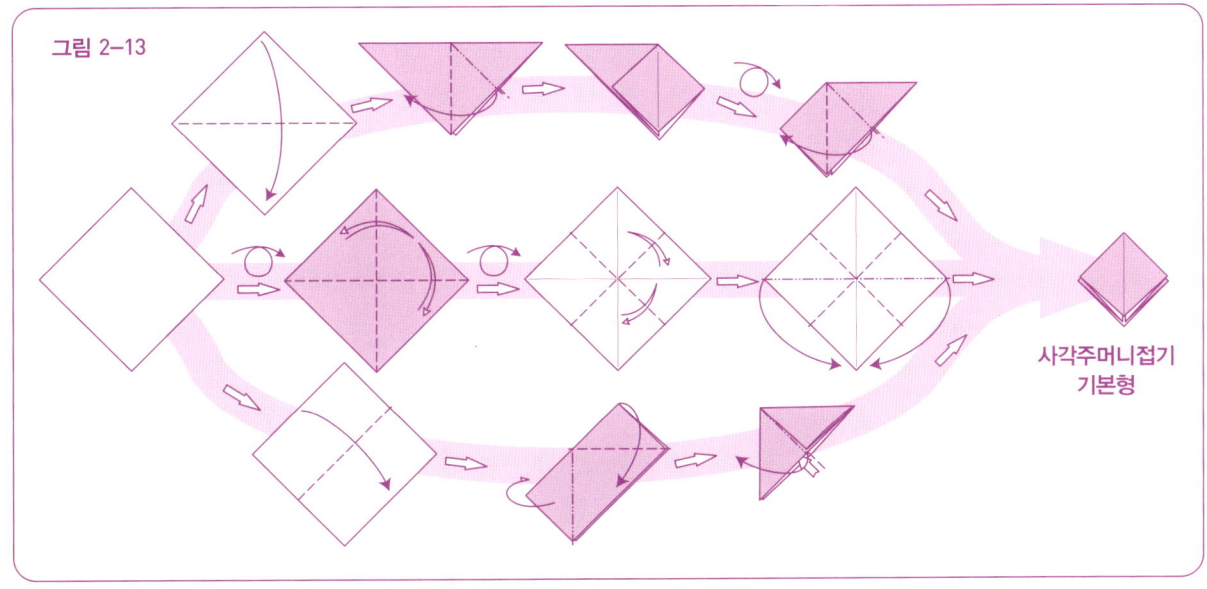

그림 2-13

사각주머니접기
기본형

접는 순서 가운데 겹쳐서 접는 방법이 있다. 예를 들어 작품 일부에 전승 종이접기인 보통의 학접기 기본형을 이용하면 주위에 종이가 연결되어 있어 잘 접을 수 없다. 그래서 그림 2-14에서 보듯 박쥐의 순서 19~22(121쪽)와 같이 겹쳐서 접고 나서 펼쳐 만들어진 보조선을 따라 다시 접는 순서를 활용한다.

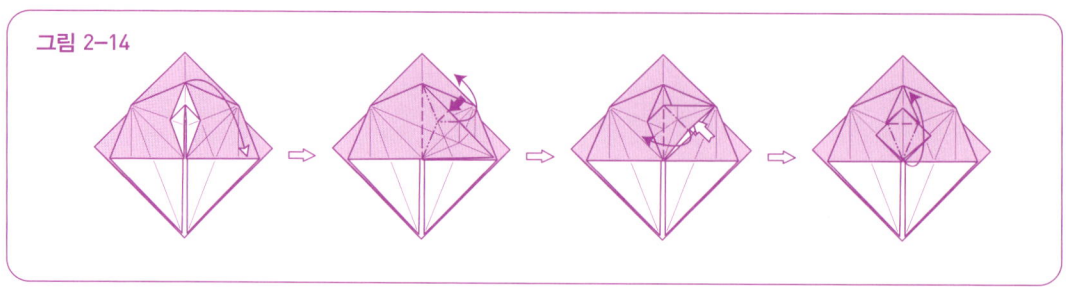

그림 2-14

3 고정하기

종이접기 작품은 원래대로 돌아가려는 종이의 반발력 때문에 벌어지는 경우가 있다. 이런 때 가능한 한 풀칠하지 않고도 벌어지지 않게 하고 싶어지는데, 조금만 궁리를 하면 단단하게 고정할 수가 있다. 그림 2-15의 메기 꼬리(98쪽), 그림 2-16의 백조 등(101쪽) 그리고 그림 2-17의 험프헤드래스 꼬리(107쪽)가 고정하는 과정을 볼 수 있는 예다.

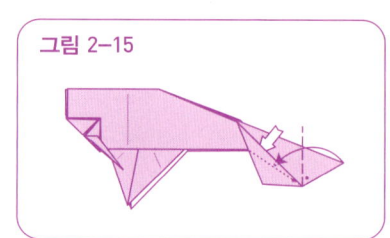

그림 2-15

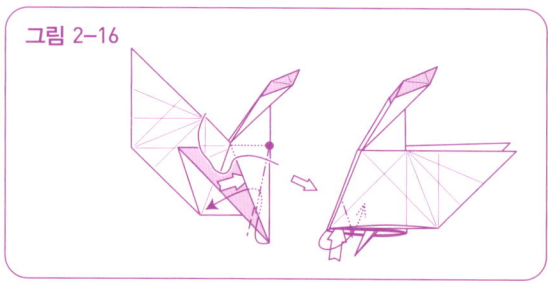

그림 2-16

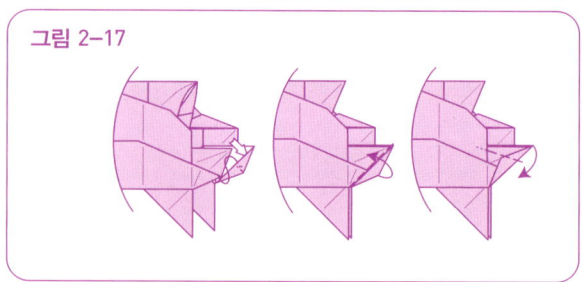

그림 2-17

4 기준 설정

종이접기를 하는 사람들은 이따금 '어림해서 접는다'는 말을 한다. 제각각 자신의 감각과 개성에 따라 접기 때문에 완성 작품이 달라져 종이접기의 재미를 느낄 수 있다. 그러나 어림접기를 할 때 완성 단계 형태에 큰 차이가 생기면 필요에 따라 기준을 마련하려고 신경을 쓴다. 예를 들어 그림 2-18의 만타가오리 순서 13(109쪽)에서는 다른 기준으로도 접을 수 있지만 특정 기준을 마련함으로써 완성형의 편차를 줄일 수 있다. 하지만 아무래도 감성에 의존해야 하는 경우 또한 있다. 예컨대 그림 2-19의 수도사 순서 38 후드 부분(95쪽)은 보조선 기호가 표시되어 있지만 자유롭게 구부려 마무리하는 과정으로, 기준을 의도적으로 정해 놓지 않았다.

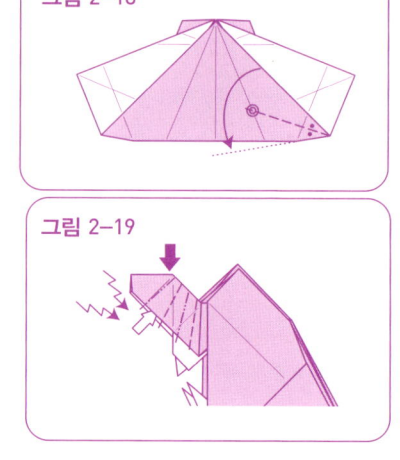

그림 2-18

그림 2-19

---

1 《종이접기 탐정단 신문》 제29호, 〈종이접기 설계 야화〉, 1994, 가와하타 후미아키(《折紙探偵団新聞》29号, 〈折紙設計夜話〉,1994, 川畑文昭).

수도사 Monk

접지 않고 구부리는 방법을 이용하는 작품이다. 이 작품은 후드 부분을 좀 더 리얼하게 마무리한다. 이 같은 창작 에는 접는 사람의 개성이 나타나므로 무척 흥미롭다.

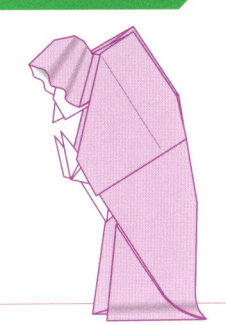

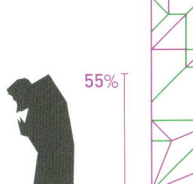

사용한 종이 24cm

55%

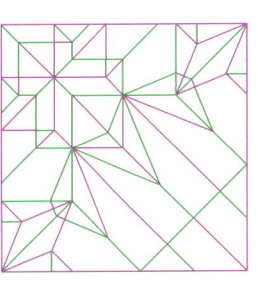

1

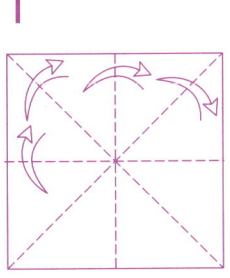

보조선을 만든다.

2

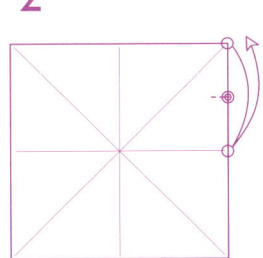

두 ○을 맞추어 ◎에 표시해 둔다.

3

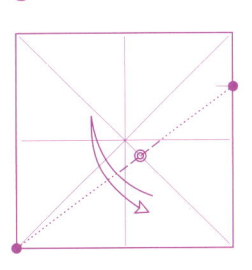

● 을 기준으로 ◎에 표시해 둔다.

포인트

4대 3으로 분할하 는 방법이다.

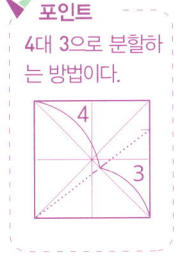

4

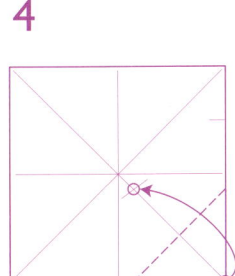

두 ○을 맞추어 접는다.

5

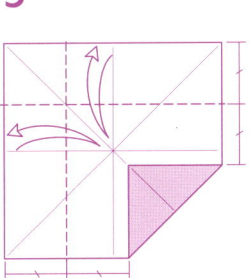

2분의 1 너비로 보조선을 만든다. 이후 순서 2~3의 표시는 생략한다.

6

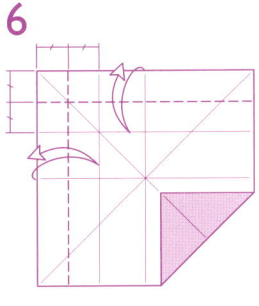

2분의 1 너비로 보조선을 만든다.

7

● 을 기준으로 보조선을 만든다.

8

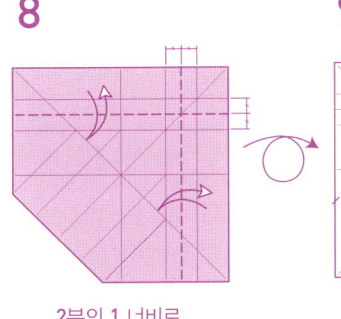

2분의 1 너비로 보조선을 만든다.

9

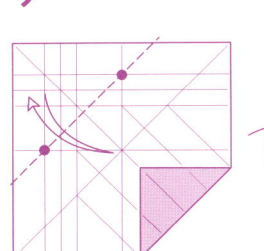

● 을 기준으로 보조선을 만든다.

10

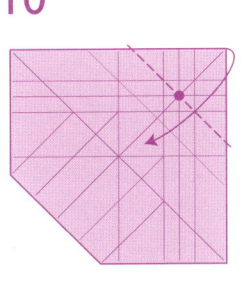

● 을 기준으로 접는다.

11

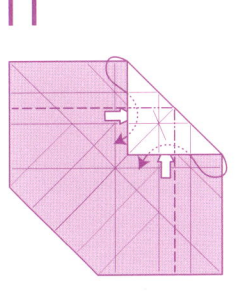

안쪽으로 접기 한다.

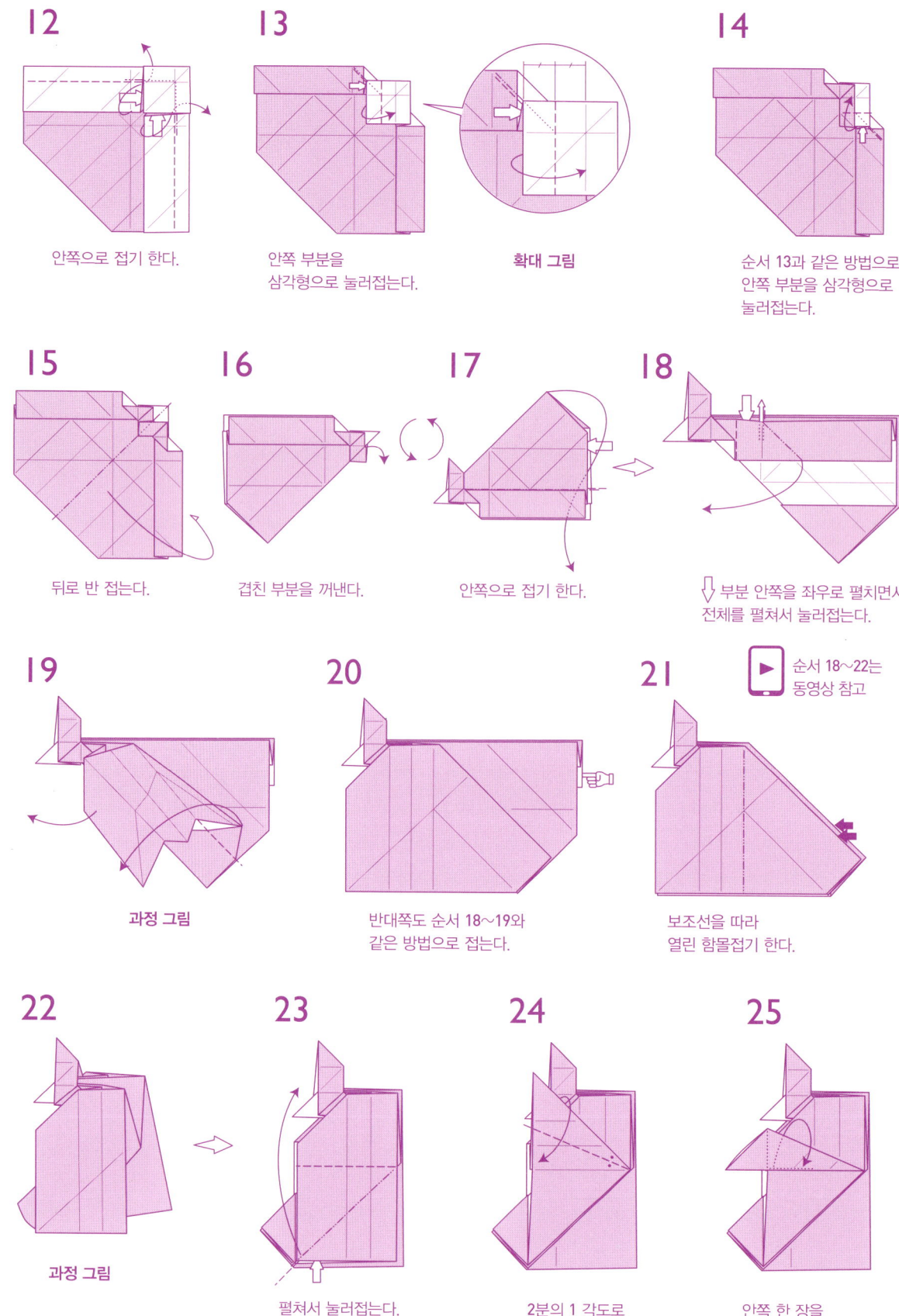

12

안쪽으로 접기 한다.

13

안쪽 부분을
삼각형으로 눌러접는다.

확대 그림

14

순서 13과 같은 방법으로
안쪽 부분을 삼각형으로
눌러접는다.

15

뒤로 반 접는다.

16

겹친 부분을 꺼낸다.

17

안쪽으로 접기 한다.

18

⬇ 부분 안쪽을 좌우로 펼치면서
전체를 펼쳐서 눌러접는다.

19

과정 그림

20

반대쪽도 순서 18~19와
같은 방법으로 접는다.

21

보조선을 따라
열린 함몰접기 한다.

▶ 순서 18~22는
동영상 참고

22

과정 그림

23

펼쳐서 눌러접는다.

24

2분의 1 각도로
접는다.

25

안쪽 한 장을
밖으로 꺼내어 접는다.

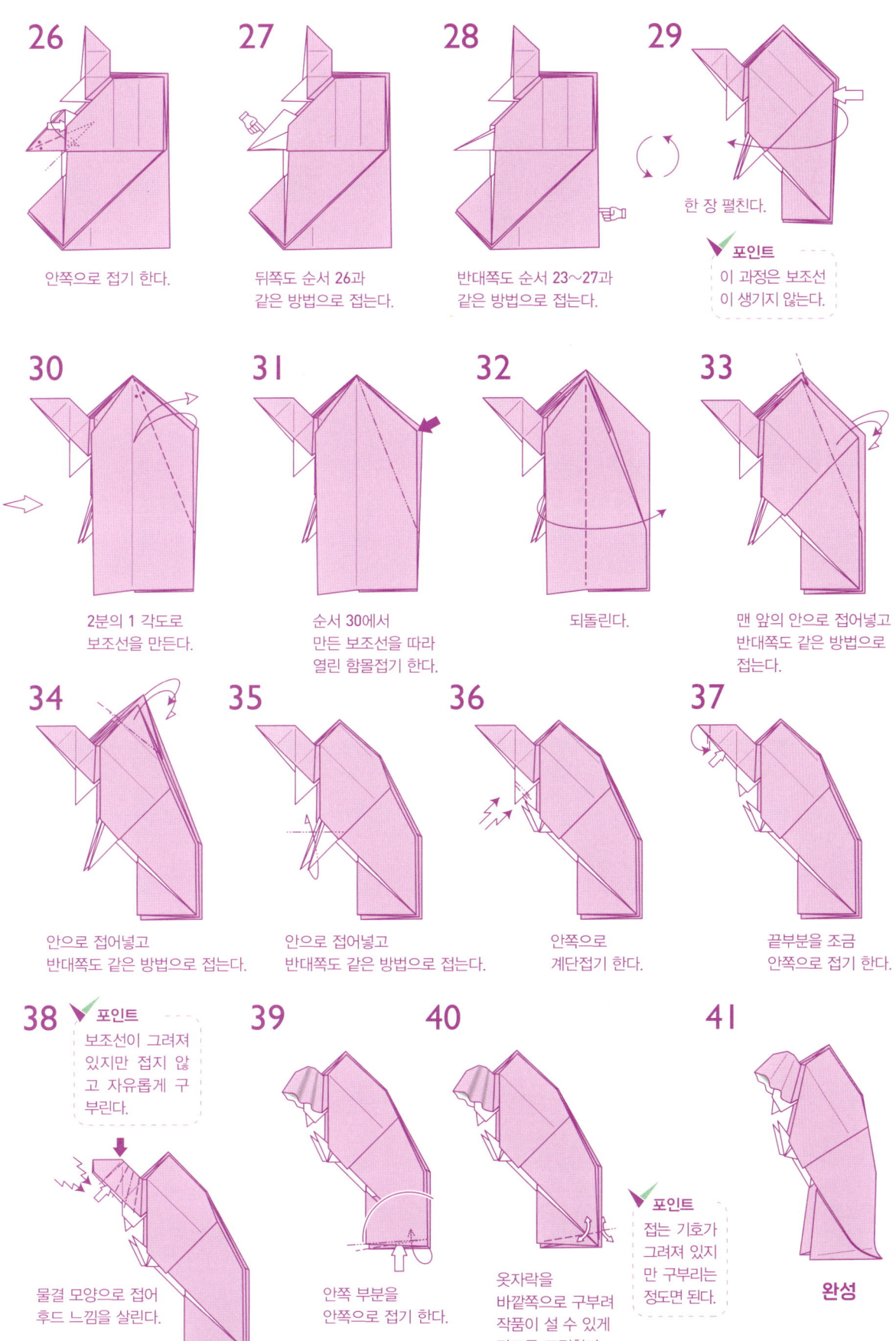

26

안쪽으로 접기 한다.

27

뒤쪽도 순서 **26**과
같은 방법으로 접는다.

28

반대쪽도 순서 **23~27**과
같은 방법으로 접는다.

29

한 장 펼친다.

▼ **포인트**
이 과정은 보조선
이 생기지 않는다.

30

2분의 1 각도로
보조선을 만든다.

31

순서 **30**에서
만든 보조선을 따라
열린 함몰접기 한다.

32

되돌린다.

33

맨 앞의 안으로 접어넣고
반대쪽도 같은 방법으로
접는다.

34

안으로 접어넣고
반대쪽도 같은 방법으로 접는다.

35

안으로 접어넣고
반대쪽도 같은 방법으로 접는다.

36

안쪽으로
계단접기 한다.

37

끝부분을 조금
안쪽으로 접기 한다.

38

▼ **포인트**
보조선이 그려져
있지만 접지 않
고 자유롭게 구
부린다.

물결 모양으로 접어
후드 느낌을 살린다.

39

안쪽 부분을
안쪽으로 접기 한다.

40

옷자락을
바깥쪽으로 구부려
작품이 설 수 있게
각도를 조정한다.

▼ **포인트**
접는 기호가
그려져 있지
만 구부리는
정도면 된다.

41

완성

메기 Catfish

이 메기는 완성한 뒤 꼬리가 벌어지지 않도록 접는 고정 작업을 한다. 종이접기에서 풀을 사용하지 않고 접기만으로 모양이 무너지지 않는 것이 이상적인 형태라 할 수 있다.

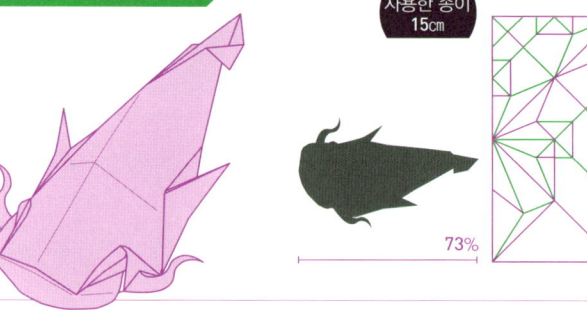

사용한 종이
15cm

73%

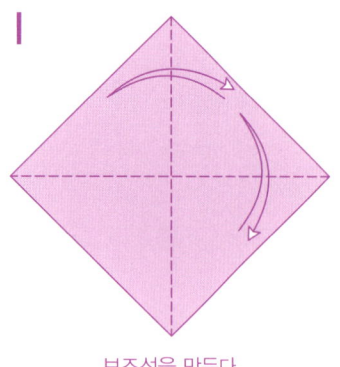

1

보조선을 만든다.

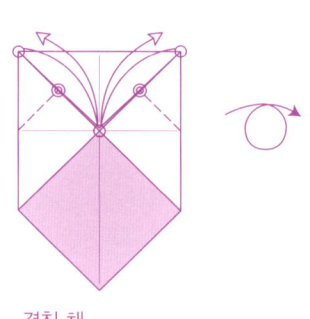

2

○끼리 맞추어 접는다.

3

겹친 채
○끼리 맞추어 ◎까지
보조선을 만든다.

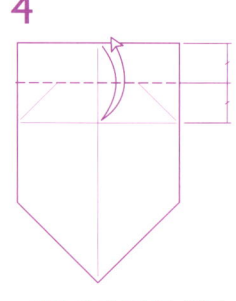

4

겹친 채 2분의 1 너비로
보조선을 만든다.

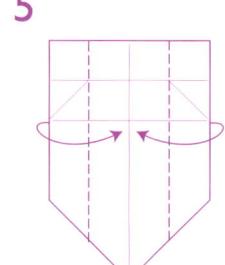

5

겹친 채 2분의 1 너비로
접는다.

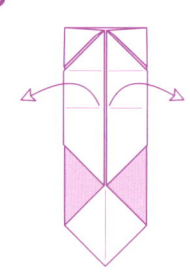

6

펼친다.

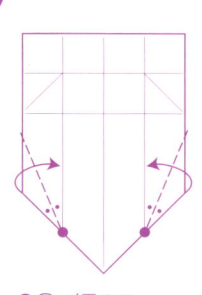

7

●을 기준으로
2분의 1 각도로 접는다.

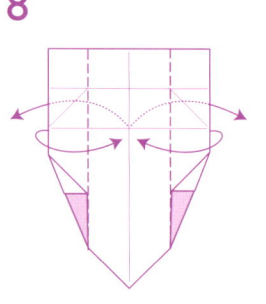

8

뒤쪽 종이를
펼치면서 만들어 둔
보조선을 따라 접는다.

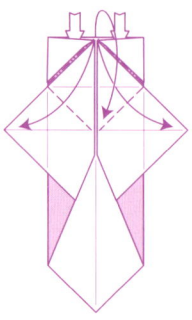

9

모서리를 집듯이 모아
좌우로 펼쳐 접는다.

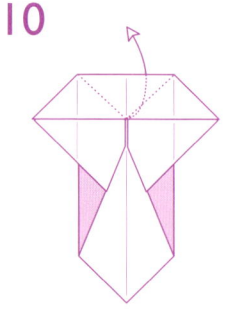

10

뒤쪽의
삼각 부분을 펼친다.

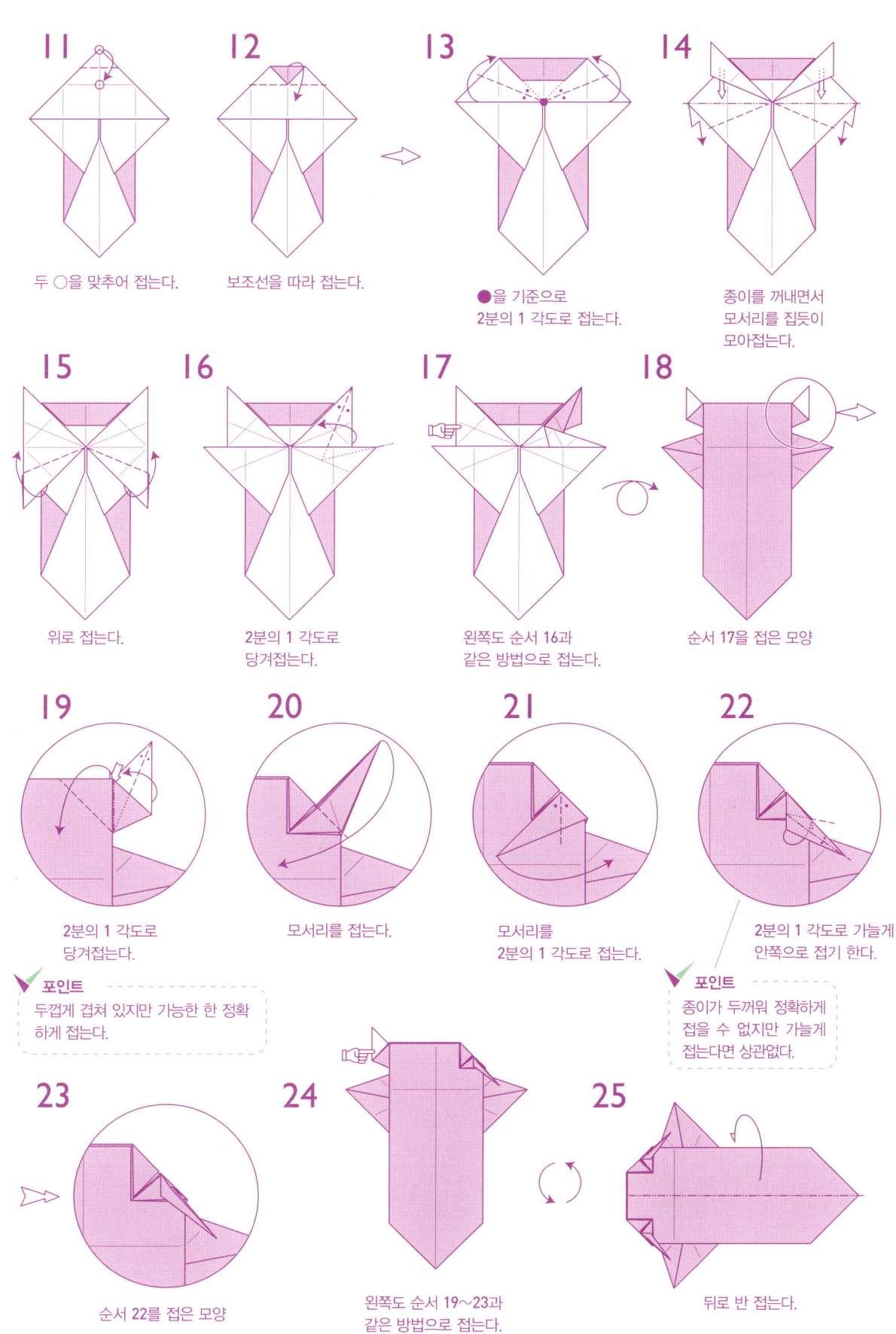

11

두 ○을 맞추어 접는다.

12

보조선을 따라 접는다.

13

●을 기준으로
2분의 1 각도로 접는다.

14

종이를 꺼내면서
모서리를 집듯이
모아접는다.

15

위로 접는다.

16

2분의 1 각도로
당겨접는다.

17

왼쪽도 순서 16과
같은 방법으로 접는다.

18

순서 17을 접은 모양

19

2분의 1 각도로
당겨접는다.

▼ **포인트**
두껍게 겹쳐 있지만 가능한 한 정확
하게 접는다.

20

모서리를 접는다.

21

모서리를
2분의 1 각도로 접는다.

22

2분의 1 각도로 가늘게
안쪽으로 접기 한다.

▼ **포인트**
종이가 두꺼워 정확하게
접을 수 없지만 가늘게
접는다면 상관없다.

23

순서 22를 접은 모양

24

왼쪽도 순서 19~23과
같은 방법으로 접는다.

25

뒤로 반 접는다.

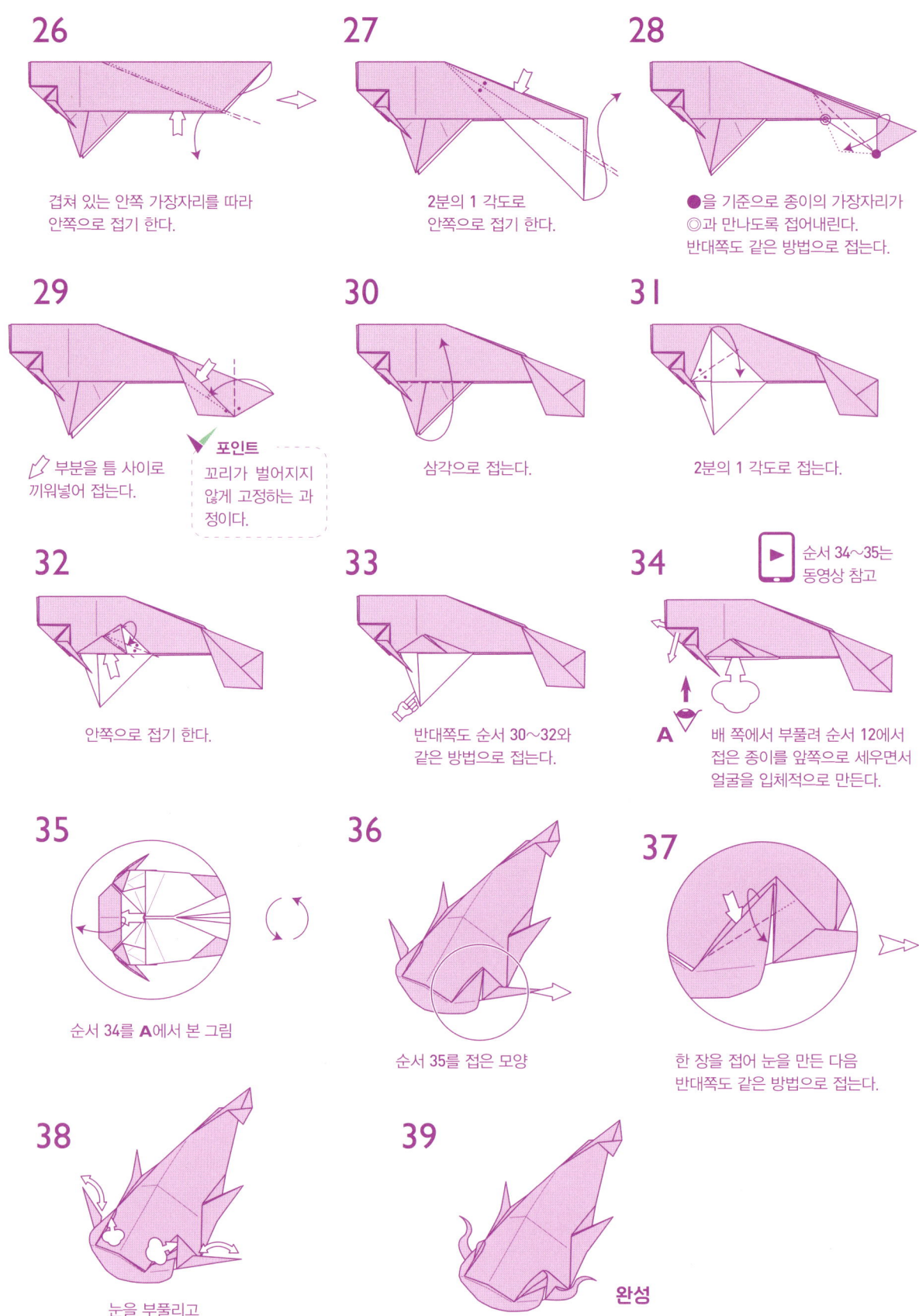

26

겹쳐 있는 안쪽 가장자리를 따라
안쪽으로 접기 한다.

27

2분의 1 각도로
안쪽으로 접기 한다.

28

●을 기준으로 종이의 가장자리가
◎과 만나도록 접어내린다.
반대쪽도 같은 방법으로 접는다.

29

⇗ 부분을 틈 사이로
끼워넣어 접는다.

✔ **포인트**
꼬리가 벌어지지
않게 고정하는 과
정이다.

30

삼각으로 접는다.

31

2분의 1 각도로 접는다.

32

안쪽으로 접기 한다.

33

반대쪽도 순서 30~32와
같은 방법으로 접는다.

34

▶ 순서 34~35는
동영상 참고

A

배 쪽에서 부풀려 순서 12에서
접은 종이를 앞쪽으로 세우면서
얼굴을 입체적으로 만든다.

35

순서 34를 **A**에서 본 그림

36

순서 35를 접은 모양

37

한 장을 접어 눈을 만든 다음
반대쪽도 같은 방법으로 접는다.

38

눈을 부풀리고
수염을 둥글린다.

39

완성

사용한 종이
24cm

51%

백조 Swan

고정하기 위한 부분을 미리 접어 두는 작품이다. 마지막에 몸통을 둥글려 마무리하는데 고정 부분이 있어 좀처럼 등이 벌어지지 않는다.

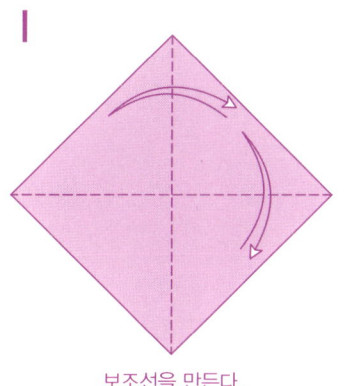

1

보조선을 만든다.

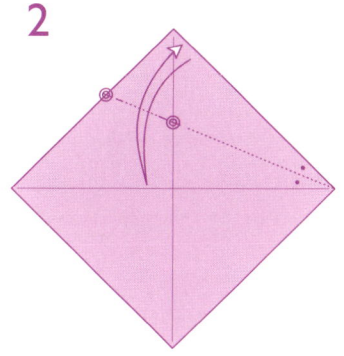

2

◎ 두 곳에 표시해 둔다.

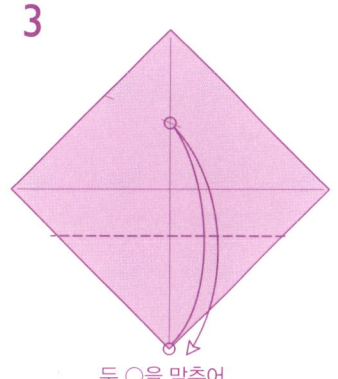

3

두 ○을 맞추어
보조선을 만든다.

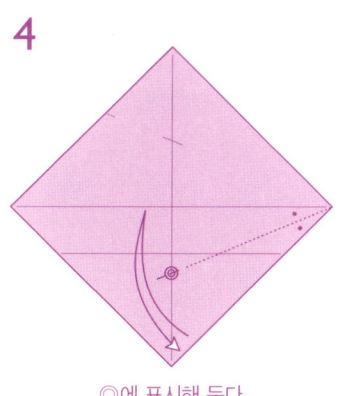

4

◎에 표시해 둔다.

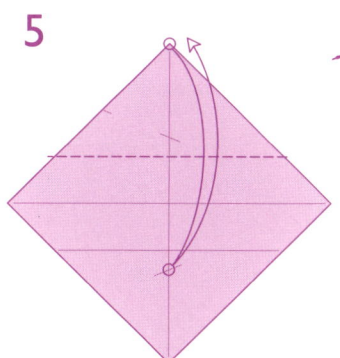

5

두 ○을 맞추어
보조선을 만든다.

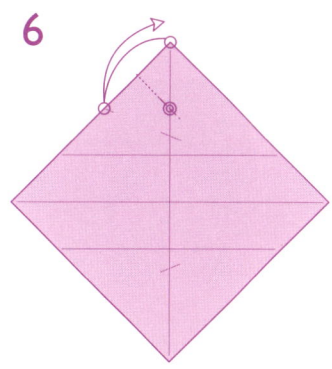

6

두 ○을 맞추어
◎에 표시해 둔다.

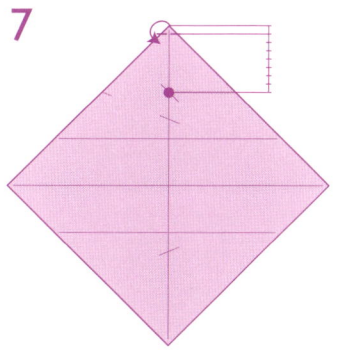

7

●을 기준으로 약 8분의 1로 접는다.
이후 순서 2와 4, 순서 6의
표시는 생략한다.

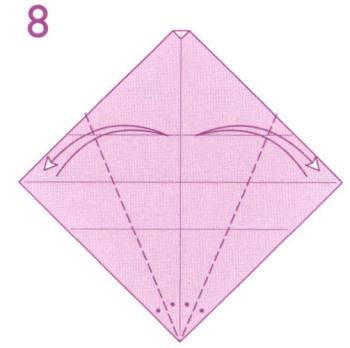

8

2분의 1 각도로
보조선을 만든다.

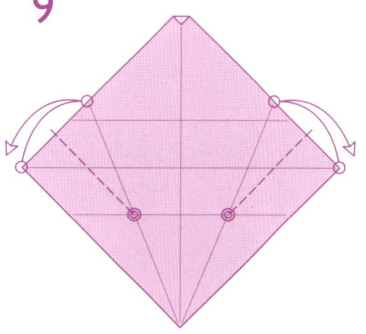

9

○끼리 맞추어 ◎까지
보조선을 만든다.

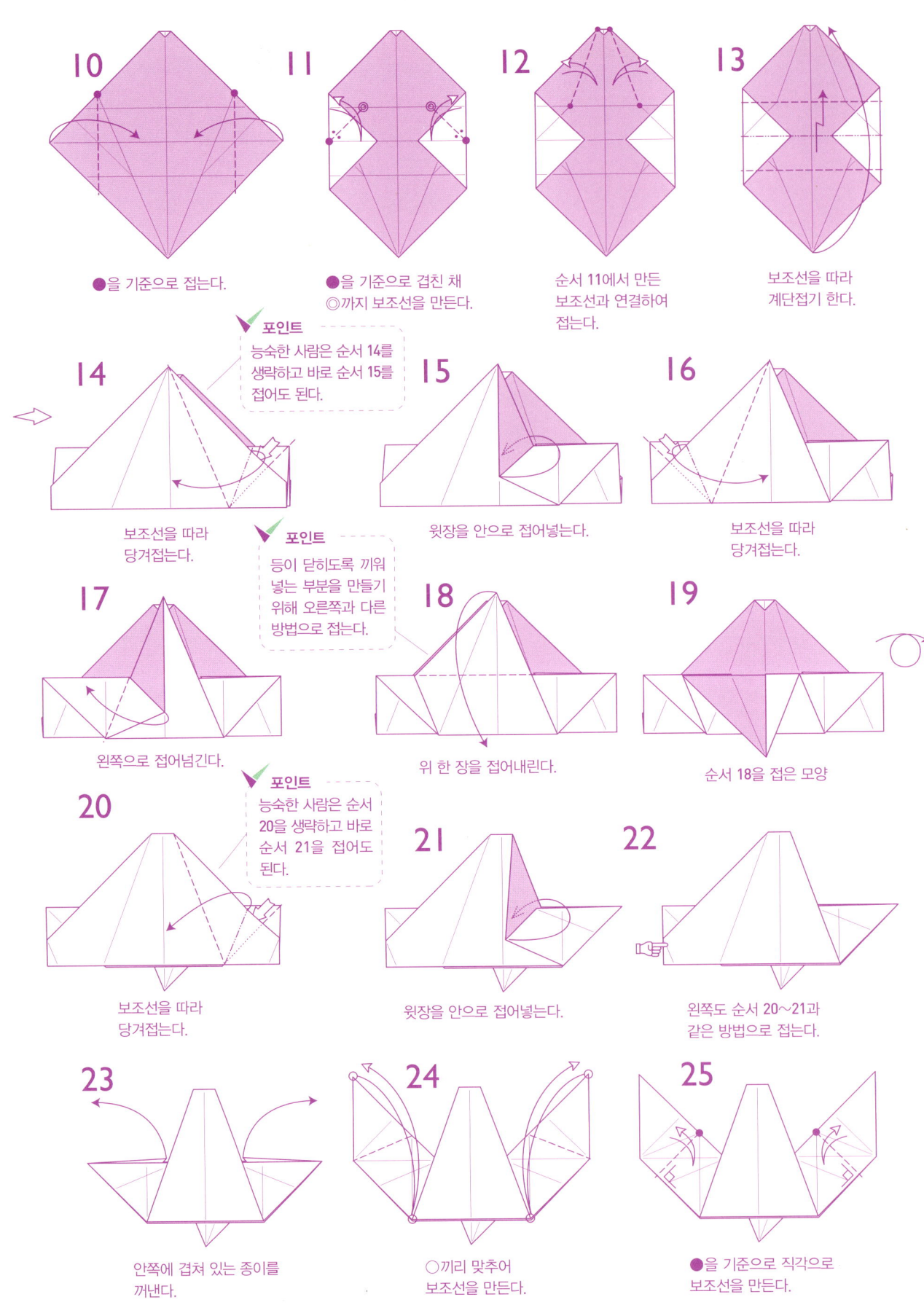

10 ●을 기준으로 접는다.

11 ●을 기준으로 겹친 채 ◎까지 보조선을 만든다.

12 순서 11에서 만든 보조선과 연결하여 접는다.

13 보조선을 따라 계단접기 한다.

포인트
능숙한 사람은 순서 14를 생략하고 바로 순서 15를 접어도 된다.

14 보조선을 따라 당겨접는다.

포인트
등이 닫히도록 끼워 넣는 부분을 만들기 위해 오른쪽과 다른 방법으로 접는다.

15 윗장을 안으로 접어넣는다.

16 보조선을 따라 당겨접는다.

17 왼쪽으로 접어넘긴다.

18 위 한 장을 접어내린다.

19 순서 18을 접은 모양

포인트
능숙한 사람은 순서 20을 생략하고 바로 순서 21을 접어도 된다.

20 보조선을 따라 당겨접는다.

21 윗장을 안으로 접어넣는다.

22 왼쪽도 순서 20~21과 같은 방법으로 접는다.

23 안쪽에 겹쳐 있는 종이를 꺼낸다.

24 ○끼리 맞추어 보조선을 만든다.

25 ●을 기준으로 직각으로 보조선을 만든다.

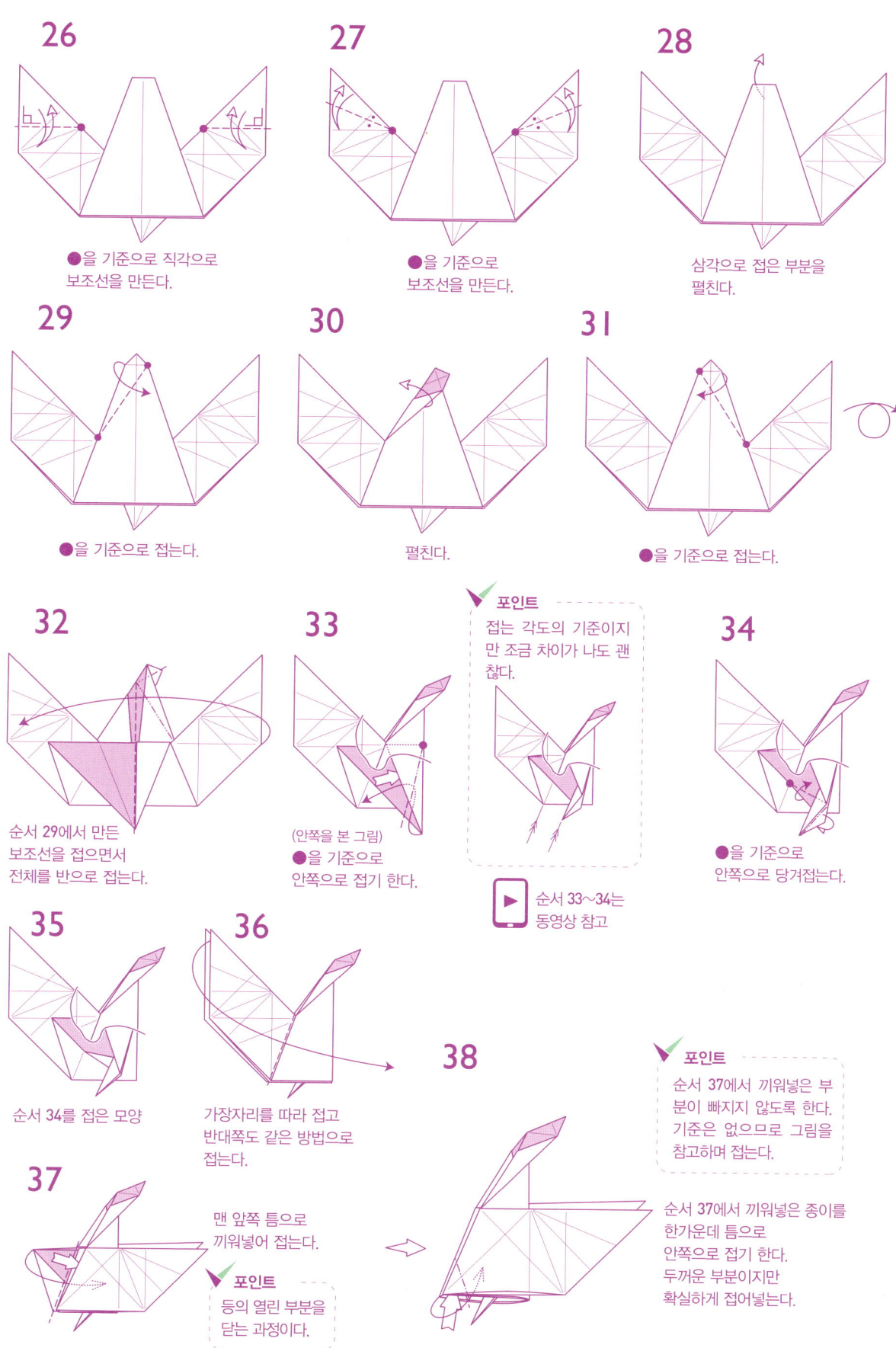

26

●을 기준으로 직각으로
보조선을 만든다.

27

●을 기준으로
보조선을 만든다.

28

삼각으로 접은 부분을
펼친다.

29

●을 기준으로 접는다.

30

펼친다.

31

●을 기준으로 접는다.

32

순서 29에서 만든
보조선을 접으면서
전체를 반으로 접는다.

33

(안쪽을 본 그림)
●을 기준으로
안쪽으로 접기 한다.

▼ **포인트**
접는 각도의 기준이지
만 조금 차이가 나도 괜
찮다.

▶ 순서 33~34는
동영상 참고

34

●을 기준으로
안쪽으로 당겨접는다.

35

순서 34를 접은 모양

36

가장자리를 따라 접고
반대쪽도 같은 방법으로
접는다.

37

맨 앞쪽 틈으로
끼워넣어 접는다.

▼ **포인트**
등의 열린 부분을
닫는 과정이다.

38

▼ **포인트**
순서 37에서 끼워넣은 부
분이 빠지지 않도록 한다.
기준은 없으므로 그림을
참고하며 접는다.

순서 37에서 끼워넣은 종이를
한가운데 틈으로
안쪽으로 접기 한다.
두꺼운 부분이지만
확실하게 접어넣는다.

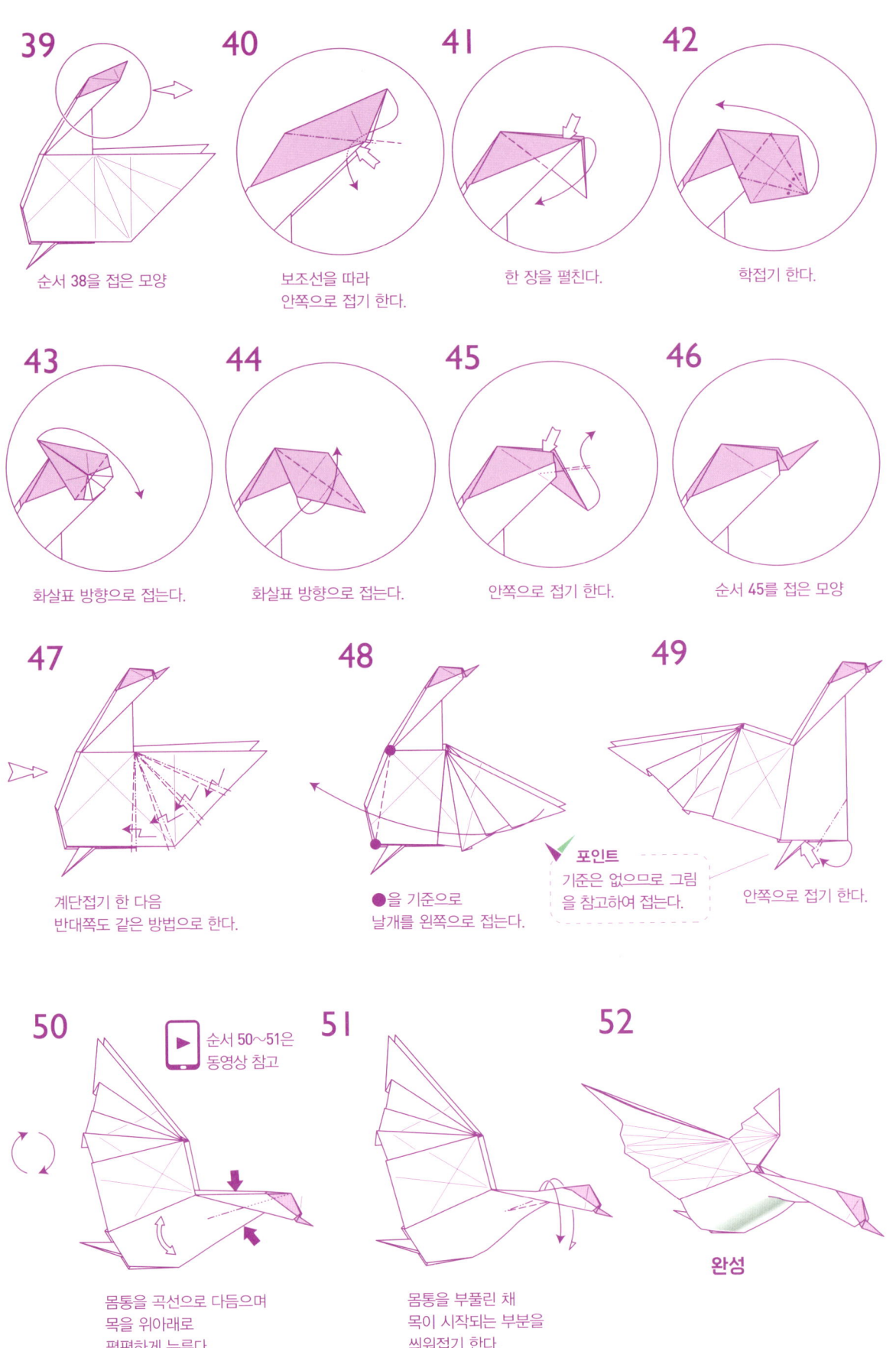

39

순서 38을 접은 모양

40

보조선을 따라
안쪽으로 접기 한다.

41

한 장을 펼친다.

42

학접기 한다.

43

화살표 방향으로 접는다.

44

화살표 방향으로 접는다.

45

안쪽으로 접기 한다.

46

순서 45를 접은 모양

47

계단접기 한 다음
반대쪽도 같은 방법으로 한다.

48

●을 기준으로
날개를 왼쪽으로 접는다.

✔ **포인트**
기준은 없으므로 그림
을 참고하여 접는다.

49

안쪽으로 접기 한다.

50

▶ 순서 50~51은
동영상 참고

몸통을 곡선으로 다듬으며
목을 위아래로
평편하게 누른다.

51

몸통을 부풀린 채
목이 시작되는 부분을
씌워접기 한다.

52

완성

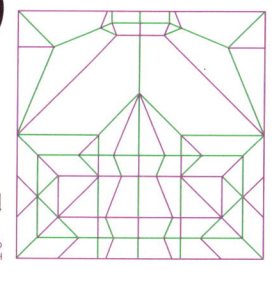

험프헤드래스(나폴레옹피시) Humphead Wrass

머리 부분의 형태가 매우 독특한 물고
기로 이 작품의 특징은 꼬리를 고정하
는 데 있다. 복잡한 과정이지만 풀을
사용하지 않고 고정하는 구조를 생각
해 내는 것도 창작 작업의 즐거움이다.

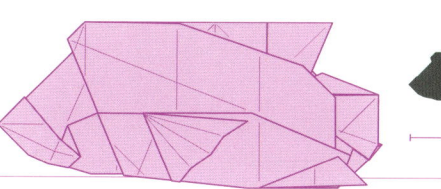

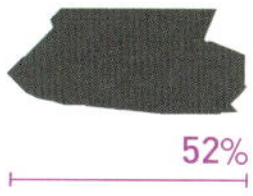

52%

포인트
순서 1~3은 3분의 1
을 접는 순서다.

1 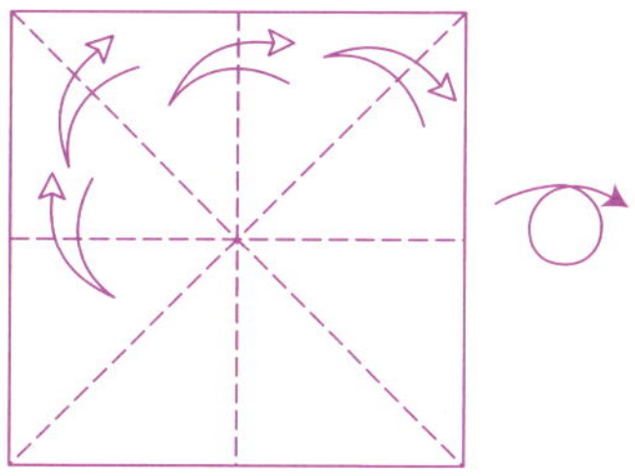
보조선을 만든다.

2 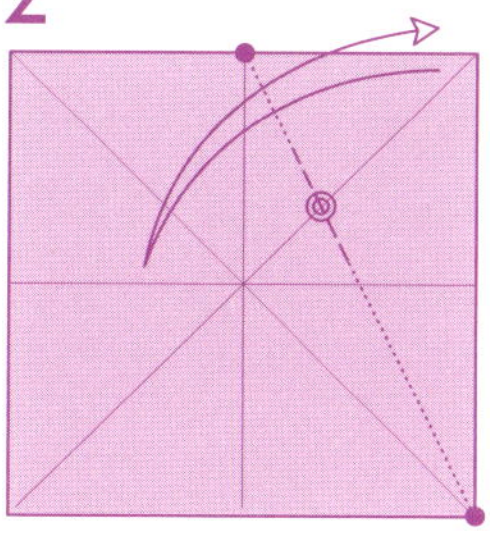
두 ●을 연결하는
선 위의 ◎에 표시해 둔다.

3 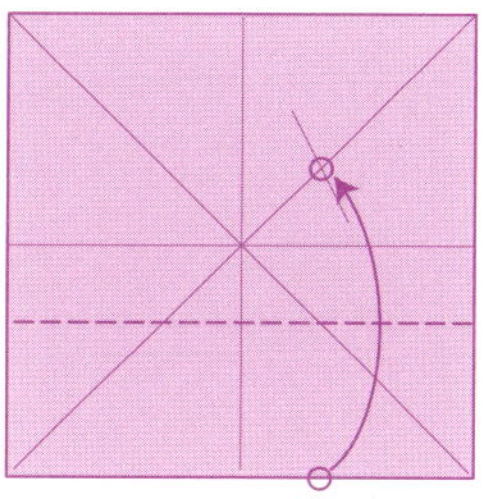
두 ○을 맞추어 접는다.

4 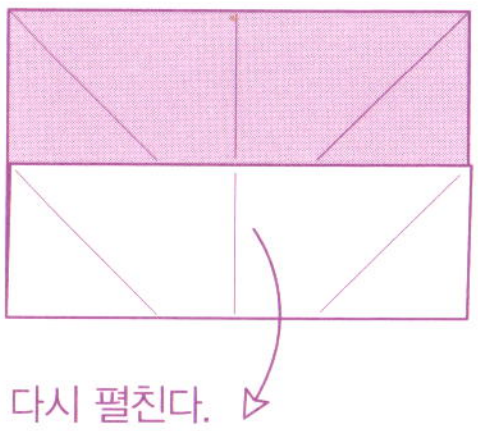
다시 펼친다.
이후 순서 2의
표시는 생략한다.

5 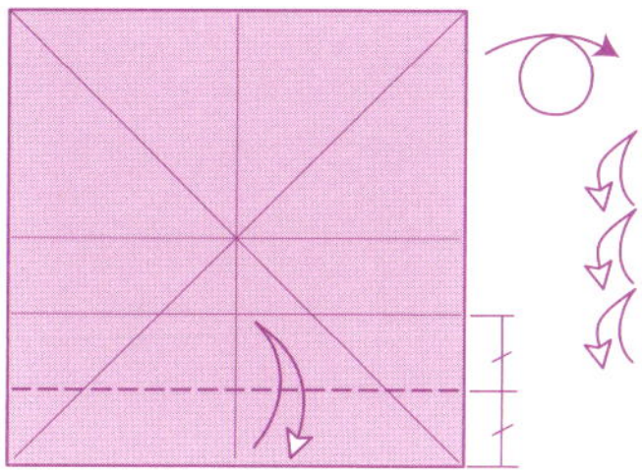
2분의 1 너비로
보조선을 만든다.

6 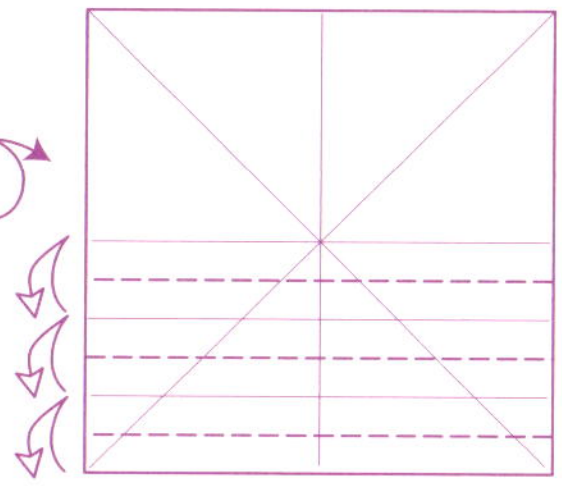
각각 2분의 1 너비로
보조선을 만든다.

7 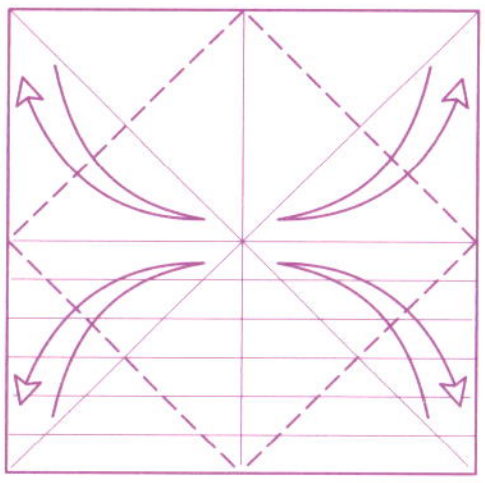
중심에 맞추어
보조선을 만든다.

8 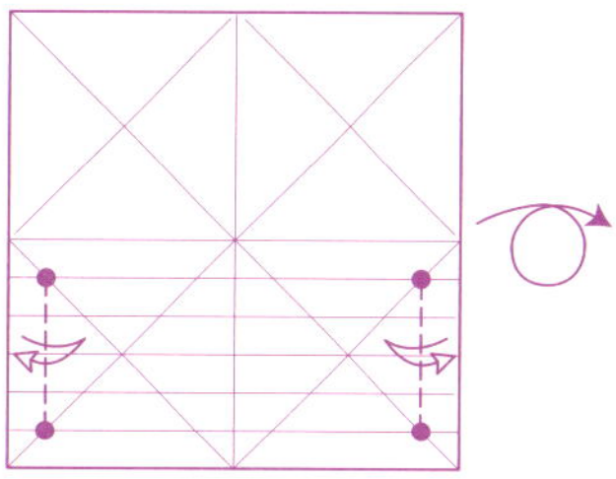
●을 기준으로
보조선을 만든다.

포인트 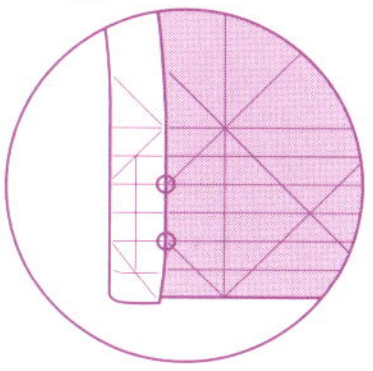
미리 접어 둔
보조선과 ○ 부
분이 만나도록
접는다.

포인트 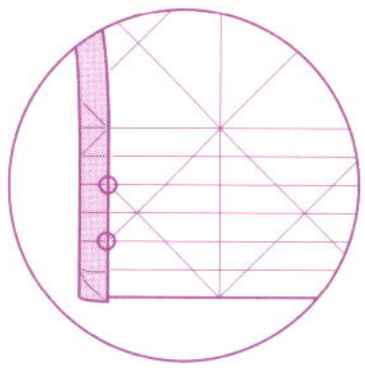
미리 접어 둔
보조선과 ○ 부
분이 만나도록
접는다.

9 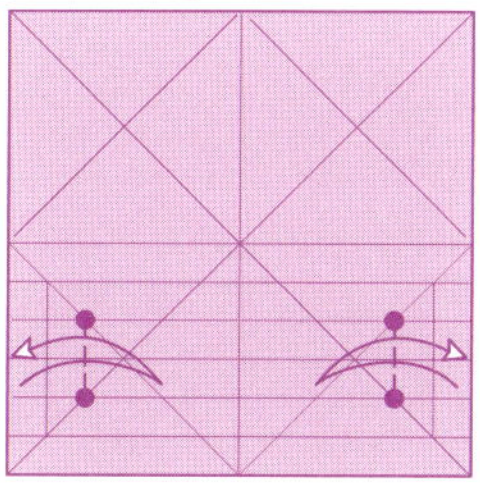
●을 기준으로
보조선을 만든다.

10 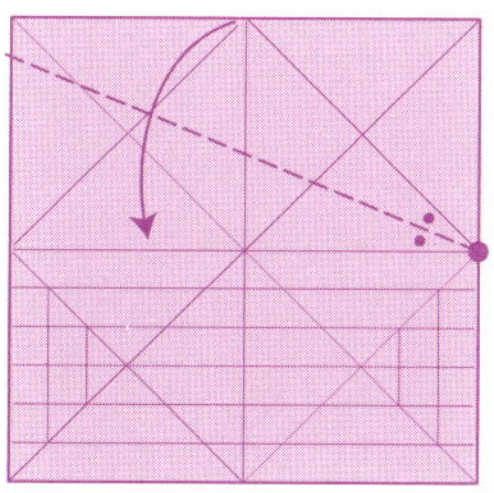
●을 기준으로
2분의 1 각도로 접는다.

11 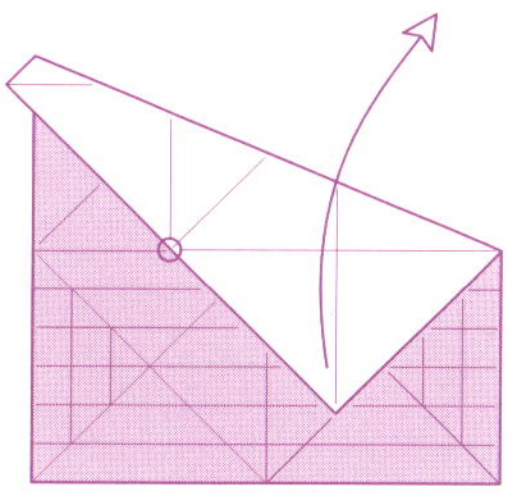
○이 일치하는지
확인하고 다시 펼친다.

12 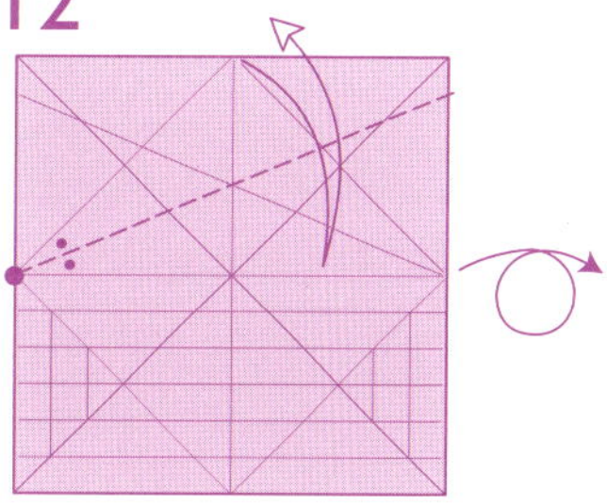
순서 10~11과 같은 방법으로
보조선을 만든다.

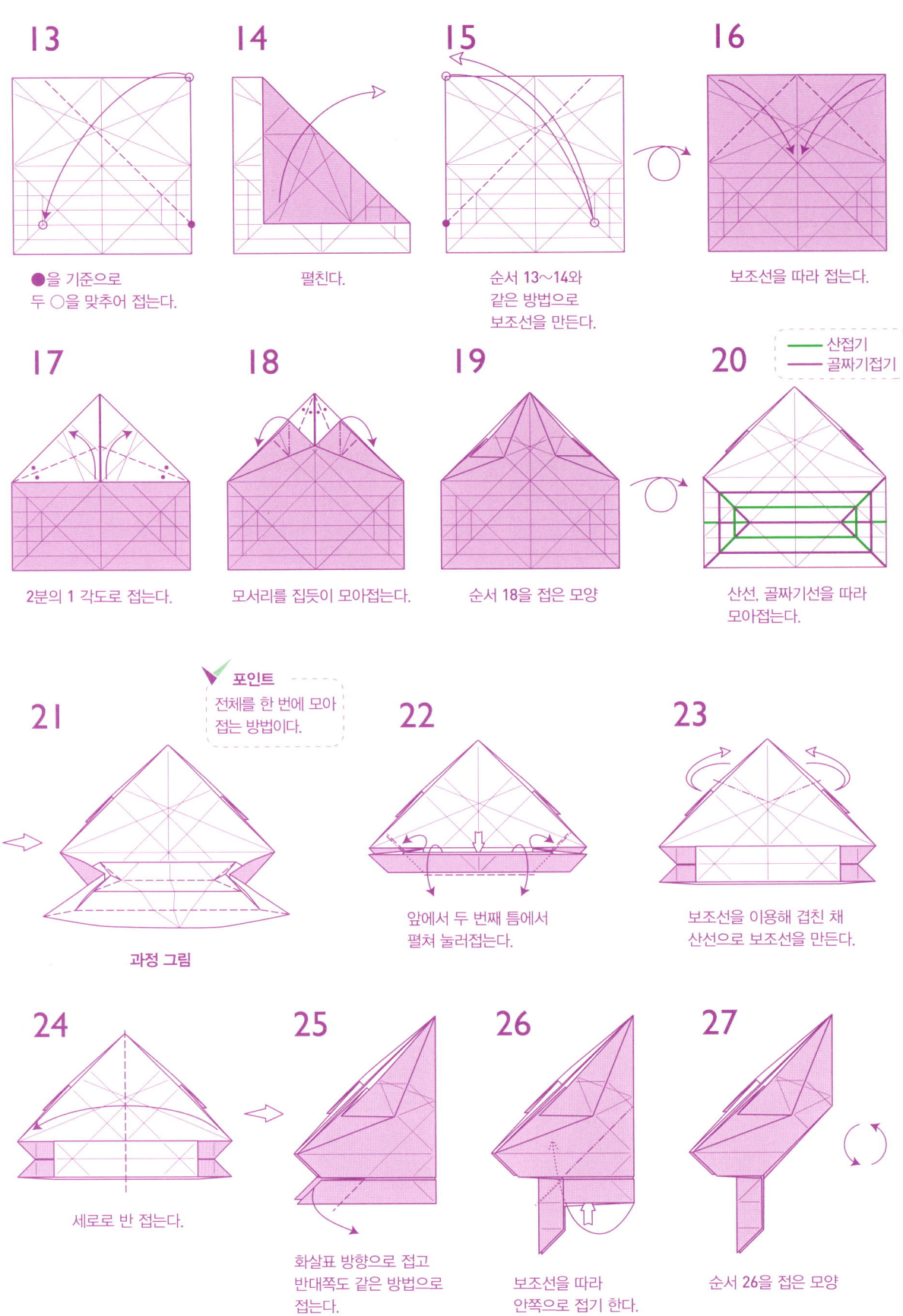

13

●을 기준으로
두 ○을 맞추어 접는다.

14

펼친다.

15

순서 13~14와
같은 방법으로
보조선을 만든다.

16

보조선을 따라 접는다.

17

2분의 1 각도로 접는다.

18

모서리를 집듯이 모아접는다.

19

순서 18을 접은 모양

20

━━ 산접기
━━ 골짜기접기

산선, 골짜기선을 따라
모아접는다.

21

✔ 포인트
전체를 한 번에 모아
접는 방법이다.

과정 그림

22

앞에서 두 번째 틈에서
펼쳐 눌러접는다.

23

보조선을 이용해 겹친 채
산선으로 보조선을 만든다.

24

세로로 반 접는다.

25

화살표 방향으로 접고
반대쪽도 같은 방법으로
접는다.

26

보조선을 따라
안쪽으로 접기 한다.

27

순서 26을 접은 모양

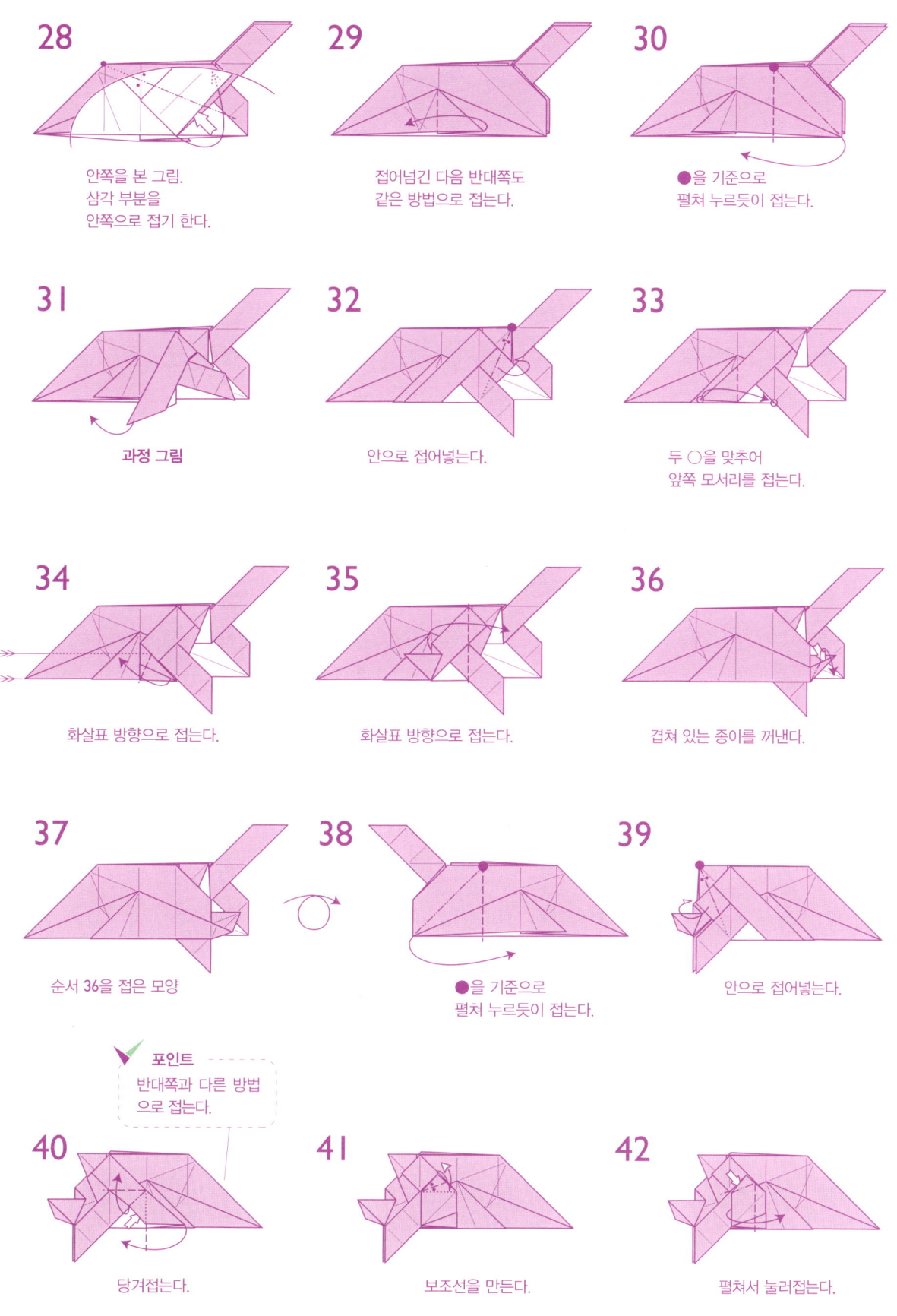

28

안쪽을 본 그림.
삼각 부분을
안쪽으로 접기 한다.

29

접어넘긴 다음 반대쪽도
같은 방법으로 접는다.

30

●을 기준으로
펼쳐 누르듯이 접는다.

31

과정 그림

32

안으로 접어넣는다.

33

두 ○을 맞추어
앞쪽 모서리를 접는다.

34

화살표 방향으로 접는다.

35

화살표 방향으로 접는다.

36

겹쳐 있는 종이를 꺼낸다.

37

순서 36을 접은 모양

38

●을 기준으로
펼쳐 누르듯이 접는다.

39

안으로 접어넣는다.

포인트
반대쪽과 다른 방법
으로 접는다.

40

당겨접는다.

41

보조선을 만든다.

42

펼쳐서 눌러접는다.

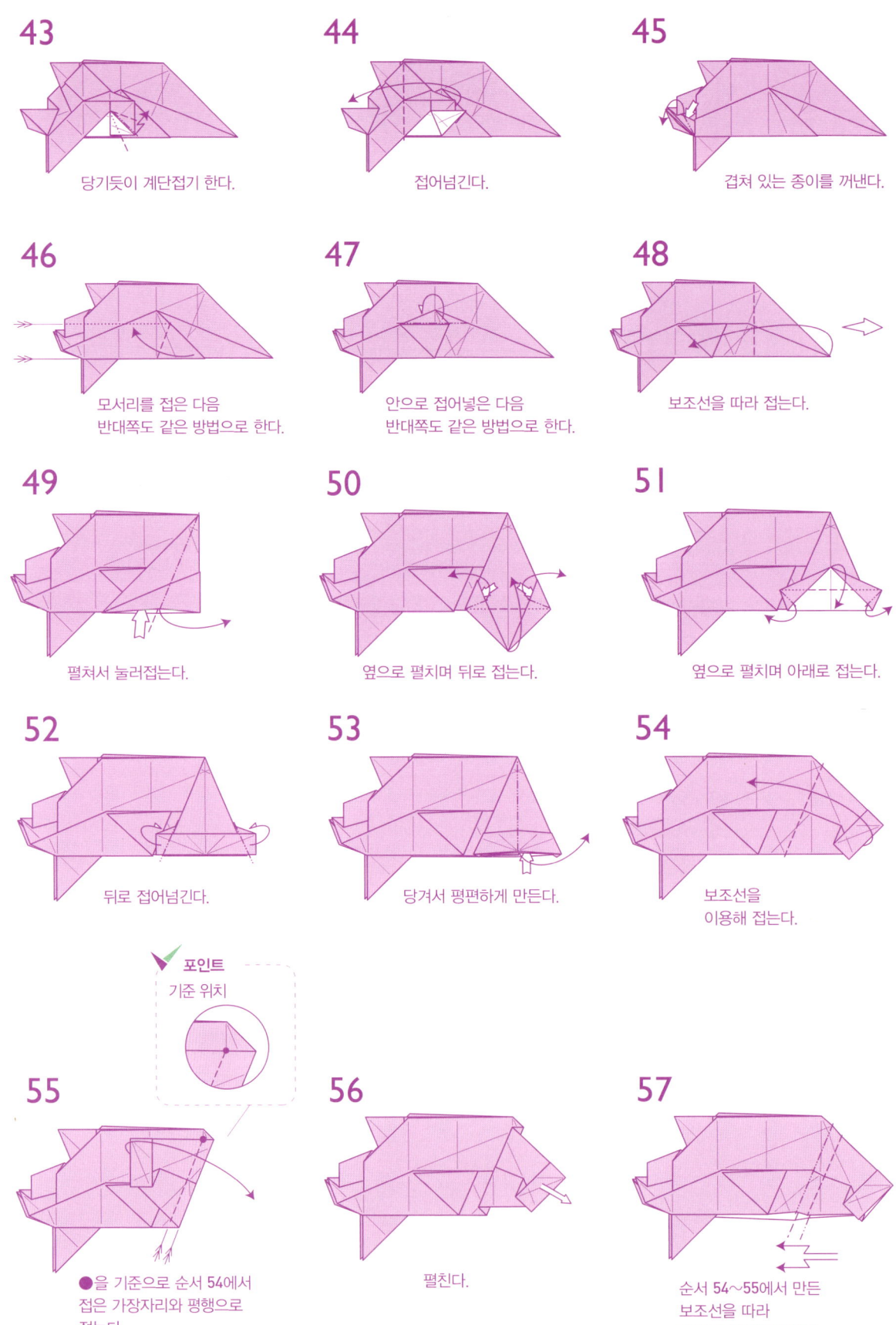

43

당기듯이 계단접기 한다.

44

접어넘긴다.

45

겹쳐 있는 종이를 꺼낸다.

46

모서리를 접은 다음
반대쪽도 같은 방법으로 한다.

47

안으로 접어넣은 다음
반대쪽도 같은 방법으로 한다.

48

보조선을 따라 접는다.

49

펼쳐서 눌러접는다.

50

옆으로 펼치며 뒤로 접는다.

51

옆으로 펼치며 아래로 접는다.

52

뒤로 접어넘긴다.

53

당겨서 평편하게 만든다.

54

보조선을
이용해 접는다.

포인트

기준 위치

55

● 을 기준으로 순서 **54**에서
접은 가장자리와 평행으로
접는다.

56

펼친다.

57

순서 **54~55**에서 만든
보조선을 따라
안으로 계단접기 한다.

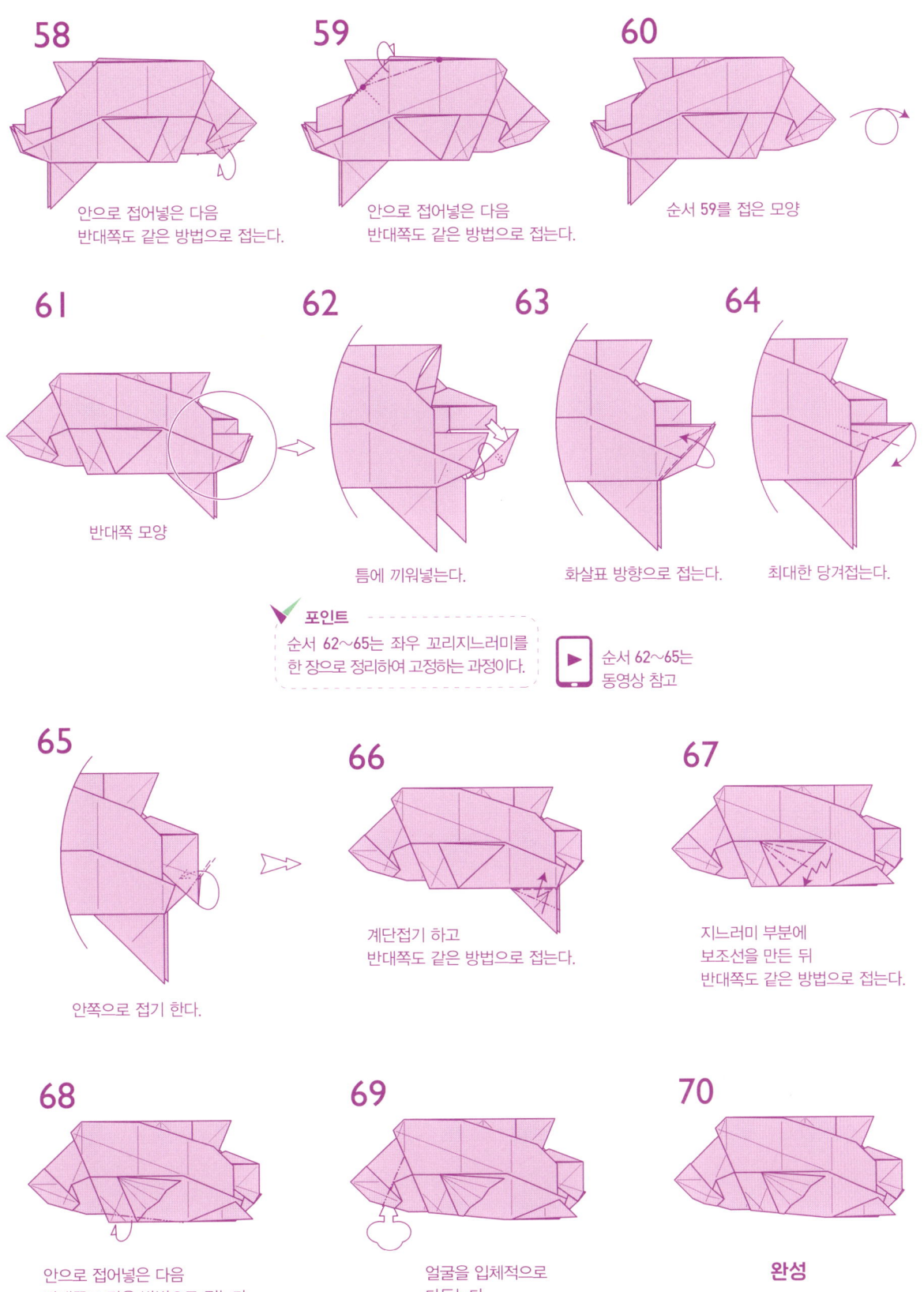

58

안으로 접어넣은 다음
반대쪽도 같은 방법으로 접는다.

59

안으로 접어넣은 다음
반대쪽도 같은 방법으로 접는다.

60

순서 59를 접은 모양

61

반대쪽 모양

62

틈에 끼워넣는다.

63

화살표 방향으로 접는다.

64

최대한 당겨접는다.

✔ **포인트**
순서 62~65는 좌우 꼬리지느러미를
한 장으로 정리하여 고정하는 과정이다.

▶ 순서 62~65는
동영상 참고

65

안쪽으로 접기 한다.

66

계단접기 하고
반대쪽도 같은 방법으로 접는다.

67

지느러미 부분에
보조선을 만든 뒤
반대쪽도 같은 방법으로 접는다.

68

안으로 접어넣은 다음
반대쪽도 같은 방법으로 접는다.

69

얼굴을 입체적으로
다듬는다.

70

완성

만타가오리 Manta Ray

종이접기를 할 때는 다양한 기준을 정하고 접어 나간다. 하지만 가끔은 명확한 기준이 없는 경우가 있다. 그런 때는 형태를 잡기 쉽게 기준을 정해 나간다.

사용한 종이
15cm

76%

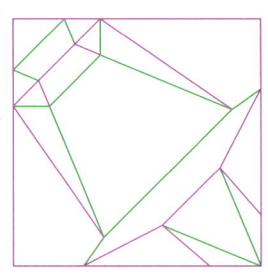

1

보조선을 만든다.

2

2분의 1 각도로
보조선을 만든다.

3

두 ○을 맞추어 접는다.

4

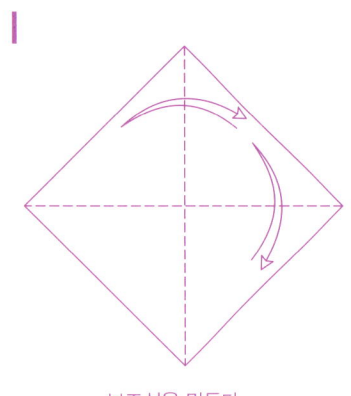

보조선을 따라
당겨접는다.

5

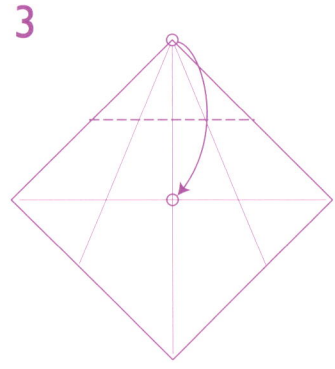

◎까지 2분의 1 각도로
보조선을 만든다.

6

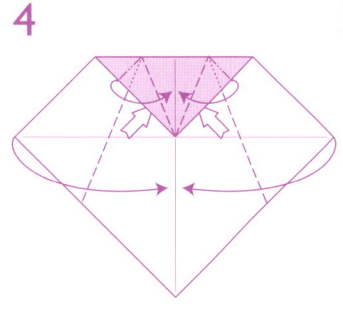

좌우로 최대한
접어넘긴다.

7

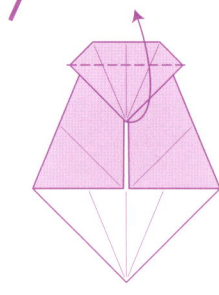

삼각으로 접는다.

8

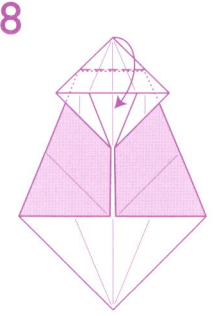

뒤쪽 가장자리에 맞추어
삼각으로 접는다.

9

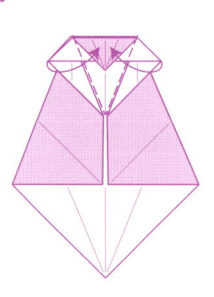

닫듯이 접는다.

10

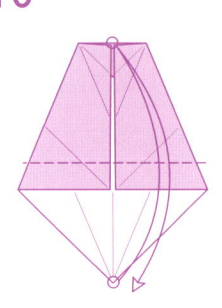

두 ○을 맞추어
보조선을 만든다.

11

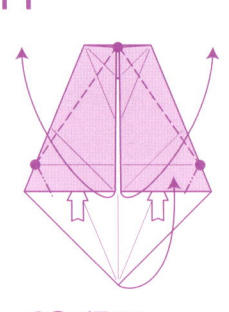

●을 기준으로
순서 10에서 만든
보조선에 따라 좌우 종이를
펼쳐 접는다.

12

과정 그림
두 ○을 맞추어
평편하게 접는다.

13

오른쪽 아래
가장자리에 맞추어
2분의 1 각도로
◎까지 접는다.

✔ **포인트**
이 각도가 조금 달라도 작품을
접을 수는 있지만, 기준을 정하
면 누가 접어도 같은 형태로 완
성된다.

14

되돌린다.

15

왼쪽도 순서 13~14와
같은 방법으로 보조선을 만든다.

16

●을 기준으로
한 장만 접는다.

17

보조선을 따라
당겨접는다.

18

●을 기준으로
보조선을 만든다.

✔ **포인트**
가운데의 ● 위치는 다른
위치에서도 접을 수 있지
만, 기준이 분명하면 누가
접어도 같은 모양으로 완
성된다.

19

2분의 1 각도로 접는다.

20

보조선을 따라
감아넣듯이 접는다.

21

위쪽으로
수직이 되게 세운다.

22

모양을 다듬는다.

23

완성

조지아 국기 Georgia Flag

이 작품은 정확하게 접는 것이 가장 중요하다. 다양한 기준을 이용하여 매우 인상적이고 재미있는 디자인의 국기를 접는 과정에서 마치 퍼즐을 풀어 나가는 듯한 재미를 느낄 것이다.

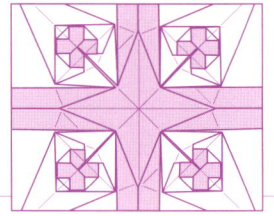

사용한 종이
35cm

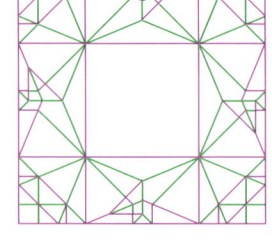
46%

I

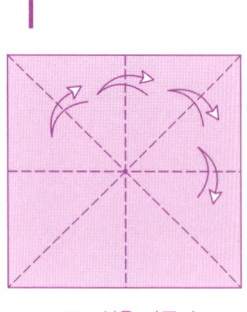

보조선을 만든다.

2

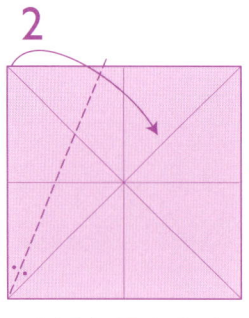

대각선에 맞추어 접는다.

3

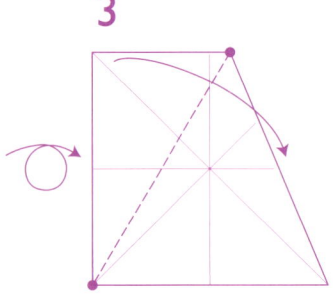

●을 기준으로 접는다.

4

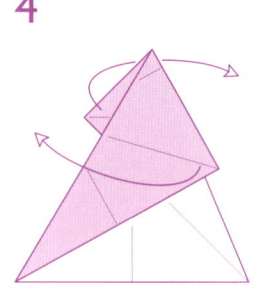

모두 펼친다.

✔ **포인트**
순서 2~7은 순서 8에서 이용하는 기준점을 접는 과정이므로 정확하게 접어야 한다.

5

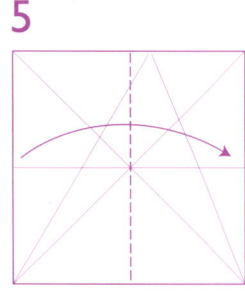

세로로 반 접는다.

6

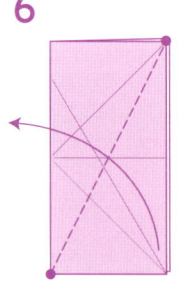

●을 기준으로 접는다.

7

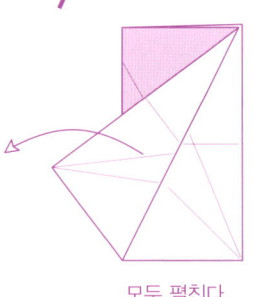

모두 펼친다.

8

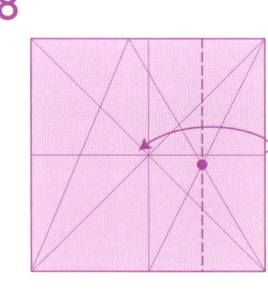

●을 기준으로 접는다.

9

순서 8을 접은 모양

10

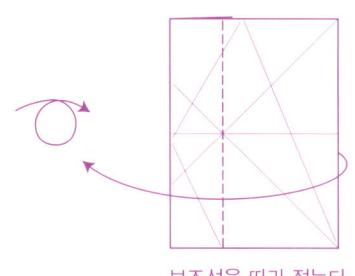

보조선을 따라 접는다.

✔ **포인트**
순서 10~13은 네 변을 같은 너비로 접는 중요한 과정이다.

11

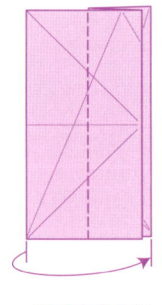

변끼리 맞추어
접는다.

12

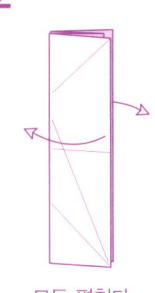

모두 펼친다.

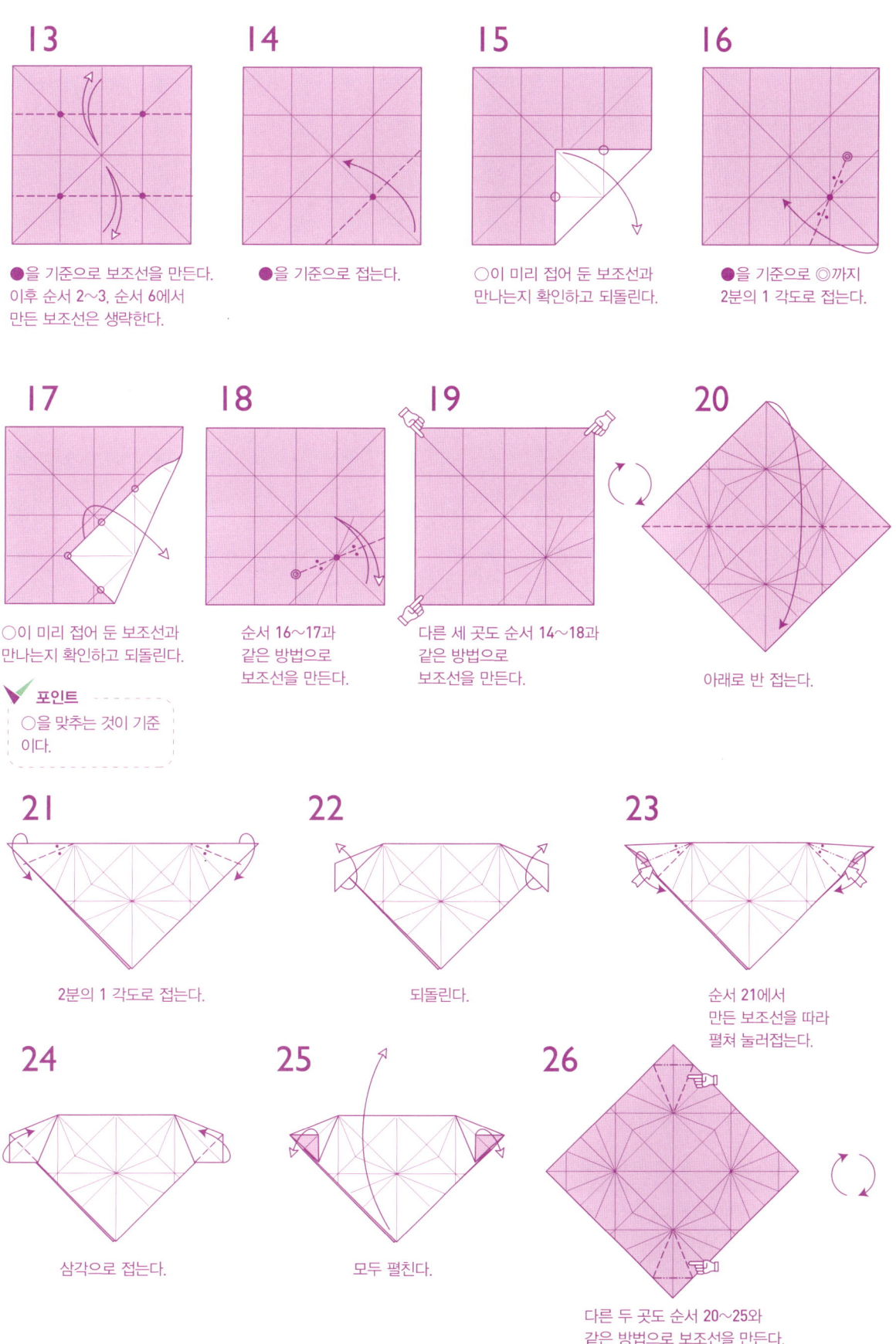

13

●을 기준으로 보조선을 만든다.
이후 순서 2~3, 순서 6에서
만든 보조선은 생략한다.

14

●을 기준으로 접는다.

15

○이 미리 접어 둔 보조선과
만나는지 확인하고 되돌린다.

16

●을 기준으로 ◎까지
2분의 1 각도로 접는다.

17

○이 미리 접어 둔 보조선과
만나는지 확인하고 되돌린다.

✔ **포인트**
○을 맞추는 것이 기준
이다.

18

순서 16~17과
같은 방법으로
보조선을 만든다.

19

다른 세 곳도 순서 14~18과
같은 방법으로
보조선을 만든다.

20

아래로 반 접는다.

21

2분의 1 각도로 접는다.

22

되돌린다.

23

순서 21에서
만든 보조선을 따라
펼쳐 눌러접는다.

24

삼각으로 접는다.

25

모두 펼친다.

26

다른 두 곳도 순서 20~25와
같은 방법으로 보조선을 만든다.

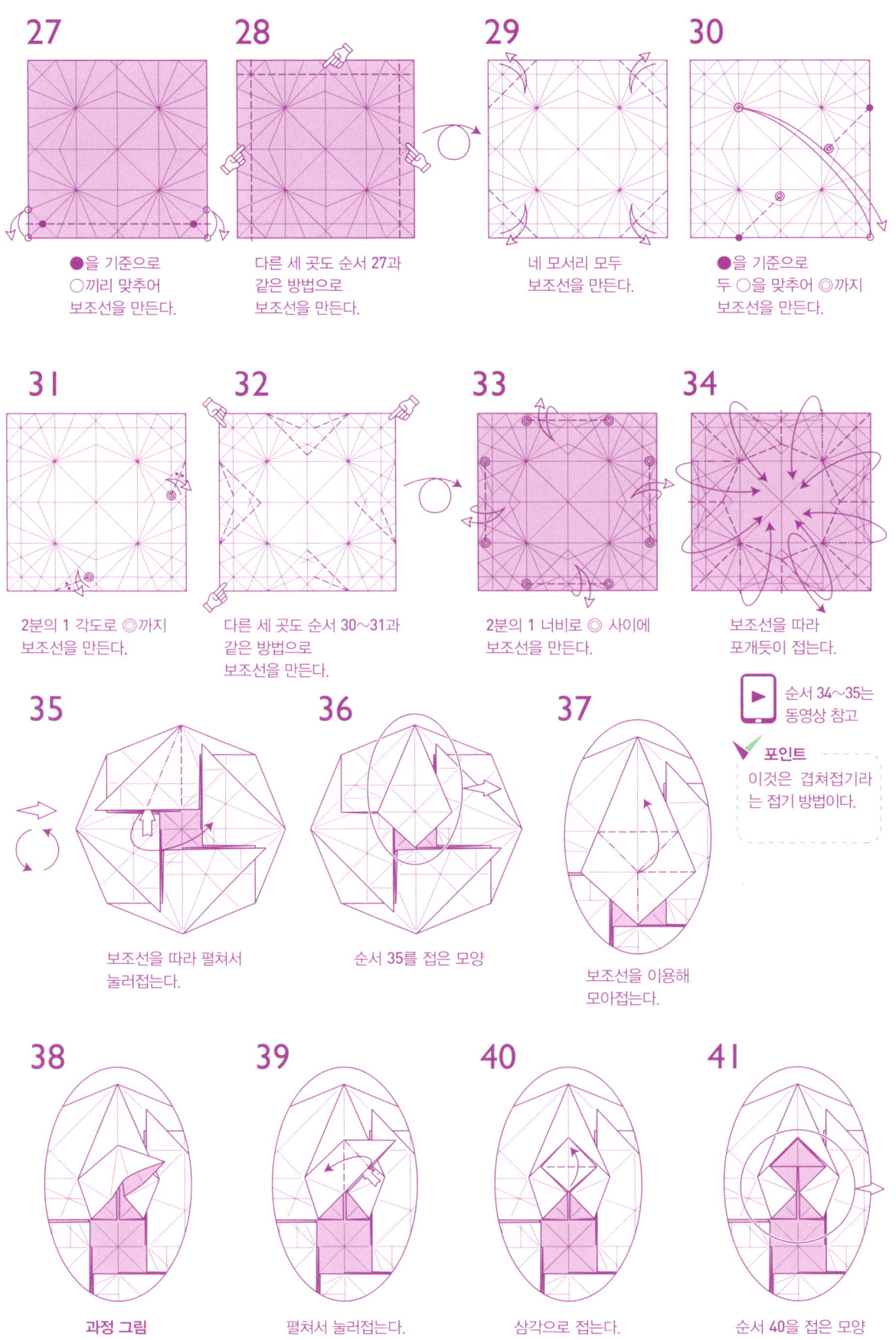

27

●을 기준으로
○끼리 맞추어
보조선을 만든다.

28

다른 세 곳도 순서 27과
같은 방법으로
보조선을 만든다.

29

네 모서리 모두
보조선을 만든다.

30

●을 기준으로
두 ○을 맞추어 ◎까지
보조선을 만든다.

31

2분의 1 각도로 ◎까지
보조선을 만든다.

32

다른 세 곳도 순서 30~31과
같은 방법으로
보조선을 만든다.

33

2분의 1 너비로 ◎ 사이에
보조선을 만든다.

34

보조선을 따라
포개듯이 접는다.

▶ 순서 34~35는
동영상 참고

✔ **포인트**
이것은 겹쳐접기라
는 접기 방법이다.

35

보조선을 따라 펼쳐서
눌러접는다.

36

순서 35를 접은 모양

37

보조선을 이용해
모아접는다.

38

과정 그림

39

펼쳐서 눌러접는다.

40

삼각으로 접는다.

41

순서 40을 접은 모양

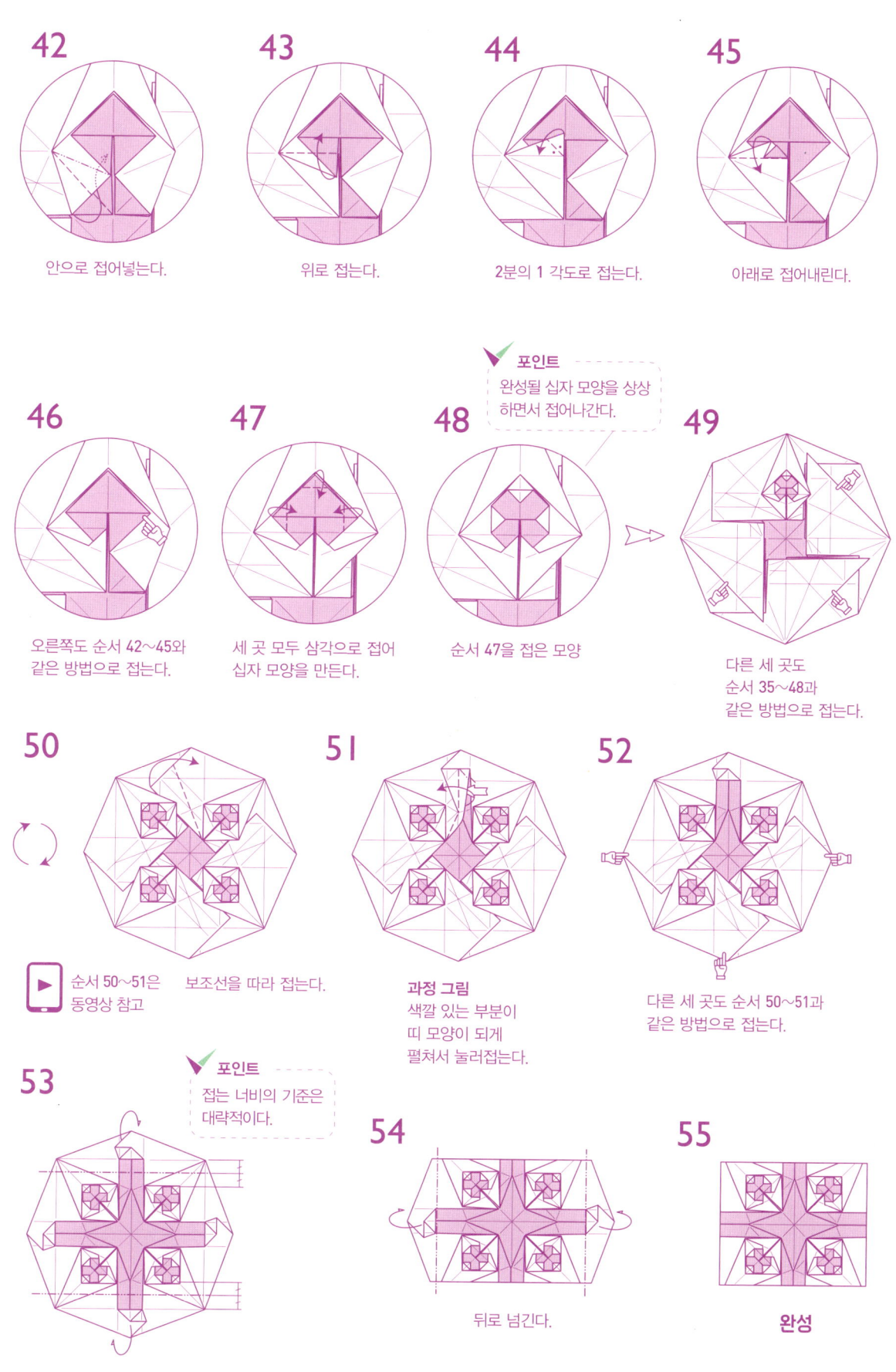

42 안으로 접어넣는다.

43 위로 접는다.

44 2분의 1 각도로 접는다.

45 아래로 접어내린다.

포인트
완성될 십자 모양을 상상
하면서 접어나간다.

46 오른쪽도 순서 42~45와
같은 방법으로 접는다.

47 세 곳 모두 삼각으로 접어
십자 모양을 만든다.

48 순서 47을 접은 모양

49 다른 세 곳도
순서 35~48과
같은 방법으로 접는다.

50 순서 50~51은
동영상 참고
보조선을 따라 접는다.

51 과정 그림
색깔 있는 부분이
띠 모양이 되게
펼쳐서 눌러접는다.

52 다른 세 곳도 순서 50~51과
같은 방법으로 접는다.

포인트
접는 너비의 기준은
대략적이다.

53 뒤로 접는다.

54 뒤로 넘긴다.

55 완성

네잎클로버 Four-Leaf Clover

사용한 종이
15cm

이 작품에서는 다음 과정에서 필요한 보조선을 미리 만들어 두는 시도를 한다. 이 작업이 없어도 접을 수 있지만 보조선이 있으면 다음 과정에서 한결 수월해진다.

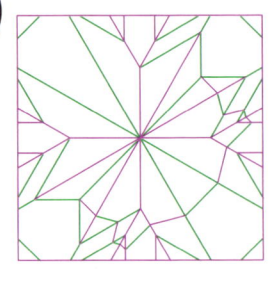

60%

1

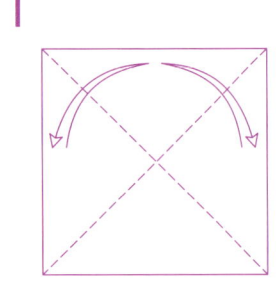

보조선을 만든다.

2

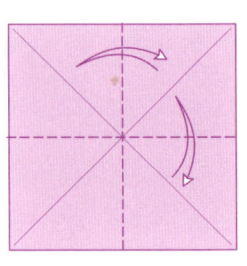

보조선을 만든다.

3

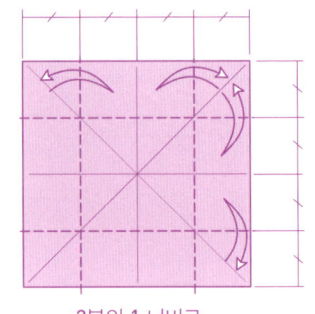

2분의 1 너비로
보조선을 만든다.

4

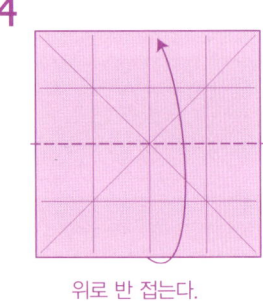

위로 반 접는다.

5

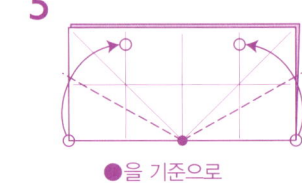

●을 기준으로
○끼리 맞추어 접는다.

> ✔ **포인트**
> 순서 5~11은 다음 과정에서 필요한 보조선을
> 미리 만들어 두는 과정이다.

6

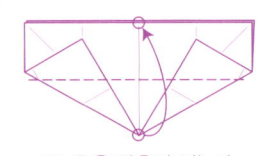

두 ○을 맞추어 접는다.

> ✔ **포인트**
> 겹친 종이가 어긋나지 않도
> 록 주의한다.

7

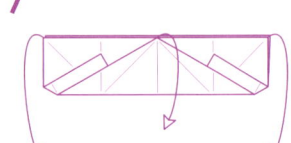

모두 펼친다.

8

세로로 반 접는다.

9

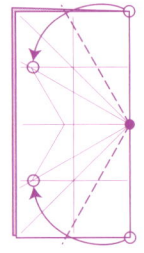

●을 기준으로
○끼리 맞추어 접는다.

10

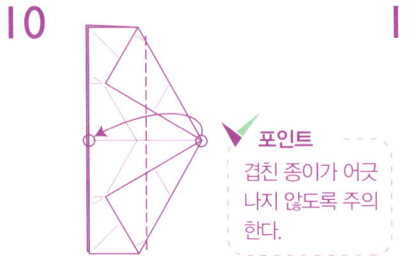

> ✔ **포인트**
> 겹친 종이가 어긋
> 나지 않도록 주의
> 한다.

두 ○을 맞추어 접는다.

11

모두 펼친다.

12

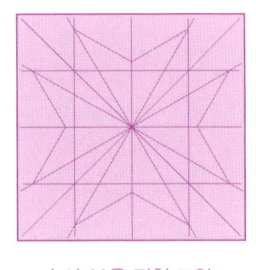

순서 11을 펼친 모양

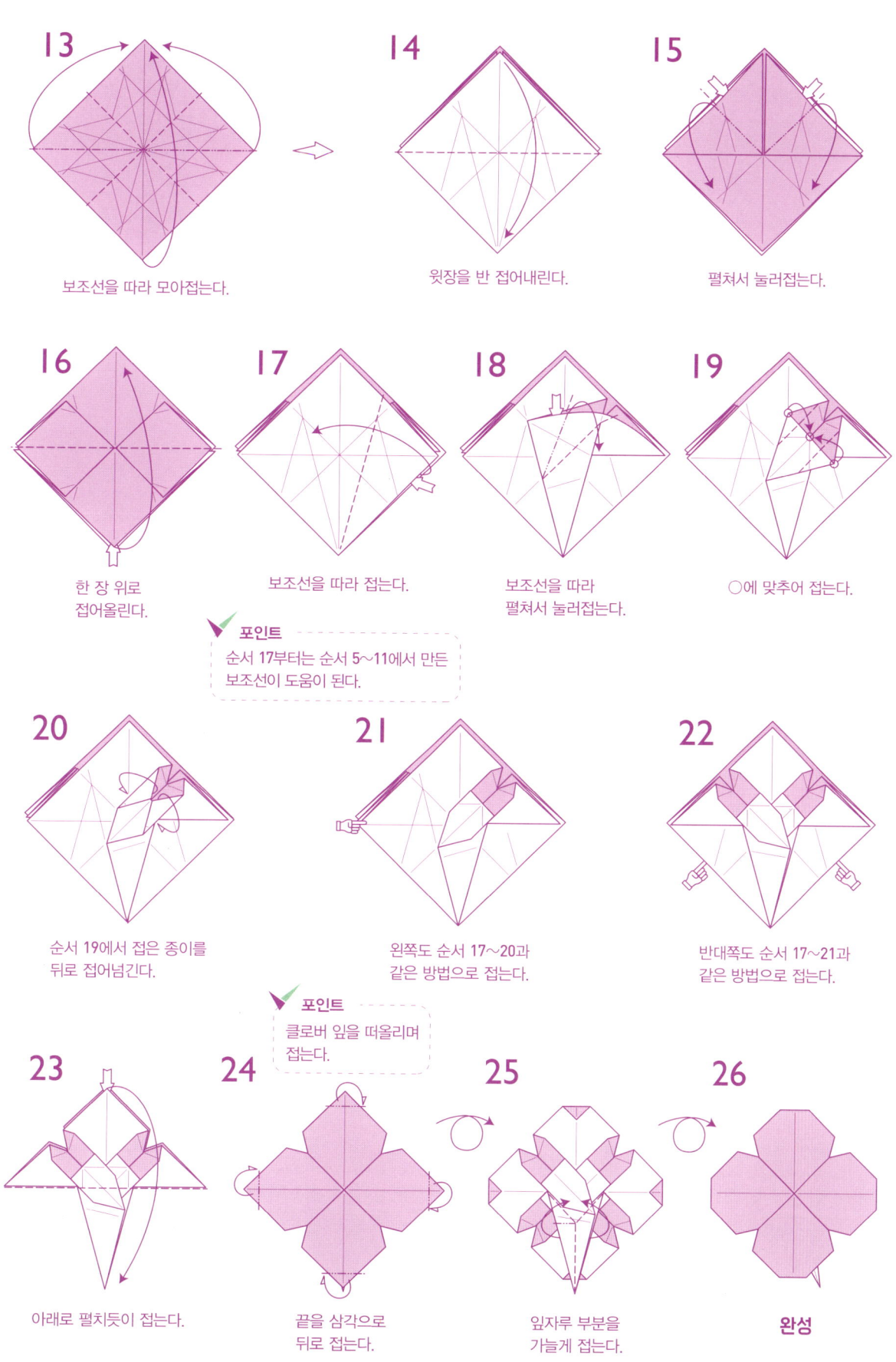

13

보조선을 따라 모아접는다.

14

윗장을 반 접어내린다.

15

펼쳐서 눌러접는다.

16

한 장 위로
접어올린다.

17

보조선을 따라 접는다.

18

보조선을 따라
펼쳐서 눌러접는다.

19

○에 맞추어 접는다.

포인트
순서 17부터는 순서 5~11에서 만든
보조선이 도움이 된다.

20

순서 19에서 접은 종이를
뒤로 접어넘긴다.

21

왼쪽도 순서 17~20과
같은 방법으로 접는다.

22

반대쪽도 순서 17~21과
같은 방법으로 접는다.

포인트
클로버 잎을 떠올리며
접는다.

23

아래로 펼치듯이 접는다.

24

끝을 삼각으로
뒤로 접는다.

25

잎자루 부분을
가늘게 접는다.

26

완성

사용한 종이
35cm
(얇은 종이)

단풍 Maple

종이접기에서 잎을 접을 때 뒤쪽이 불규
칙해지는 경우가 종종 있다. 이 작품은
뒤쪽까지 기하학적으로 깔끔하게 마무
리하는 접기 순서를 고려했다.

48%

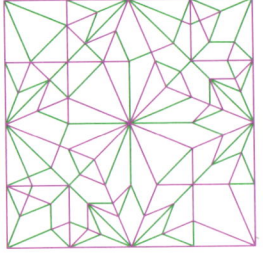

1

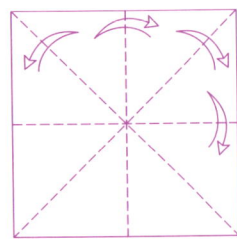

보조선을 만든다.

2

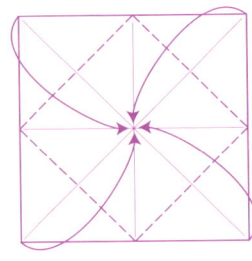

삼각으로 접는다.

3

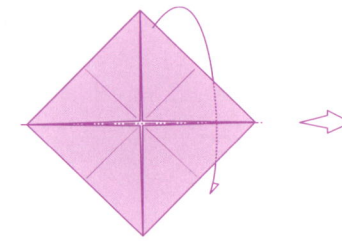

뒤로 반 접는다.

4

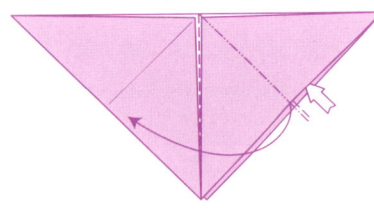

펼쳐서 눌러접는다.

5

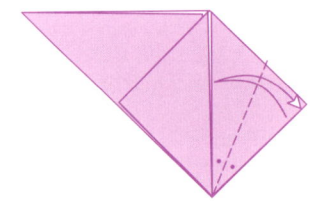

겹친 채 2분의 1 각도로
보조선을 만든다.

6

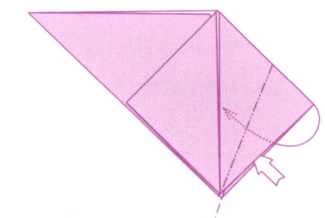

순서 5에서 만든
보조선을 따라
안쪽으로 접기 한다.

> ✔ **포인트**
> 겹쳐 접은 다음 펼치는 과정
> 은 복잡한 작품에서 자주 사
> 용하는 방법이다.

7

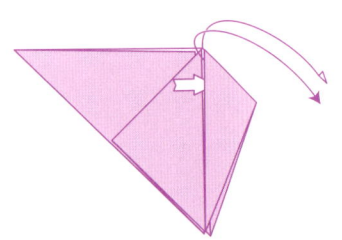

겹쳐 있는 한 장을
밖으로 뒤집어접기 한다.

8

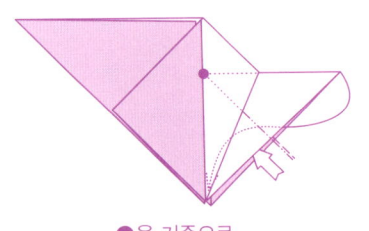

●을 기준으로
안쪽으로 접기 한다.

9

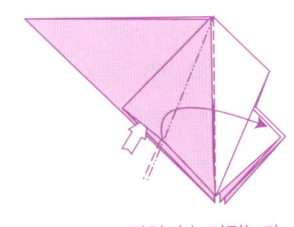

펼쳐서 눌러접는다.

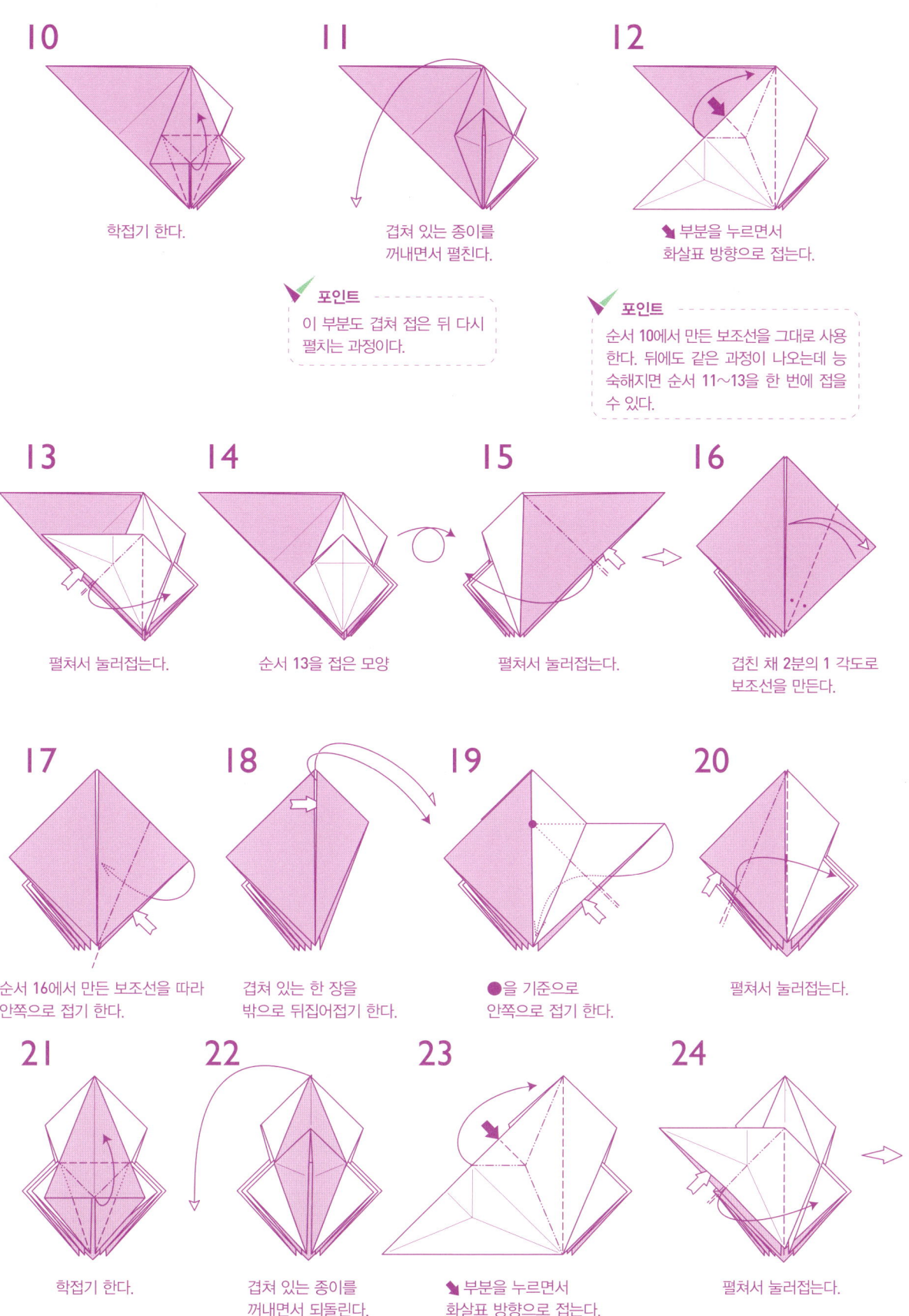

10

학접기 한다.

11

겹쳐 있는 종이를
꺼내면서 펼친다.

✔ **포인트**
이 부분도 겹쳐 접은 뒤 다시
펼치는 과정이다.

12

🔽 부분을 누르면서
화살표 방향으로 접는다.

✔ **포인트**
순서 10에서 만든 보조선을 그대로 사용
한다. 뒤에도 같은 과정이 나오는데 능
숙해지면 순서 11~13을 한 번에 접을
수 있다.

13

펼쳐서 눌러접는다.

14

순서 13을 접은 모양

15

펼쳐서 눌러접는다.

16

겹친 채 2분의 1 각도로
보조선을 만든다.

17

순서 16에서 만든 보조선을 따라
안쪽으로 접기 한다.

18

겹쳐 있는 한 장을
밖으로 뒤집어접기 한다.

19

●을 기준으로
안쪽으로 접기 한다.

20

펼쳐서 눌러접는다.

21

학접기 한다.

22

겹쳐 있는 종이를
꺼내면서 되돌린다.

23

🔽 부분을 누르면서
화살표 방향으로 접는다.

24

펼쳐서 눌러접는다.

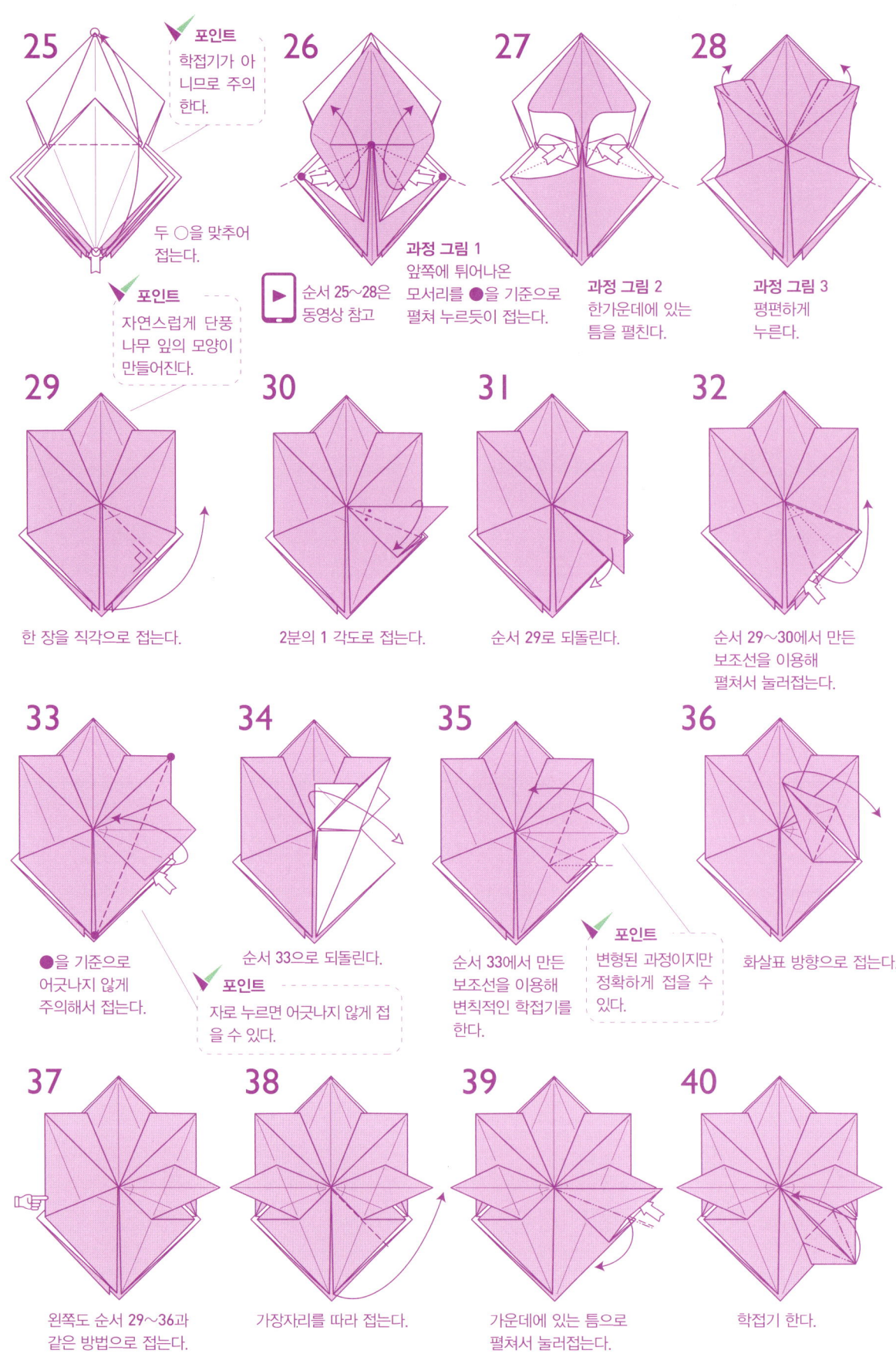

25

▼ **포인트**
학접기가 아니므로 주의한다.

두 ○을 맞추어 접는다.

▼ **포인트**
자연스럽게 단풍나무 잎의 모양이 만들어진다.

26

▶ 순서 25~28은 동영상 참고

과정 그림 1
앞쪽에 튀어나온 모서리를 ●을 기준으로 펼쳐 누르듯이 접는다.

27

과정 그림 2
한가운데에 있는 틈을 펼친다.

28

과정 그림 3
평편하게 누른다.

29

한 장을 직각으로 접는다.

30

2분의 1 각도로 접는다.

31

순서 29로 되돌린다.

32

순서 29~30에서 만든 보조선을 이용해 펼쳐서 눌러접는다.

33

●을 기준으로 어긋나지 않게 주의해서 접는다.

34

순서 33으로 되돌린다.

▼ **포인트**
자로 누르면 어긋나지 않게 접을 수 있다.

35

순서 33에서 만든 보조선을 이용해 변칙적인 학접기를 한다.

▼ **포인트**
변형된 과정이지만 정확하게 접을 수 있다.

36

화살표 방향으로 접는다.

37

왼쪽도 순서 29~36과 같은 방법으로 접는다.

38

가장자리를 따라 접는다.

39

가운데에 있는 틈으로 펼쳐서 눌러접는다.

40

학접기 한다.

41

접어넘긴다.

42

왼쪽도 순서 38~41과
같은 방법으로 접는다.

43

순서 42를 접은 모양

44

학접기 한다.

45

과정 그림
평편하게 접는다.

▶ 순서 45는
동영상 참고

46

한 장 접어내린다.

47

2분의 1 각도로 모서리를
평편하게 눌러접는다.

48

위 한 장을 삼각으로 접어
틈에 끼워넣는다.

49

안쪽으로 당기듯이
접어넣는다.

50

가장자리를 따라 접는다.

51

당겨접는다.

▼ **포인트**
종이가 뜨는 것을
누르고 싶을 때는
오른쪽 그림과 같
이 틈에 끼워넣는
다.

끼워넣는 틈

끼워넣은 모양

▼ **포인트**
종이 두께 때
문에 층이 생
길 수 있지만
상관없다.

52

순서 51을 접은 모양

53

잎자루 부분을 집어
가늘게 접고 조금
다듬는다.

54

완성

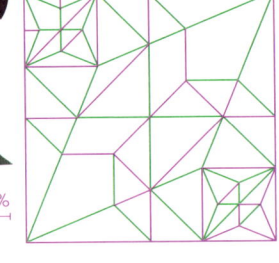

박쥐 Bat

접은 부분을 펼쳐 새로운 부분을 접어 나가는 등 조금 독특한 접는 순서가 있다. 이런 과정을 발견하는 작업도 창작 종이접기에서 맛보는 하나의 즐거움이다.

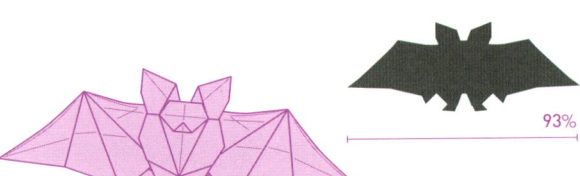

93%

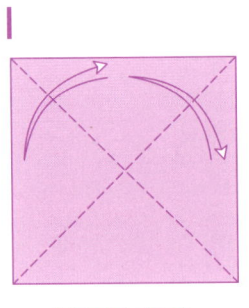

1

보조선을 만든다.

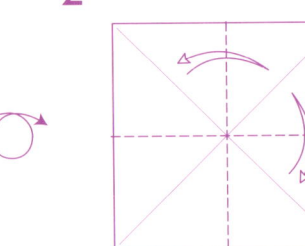

2

보조선을 만든다.

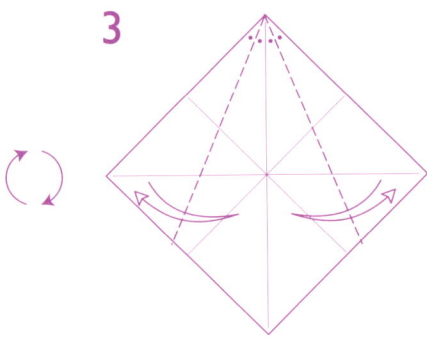

3

2분의 1 각도로 보조선을 만든다.

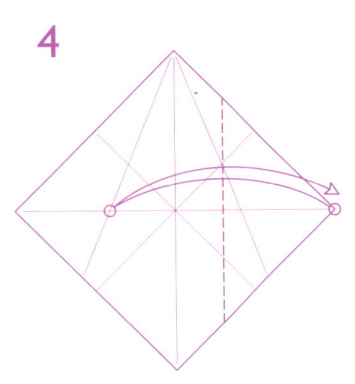

4

두 ○을 맞추어 보조선을 만든다.

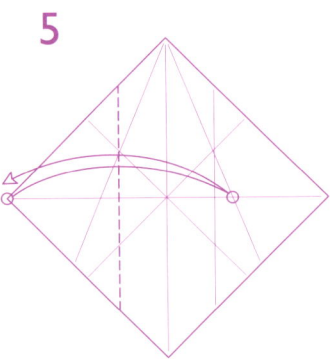

5

두 ○을 맞추어 보조선을 만든다.

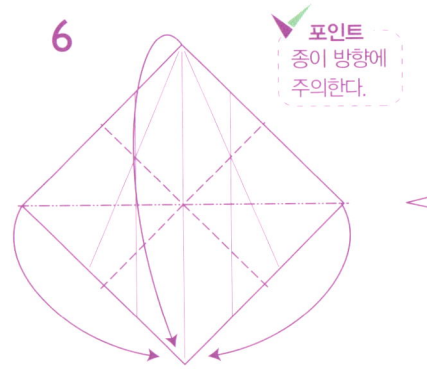

6

포인트
종이 방향에 주의한다.

보조선을 따라 모아서 접어내린다.

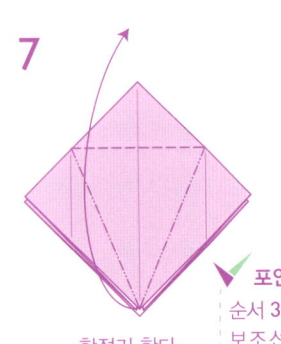

7

학접기 한다.

포인트
순서 3에서 만든 보조선을 이용한다.

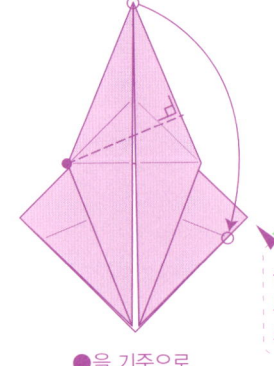

8

●을 기준으로 ○끼리 맞추어 직각으로 접는다.

포인트
순서 3에서 만든 보조선 때문에 표시가 생긴다.

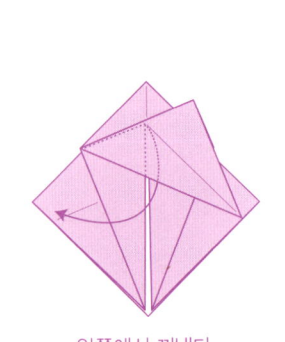

9

안쪽에서 꺼낸다.

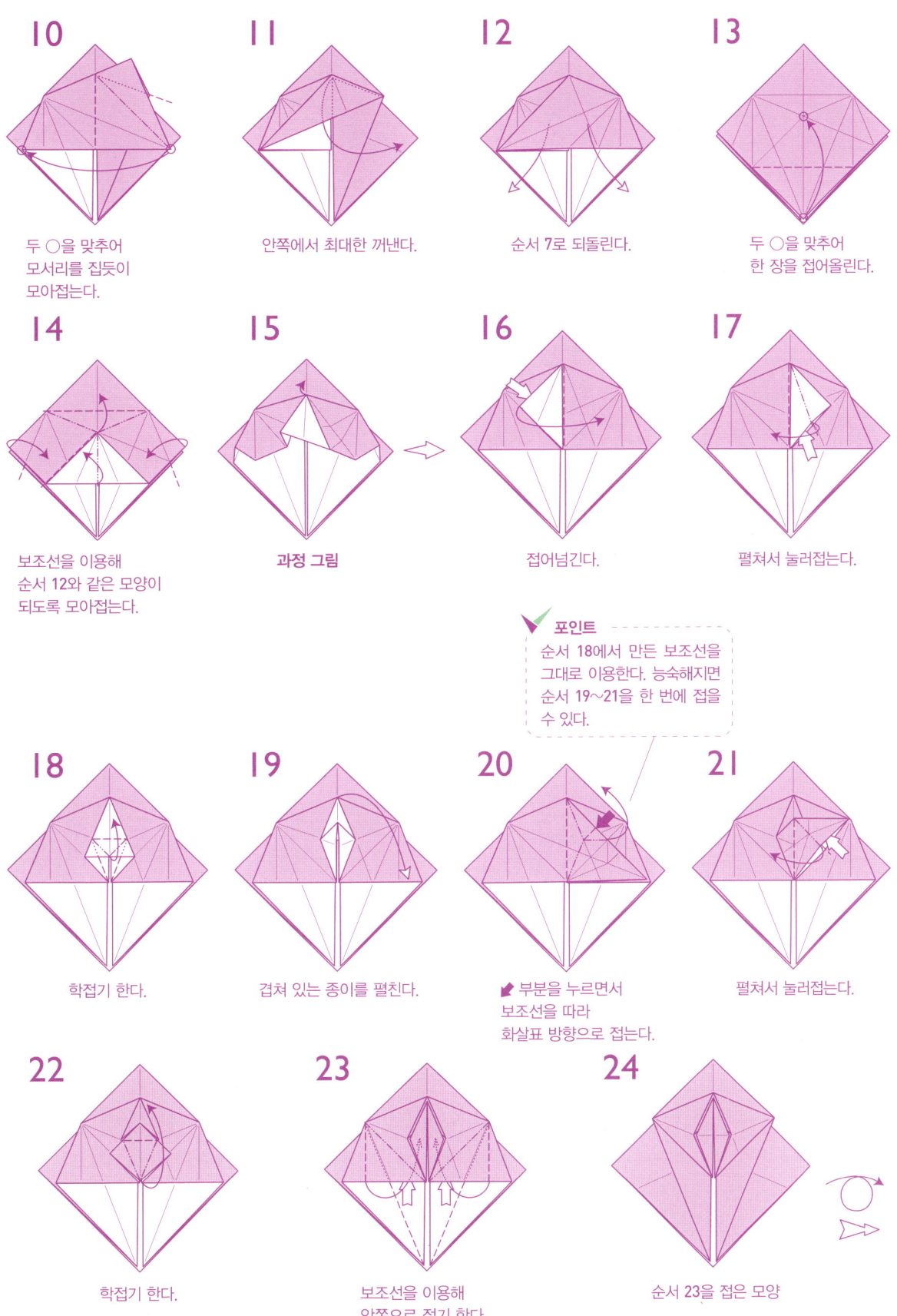

10

두 ○을 맞추어
모서리를 집듯이
모아접는다.

11

안쪽에서 최대한 꺼낸다.

12

순서 7로 되돌린다.

13

두 ○을 맞추어
한 장을 접어올린다.

14

보조선을 이용해
순서 12와 같은 모양이
되도록 모아접는다.

15

과정 그림

16

접어넘긴다.

17

펼쳐서 눌러접는다.

포인트
순서 18에서 만든 보조선을
그대로 이용한다. 능숙해지면
순서 19~21을 한 번에 접을
수 있다.

18

학접기 한다.

19

겹쳐 있는 종이를 펼친다.

20

부분을 누르면서
보조선을 따라
화살표 방향으로 접는다.

21

펼쳐서 눌러접는다.

22

학접기 한다.

23

보조선을 이용해
안쪽으로 접기 한다.

24

순서 23을 접은 모양

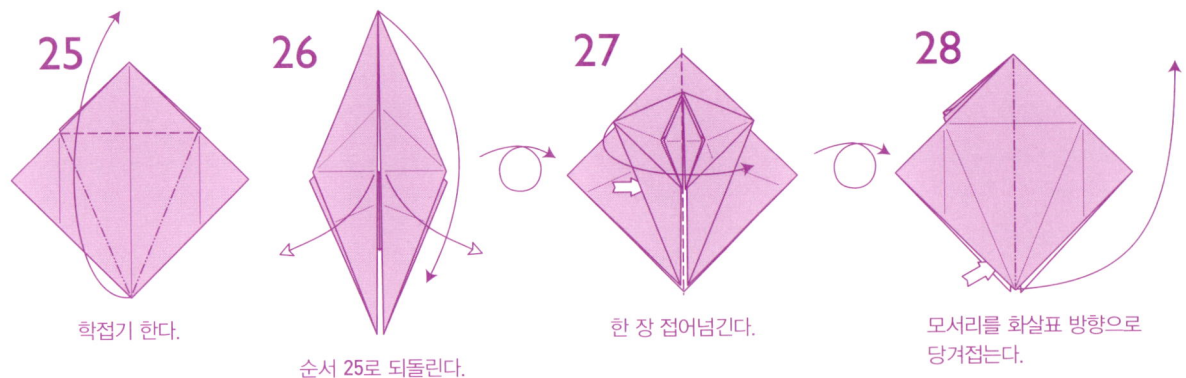

25

학접기 한다.

26

순서 25로 되돌린다.

27

한 장 접어넘긴다.

28

모서리를 화살표 방향으로
당겨접는다.

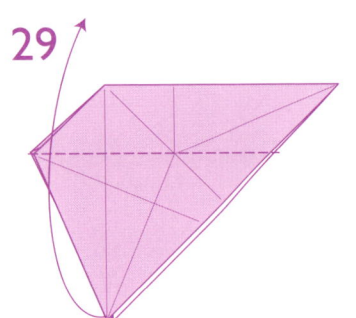

29

위로 한 장 접고
반대쪽도 같은 방법으로 접는다.

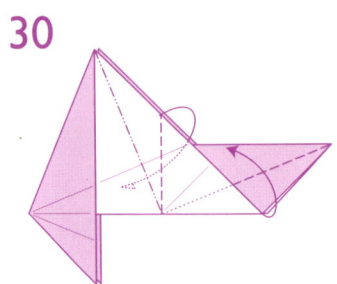

30

보조선을 따라
안쪽으로 당겨접는다.
반대쪽도 같은 방법으로 접는다.

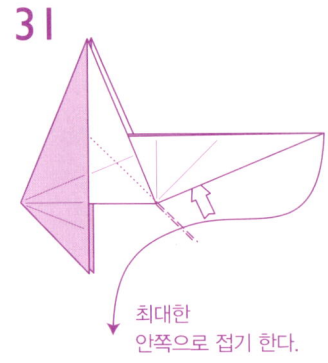

31

최대한
안쪽으로 접기 한다.

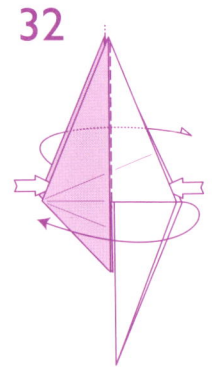

32

앞뒤 각각 한 장씩
화살표 방향으로
접어넘긴다.

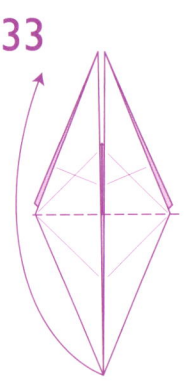

33

한 장 접어올린다.

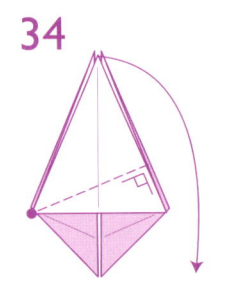

34

●을 기준으로 직각으로 접는다.

✔ **포인트**
뒤쪽 종이에 만들어
놓은 보조선도 기준
이 된다.

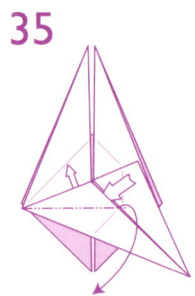

35

겹쳐 있는 종이를
아래로 당겨 꺼낸다.

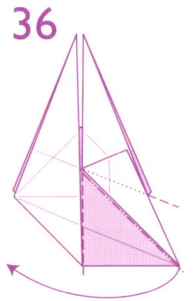

36

모서리를 집듯이 모아
왼쪽으로 접는다.

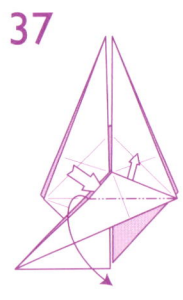

37

겹쳐 있는 종이를
아래로 당겨 꺼낸다.

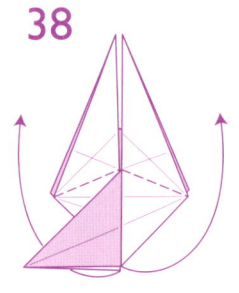

38

아래쪽을 당겨
위로 접는다.

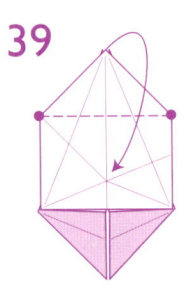

39

●을 기준으로 접는다.

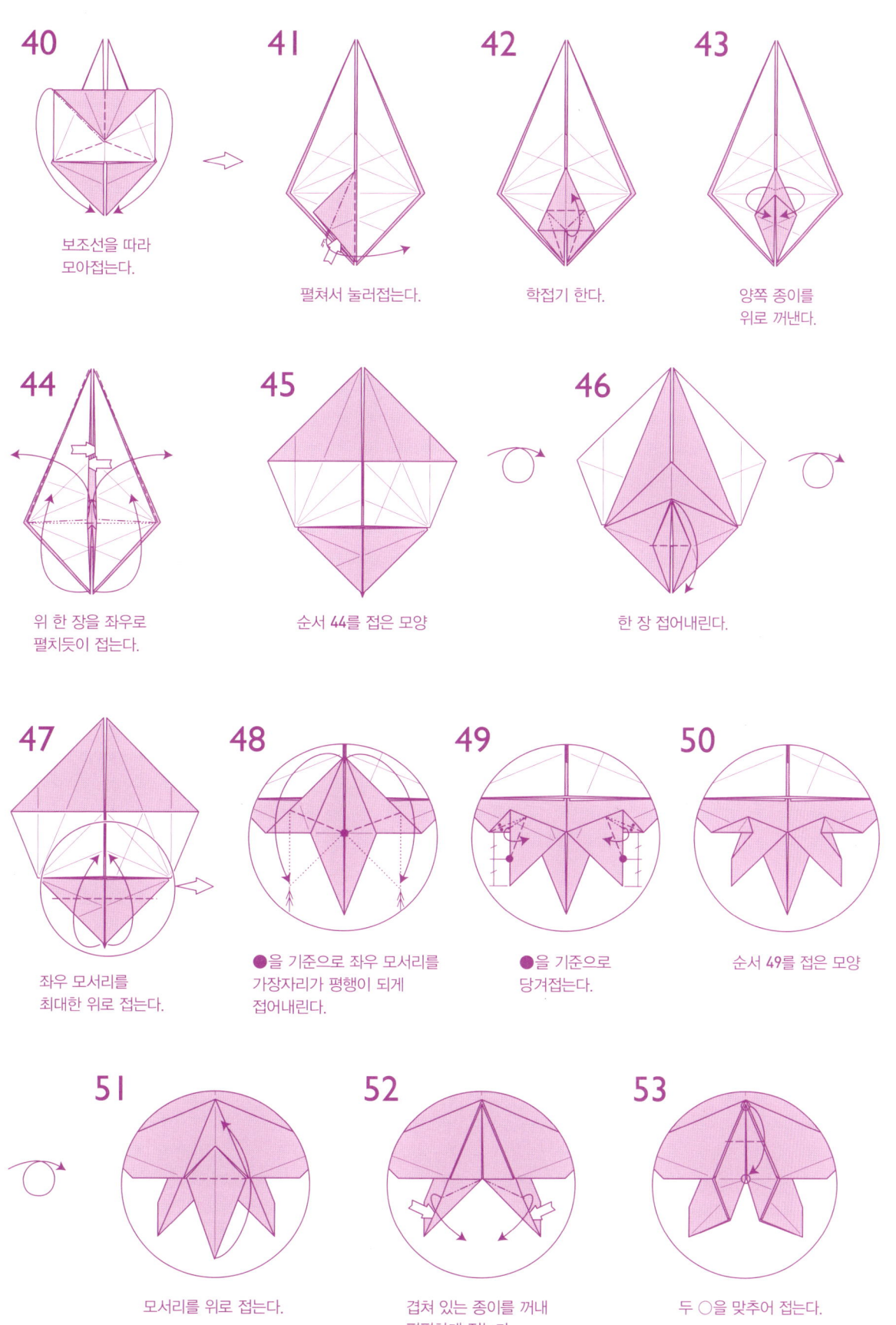

40

보조선을 따라
모아접는다.

41

펼쳐서 눌러접는다.

42

학접기 한다.

43

양쪽 종이를
위로 꺼낸다.

44

위 한 장을 좌우로
펼치듯이 접는다.

45

순서 **44**를 접은 모양

46

한 장 접어내린다.

47

좌우 모서리를
최대한 위로 접는다.

48

●을 기준으로 좌우 모서리를
가장자리가 평행이 되게
접어내린다.

49

●을 기준으로
당겨접는다.

50

순서 **49**를 접은 모양

51

모서리를 위로 접는다.

52

겹쳐 있는 종이를 꺼내
평편하게 접는다.

53

두 ○을 맞추어 접는다.

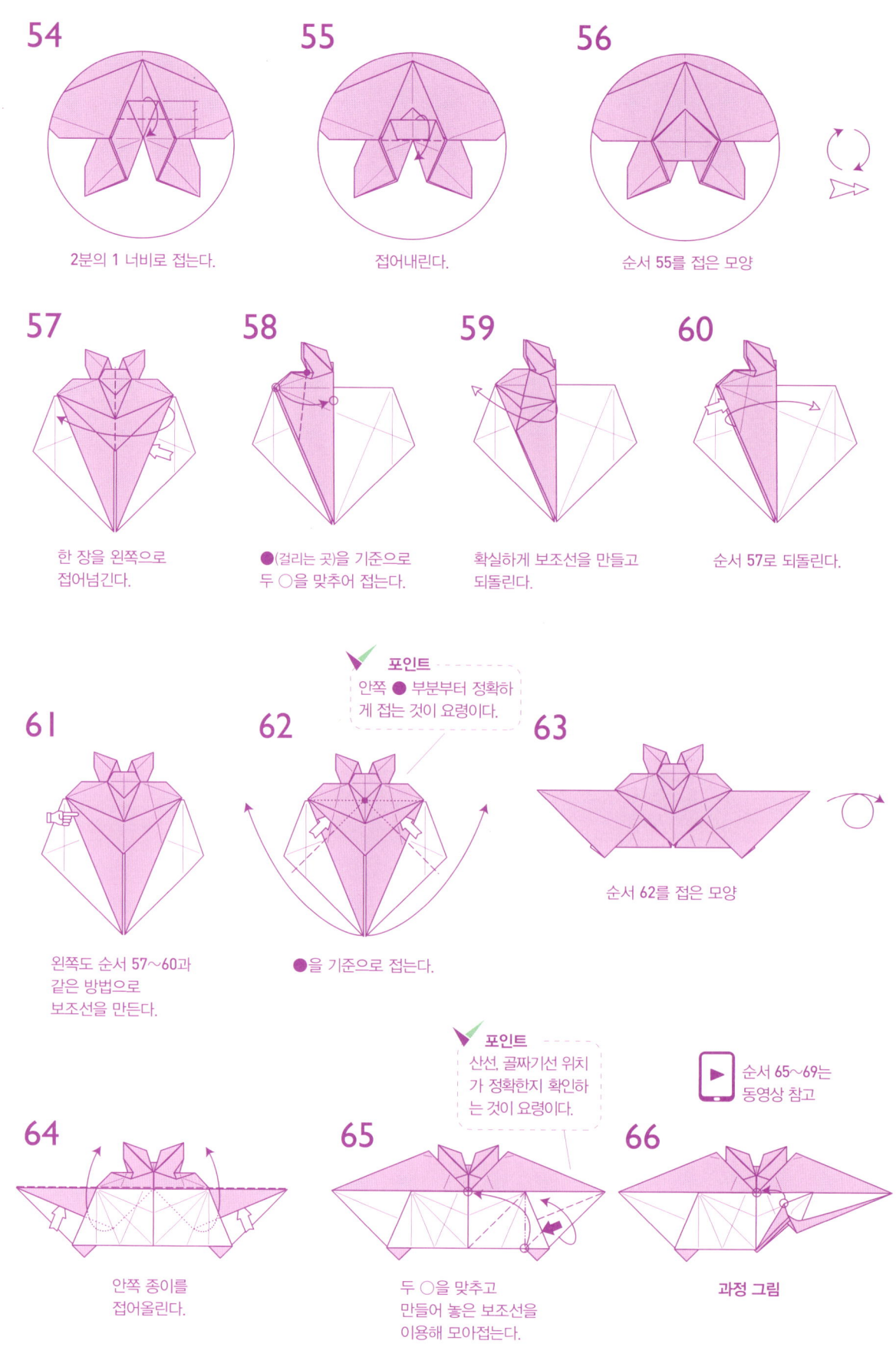

54

2분의 1 너비로 접는다.

55

접어내린다.

56

순서 55를 접은 모양

57

한 장을 왼쪽으로
접어넘긴다.

58

●(걸리는 곳)을 기준으로
두 ○을 맞추어 접는다.

59

확실하게 보조선을 만들고
되돌린다.

60

순서 57로 되돌린다.

✔ **포인트**
안쪽 ● 부분부터 정확하
게 접는 것이 요령이다.

61

왼쪽도 순서 57~60과
같은 방법으로
보조선을 만든다.

62

●을 기준으로 접는다.

63

순서 62를 접은 모양

✔ **포인트**
산선, 골짜기선 위치
가 정확한지 확인하
는 것이 요령이다.

▶ 순서 65~69는
동영상 참고

64

안쪽 종이를
접어올린다.

65

두 ○을 맞추고
만들어 놓은 보조선을
이용해 모아접는다.

66

과정 그림

67

순서 66을 접은 모양.
왼쪽도 순서 65~66과
같은 방법으로 접는다.

68

●을 기준으로
직각으로 보조선을 만든다.

69

보조선과
●을 기준으로
안으로 당기듯이
접는다.

포인트
순서 58에서 만든
보조선을 이용한다.

70

순서 69를 접은 모양

71

왼쪽도 순서 69~70과
같은 방법으로 접는다.

72

●을 기준으로 위 한 장을
안으로 접어넣는다.

73

두 ○(안쪽 틈의 바닥 부분과 모서리)을
맞추고 위 한 장을 안으로 접어넣는다.

74

안쪽 종이를
산접기로 접어넣는다.

75

●을 기준으로 ○끼리 맞추어
보조선을 만든다.

76

산선과 골짜기선을 이용해
가늘게 계단접기 해
손가락을 표현한다.

77

가장자리를 다듬어
날개의 느낌을
표현한다.

포인트
날개 윗부분을 곡선으
로 조금 구부리기만
해도 사실적으로 마무
리할 수 있다.

78

안쪽으로 접기 한다.

79

삼각으로 접어
코끝을 표현한다.

80

완성

포인트
순서 76에서 접은 겹치는 부분을 세우면
손가락뼈를 좀 더 강조한 모양이 된다.

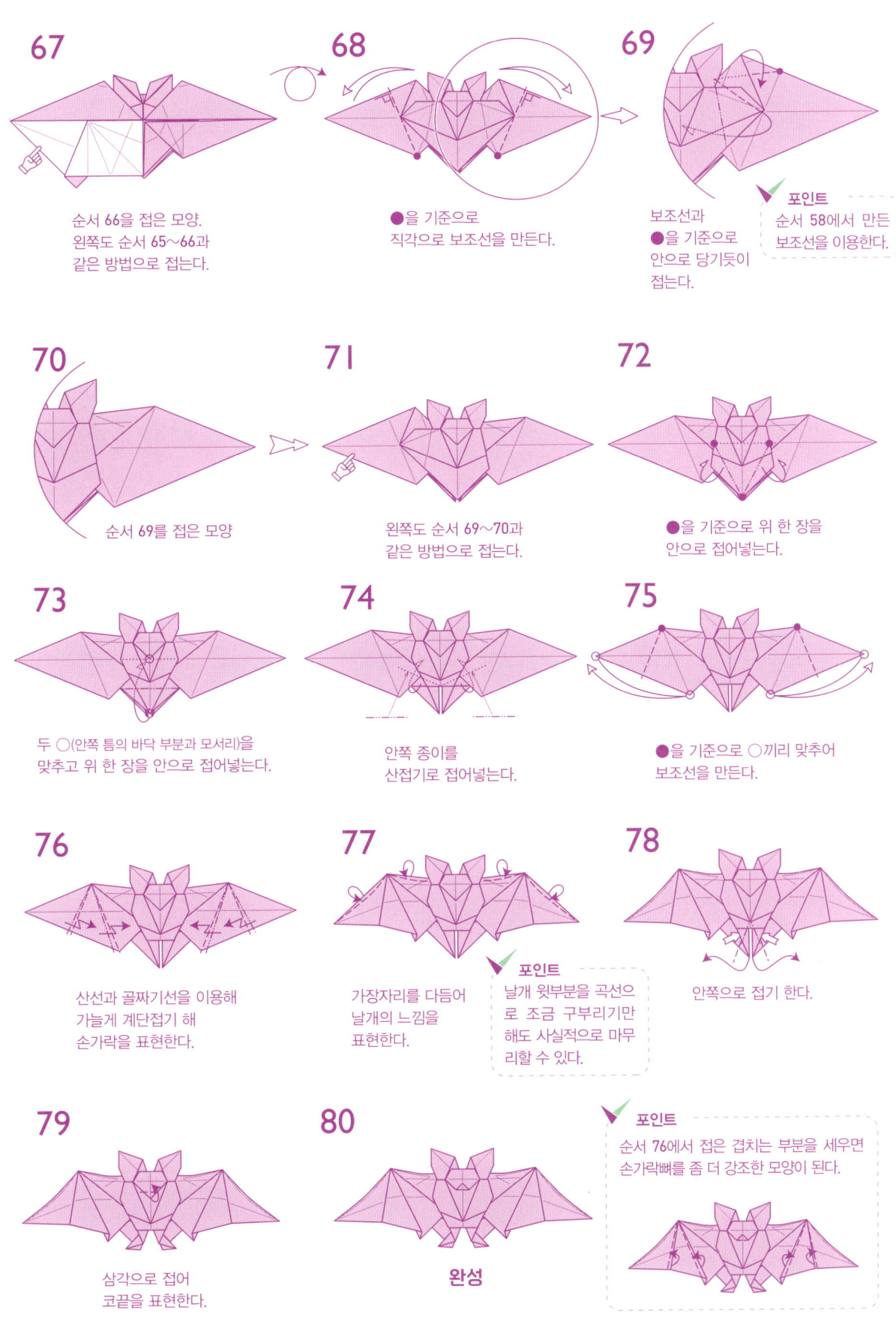

두 가지 관점에서 창작 종이접기의 디자인을 생각해 보자. 첫 번째는 고안(작품의 형태), 두 번째는 그것을 접기 위한 설계(구조)다.

1 고안

① 간략화

종이접기 작품은 단순한 것에서 복잡하고 리얼한 것에 이르기까지 폭이 매우 넓지만, 종이접기로 만드는 까닭에 많든 적든 간략화 작업이 필요하다. 그중에서도 의도적으로 대상에 변화를 주는 작품을 데포르메라고 한다. 물론 기술이 부족하여 간략화한 것이나 가공의 생물 등은 변형을 의도했더라도 데포르메라고 부르지 않는다.

데포르메의 예로는 그림 3-1의 달팽이(143쪽), 그림 3-2의 앵무조개 오브제(152쪽)가 있다. 특히 달팽이는 둥근 형태의 집을 사각형으로 만들어 편지를 운반하는 이미지를 담았다. 이때 중요한 점은 '얼마나 특징을 담을 수 있는가'다. 좋은 창작 작품을 만들려면 대상을 표현하는 자신만의 포인트를 명확하게 설정하는 것이 지침이 된다.

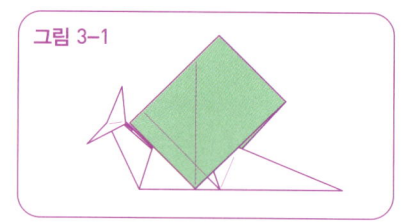

그림 3-1

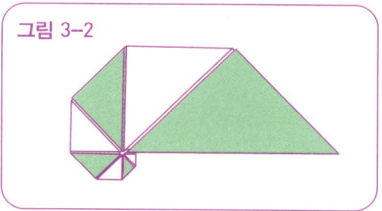

그림 3-2

② 시각의 특성 활용

그림 3-3의 검은 얼룩 세 개는 왠지 사람의 얼굴을 떠올리게 하는데, 이를 파레이돌리아 현상(Pareidolia phenomenon. 우연히 나타난 모양이나 물체를 뇌가 익숙한 것과 관련짓는 현상)이라 부른다. 종이접기에 이 특성을 이용할 수 있다. 그림 3-4의 고양이 얼굴(141쪽)에서는 고양이의 특징이라 할 수 있는 귀와 눈을 표현하여 보는 이가 고양이로 인식할 수 있게 했다.

또한 작품을 얼마나 떨어진 공간에서 볼 것인가를 의식하는 디자인도 중요하다. 작게 접으면 사랑스럽고 심플한 작품이 크게 접으면 어딘가 엉성하고 조악한 작품이 되어 버린다. 그 이유는 인간이 인식할 수 있는 섬세함에 적절한 값이 있다는 '시각계의 공간 주파수 특성'이 영향을 미치기 때문이다. 멀리서 보나 가까이서 보나 존재감이 있는 작품은, 전체적인 형태가 잘 잡혀 있음은 물론 세세한 부분까지 세밀하게 표현되어 있는 작품이다. 그림 3-5의 상어(157쪽)는 이 같은 효과를 노린 작품이다.

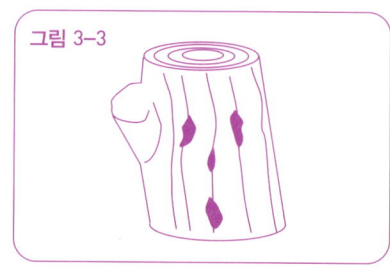

그림 3-3

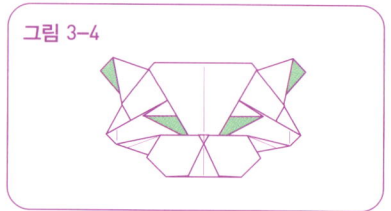

그림 3-4

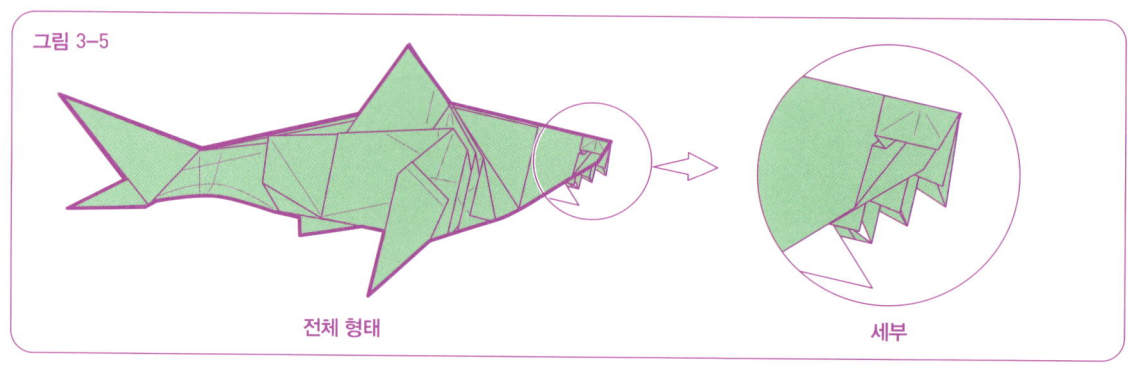

그림 3-5

전체 형태　　　　　　　　세부

③ 종이접기 표현 기법 활용

다양한 종이접기 기법을 디자인에 활용하는 것 또한 효과적이다. 그 몇 가지를 소개한다.

인사이드 아웃

앞뒤 색이 다른 종이를 사용하여 두 가지 색상의 완성 작품을 접는 기법이다. 많은 종이접기 작가가 활용하는 대단히 매력적인 방법이다. 이 책에서도 그림 3-6과 같이 판다(48쪽), 큰개미핥기(69쪽), 무당벌레(154쪽) 등 여러 작품에 인사이드 아웃을 활용했다.

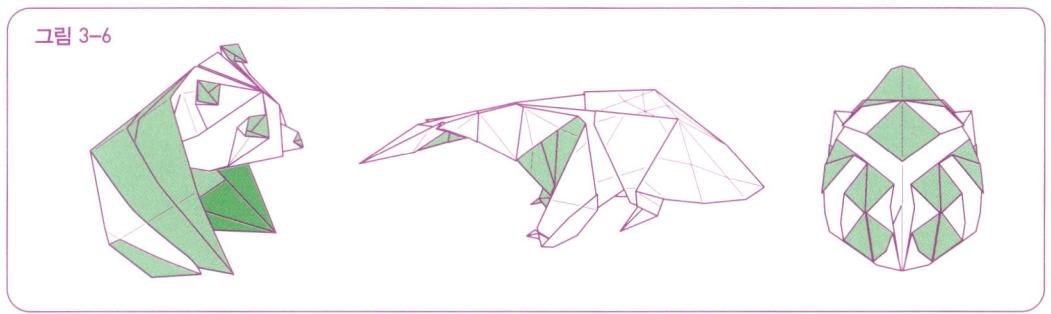

그림 3-6

주름접기

주름접기도 효과적이다. 예를 들어 그림 3-7과 같이 접으면 동물의 뾰족뾰족한 이빨처럼 보인다. 이 기법을 응용한 예가 그림 3-8의 초롱아귀(130쪽)와 피라냐(133쪽)다.

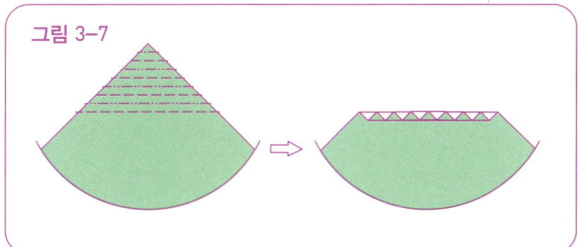

그림 3-7

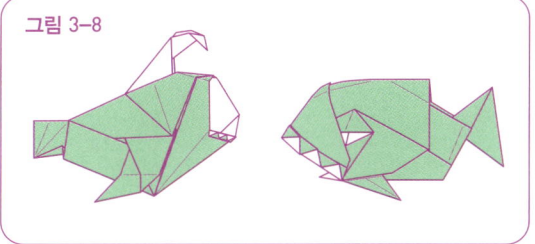

그림 3-8

기본형 활용

전승 종이접기에는 학접기 기본형, 방석접기 기본형, 물고기접기 기본형 등이 있는데 이 기본형들을 활용하면 보다 뛰어난 창작 종이접기를 할 수 있다. 그림 3-9의 티라노사우루스(180쪽)는 학접기 기본형으로 접었으며, 바다거북(172쪽)은 그림 3-10에서와 같이 방석접기 기본형과 물고기접기 기본형을 조합한 작품이다. 한편 이러한 전승 종이접기 기본형뿐 아니라 그림 3-11의 개구리(174쪽)와 수녀(177쪽)처럼 한 가지 기법으로 다양한 작품을 접을 수 있다.

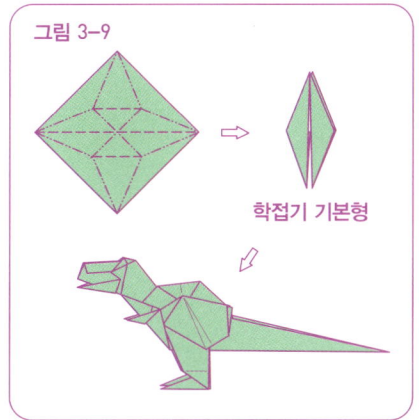

그림 3-9

학접기 기본형

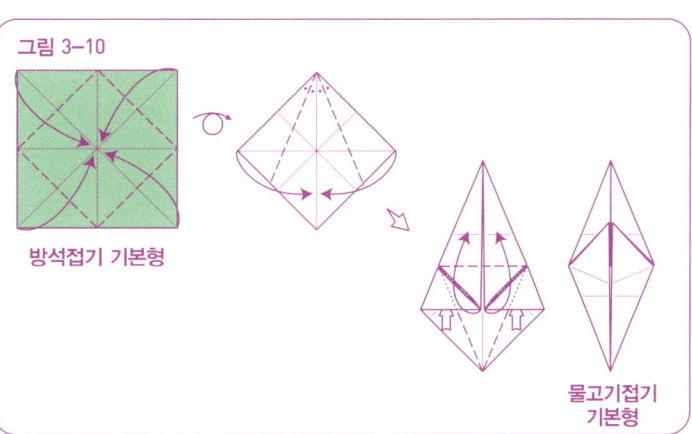

그림 3-10

방석접기 기본형

물고기접기
기본형

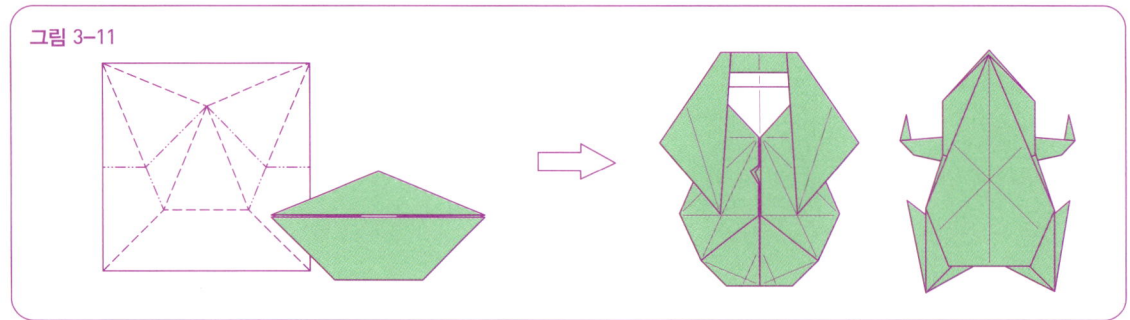

그림 3-11

2 설계

① 전개도를 이용한 응용

전개도에서 개선할 힌트를 얻기도 한다. 그림 3-12는 스핑크스(167쪽)의 전개도이다. 처음에는 그림 3-13과 같은 전개도였는데 앞다리를 길게 접으려고 그림 3-14와 같이 종이를 추가했다. 이렇게 전개도를 점검해 가면 응용과 개선을 즐길 수 있다.[2]

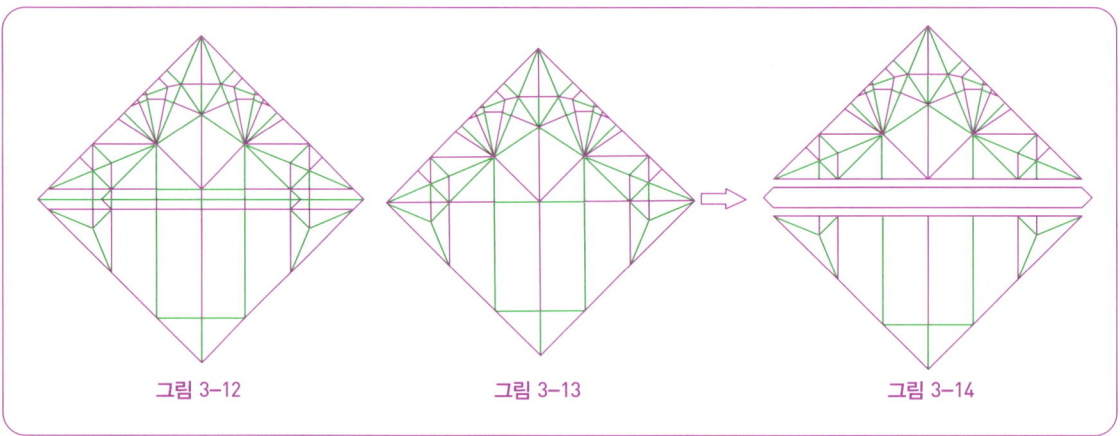

그림 3-12   그림 3-13   그림 3-14

② 기하학 계산

쿠푸왕 피라미드(165쪽)는 그림 3-15와 같이 밑변 길이의 2분의 1과 경사면 길이 D(밑변 중앙에서 꼭짓점까지의 길이)의 비가 황금비에 가깝다. 종이접기에서도 그림 3-16과 같이 황금비를 접을 수 있으므로 피라미드 과정에 응용할 수 있다. 이렇게 기하학 계산은 창작에 유용한 방법이다.

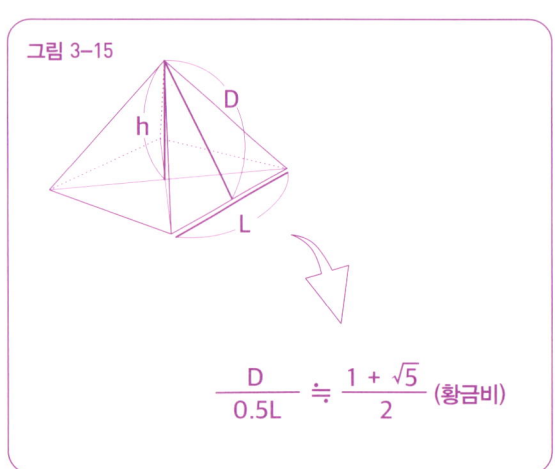

그림 3-15

$$\frac{D}{0.5L} \fallingdotseq \frac{1+\sqrt{5}}{2}\ \text{(황금비)}$$

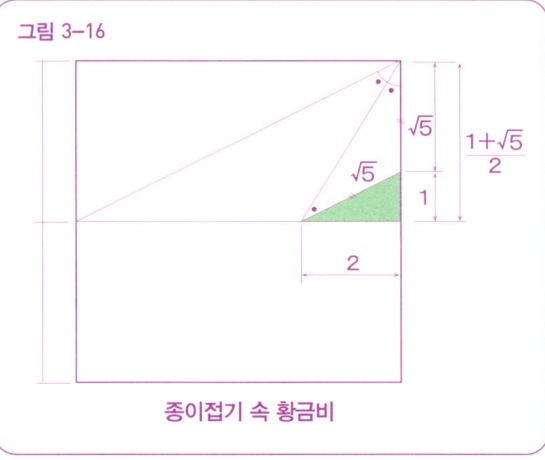

그림 3-16

종이접기 속 황금비

③ 모서리접기

종이접기는 종이 한 장에서 형태가 만들어져 가는 예술이라고 할 수 있는데, 기하학적 구조에 대한 이해는 창작 작업에 큰 도움이 된다. 이번에는 동물과 곤충의 발이나 뿔 등 모서리를 접는 데 효과적인 원 영역과 띠 영역을 이용한 종이접기 설계 방법을 소개한다.

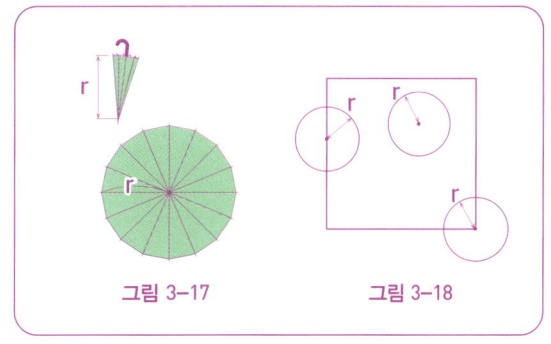

그림 3-17   그림 3-18

그림 3-17과 같이 길이 r의 우산을 만들려면 반경 r의 동그란 천이 필요하다. 종이접기에도 이를 적용하면 그림 3-18에서 알 수 있듯 길이 r의 모서리를 접을 때는 반지름 r의 원 영역이 필요하다. 종이접기에서는 우산처럼 완전한 원이 아니어도 괜찮다. 반원이나 부채꼴 모양이라도 원의 중심점이 종이 안에 있으면 된다.

또한 원과 원을 일정한 거리를 두고 배치할 때는 띠 영역을 이용한다. 그림 3-19는 전승 종이접기의 돼지접기 기본형인데 위아래 세 개씩 총 여섯 개의 모서리와 그것을 연결하는 몸통으로 구성하고 있어, 원과 띠의 영역을 그려 보면 관계성을 이해할 수 있다. 이 원 영역과 띠 영역을 조합하여 정사각형 안에 넣으면 다양한 형태를 설계하여 접을 수 있다.

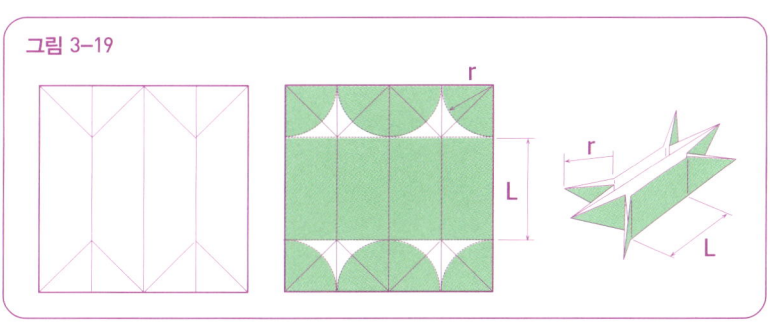

그림 3-19

동물을 접을 때의 예를 소개한다. 예컨대 그림 3-20과 같이 동물의 다리나 몸통 등 필요한 길이와 위치를 정하고 그림 3-21과 같이 원 영역과 띠 영역을 정사각형 안에 넣는다. 이 원과 띠의 위치를 보며 종이접기를 위한 전개도를 그림 3-22와 같이 그릴 수 있다. 이 방법으로 설계한 작품이 여우(184쪽)다. 단 이 방법으로는 필요한 모서리만 접을 수 있으므로 작품을 완성하려면 종이접기 기법으로 각 모서리 부분을 접어 마무리한다. 이 방법은 복잡한 작품을 창작할 때 특히 효과적인 수단이 된다.[3~5]

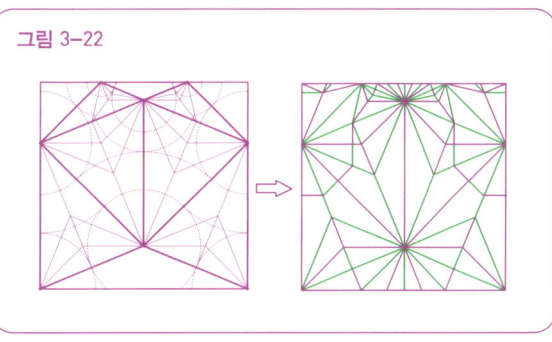

그림 3-20

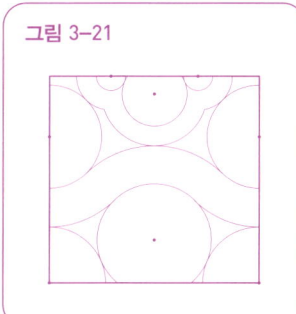

그림 3-21

그림 3-22

2 《비바 종이접기》, 1983, 가사하라 구니히코 · 마에카와 아쓰시, 산리오(《ビバ!おりがみ》, 1983, 笠原邦彦 · 前川淳, サンリオ).
3 《종이접기 탐정단 신문》 제7~12호, 〈실용 종이접기 설계법〉, 1991~1992, 메구로 도시유키(《折紙探偵団新聞》 7~12号, 〈実用折り紙設計法〉, 1991~1992, 目黒俊幸).
4 《제2회 종이접기 과학 국제회의 논문집》, 1994, 가와하타 후미아키(《第2回折り紙の科学国際会議論文集》, 1994, 川畑文昭).
5 *Origami Design Secrets*, 2003, Robert J. Lang, A K Peters, LTD.

초롱아귀 Footballfish

주름접기는 종이접기를 디자인하는 데 매우 효과적인 기법으로, 초롱아귀에서는 이빨 표현에 활용한다. 유머러스한 모양을 표현할 수 있다는 점이 주름접기의 특징이다.

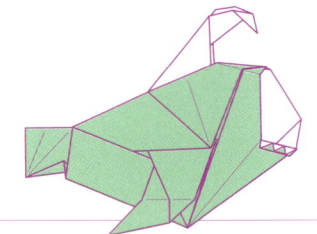

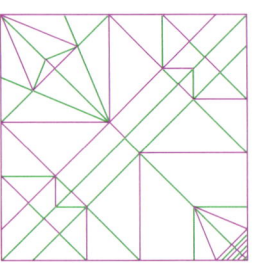

사용한 종이
24cm

40%

1

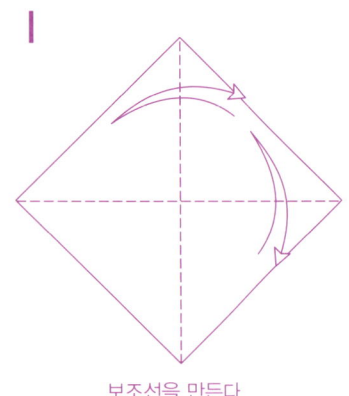

보조선을 만든다.

2

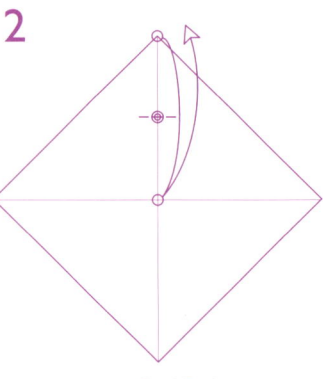

두 ○을 맞추어
◎에 표시해 둔다.

3

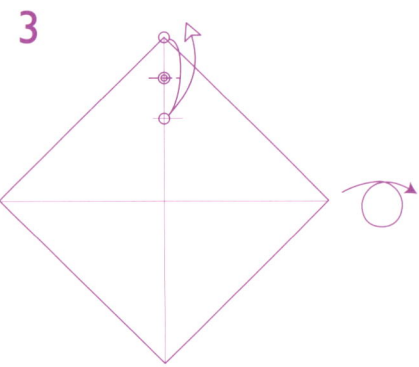

두 ○을 맞추어
◎에 표시해 둔다.

4

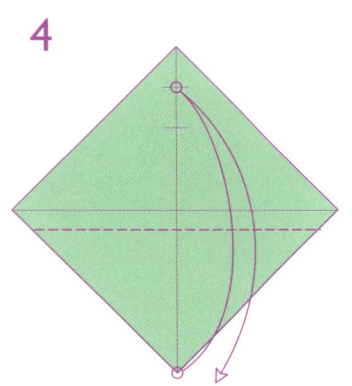

두 ○을 맞추어
보조선을 만든다.

5

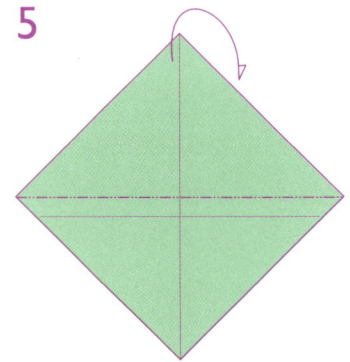

뒤로 접는다.
이후 순서 2~3의
표시는 생략한다.

6

▼ **포인트**
겹친 종이가 어긋나지
않도록 주의한다.

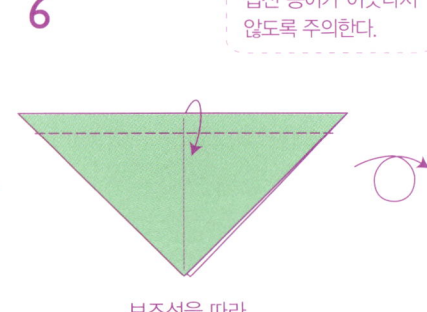

보조선을 따라
겹쳐 접는다.

▼ **포인트**
겹쳐 있는 종이도
함께 접는다.

7

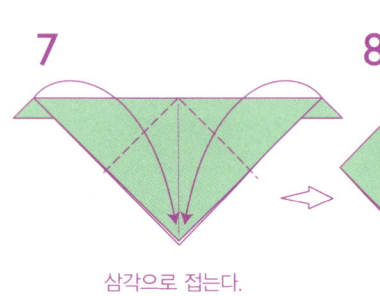

삼각으로 접는다.

8

순서 7을 접은 모양

9

위 한 장을 펼치면서
화살표 방향으로
반 접는다.

10

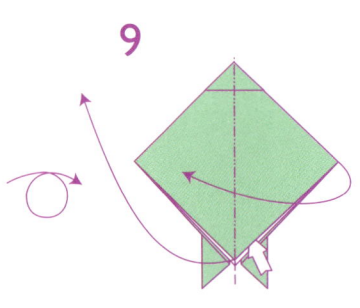
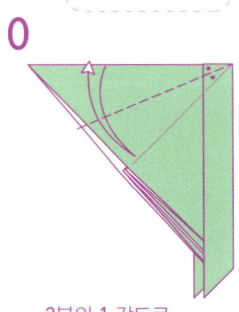

2분의 1 각도로
보조선을 만든다.

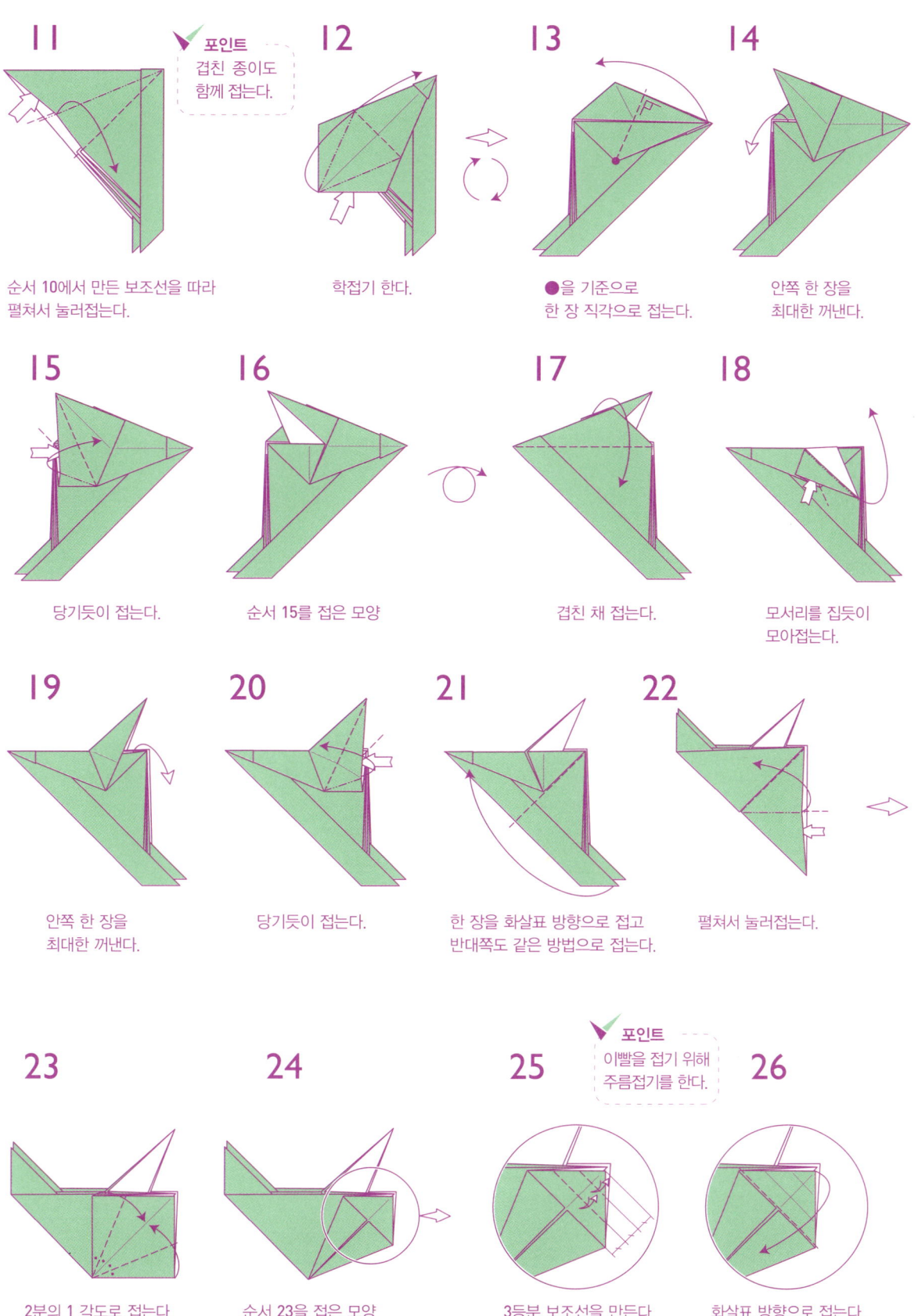

11

순서 10에서 만든 보조선을 따라
펼쳐서 눌러접는다.

포인트
겹친 종이도
함께 접는다.

12

학접기 한다.

13

●을 기준으로
한 장 직각으로 접는다.

14

안쪽 한 장을
최대한 꺼낸다.

15

당기듯이 접는다.

16

순서 15를 접은 모양

17

겹친 채 접는다.

18

모서리를 집듯이
모아접는다.

19

안쪽 한 장을
최대한 꺼낸다.

20

당기듯이 접는다.

21

한 장을 화살표 방향으로 접고
반대쪽도 같은 방법으로 접는다.

22

펼쳐서 눌러접는다.

23

2분의 1 각도로 접는다.

24

순서 23을 접은 모양

포인트
이빨을 접기 위해
주름접기를 한다.

25

3등분 보조선을 만든다.

26

화살표 방향으로 접는다.

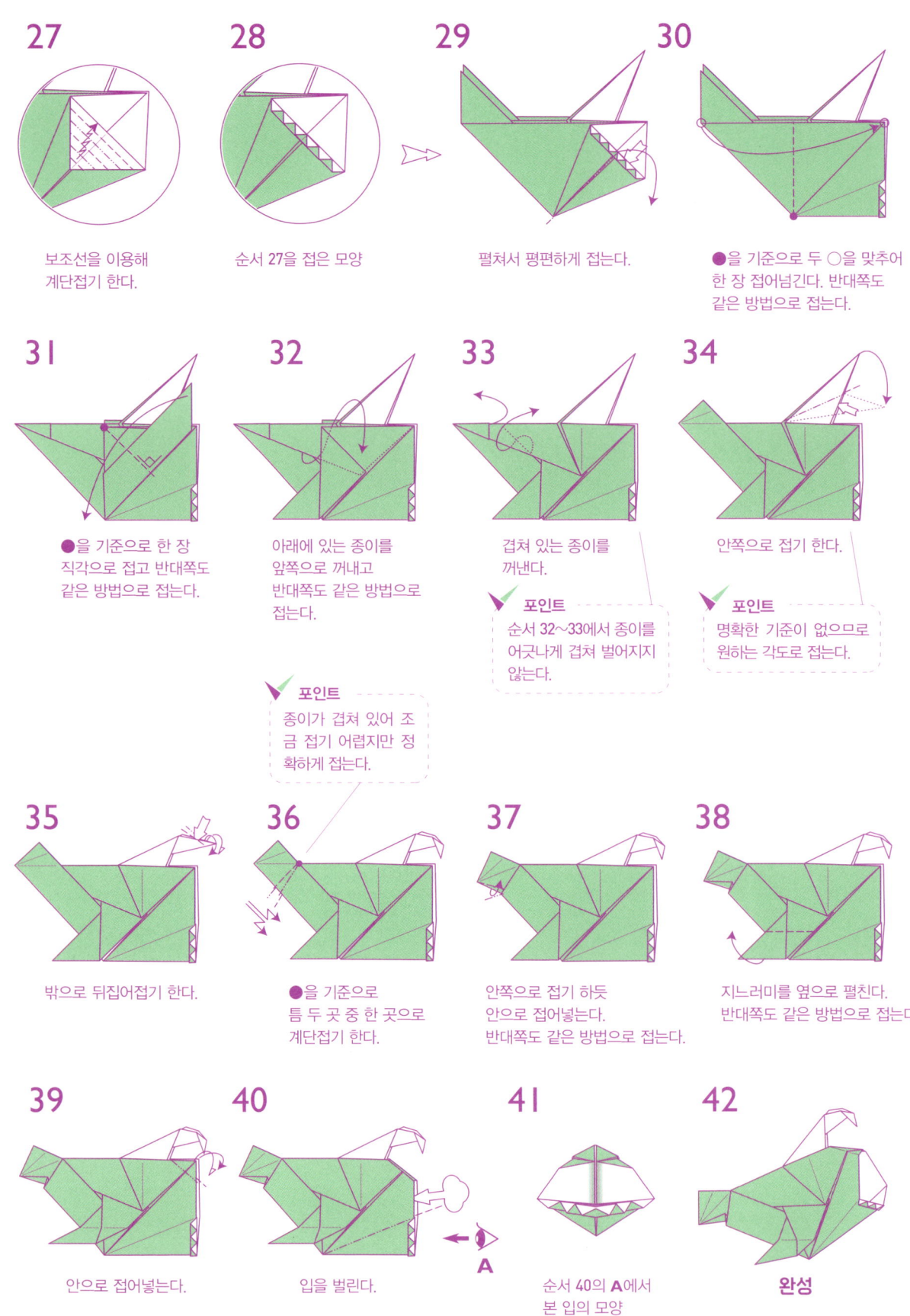

27

보조선을 이용해
계단접기 한다.

28

순서 27을 접은 모양

29

펼쳐서 평편하게 접는다.

30

●을 기준으로 두 ○을 맞추어
한 장 접어넘긴다. 반대쪽도
같은 방법으로 접는다.

31

●을 기준으로 한 장
직각으로 접고 반대쪽도
같은 방법으로 접는다.

32

아래에 있는 종이를
앞쪽으로 꺼내고
반대쪽도 같은 방법으로
접는다.

33

겹쳐 있는 종이를
꺼낸다.

✔ **포인트**
순서 32~33에서 종이를
어긋나게 겹쳐 벌어지지
않는다.

34

안쪽으로 접기 한다.

✔ **포인트**
명확한 기준이 없으므로
원하는 각도로 접는다.

✔ **포인트**
종이가 겹쳐 있어 조
금 접기 어렵지만 정
확하게 접는다.

35

밖으로 뒤집어접기 한다.

36

●을 기준으로
틈 두 곳 중 한 곳으로
계단접기 한다.

37

안쪽으로 접기 하듯
안으로 접어넣는다.
반대쪽도 같은 방법으로 접는다.

38

지느러미를 옆으로 펼친다.
반대쪽도 같은 방법으로 접는다.

39

안으로 접어넣는다.

40

입을 벌린다.

◀ **A**

41

순서 40의 **A**에서
본 입의 모양

42

완성

피라냐 Piranha

주름접기로 이빨을 표현한 작품을 하나 더 소개한다. 날카로운 이빨을 가진 피라냐는 주름접기로 위턱의 이빨을 표현했다. 아래턱이 없어도 자연스러워 보이는 작품이다.

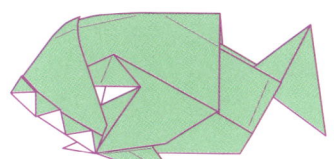

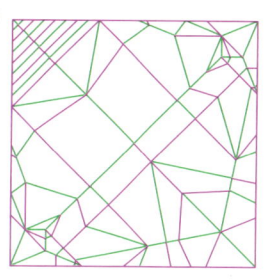
사용한 종이 24cm

55%

1
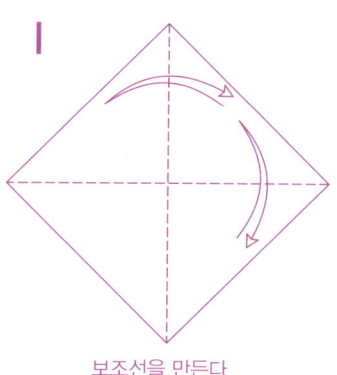
보조선을 만든다.

2
◎에 표시해 둔다.

3
○끼리 맞추어 접는다.

4
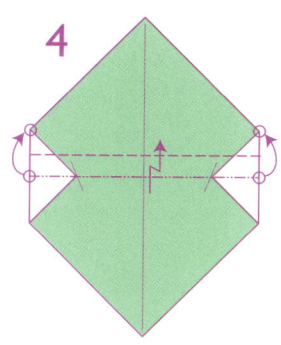
○끼리 맞추어 계단접기 한다.

5
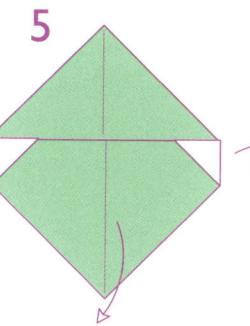
순서 4로 되돌린다. 이후 순서 2의 표시는 생략한다.

6
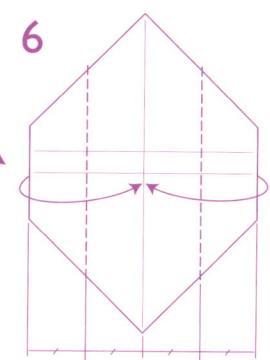
2분의 1 너비로 접는다.

7
포인트
가로 보조선을 확인하고 종이의 위아래 방향이 바뀌지 않게 주의한다.

● 을 기준으로 보조선을 만든다.

8
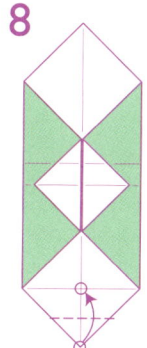
두 ○을 맞추어 접는다.

9
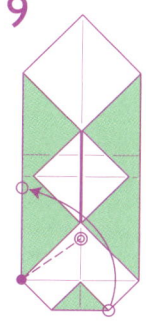
●을 기준으로 ○끼리 맞추어 ◎까지 접는다.

10
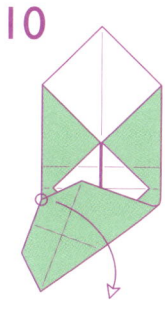
○이 만나는지 확인하고 펼친다.

11
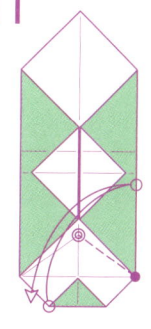
반대쪽도 순서 9~10과 같은 방법으로 보조선을 만든다.

12
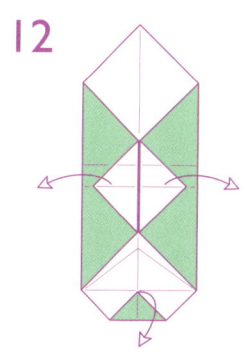
모두 펼친다.

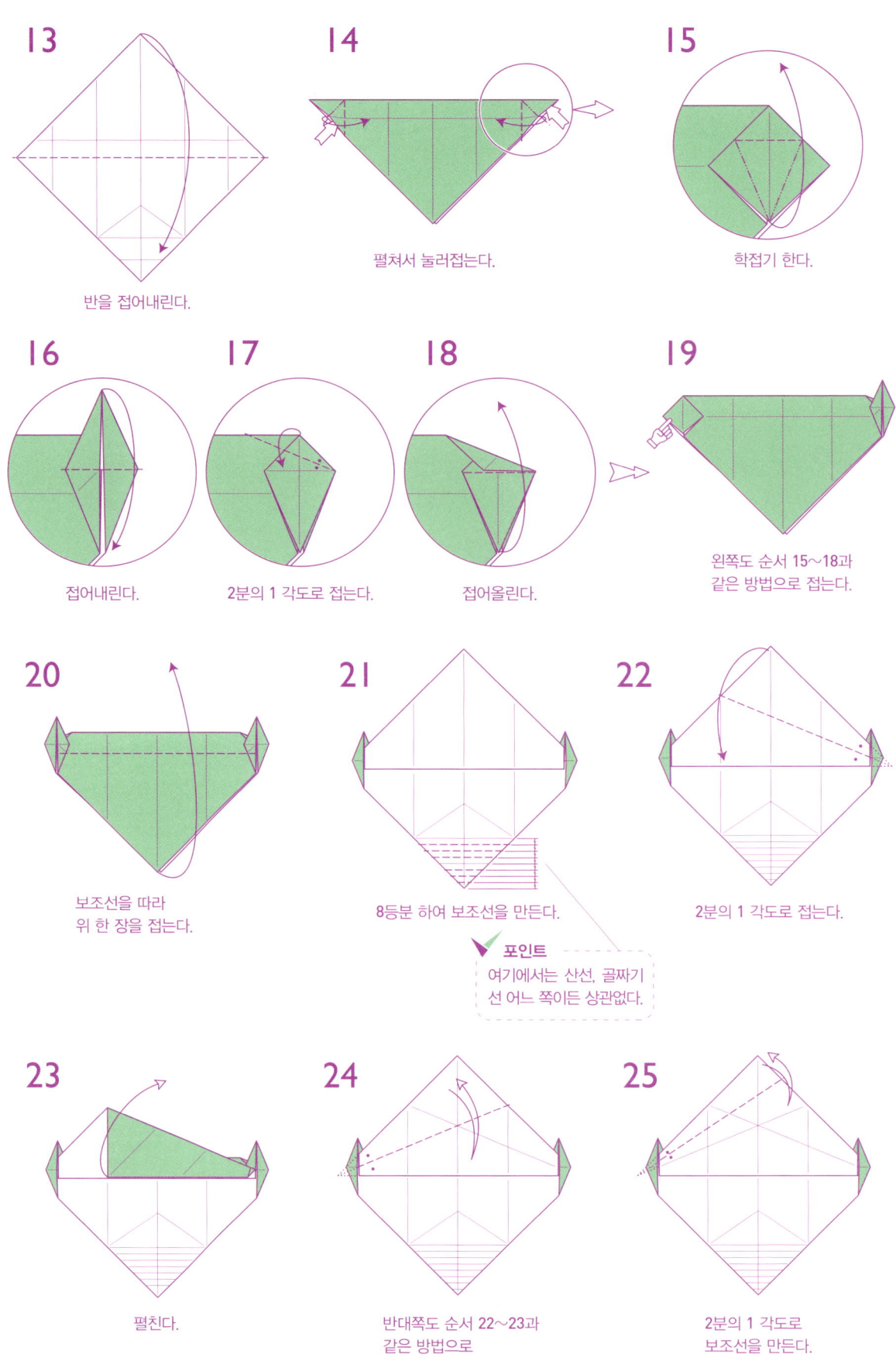

13
반을 접어내린다.

14
펼쳐서 눌러접는다.

15
학접기 한다.

16
접어내린다.

17
2분의 1 각도로 접는다.

18
접어올린다.

19
왼쪽도 순서 15~18과
같은 방법으로 접는다.

20
보조선을 따라
위 한 장을 접는다.

21
8등분 하여 보조선을 만든다.

포인트
여기에서는 산선, 골짜기
선 어느 쪽이든 상관없다.

22
2분의 1 각도로 접는다.

23
펼친다.

24
반대쪽도 순서 22~23과
같은 방법으로
보조선을 만든다.

25
2분의 1 각도로
보조선을 만든다.

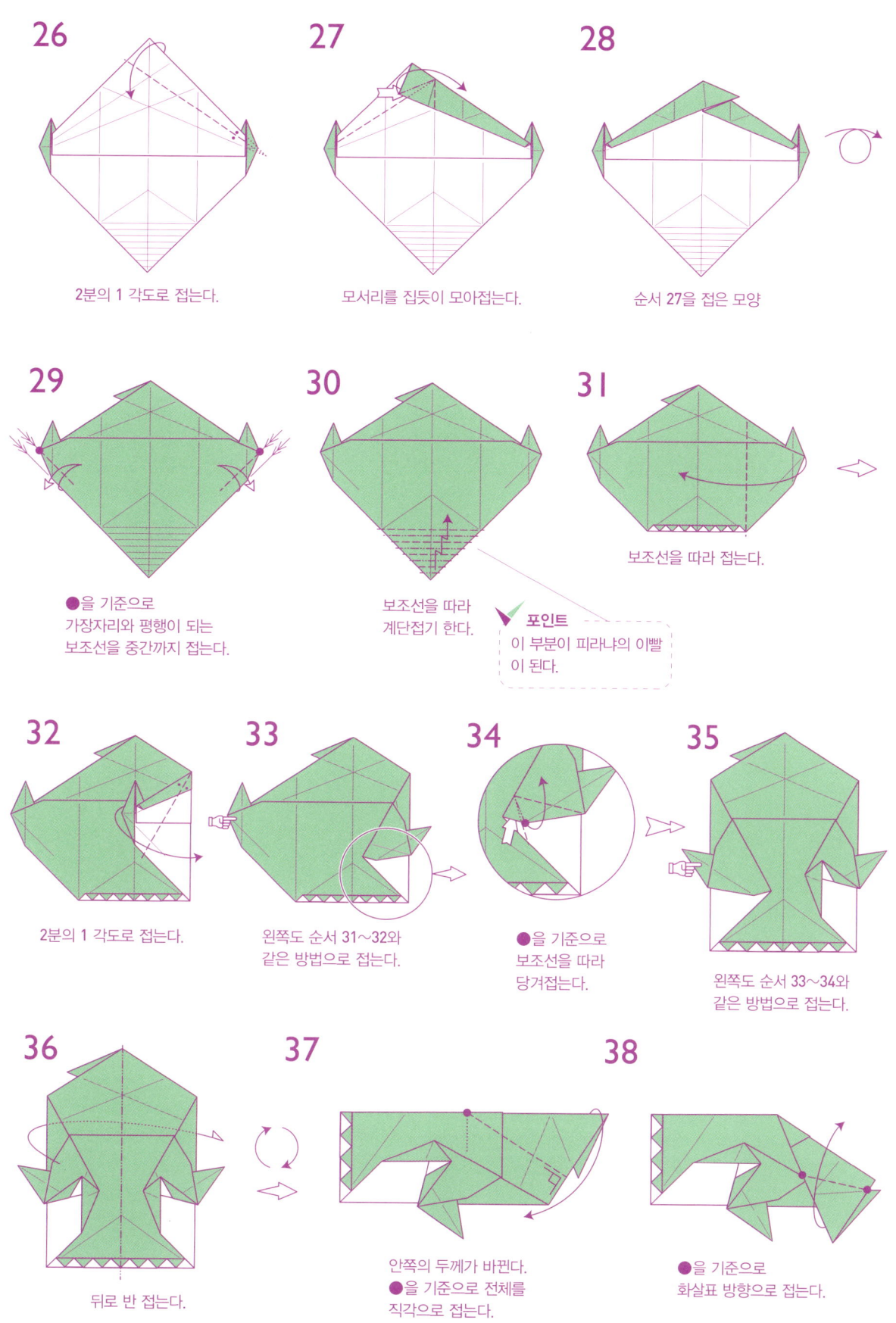

26

2분의 1 각도로 접는다.

27

모서리를 집듯이 모아접는다.

28

순서 27을 접은 모양

29

●을 기준으로
가장자리와 평행이 되는
보조선을 중간까지 접는다.

30

보조선을 따라
계단접기 한다.

포인트
이 부분이 피라냐의 이빨
이 된다.

31

보조선을 따라 접는다.

32

2분의 1 각도로 접는다.

33

왼쪽도 순서 31~32와
같은 방법으로 접는다.

34

●을 기준으로
보조선을 따라
당겨접는다.

35

왼쪽도 순서 33~34와
같은 방법으로 접는다.

36

뒤로 반 접는다.

37

안쪽의 두께가 바뀐다.
●을 기준으로 전체를
직각으로 접는다.

38

●을 기준으로
화살표 방향으로 접는다.

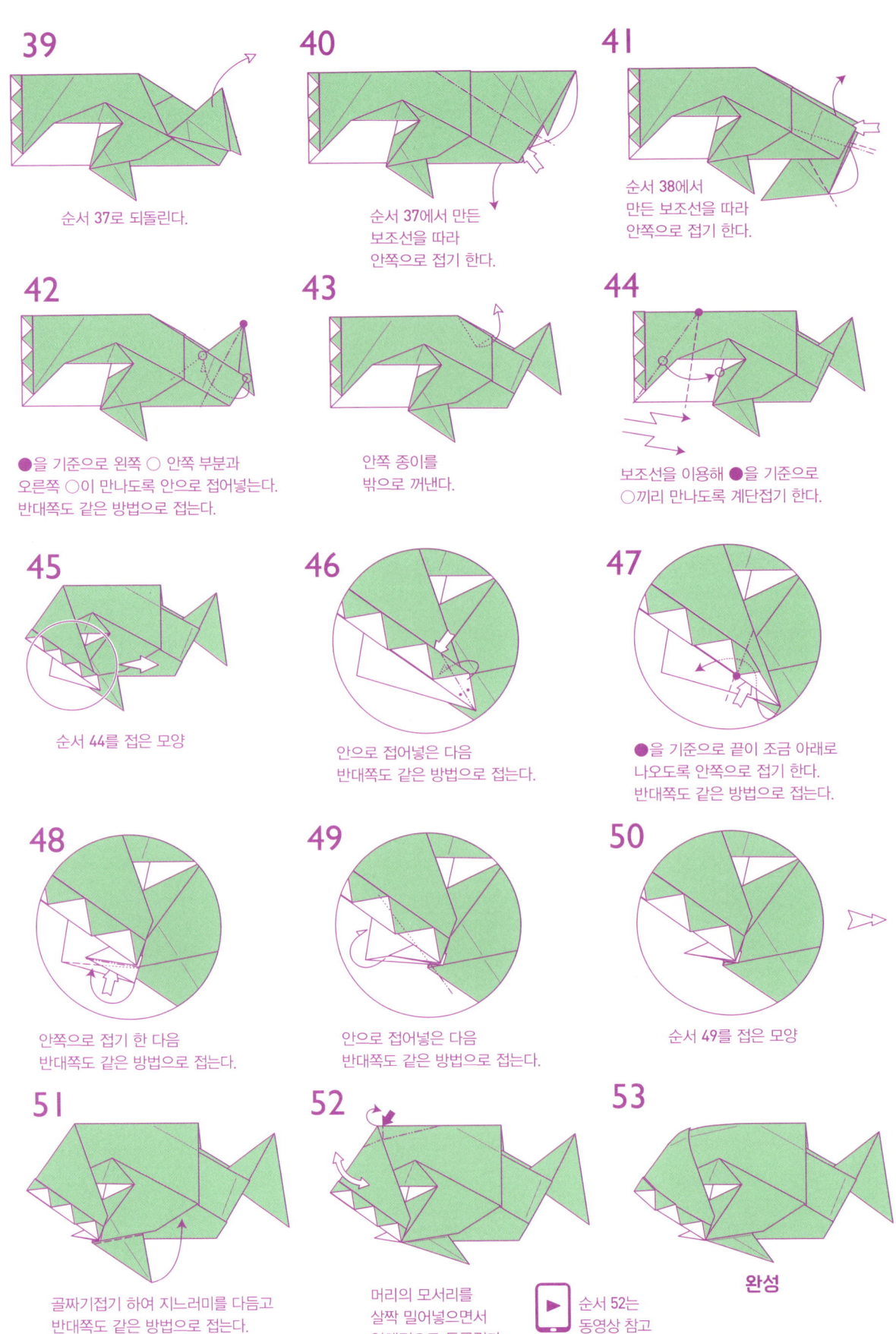

39

순서 37로 되돌린다.

40

순서 37에서 만든
보조선을 따라
안쪽으로 접기 한다.

41

순서 38에서
만든 보조선을 따라
안쪽으로 접기 한다.

42

●을 기준으로 왼쪽 ○ 안쪽 부분과
오른쪽 ○이 만나도록 안으로 접어넣는다.
반대쪽도 같은 방법으로 접는다.

43

안쪽 종이를
밖으로 꺼낸다.

44

보조선을 이용해 ●을 기준으로
○끼리 만나도록 계단접기 한다.

45

순서 44를 접은 모양

46

안으로 접어넣은 다음
반대쪽도 같은 방법으로 접는다.

47

●을 기준으로 끝이 조금 아래로
나오도록 안쪽으로 접기 한다.
반대쪽도 같은 방법으로 접는다.

48

안쪽으로 접기 한 다음
반대쪽도 같은 방법으로 접는다.

49

안으로 접어넣은 다음
반대쪽도 같은 방법으로 접는다.

50

순서 49를 접은 모양

51

골짜기접기 하여 지느러미를 다듬고
반대쪽도 같은 방법으로 접는다.

52

머리의 모서리를
살짝 밀어넣으면서
입체적으로 둥글린다.

▶ 순서 52는
동영상 참고

53

완성

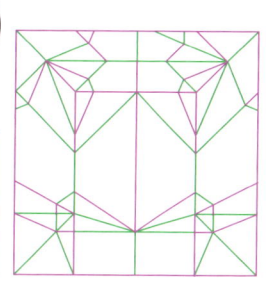

범고래 Grampus

종이접기를 하다 보면 보조선이 여러 개 생기는데, 그중에는 완성했을 때 필요 없는 보조선이 있다. 그러나 이 범고래처럼 보조선을 디자인의 일부로 적극 활용할 수도 있다.

사용한 종이 24cm

58%

I

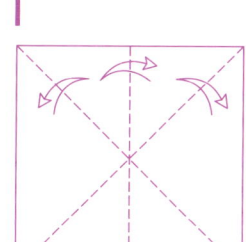

보조선을 만든다.

2

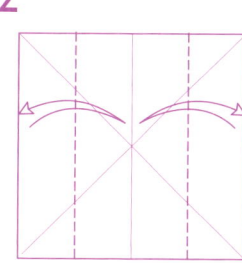

중심에 맞추어
보조선을 만든다.

3

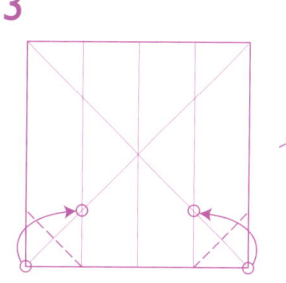

○끼리 맞추어
모서리 두 곳을 접는다.

4

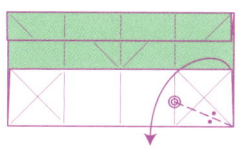

●을 기준으로 접는다.

5

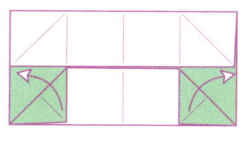

펼친다.

6

반 접는다.

7

2분의 1 각도로
◎까지 접는다.

8

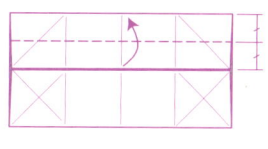

가장자리와
○이 만나는지 확인하고 펼친다.

9

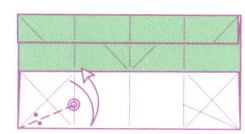

왼쪽도 순서 7~8과
같은 방법으로 보조선을 만든다.

10

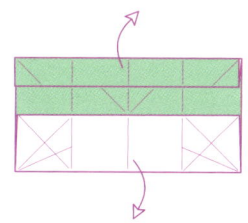

모두 펼친다.

II

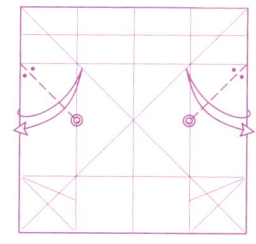

◎까지 2분의 1 각도로
접는다.

12

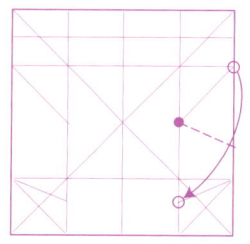

●을 기준으로
두 ○을 맞추어 접는다.

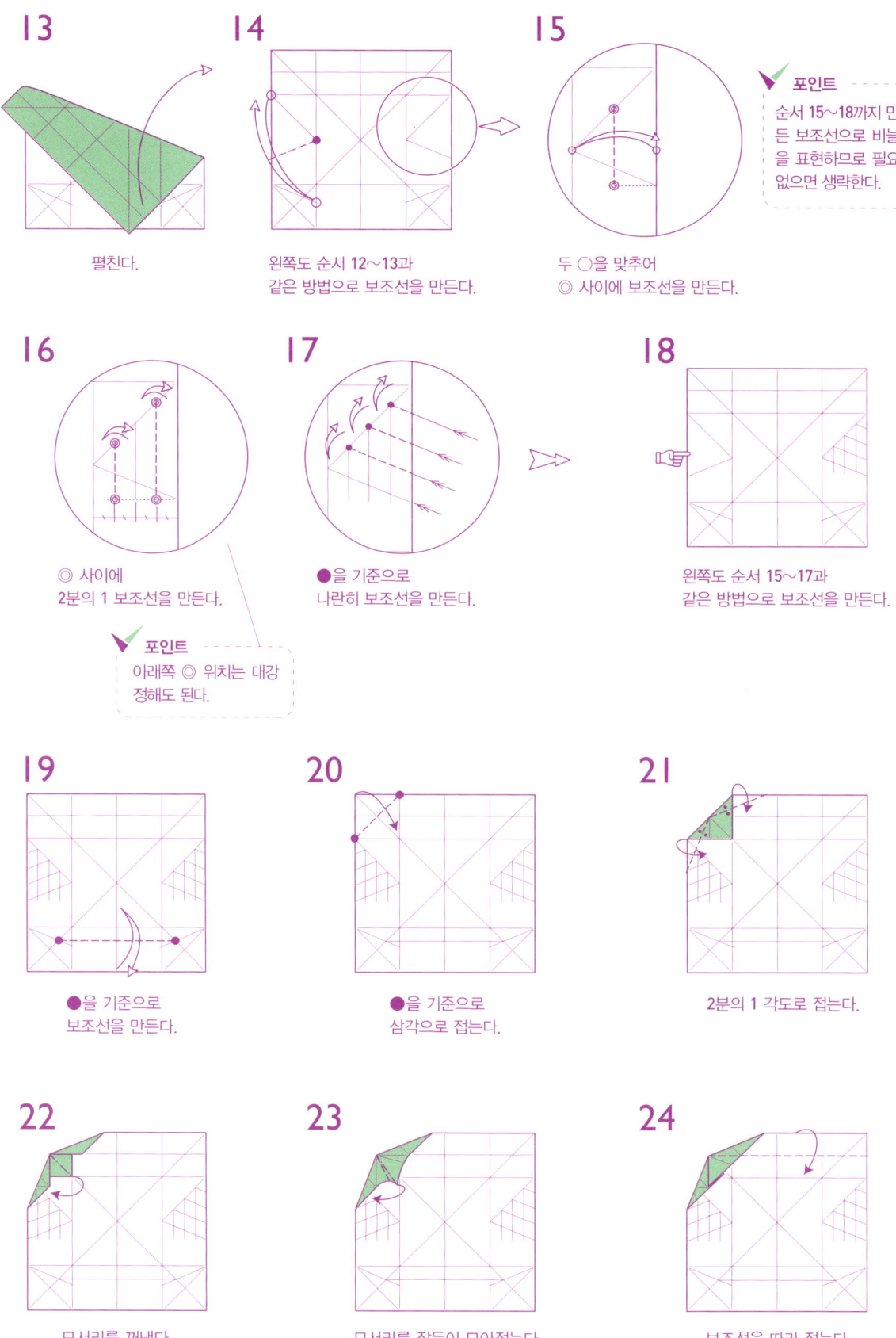

13

펼친다.

14

왼쪽도 순서 **12~13**과
같은 방법으로 보조선을 만든다.

15

두 ○을 맞추어
◎ 사이에 보조선을 만든다.

✔ **포인트**
순서 **15~18**까지 만
든 보조선으로 비늘
을 표현하므로 필요
없으면 생략한다.

16

◎ 사이에
2분의 1 보조선을 만든다.

✔ **포인트**
아래쪽 ◎ 위치는 대강
정해도 된다.

17

●을 기준으로
나란히 보조선을 만든다.

18

왼쪽도 순서 **15~17**과
같은 방법으로 보조선을 만든다.

19

●을 기준으로
보조선을 만든다.

20

●을 기준으로
삼각으로 접는다.

21

2분의 1 각도로 접는다.

22

모서리를 꺼낸다.

23

모서리를 잡듯이 모아접는다.

24

보조선을 따라 접는다.

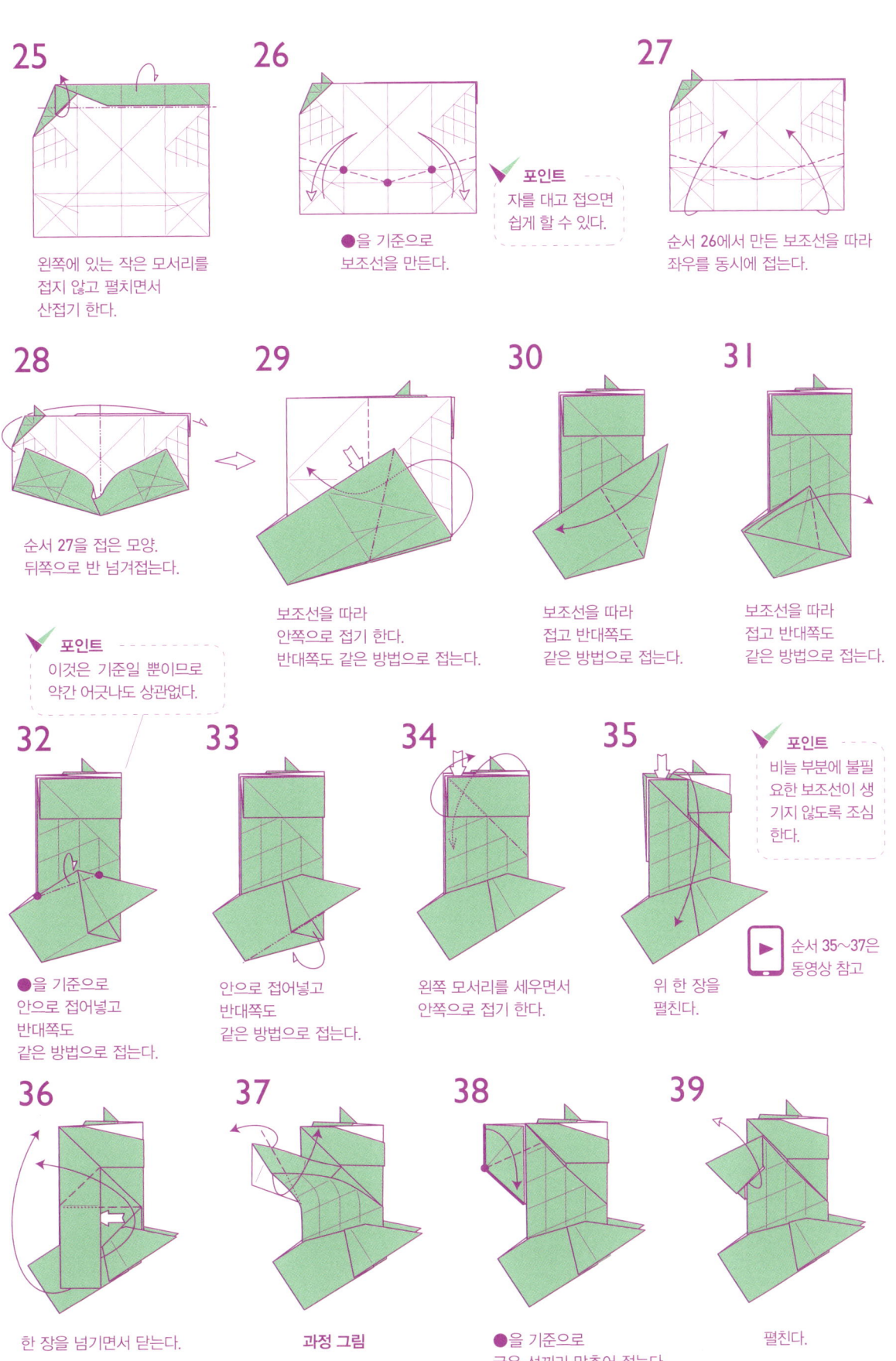

25

왼쪽에 있는 작은 모서리를
접지 않고 펼치면서
산접기 한다.

26

●을 기준으로
보조선을 만든다.

✔ **포인트**
자를 대고 접으면
쉽게 할 수 있다.

27

순서 26에서 만든 보조선을 따라
좌우를 동시에 접는다.

28

순서 27을 접은 모양.
뒤쪽으로 반 넘겨접는다.

29

보조선을 따라
안쪽으로 접기 한다.
반대쪽도 같은 방법으로 접는다.

✔ **포인트**
이것은 기준일 뿐이므로
약간 어긋나도 상관없다.

30

보조선을 따라
접고 반대쪽도
같은 방법으로 접는다.

31

보조선을 따라
접고 반대쪽도
같은 방법으로 접는다.

32

●을 기준으로
안으로 접어넣고
반대쪽도
같은 방법으로 접는다.

33

안으로 접어넣고
반대쪽도
같은 방법으로 접는다.

34

왼쪽 모서리를 세우면서
안쪽으로 접기 한다.

35

위 한 장을
펼친다.

✔ **포인트**
비늘 부분에 불필
요한 보조선이 생
기지 않도록 조심
한다.

▶ 순서 35~37은
동영상 참고

36

한 장을 넘기면서 닫는다.

37

과정 그림

38

●을 기준으로
굵은 선끼리 맞추어 접는다.

39

펼친다.

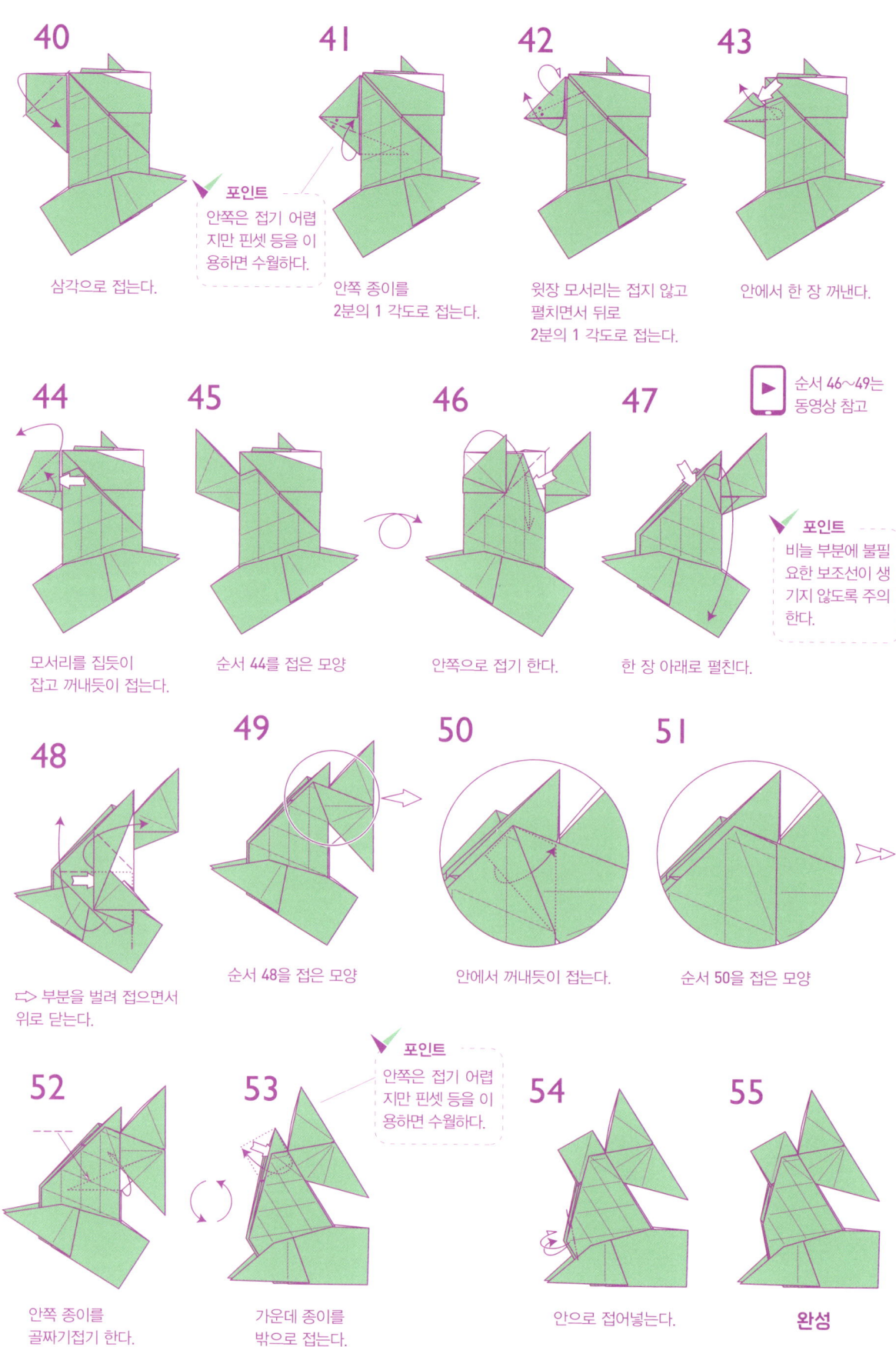

40

삼각으로 접는다.

41

✔ 포인트
안쪽은 접기 어렵
지만 핀셋 등을 이
용하면 수월하다.

안쪽 종이를
2분의 1 각도로 접는다.

42

윗장 모서리는 접지 않고
펼치면서 뒤로
2분의 1 각도로 접는다.

43

안에서 한 장 꺼낸다.

44

모서리를 집듯이
잡고 꺼내듯이 접는다.

45

순서 **44**를 접은 모양

46

안쪽으로 접기 한다.

47

▶ 순서 **46~49**는
동영상 참고

✔ 포인트
비늘 부분에 불필
요한 보조선이 생
기지 않도록 주의
한다.

한 장 아래로 펼친다.

48

⇨ 부분을 벌려 접으면서
위로 닫는다.

49

순서 **48**을 접은 모양

50

안에서 꺼내듯이 접는다.

51

순서 **50**을 접은 모양

52

안쪽 종이를
골짜기접기 한다.

53

✔ 포인트
안쪽은 접기 어렵
지만 핀셋 등을 이
용하면 수월하다.

가운데 종이를
밖으로 접는다.

54

안으로 접어넣는다.

55

완성

고양이 얼굴 Cat Face

종이접기 디자인에서 과장 · 강조하거
나 간략화 · 생략화(데포르메)하는 것은
중요하다. 이 작품에서는 특징적인 눈
과 입의 형태를 과장해서 접어 보았다.

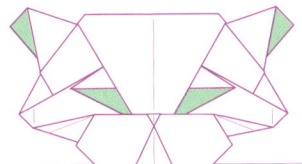

사용한 종이
15cm

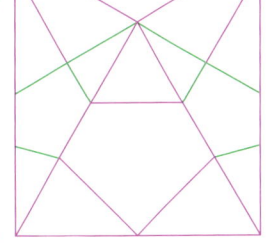

60%

I

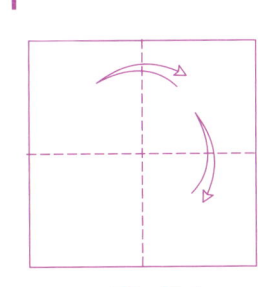

보조선을 만든다.

2

●을 기준으로
두 ○을 맞추어 접는다.

3

펼친다.

✔ **포인트**
정사각형을 접는
과정이다.

4

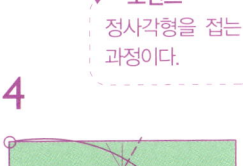

●을 기준으로
두 ○을 맞추어 접는다.

5

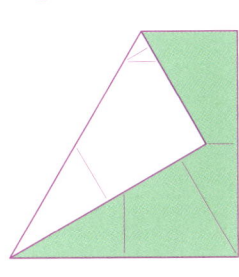

순서 4를 접은 모양

6

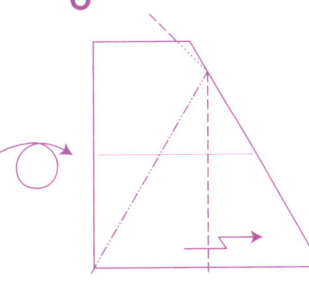

보조선을 따라
계단접기로 당겨접는다.

✔ **포인트**
겹친 부분이 어긋
나지 않도록 주의
한다.

7

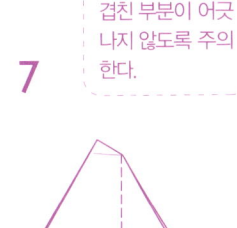

위 한 장을
왼쪽으로 접는다.

✔ **포인트**
겹친 부분이 어긋
나지 않도록 주의
한다.

8

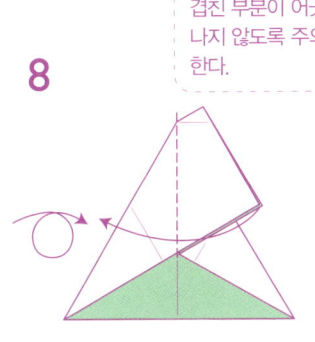

두 장을 같이
왼쪽으로 접는다.

9

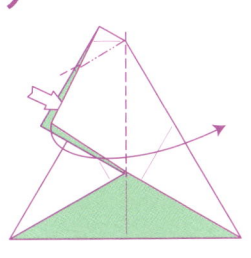

펼쳐서 눌러접는다.

10

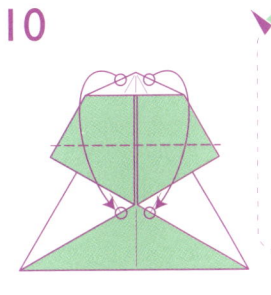

○끼리 맞추어 접는다.

✔ **포인트**
기준 위치

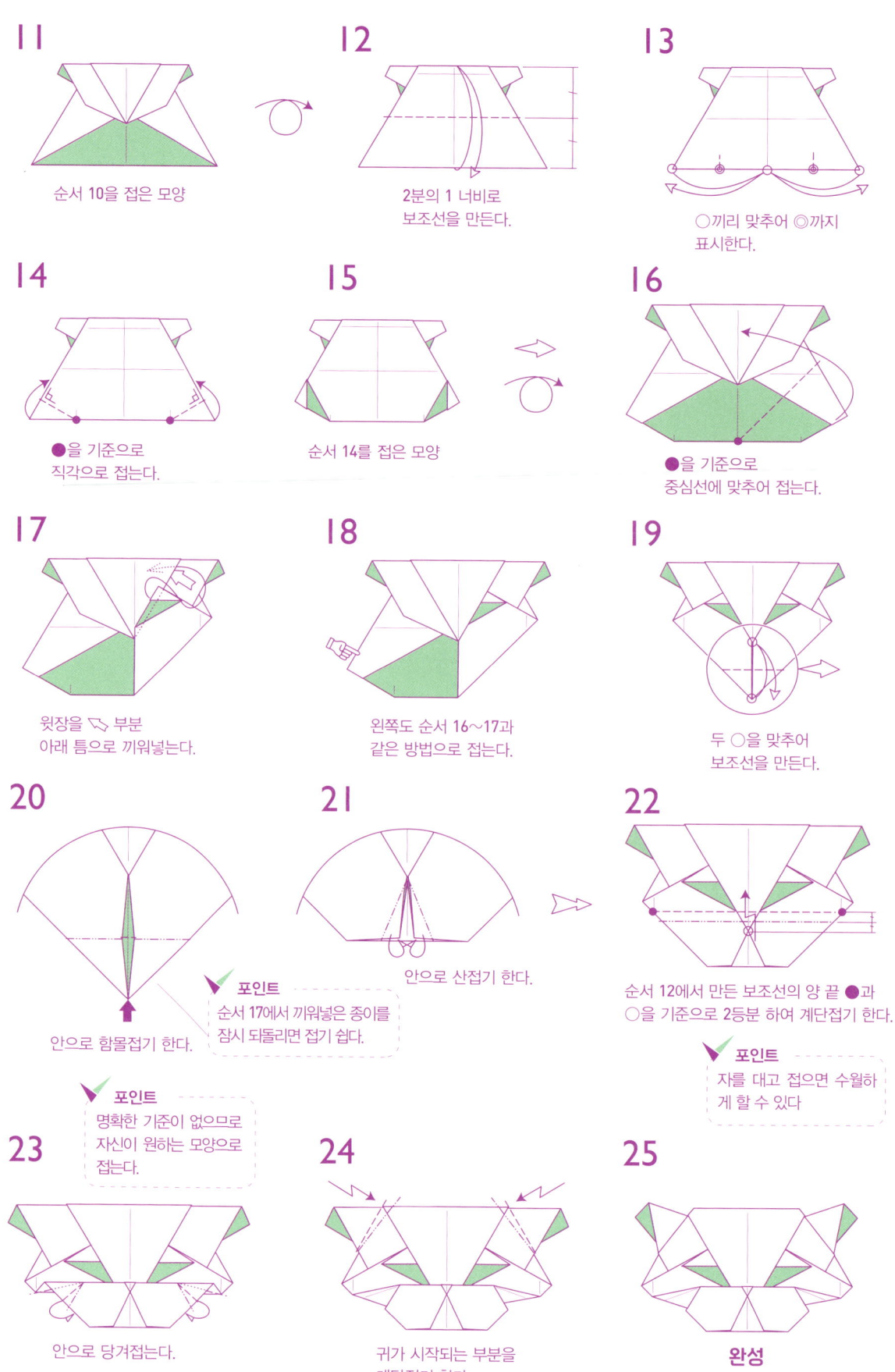

11

순서 10을 접은 모양

12

2분의 1 너비로
보조선을 만든다.

13

○끼리 맞추어 ◎까지
표시한다.

14

●을 기준으로
직각으로 접는다.

15

순서 14를 접은 모양

16

●을 기준으로
중심선에 맞추어 접는다.

17

윗장을 ⤵ 부분
아래 틈으로 끼워넣는다.

18

왼쪽도 순서 16~17과
같은 방법으로 접는다.

19

두 ○을 맞추어
보조선을 만든다.

20

안으로 함몰접기 한다.

> ✔ **포인트**
> 명확한 기준이 없으므로
> 자신이 원하는 모양으로
> 접는다.

21

안으로 산접기 한다.

> ✔ **포인트**
> 순서 17에서 끼워넣은 종이를
> 잠시 되돌리면 접기 쉽다.

22

순서 12에서 만든 보조선의 양 끝 ●과
○을 기준으로 2등분 하여 계단접기 한다.

> ✔ **포인트**
> 자를 대고 접으면 수월하
> 게 할 수 있다

23

안으로 당겨접는다.

24

귀가 시작되는 부분을
계단접기 한다.

25

완성

달팽이 Snail

달팽이집 부분을 편지에 비유해 데포르메 한 작품이다. 편지는 꽤 늦게 도착하겠지만 말이다. 좌우 비대칭의 변칙적인 종이접기가 계속되지만 완성형은 좌우 대칭에 가깝다.

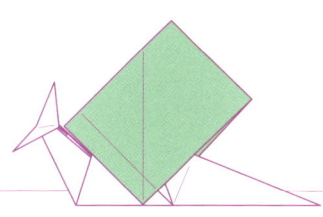

66%

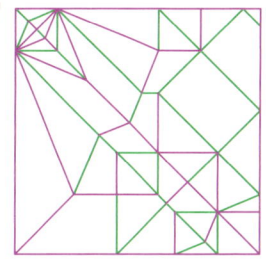

사용한 종이
24cm

1

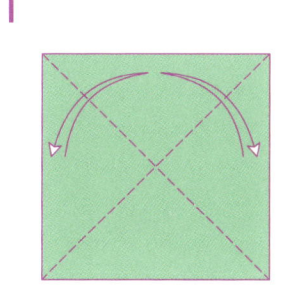

보조선을 만든다.

2

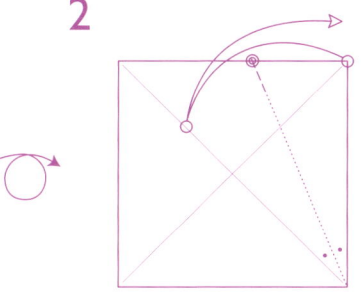

두 ○을 맞추어
◎에 표시해 둔다.

3

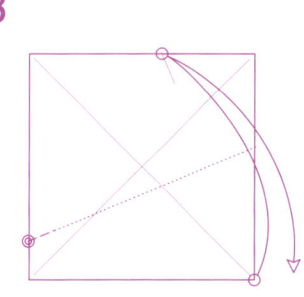

두 ○을 맞추어
◎에 표시해 둔다.

4

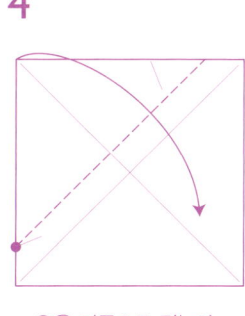

●을 기준으로 접는다.

5

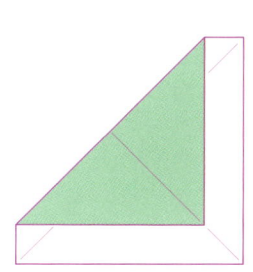

순서 4를 접은 모양.
이후 순서 2~3의 표시는
생략한다.

6

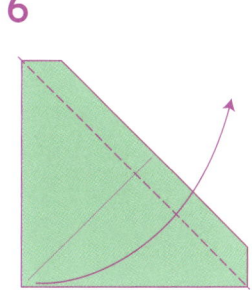

보조선을 따라 접는다.

7

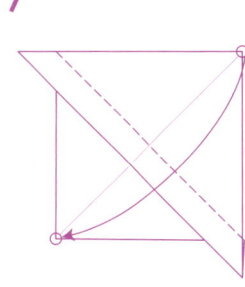

두 ○을 맞추어 접는다.

8

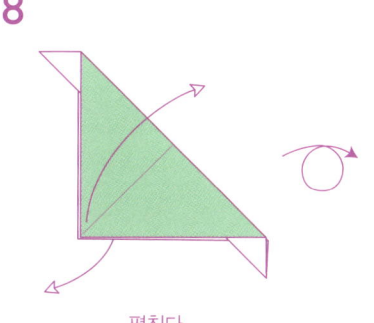

펼친다.

9

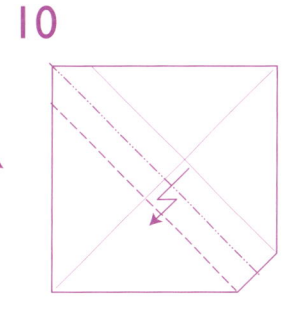

●을 기준으로
삼각으로 접는다.

10

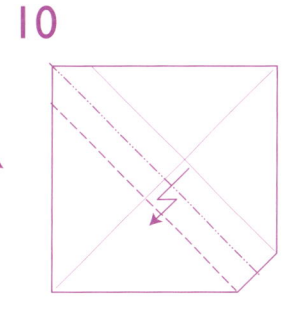

보조선을 따라
계단접기 한다.

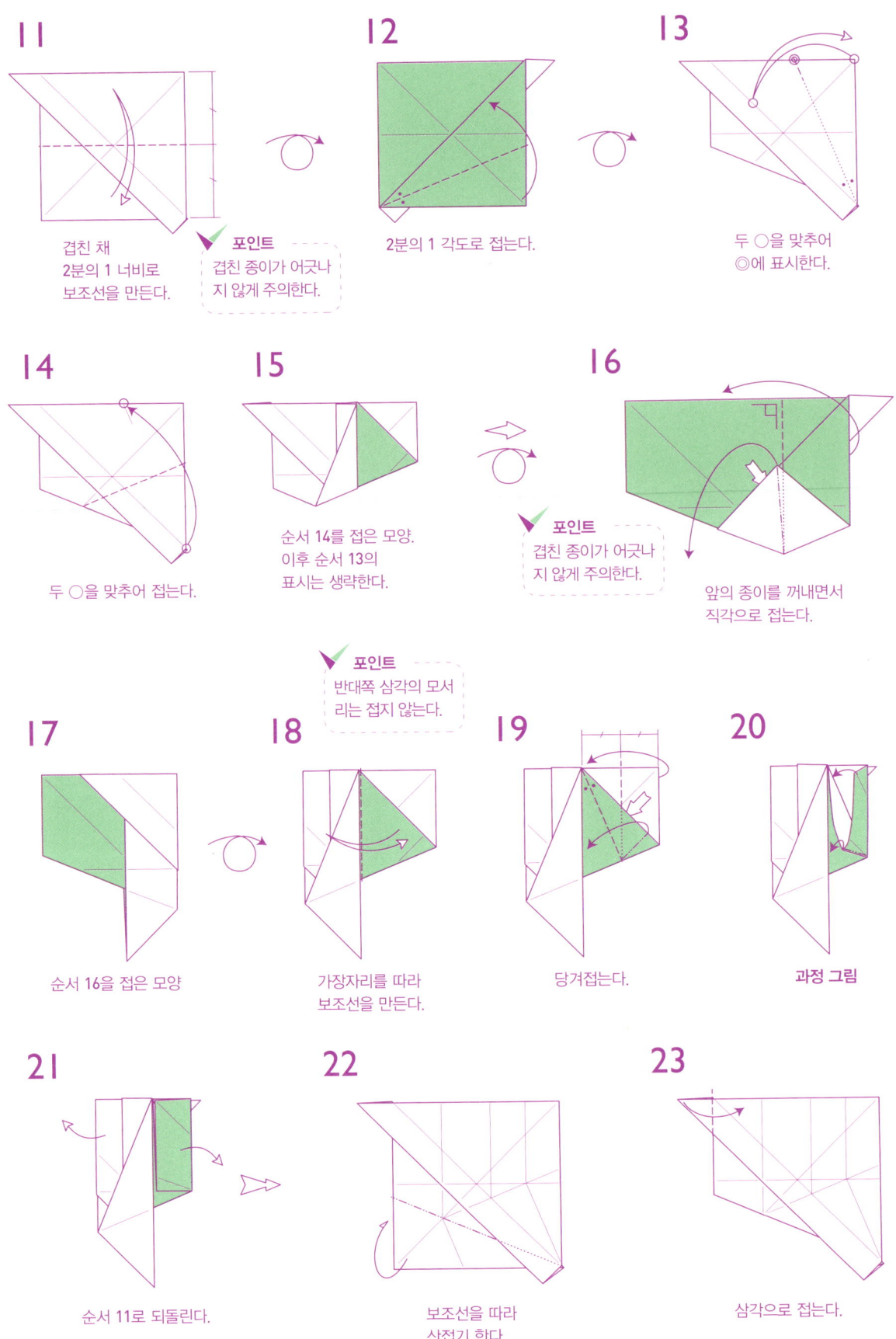

11

겹친 채
2분의 1 너비로
보조선을 만든다.

✔ **포인트**
겹친 종이가 어긋나
지 않게 주의한다.

12

2분의 1 각도로 접는다.

13

두 ○을 맞추어
◎에 표시한다.

14

두 ○을 맞추어 접는다.

15

순서 14를 접은 모양.
이후 순서 13의
표시는 생략한다.

✔ **포인트**
겹친 종이가 어긋나
지 않게 주의한다.

16

디

앞의 종이를 꺼내면서
직각으로 접는다.

✔ **포인트**
반대쪽 삼각의 모서
리는 접지 않는다.

17

순서 16을 접은 모양

18

가장자리를 따라
보조선을 만든다.

19

당겨접는다.

20

과정 그림

21

순서 11로 되돌린다.

22

보조선을 따라
산접기 한다.

23

삼각으로 접는다.

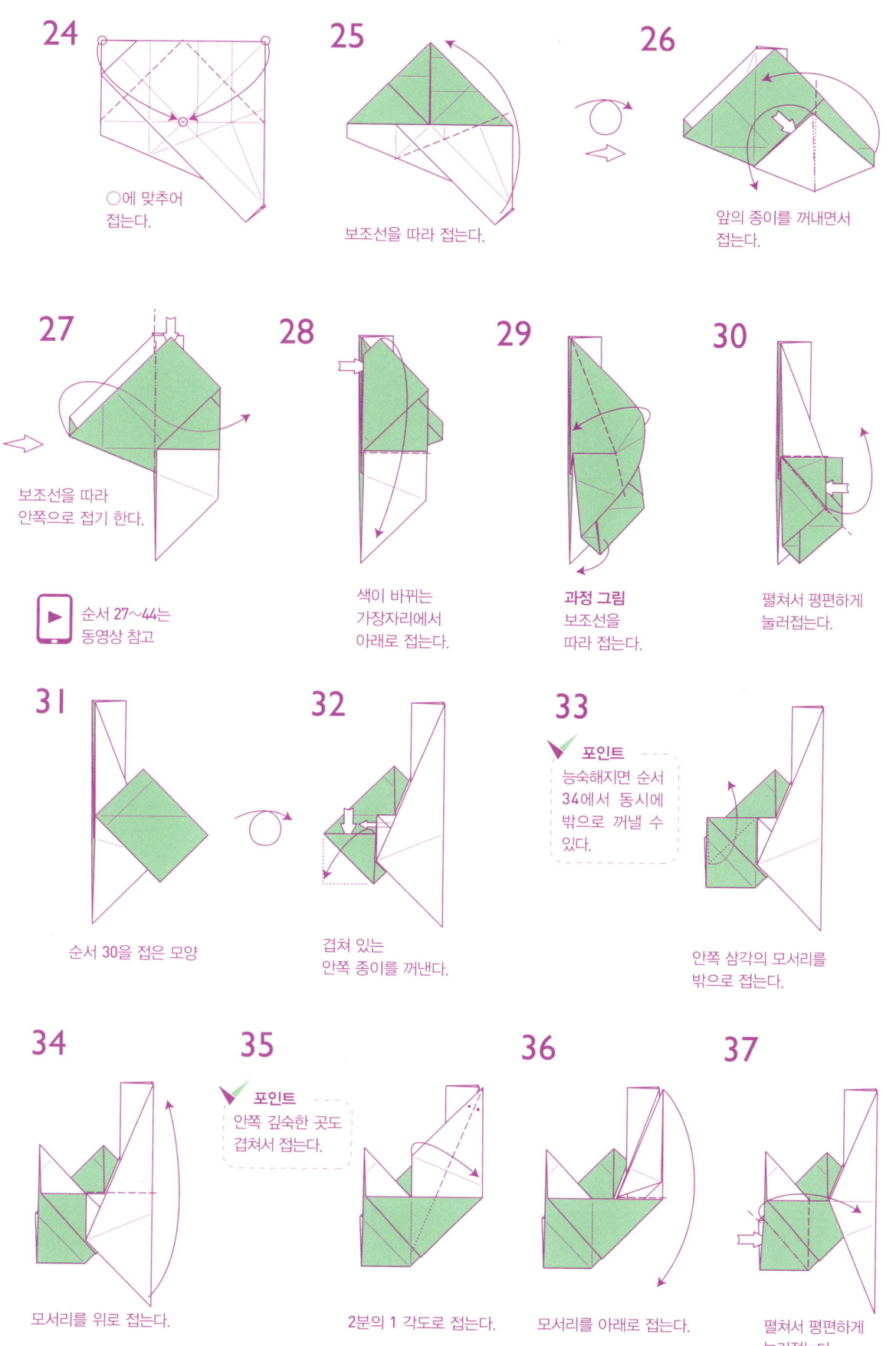

24
○에 맞추어
접는다.

25
보조선을 따라 접는다.

26
앞의 종이를 꺼내면서
접는다.

27
보조선을 따라
안쪽으로 접기 한다.

▶ 순서 **27~44**는
동영상 참고

28
색이 바뀌는
가장자리에서
아래로 접는다.

29
과정 그림
보조선을
따라 접는다.

30
펼쳐서 평편하게
눌러접는다.

31
순서 30을 접은 모양

32
겹쳐 있는
안쪽 종이를 꺼낸다.

33
✔ **포인트**
능숙해지면 순서
34에서 동시에
밖으로 꺼낼 수
있다.

안쪽 삼각의 모서리를
밖으로 접는다.

34
모서리를 위로 접는다.

35
✔ **포인트**
안쪽 깊숙한 곳도
겹쳐서 접는다.

2분의 1 각도로 접는다.

36
모서리를 아래로 접는다.

37
펼쳐서 평편하게
눌러접는다.

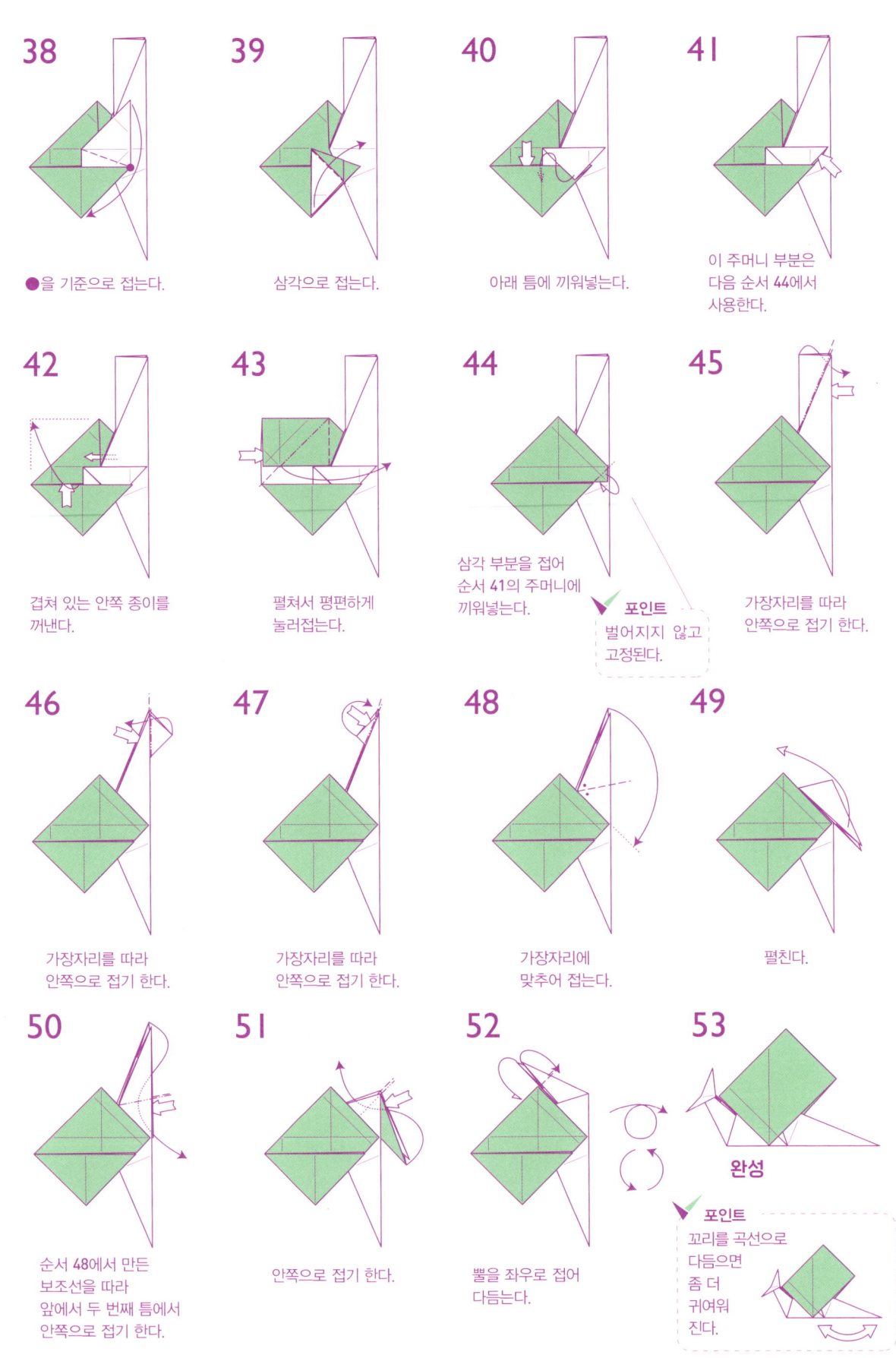

38

●을 기준으로 접는다.

39

삼각으로 접는다.

40

아래 틈에 끼워넣는다.

41

이 주머니 부분은
다음 순서 **44**에서
사용한다.

42

겹쳐 있는 안쪽 종이를
꺼낸다.

43

펼쳐서 평편하게
눌러접는다.

44

삼각 부분을 접어
순서 **41**의 주머니에
끼워넣는다.

포인트
벌어지지 않고
고정된다.

45

가장자리를 따라
안쪽으로 접기 한다.

46

가장자리를 따라
안쪽으로 접기 한다.

47

가장자리를 따라
안쪽으로 접기 한다.

48

가장자리에
맞추어 접는다.

49

펼친다.

50

순서 **48**에서 만든
보조선을 따라
앞에서 두 번째 틈에서
안쪽으로 접기 한다.

51

안쪽으로 접기 한다.

52

뿔을 좌우로 접어
다듬는다.

53

완성

포인트
꼬리를 곡선으로
다듬으면
좀 더
귀여워
진다.

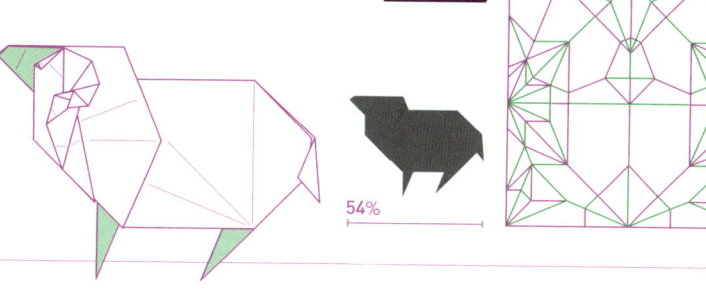

양 Sheep

사용한 종이
24~35㎝

보통 양을 접을 때는 긴 모서리를 접은
다음 구부려서 모양을 잡는 경우가 많
다. 하지만 이 작품은 삼각 종이로 계
단접기를 반복하여 나선형이 생기도록
데포르메 했다.

54%

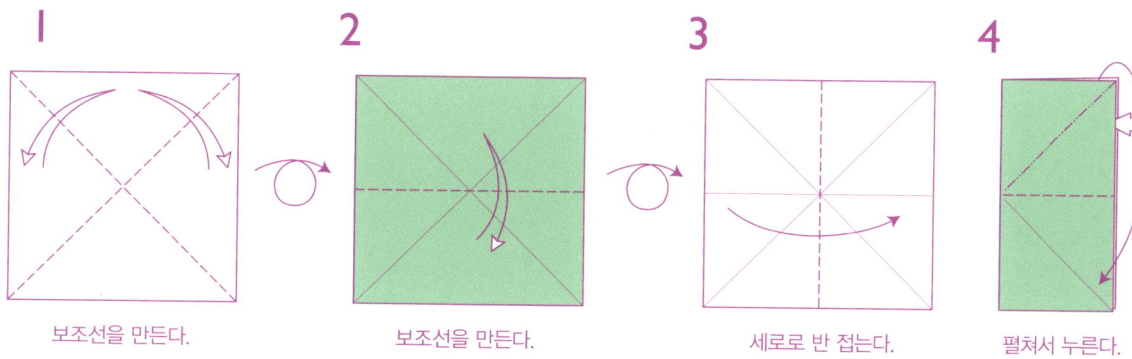

1	2	3	4
보조선을 만든다.	보조선을 만든다.	세로로 반 접는다.	펼쳐서 누른다.

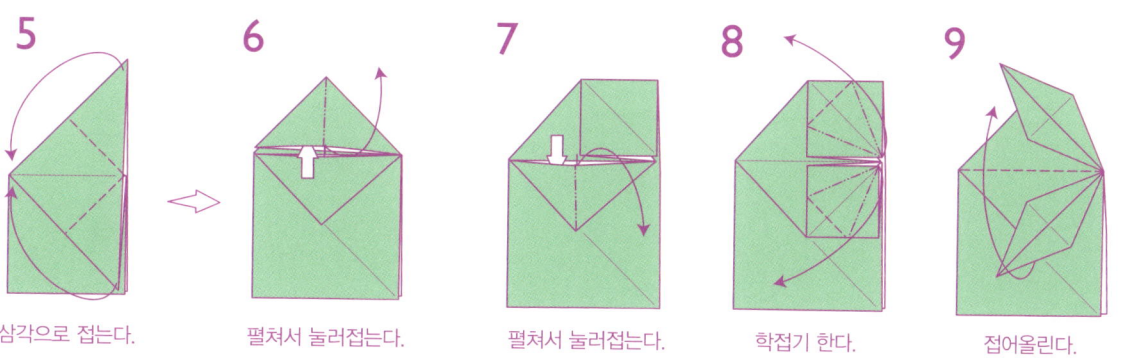

5	6	7	8	9
삼각으로 접는다.	펼쳐서 눌러접는다.	펼쳐서 눌러접는다.	학접기 한다.	접어올린다.

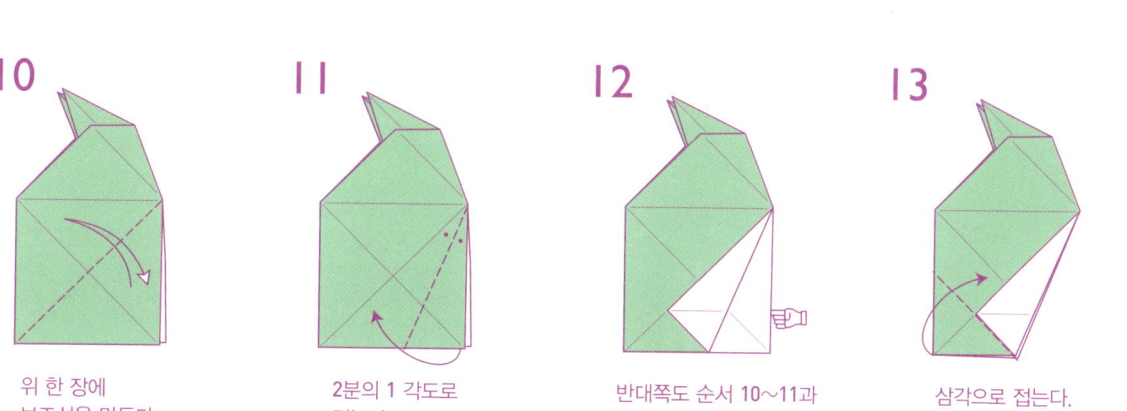

10	11	12	13
위 한 장에 보조선을 만든다.	2분의 1 각도로 접는다.	반대쪽도 순서 10~11과 같은 방법으로 접는다.	삼각으로 접는다.

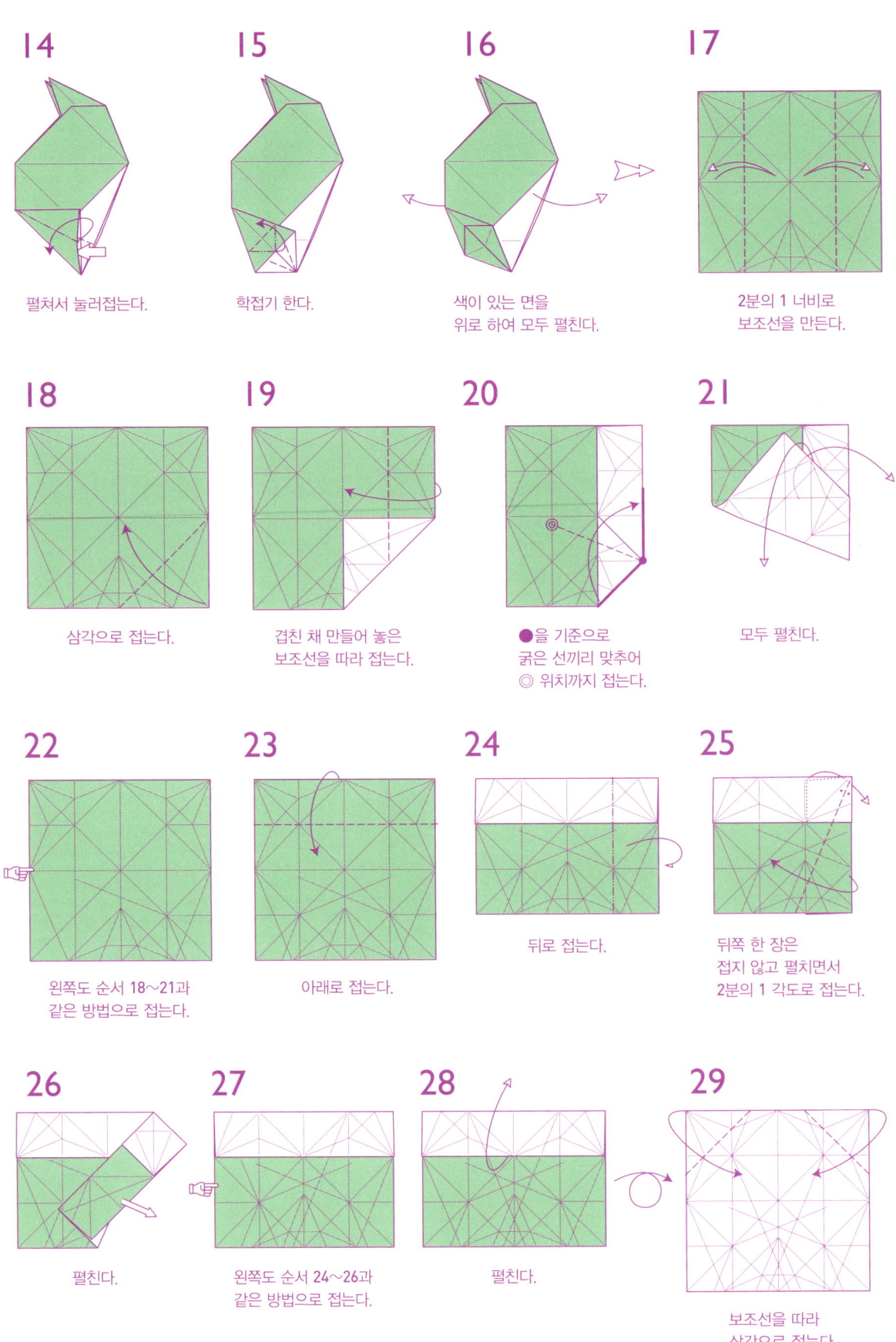

14

펼쳐서 눌러접는다.

15

학접기 한다.

16

색이 있는 면을
위로 하여 모두 펼친다.

17

2분의 1 너비로
보조선을 만든다.

18

삼각으로 접는다.

19

겹친 채 만들어 놓은
보조선을 따라 접는다.

20

●을 기준으로
굵은 선끼리 맞추어
◎ 위치까지 접는다.

21

모두 펼친다.

22

왼쪽도 순서 18~21과
같은 방법으로 접는다.

23

아래로 접는다.

24

뒤로 접는다.

25

뒤쪽 한 장은
접지 않고 펼치면서
2분의 1 각도로 접는다.

26

펼친다.

27

왼쪽도 순서 24~26과
같은 방법으로 접는다.

28

펼친다.

29

보조선을 따라
삼각으로 접는다.

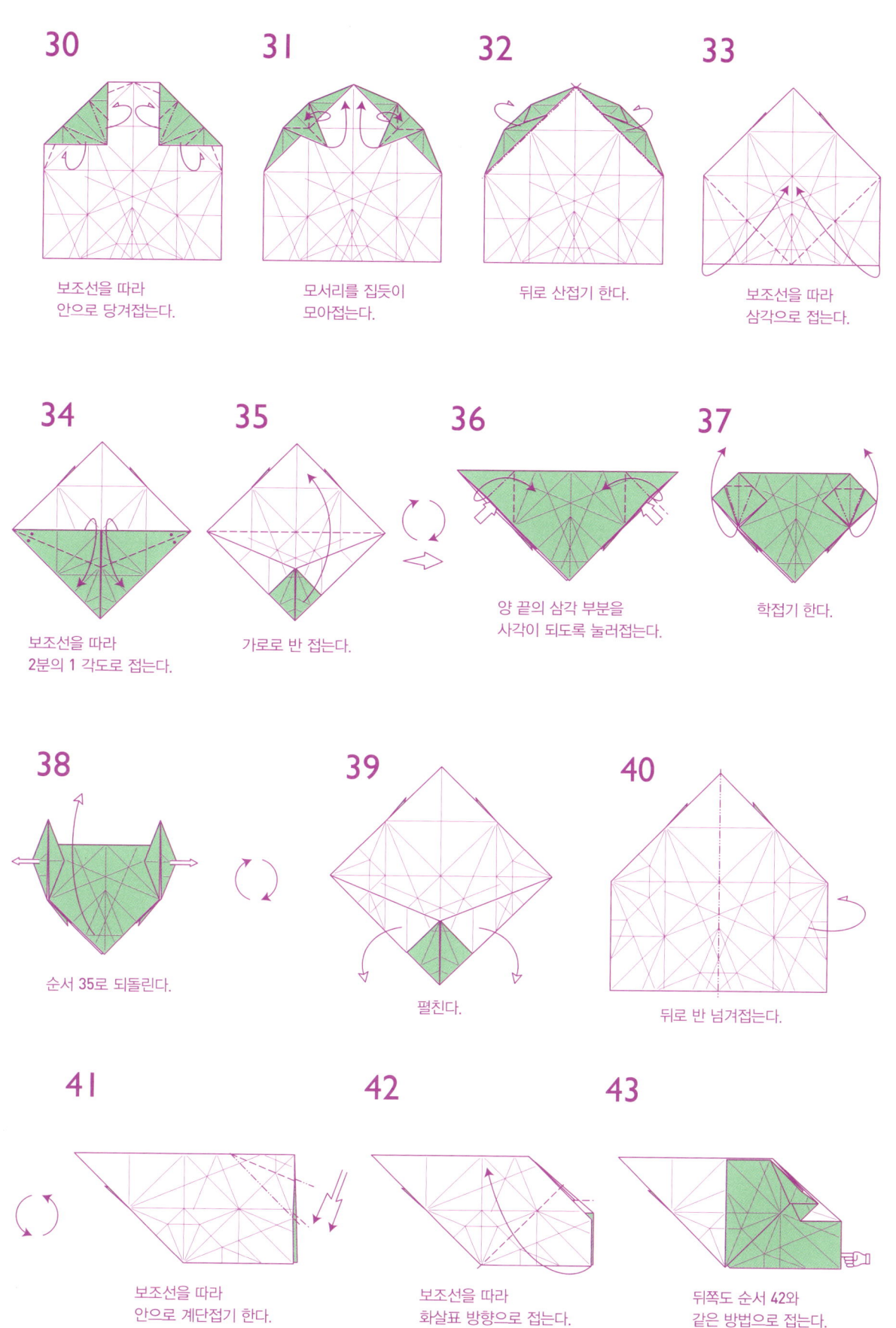

30
보조선을 따라
안으로 당겨접는다.

31
모서리를 집듯이
모아접는다.

32
뒤로 산접기 한다.

33
보조선을 따라
삼각으로 접는다.

34
보조선을 따라
2분의 1 각도로 접는다.

35
가로로 반 접는다.

36
양 끝의 삼각 부분을
사각이 되도록 눌러접는다.

37
학접기 한다.

38
순서 35로 되돌린다.

39
펼친다.

40
뒤로 반 넘겨접는다.

41
보조선을 따라
안으로 계단접기 한다.

42
보조선을 따라
화살표 방향으로 접는다.

43
뒤쪽도 순서 42와
같은 방법으로 접는다.

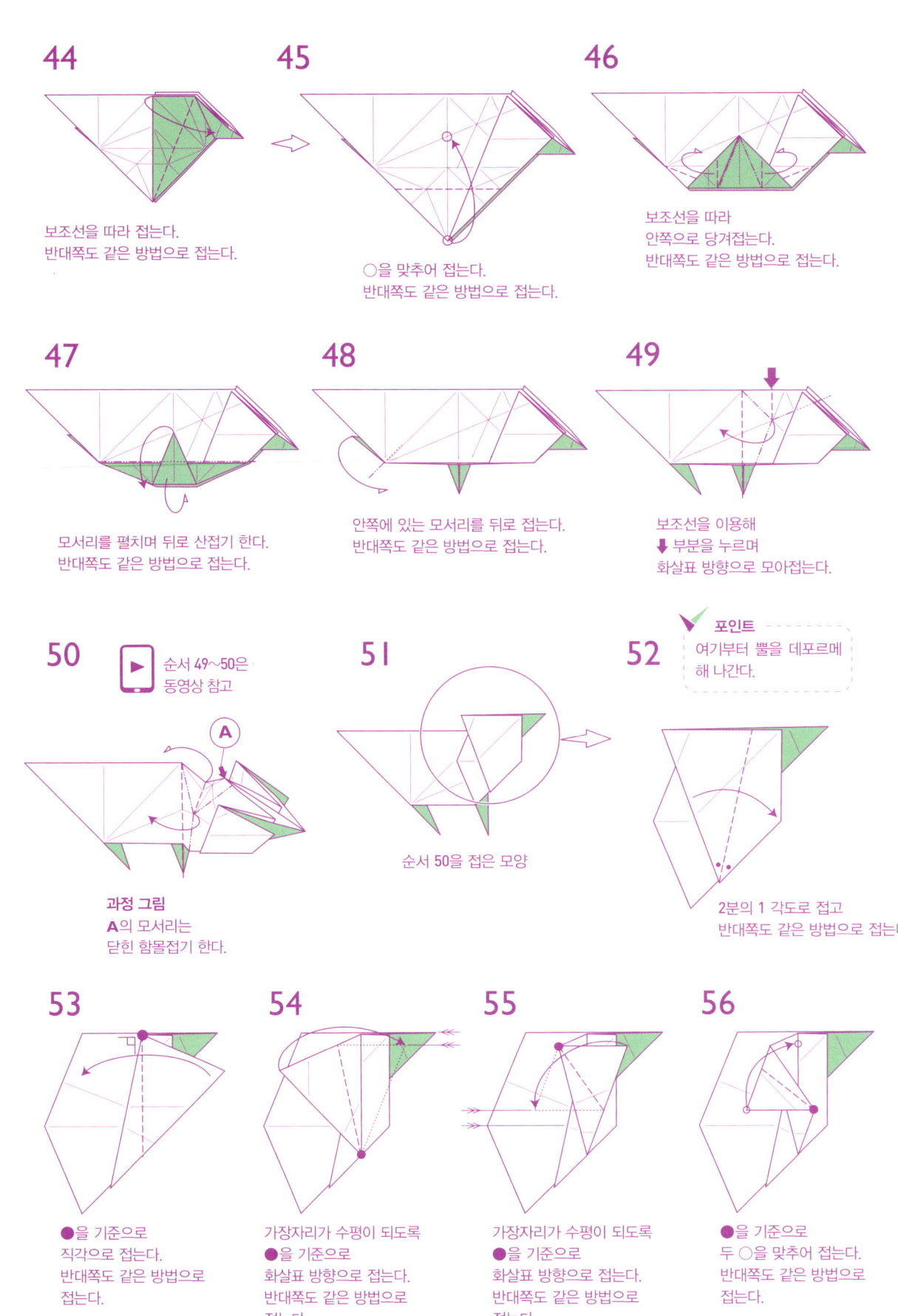

44

보조선을 따라 접는다.
반대쪽도 같은 방법으로 접는다.

45

○을 맞추어 접는다.
반대쪽도 같은 방법으로 접는다.

46

보조선을 따라
안쪽으로 당겨접는다.
반대쪽도 같은 방법으로 접는다.

47

모서리를 펼치며 뒤로 산접기 한다.
반대쪽도 같은 방법으로 접는다.

48

안쪽에 있는 모서리를 뒤로 접는다.
반대쪽도 같은 방법으로 접는다.

49

보조선을 이용해
↓ 부분을 누르며
화살표 방향으로 모아접는다.

50

▶ 순서 49~50은
동영상 참고

Ⓐ

과정 그림
A의 모서리는
닫힌 함몰접기 한다.

51

순서 50을 접은 모양

52

✓ **포인트**
여기부터 뿔을 데포르메
해 나간다.

2분의 1 각도로 접고
반대쪽도 같은 방법으로 접는다.

53

●을 기준으로
직각으로 접는다.
반대쪽도 같은 방법으로
접는다.

54

가장자리가 수평이 되도록
●을 기준으로
화살표 방향으로 접는다.
반대쪽도 같은 방법으로
접는다.

55

가장자리가 수평이 되도록
●을 기준으로
화살표 방향으로 접는다.
반대쪽도 같은 방법으로
접는다.

56

●을 기준으로
두 ○을 맞추어 접는다.
반대쪽도 같은 방법으로
접는다.

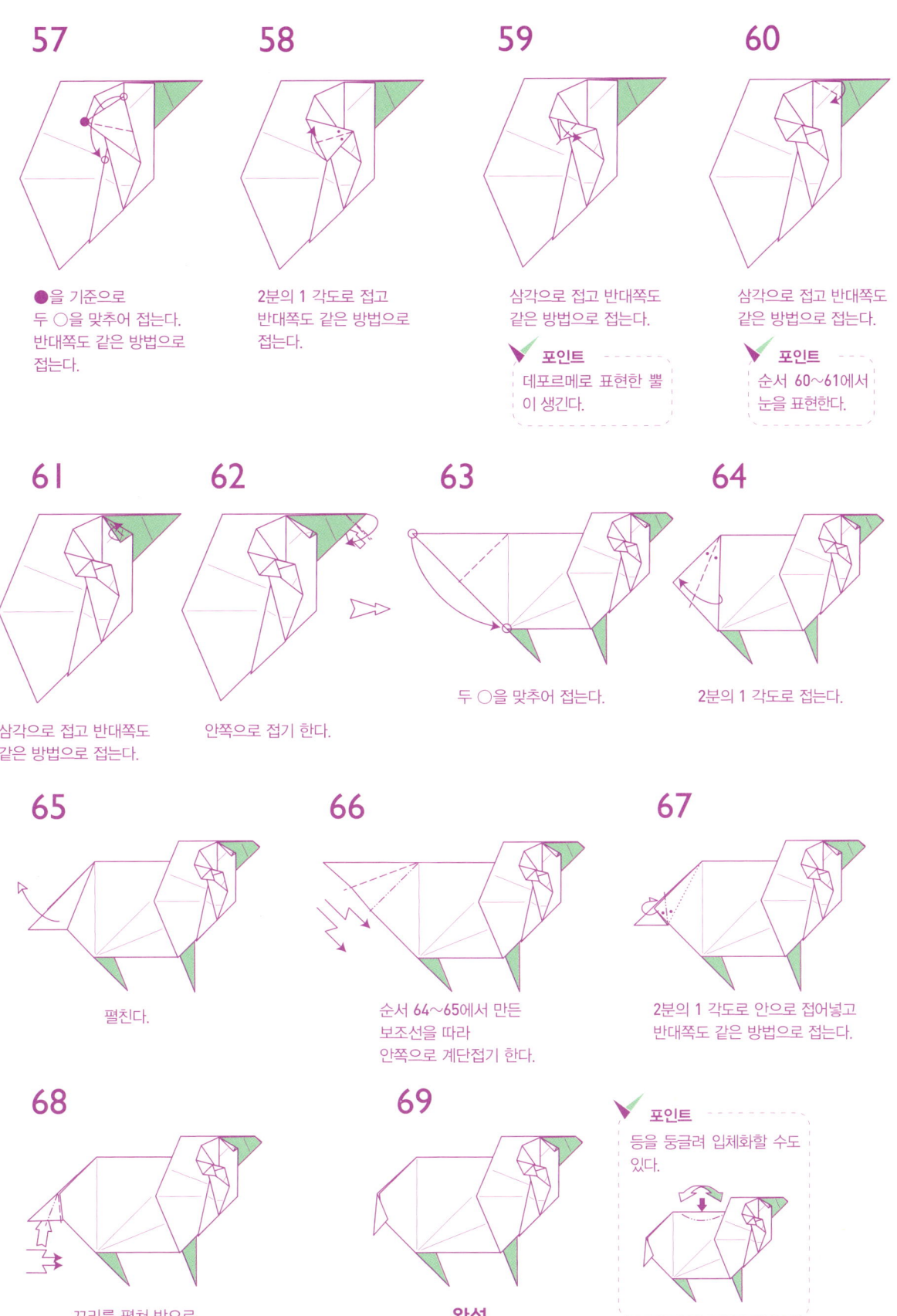

57

●을 기준으로
두 ○을 맞추어 접는다.
반대쪽도 같은 방법으로
접는다.

58

2분의 1 각도로 접고
반대쪽도 같은 방법으로
접는다.

59

삼각으로 접고 반대쪽도
같은 방법으로 접는다.

✔ **포인트**
데포르메로 표현한 뿔
이 생긴다.

60

삼각으로 접고 반대쪽도
같은 방법으로 접는다.

✔ **포인트**
순서 60~61에서
눈을 표현한다.

61

삼각으로 접고 반대쪽도
같은 방법으로 접는다.

62

안쪽으로 접기 한다.

63

두 ○을 맞추어 접는다.

64

2분의 1 각도로 접는다.

65

펼친다.

66

순서 64~65에서 만든
보조선을 따라
안쪽으로 계단접기 한다.

67

2분의 1 각도로 안으로 접어넣고
반대쪽도 같은 방법으로 접는다.

68

꼬리를 펼쳐 밖으로
씌우듯이 접는다.

69

완성

✔ **포인트**
등을 둥글려 입체화할 수도
있다.

앵무조개 오브제 Nautilus Object

앞뒤 색이 다른 종이의 특성을 살려 작
품을 만드는 작업을 인사이드 아웃이라
고 한다. 이 책에서는 여러 작품에 활용
하고 있는데, 한 예로 앵무조개 오브제
를 소개한다.

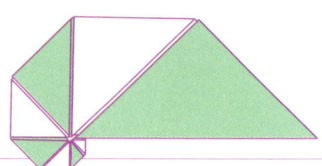

사용한 종이
15~24cm

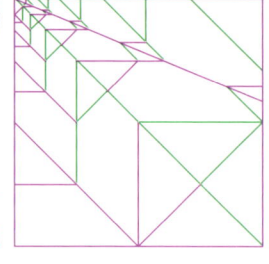

62%

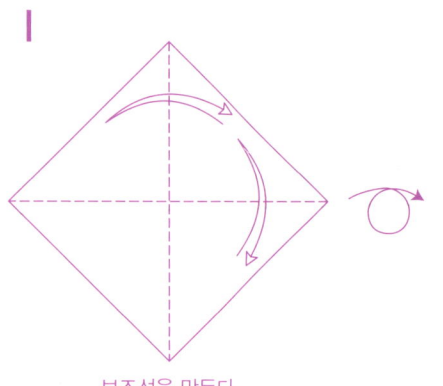

1

보조선을 만든다.

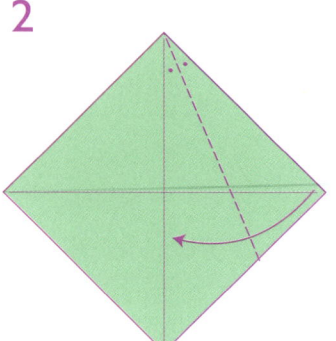

2

2분의 1 각도로 접는다.

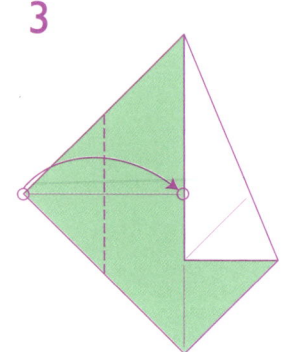

3

두 ○을 맞추어 접는다.

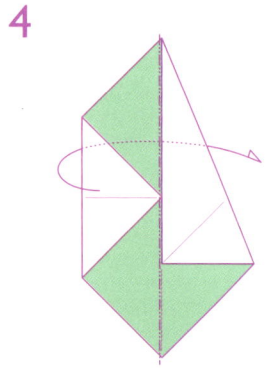

4

뒤로 접어넘긴다.

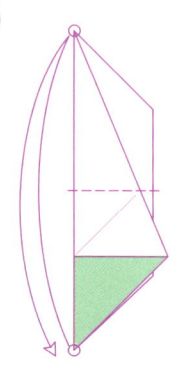

5

두 ○을 맞추어
보조선을 만든다.

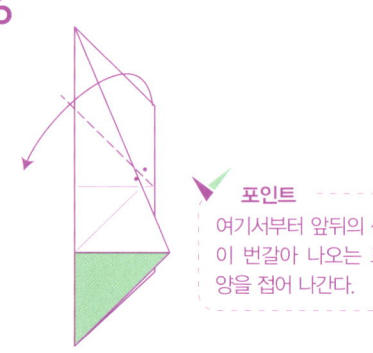

6

2분의 1 각도로 접는다.

포인트
여기서부터 앞뒤의 색
이 번갈아 나오는 모
양을 접어 나간다.

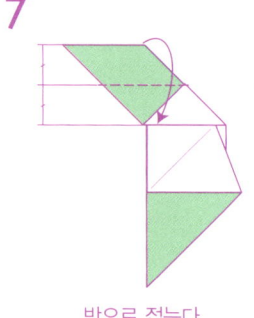

7

반으로 접는다.

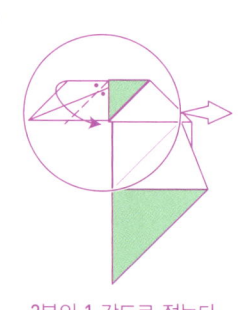

8

2분의 1 각도로 접는다.

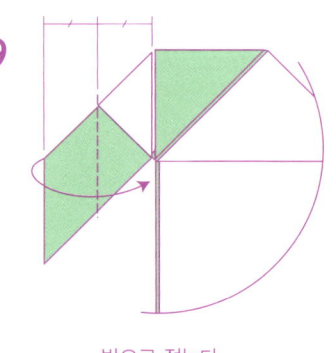

9

반으로 접는다.

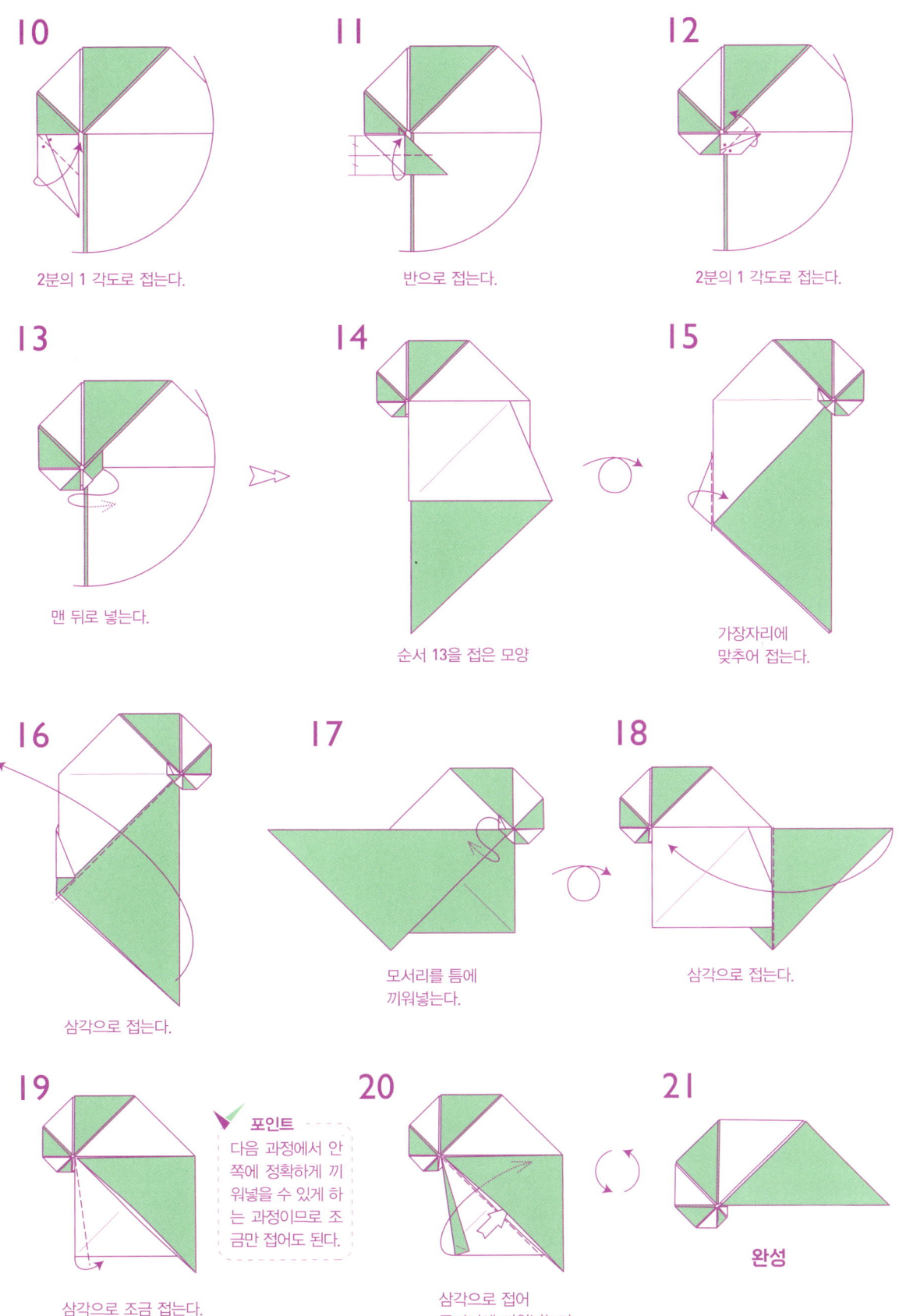

10

2분의 1 각도로 접는다.

11

반으로 접는다.

12

2분의 1 각도로 접는다.

13

맨 뒤로 넣는다.

14

순서 13을 접은 모양

15

가장자리에
맞추어 접는다.

16

삼각으로 접는다.

17

모서리를 틈에
끼워넣는다.

18

삼각으로 접는다.

19

삼각으로 조금 접는다.

포인트
다음 과정에서 안
쪽에 정확하게 끼
워넣을 수 있게 하
는 과정이므로 조
금만 접어도 된다.

20

삼각으로 접어
주머니에 끼워넣는다.

21

완성

무당벌레 Ladybug

인사이드 아웃을 효과적으로 활용한 작품이다. 앞뒤 색이 다른 종이의 특징을 살려 무당벌레 모양을 접는다. 모양이 만들어지는 과정을 즐겨 보자.

사용한 종이
15cm

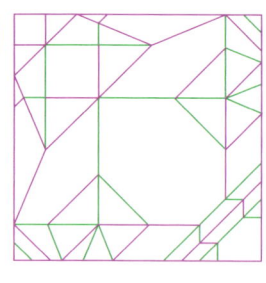

47%

1
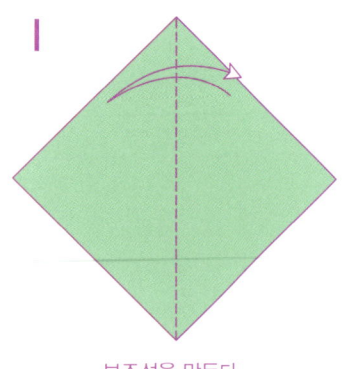
보조선을 만든다.

2
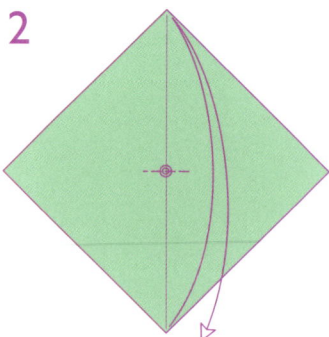
중심 ◎에 표시한다.

3
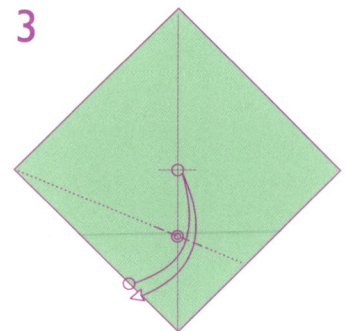
두 ○을 맞추어
◎에 표시해 둔다.

4
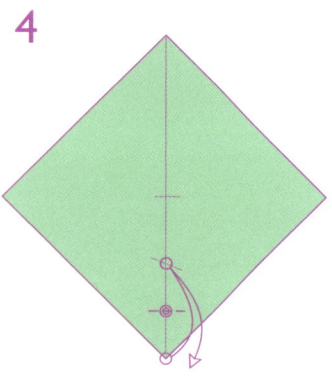
두 ○을 맞추어
◎에 표시해 둔다.

5
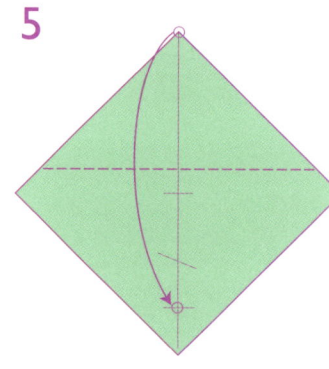
두 ○을 맞추어 접는다.

6
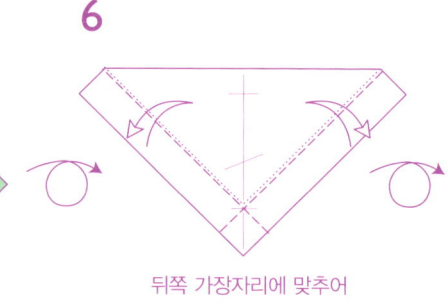
뒤쪽 가장자리에 맞추어
보조선을 만든다.

✔ **포인트**
순서 3의 표시를
기준으로 접는다.

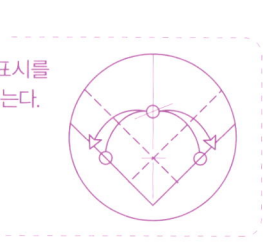

7
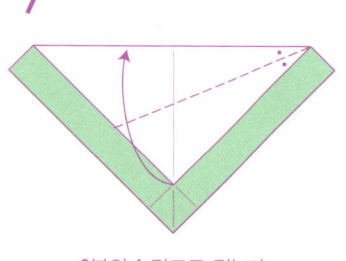
2분의 1 각도로 접는다.
이후 순서 2~4의
표시는 생략한다.

8
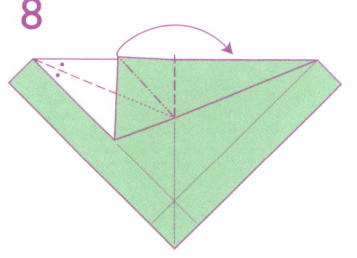
모서리를 집듯이 모아접는다.

9
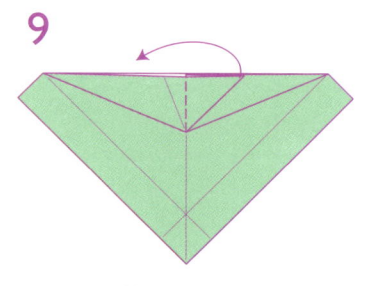
왼쪽으로 접어넘긴다.

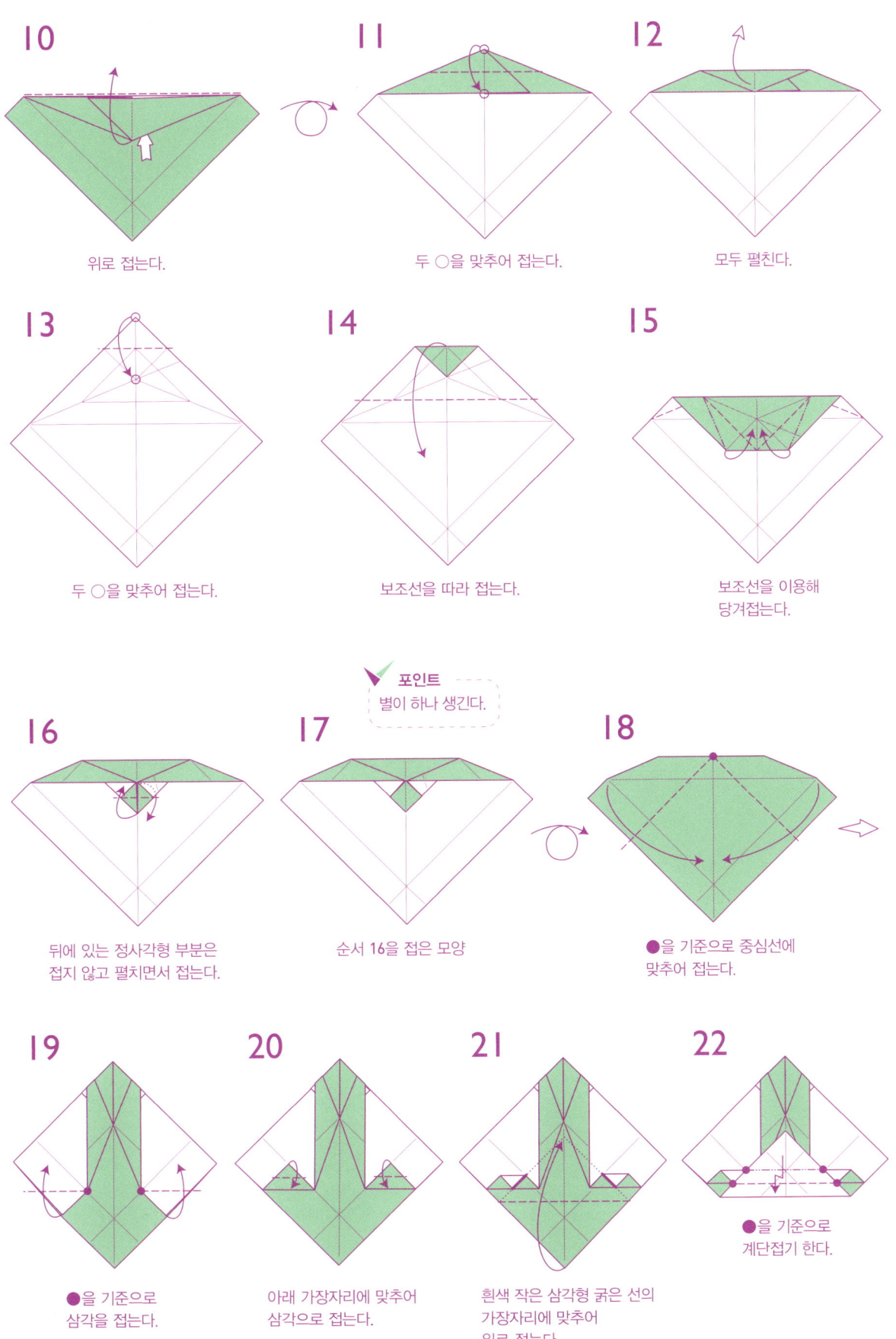

10

위로 접는다.

11

두 ○을 맞추어 접는다.

12

모두 펼친다.

13

두 ○을 맞추어 접는다.

14

보조선을 따라 접는다.

15

보조선을 이용해
당겨접는다.

✔ **포인트**
별이 하나 생긴다.

16

뒤에 있는 정사각형 부분은
접지 않고 펼치면서 접는다.

17

순서 16을 접은 모양

18

●을 기준으로 중심선에
맞추어 접는다.

19

●을 기준으로
삼각을 접는다.

20

아래 가장자리에 맞추어
삼각으로 접는다.

21

흰색 작은 삼각형 굵은 선의
가장자리에 맞추어
위로 접는다.

22

●을 기준으로
계단접기 한다.

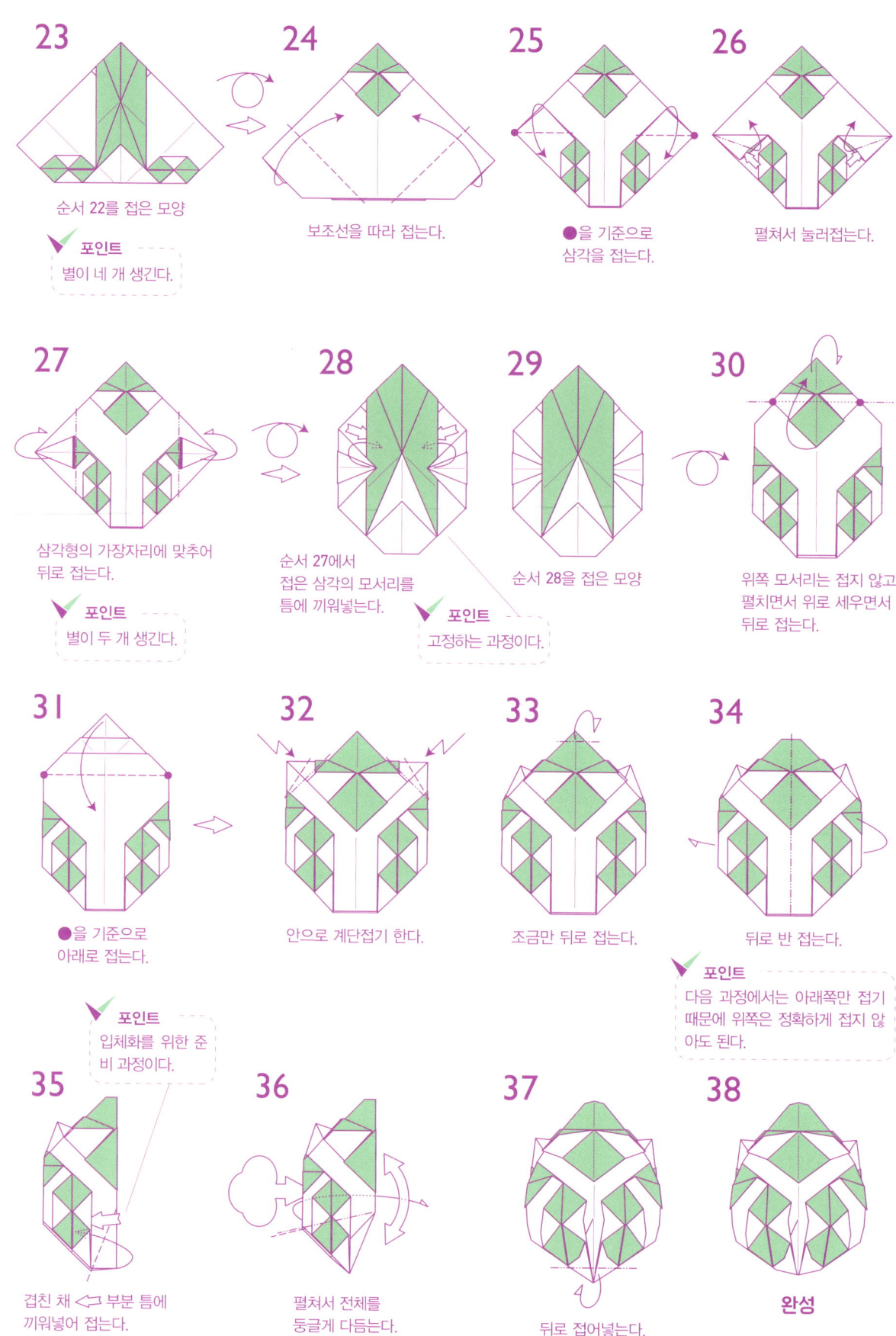

23

순서 22를 접은 모양

▼ **포인트**
별이 네 개 생긴다.

24

보조선을 따라 접는다.

25

●을 기준으로
삼각을 접는다.

26

펼쳐서 눌러접는다.

27

삼각형의 가장자리에 맞추어
뒤로 접는다.

▼ **포인트**
별이 두 개 생긴다.

28

순서 27에서
접은 삼각의 모서리를
틈에 끼워넣는다.

▼ **포인트**
고정하는 과정이다.

29

순서 28을 접은 모양

30

위쪽 모서리는 접지 않고
펼치면서 위로 세우면서
뒤로 접는다.

31

●을 기준으로
아래로 접는다.

▼ **포인트**
입체화를 위한 준
비 과정이다.

32

안으로 계단접기 한다.

33

조금만 뒤로 접는다.

34

뒤로 반 접는다.

▼ **포인트**
다음 과정에서는 아래쪽만 접기
때문에 위쪽은 정확하게 접지 않
아도 된다.

35

겹친 채 ⇦ 부분 틈에
끼워넣어 접는다.

36

펼쳐서 전체를
둥글게 다듬는다.

37

뒤로 접어넣는다.

38

완성

상어 Shark

어디에서 보아도 멋진 작품에는 가까이 다가갔을 때 한눈에 알아볼 수 있는 섬세한 표현이 있다. 이 상어는 이빨과 아가미를 세심하게 표현하려고 노력을 기울였다.

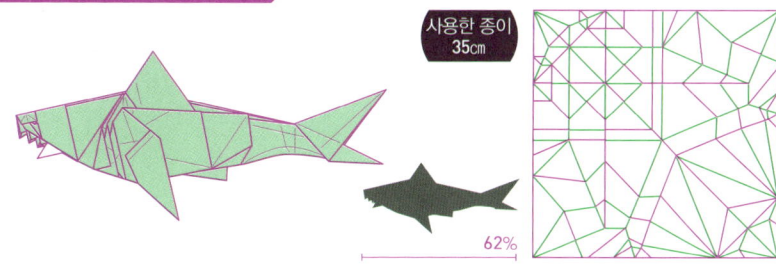

사용한 종이
35cm

62%

1

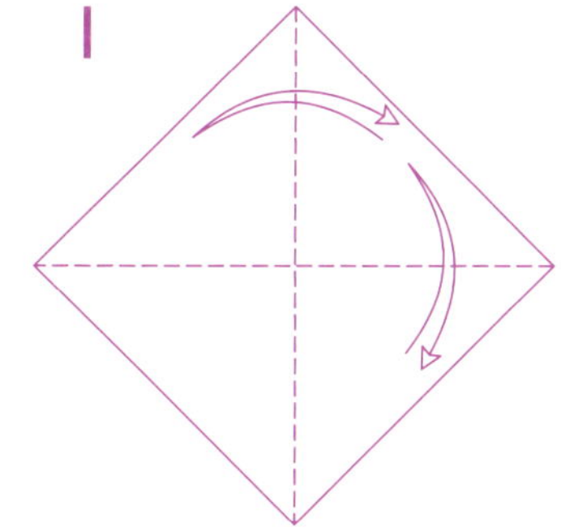

보조선을 만든다.

2

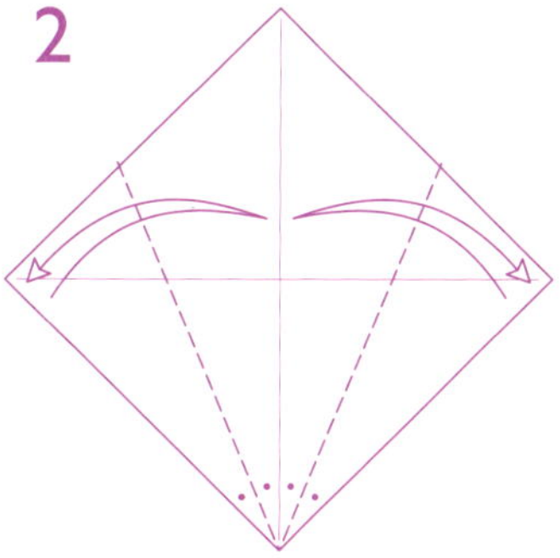

2분의 1 각도로
보조선을 만든다.

3

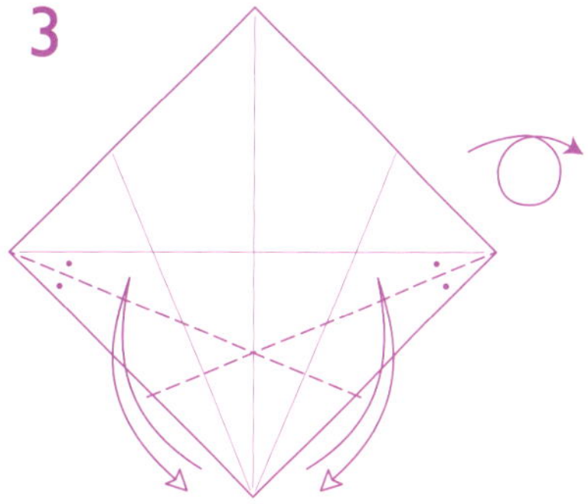

2분의 1 각도로
보조선을 만든다.

4

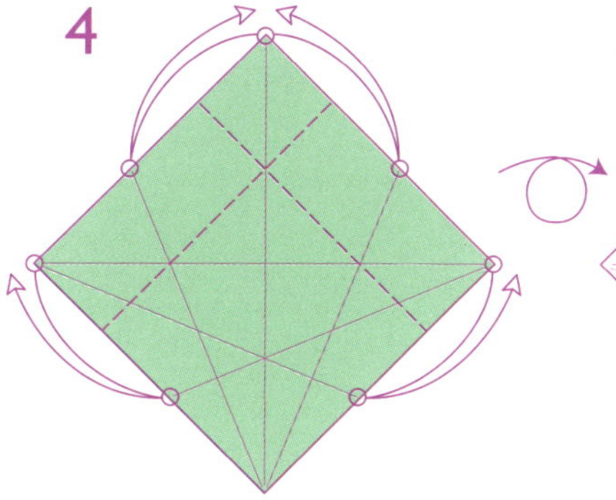

○끼리 맞추어
보조선을 만든다.

5

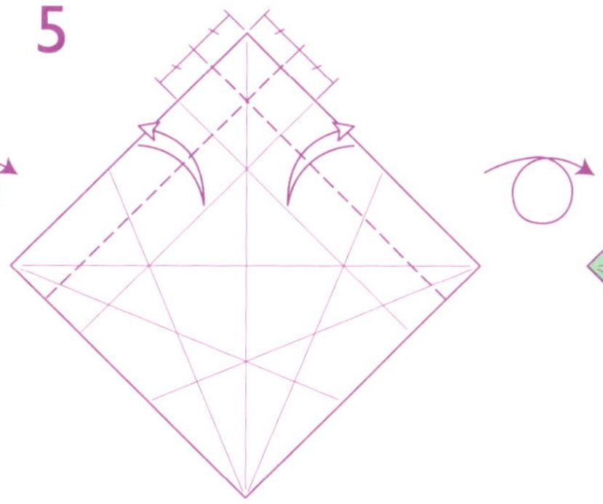

2분의 1 너비로
보조선을 만든다.

6

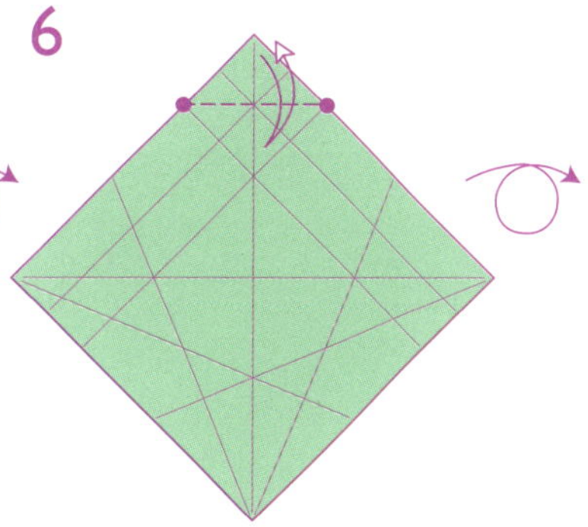

●을 기준으로
보조선을 만든다.

7

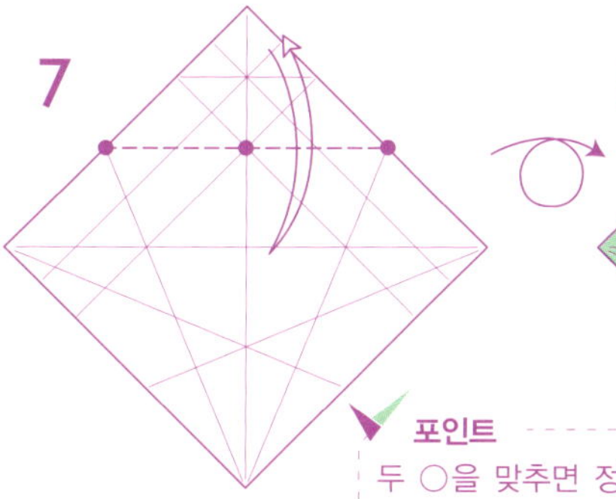

●을 기준으로
보조선을 만든다.

포인트

두 ○을 맞추면 정확하게 접을 수 있다.

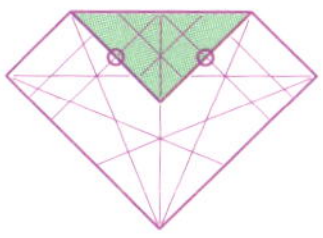

8

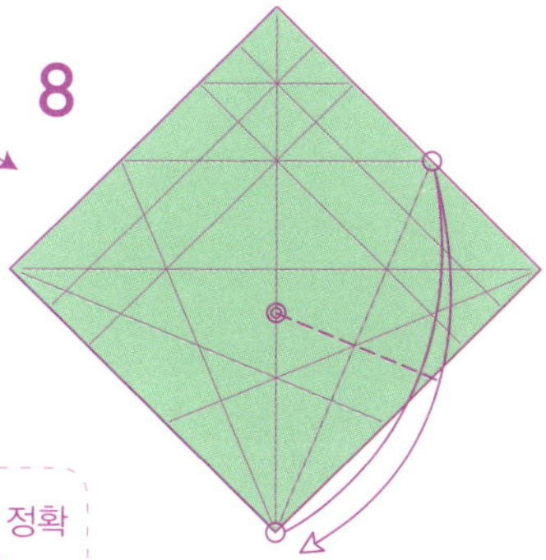

두 ○을 맞추어 ◎까지
보조선을 만든다.

9

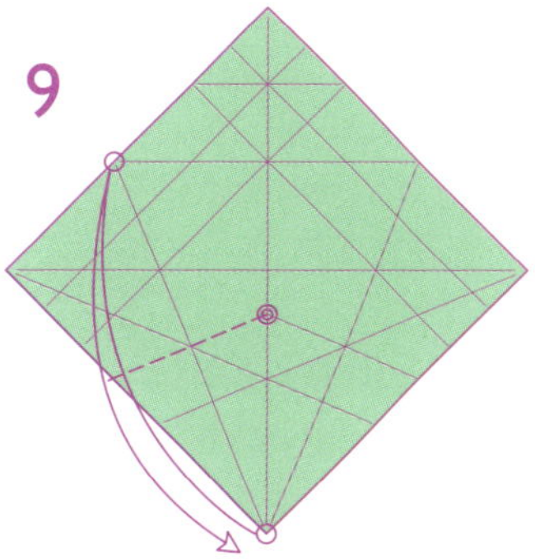

두 ○을 맞추어 ◎까지
보조선을 만든다.

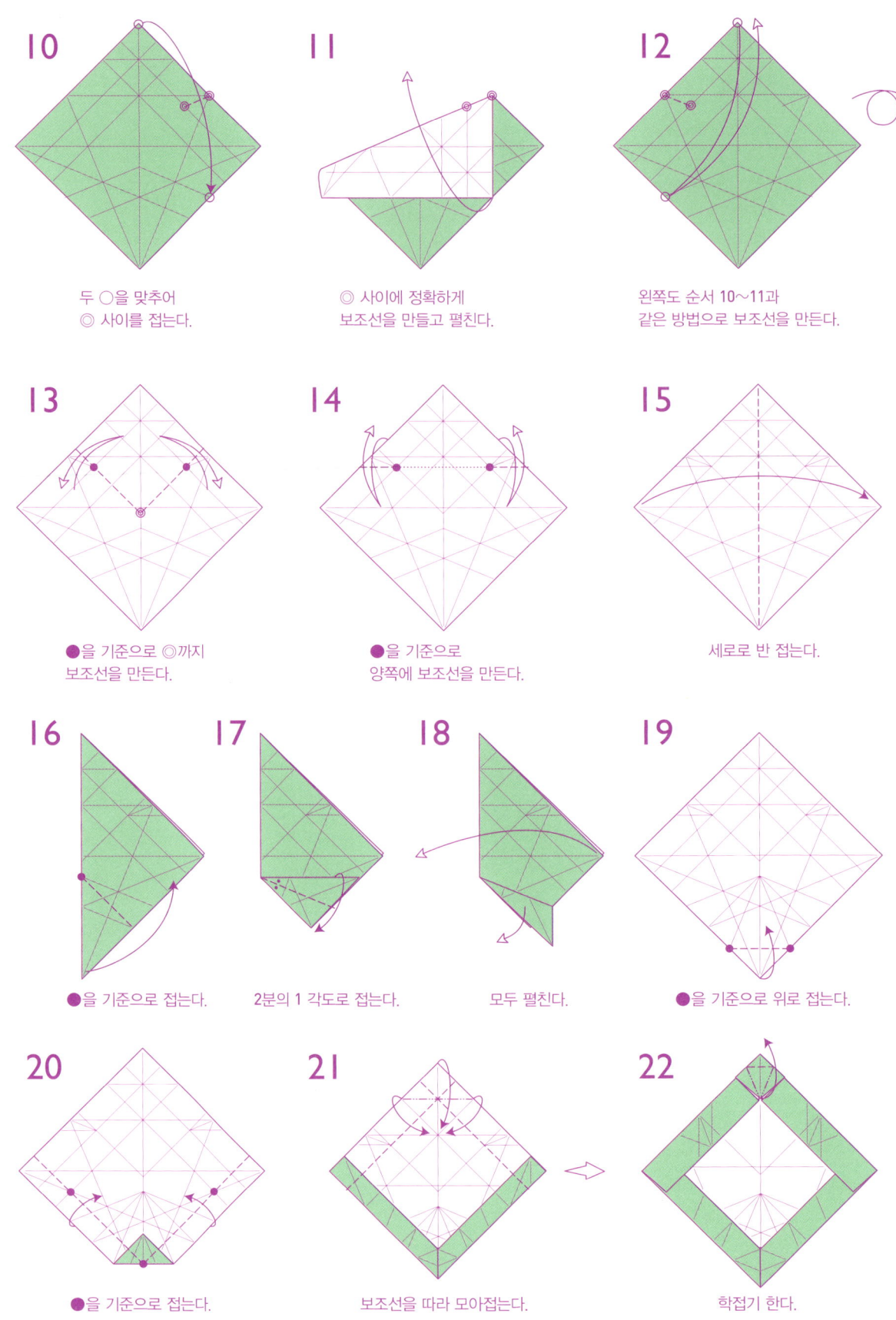

10
두 ○을 맞추어
◎ 사이를 접는다.

11
◎ 사이에 정확하게
보조선을 만들고 펼친다.

12
왼쪽도 순서 10~11과
같은 방법으로 보조선을 만든다.

13
●을 기준으로 ◎까지
보조선을 만든다.

14
●을 기준으로
양쪽에 보조선을 만든다.

15
세로로 반 접는다.

16
●을 기준으로 접는다.

17
2분의 1 각도로 접는다.

18
모두 펼친다.

19
●을 기준으로 위로 접는다.

20
●을 기준으로 접는다.

21
보조선을 따라 모아접는다.

22
학접기 한다.

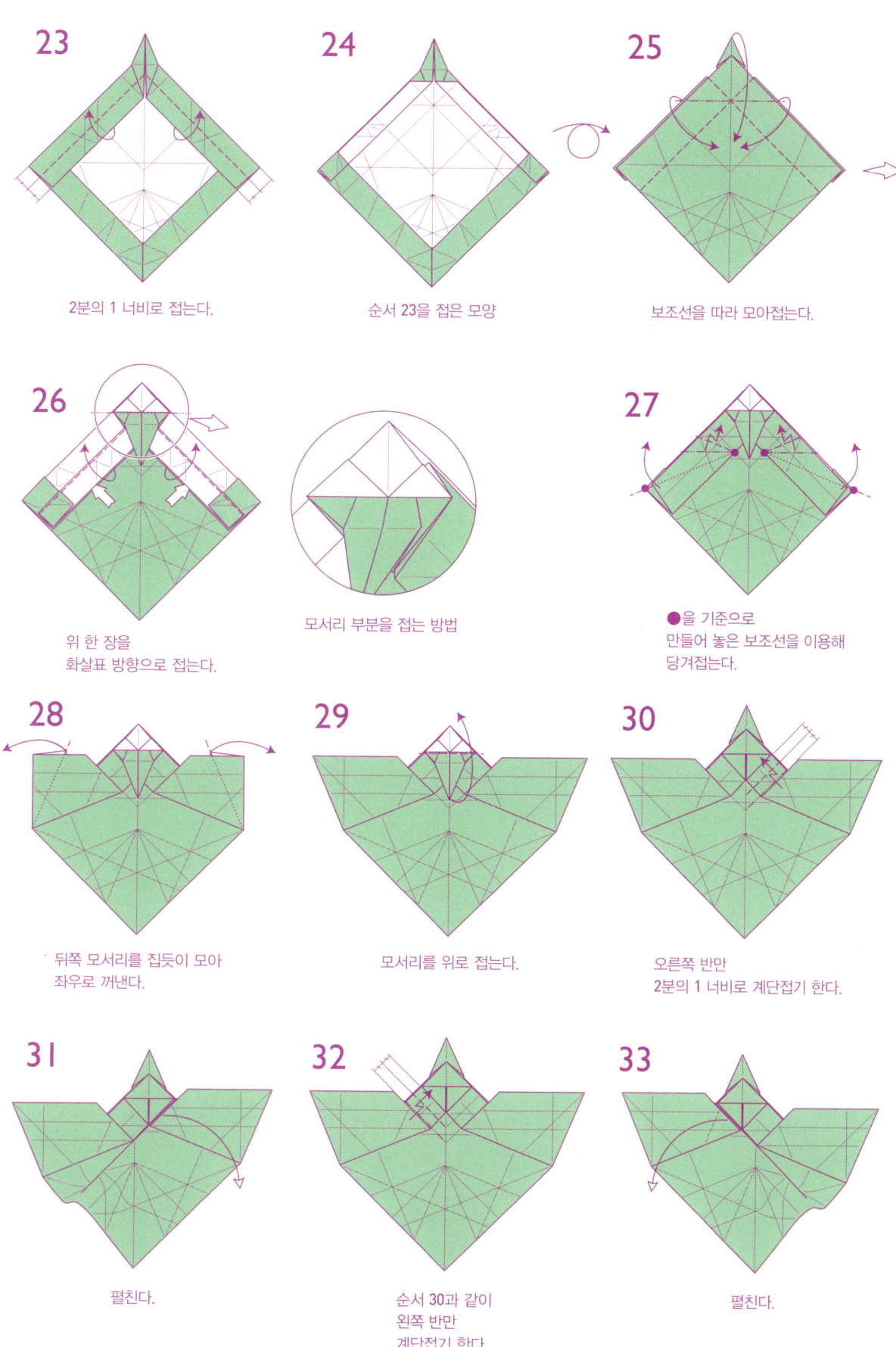

23 2분의 1 너비로 접는다.

24 순서 23을 접은 모양

25 보조선을 따라 모아접는다.

26 위 한 장을
화살표 방향으로 접는다.

모서리 부분을 접는 방법

27 ●을 기준으로
만들어 놓은 보조선을 이용해
당겨접는다.

28 뒤쪽 모서리를 집듯이 모아
좌우로 꺼낸다.

29 모서리를 위로 접는다.

30 오른쪽 반만
2분의 1 너비로 계단접기 한다.

31 펼친다.

32 순서 30과 같이
왼쪽 반만
계단접기 한다.

33 펼친다.

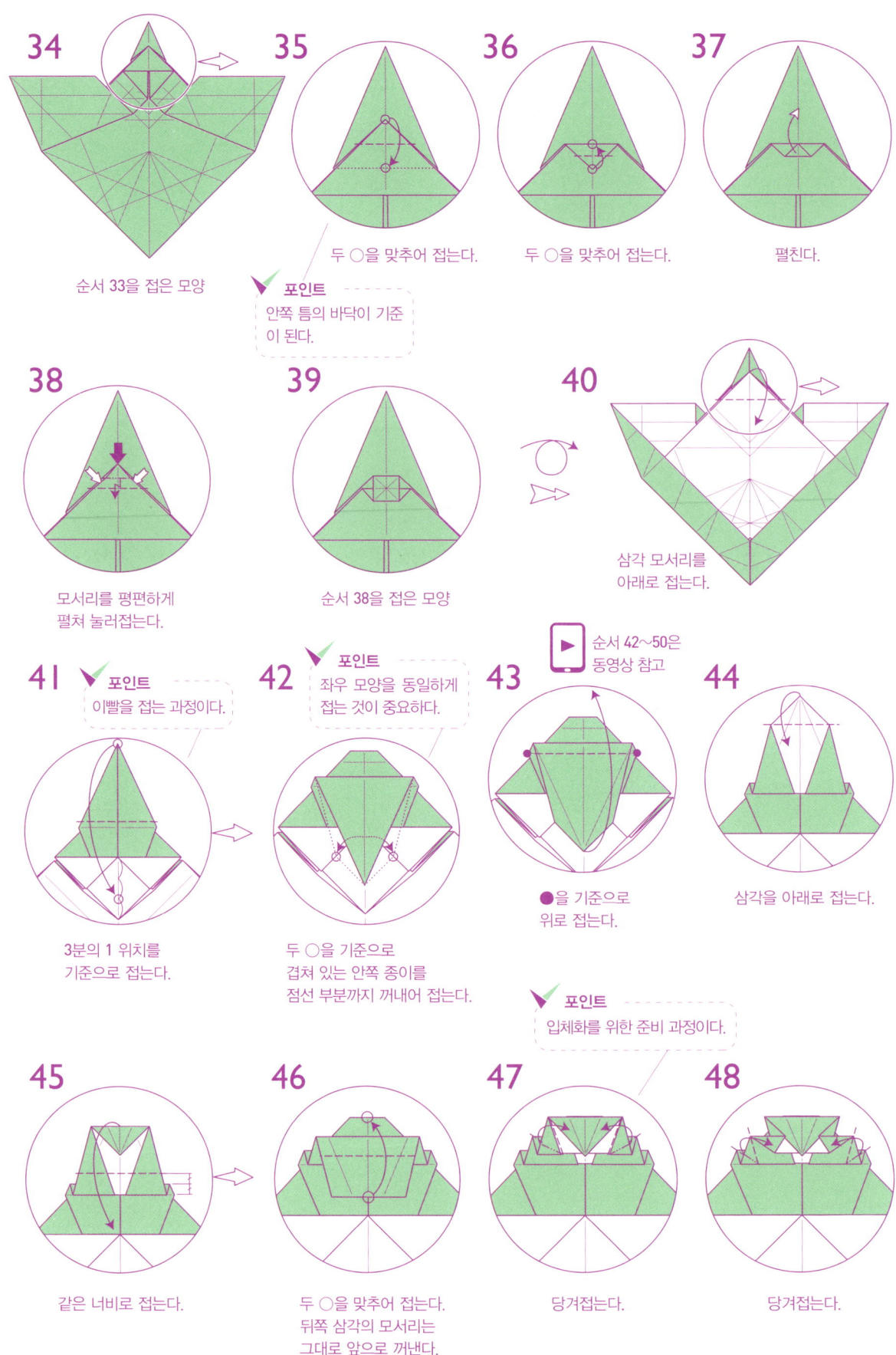

34

순서 33을 접은 모양

35

두 ○을 맞추어 접는다.

▼ **포인트**
안쪽 틈의 바닥이 기준
이 된다.

36

두 ○을 맞추어 접는다.

37

펼친다.

38

모서리를 평편하게
펼쳐 눌러접는다.

39

순서 38을 접은 모양

40

삼각 모서리를
아래로 접는다.

41 ▼ **포인트**
이빨을 접는 과정이다.

3분의 1 위치를
기준으로 접는다.

42 ▼ **포인트**
좌우 모양을 동일하게
접는 것이 중요하다.

두 ○을 기준으로
겹쳐 있는 안쪽 종이를
점선 부분까지 꺼내어 접는다.

순서 42~50은
동영상 참고

43

●을 기준으로
위로 접는다.

44

삼각을 아래로 접는다.

▼ **포인트**
입체화를 위한 준비 과정이다.

45

같은 너비로 접는다.

46

두 ○을 맞추어 접는다.
뒤쪽 삼각의 모서리는
그대로 앞으로 꺼낸다.

47

당겨접는다.

48

당겨접는다.

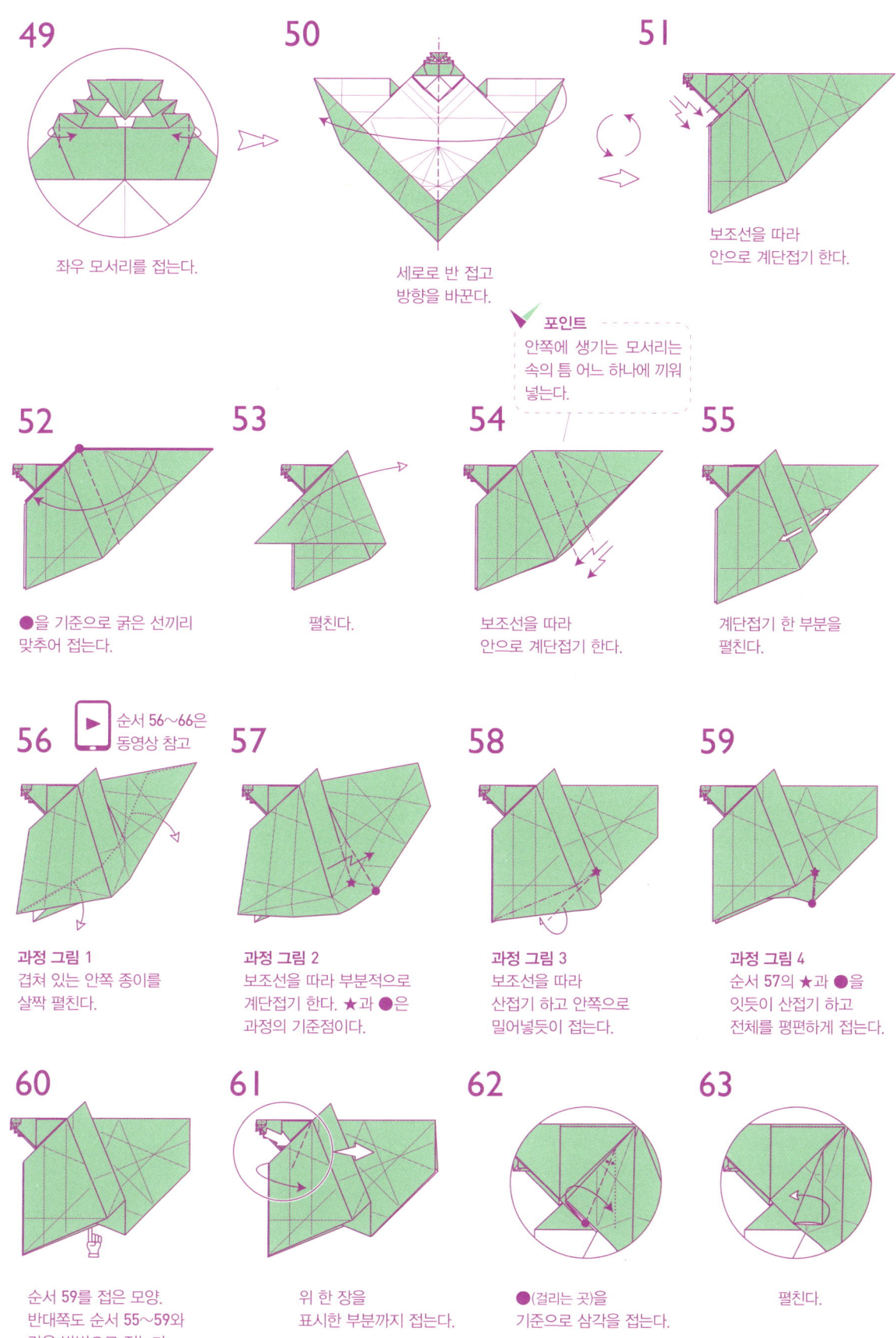

49

좌우 모서리를 접는다.

50

세로로 반 접고
방향을 바꾼다.

51

보조선을 따라
안으로 계단접기 한다.

포인트
안쪽에 생기는 모서리는
속의 틈 어느 하나에 끼워
넣는다.

52

●을 기준으로 굵은 선끼리
맞추어 접는다.

53

펼친다.

54

보조선을 따라
안으로 계단접기 한다.

55

계단접기 한 부분을
펼친다.

56

순서 56~66은
동영상 참고

과정 그림 1
겹쳐 있는 안쪽 종이를
살짝 펼친다.

57

과정 그림 2
보조선을 따라 부분적으로
계단접기 한다. ★과 ●은
과정의 기준점이다.

58

과정 그림 3
보조선을 따라
산접기 하고 안쪽으로
밀어넣듯이 접는다.

59

과정 그림 4
순서 57의 ★과 ●을
잇듯이 산접기 하고
전체를 평편하게 접는다.

60

순서 59를 접은 모양.
반대쪽도 순서 55~59와
같은 방법으로 접는다.

61

위 한 장을
표시한 부분까지 접는다.

62

●(걸리는 곳)을
기준으로 삼각을 접는다.

63

펼친다.

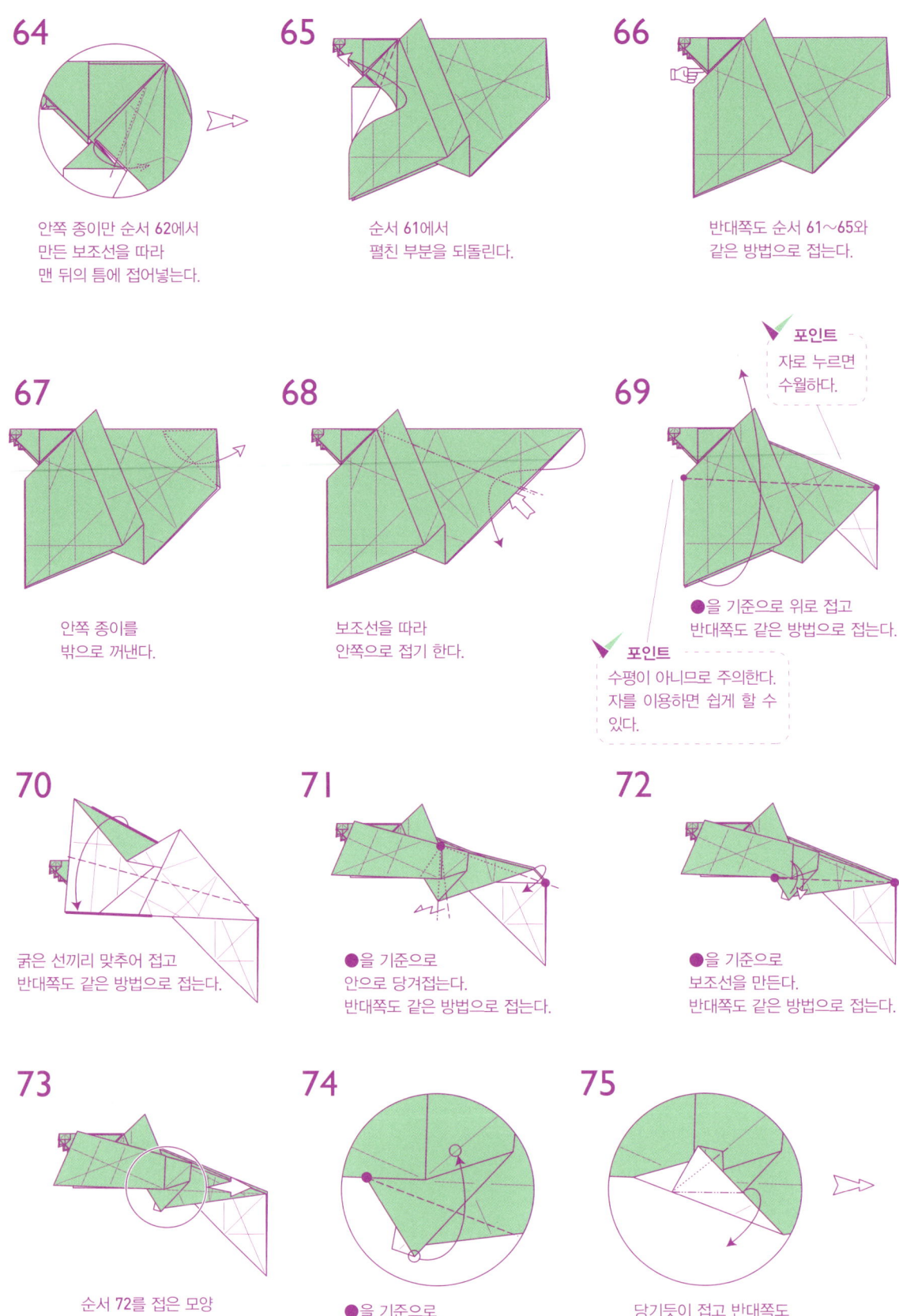

64

안쪽 종이만 순서 **62**에서
만든 보조선을 따라
맨 뒤의 틈에 접어넣는다.

65

순서 **61**에서
펼친 부분을 되돌린다.

66

반대쪽도 순서 **61~65**와
같은 방법으로 접는다.

67

안쪽 종이를
밖으로 꺼낸다.

68

보조선을 따라
안쪽으로 접기 한다.

69

포인트
자로 누르면
수월하다.

●을 기준으로 위로 접고
반대쪽도 같은 방법으로 접는다.

포인트
수평이 아니므로 주의한다.
자를 이용하면 쉽게 할 수
있다.

70

굵은 선끼리 맞추어 접고
반대쪽도 같은 방법으로 접는다.

71

●을 기준으로
안으로 당겨접는다.
반대쪽도 같은 방법으로 접는다.

72

●을 기준으로
보조선을 만든다.
반대쪽도 같은 방법으로 접는다.

73

순서 **72**를 접은 모양

74

●을 기준으로
두 ○을 맞추어 접는다.
반대쪽도 같은 방법으로 접는다.

75

당기듯이 접고 반대쪽도
같은 방법으로 접는다.

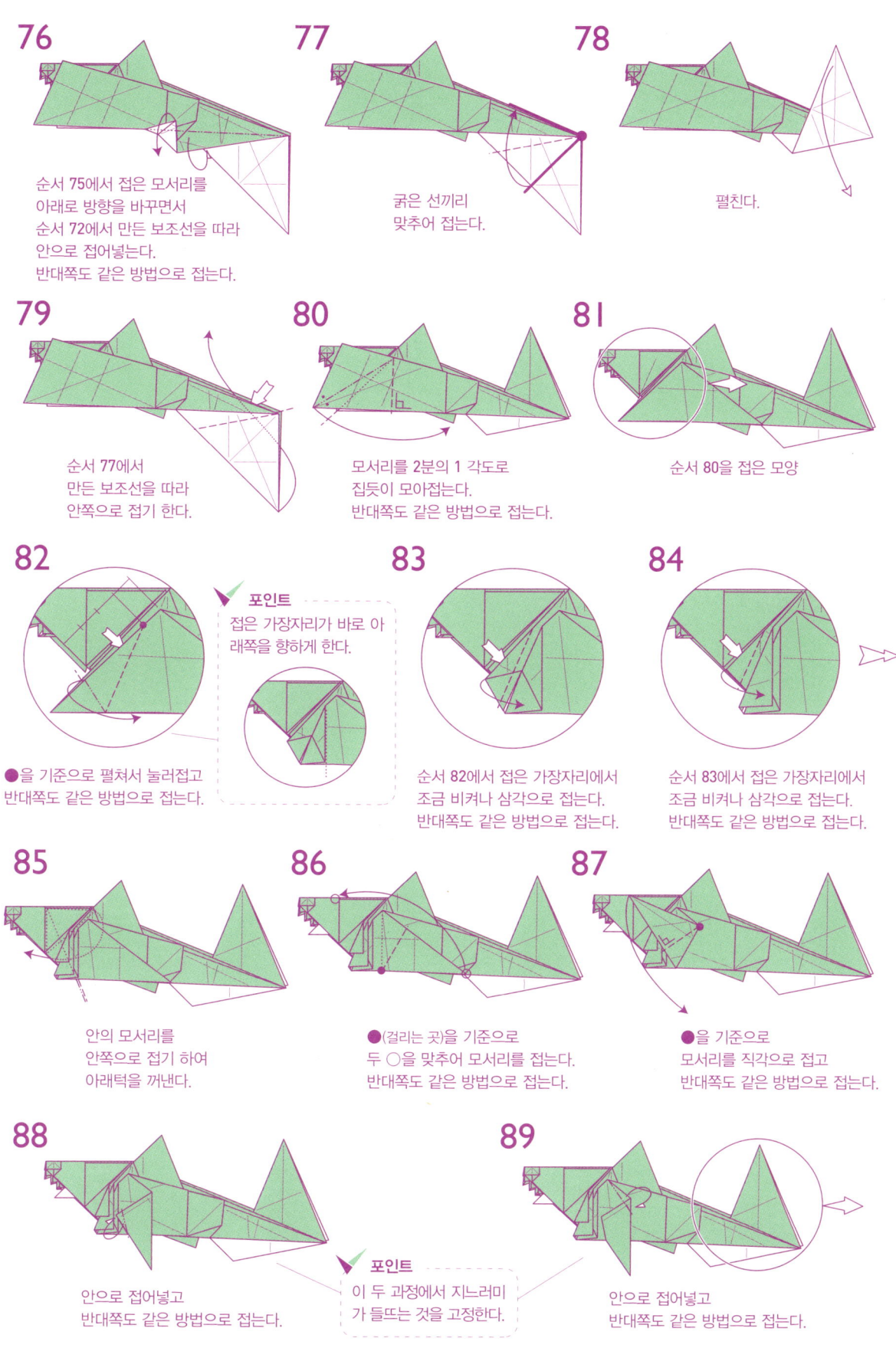

76

순서 75에서 접은 모서리를
아래로 방향을 바꾸면서
순서 72에서 만든 보조선을 따라
안으로 접어넣는다.
반대쪽도 같은 방법으로 접는다.

77

굵은 선끼리
맞추어 접는다.

78

펼친다.

79

순서 77에서
만든 보조선을 따라
안쪽으로 접기 한다.

80

모서리를 2분의 1 각도로
집듯이 모아접는다.
반대쪽도 같은 방법으로 접는다.

81

순서 80을 접은 모양

82

✔ **포인트**
접은 가장자리가 바로 아
래쪽을 향하게 한다.

●을 기준으로 펼쳐서 눌러접고
반대쪽도 같은 방법으로 접는다.

83

순서 82에서 접은 가장자리에서
조금 비켜나 삼각으로 접는다.
반대쪽도 같은 방법으로 접는다.

84

순서 83에서 접은 가장자리에서
조금 비켜나 삼각으로 접는다.
반대쪽도 같은 방법으로 접는다.

85

안의 모서리를
안쪽으로 접기 하여
아래턱을 꺼낸다.

86

●(걸리는 곳)을 기준으로
두 ○을 맞추어 모서리를 접는다.
반대쪽도 같은 방법으로 접는다.

87

●을 기준으로
모서리를 직각으로 접고
반대쪽도 같은 방법으로 접는다.

88

안으로 접어넣고
반대쪽도 같은 방법으로 접는다.

✔ **포인트**
이 두 과정에서 지느러미
가 들뜨는 것을 고정한다.

89

안으로 접어넣고
반대쪽도 같은 방법으로 접는다.

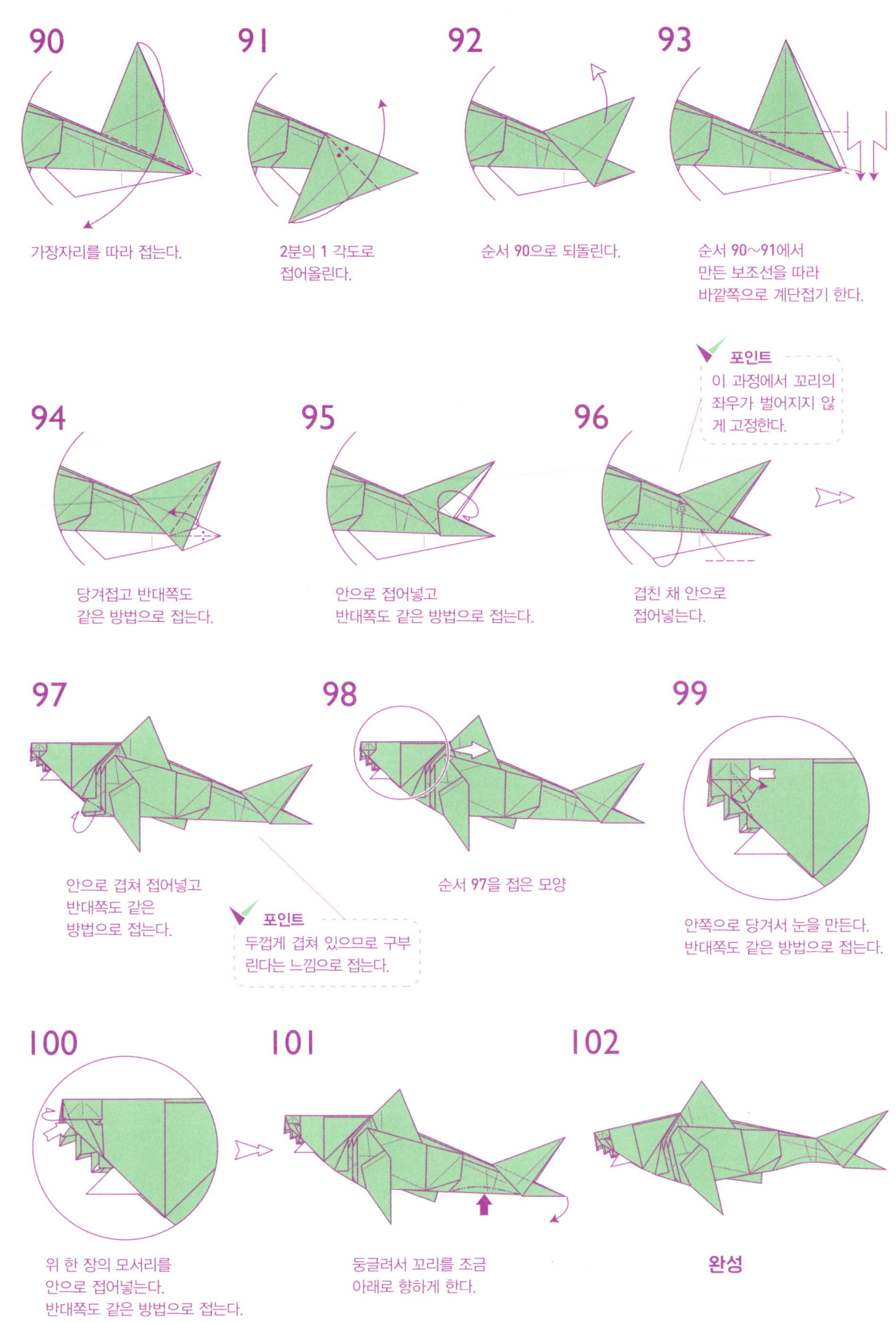

90

가장자리를 따라 접는다.

91

2분의 1 각도로
접어올린다.

92

순서 90으로 되돌린다.

93

순서 90~91에서
만든 보조선을 따라
바깥쪽으로 계단접기 한다.

포인트
이 과정에서 꼬리의
좌우가 벌어지지 않
게 고정한다.

94

당겨접고 반대쪽도
같은 방법으로 접는다.

95

안으로 접어넣고
반대쪽도 같은 방법으로 접는다.

96

겹친 채 안으로
접어넣는다.

97

안으로 겹쳐 접어넣고
반대쪽도 같은
방법으로 접는다.

포인트
두껍게 겹쳐 있으므로 구부
린다는 느낌으로 접는다.

98

순서 97을 접은 모양

99

안쪽으로 당겨서 눈을 만든다.
반대쪽도 같은 방법으로 접는다.

100

위 한 장의 모서리를
안으로 접어넣는다.
반대쪽도 같은 방법으로 접는다.

101

둥글려서 꼬리를 조금
아래로 향하게 한다.

102

완성

쿠푸왕 피라미드 Khufu's Pyramid

창작을 할 때는 아무래도 기하학 계산
이 필요한 경우가 있다. 이 피라미드는
실제 피라미드의 비율을 재현하기 위
해 기하학 계산을 적용했는데, 접는 방
법은 매우 단순하다.

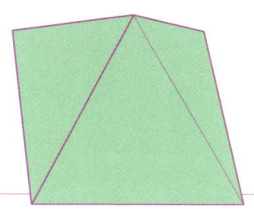

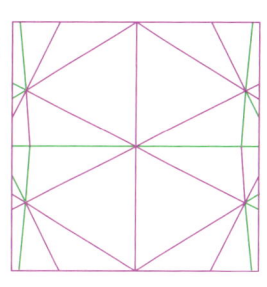

사용한 종이
15cm

53%

I

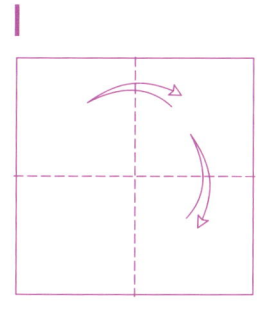

보조선을 만든다.

2

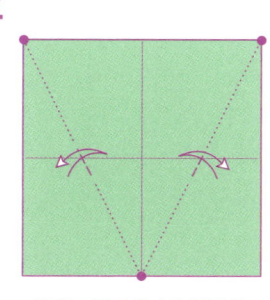

●을 기준으로 부분적으로
보조선을 만든다.

3

2분의 1 위치의
◎에 표시해 둔다.

4

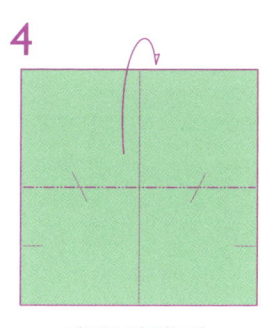

가로로 반 접는다.

5

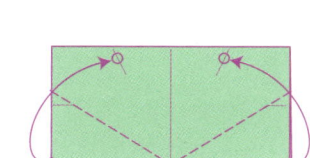

●을 기준으로
보조선에 맞추어
두 장을 겹친 채 접는다.

6

펼친다.

7

●을 기준으로 접는다.

8

펼친다.

9

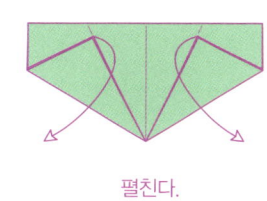

안쪽으로 접기 한다.

10

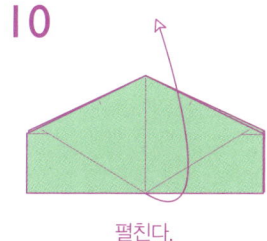

펼친다.

11

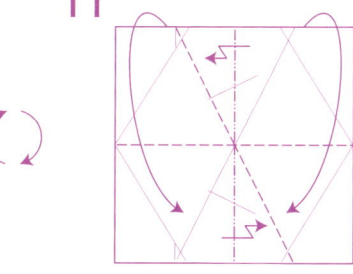

보조선을 따라
계단접기 하면서 전체를 닫는다.

12

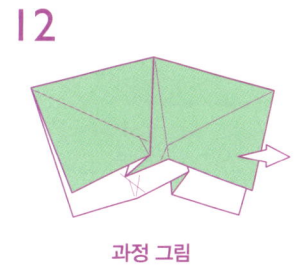

과정 그림

13

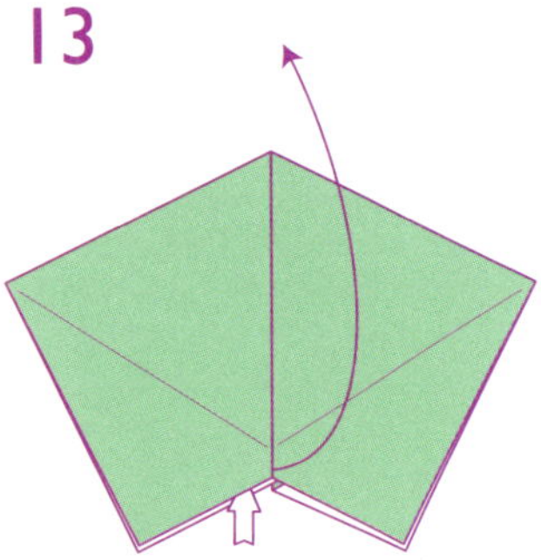

펼쳐서 안쪽을 본다.

14

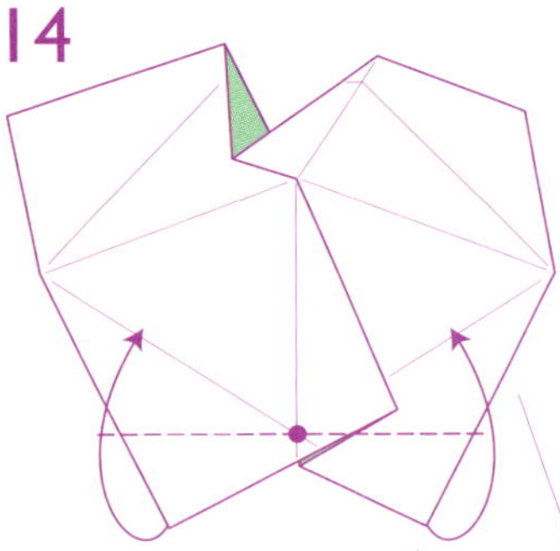

●을 기준으로
겹쳐서 접는다.

포인트
겹친 부분이 어긋나지
않게 주의한다.

15

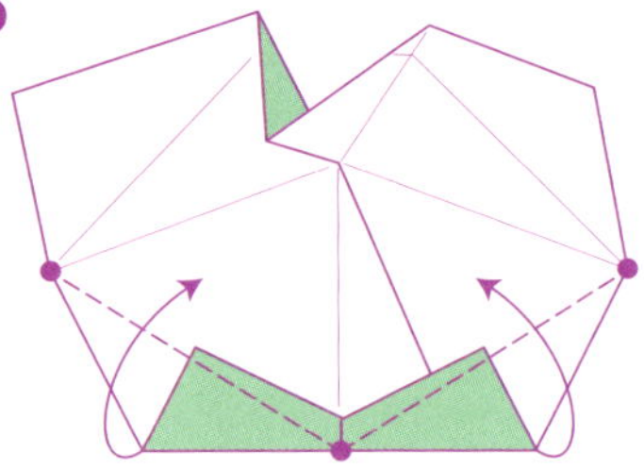

●을 기준으로
겹쳐서 접는다.

16

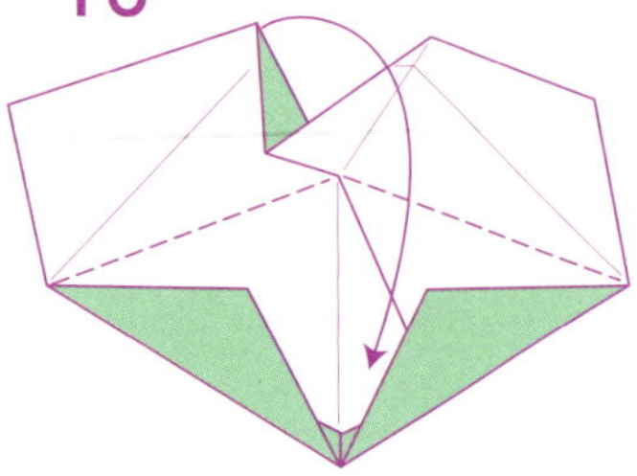

다시 닫는다.

17

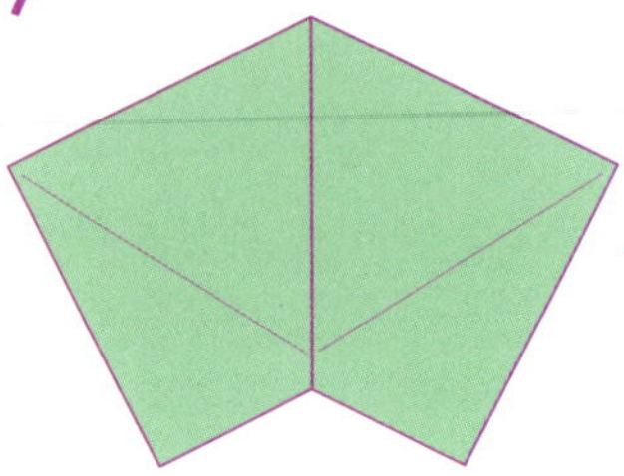

순서 16을 접은 모양

18

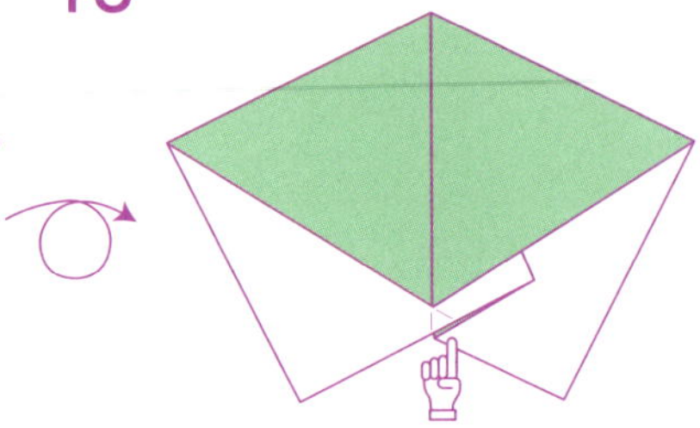

순서 14~16과
같은 방법으로 접는다.

19

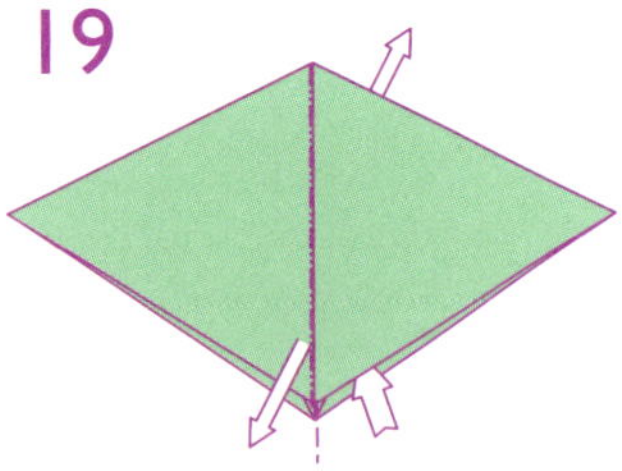

펼쳐서 피라미드
모양을 만든다.

20

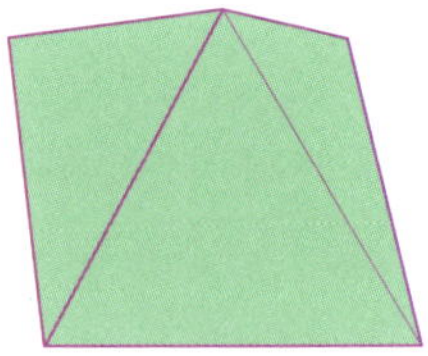

완성

✔ 쿠푸왕 피라미드의 기하학

쿠푸왕 피라미드에는 수학의 아름다운 비율이 숨어 있다고 한다.
높이 h=146.59m(건설 초기 높이), 밑변 한 변의 길이 L=230.34m로 하면
경사면 길이는 D=186.42m가 되고 이때,

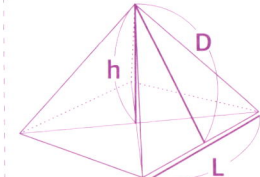

$$\frac{2L}{h} = 3.1426\cdots \implies \pi \,(\text{원주율}=3.14159\cdots)\text{에 가깝다}$$

$$\frac{2D}{L} = 1.6186\cdots \implies \phi \,(\text{황금비}=\frac{\sqrt{5}+1}{2}=1.6186\cdots)\text{에 가깝다}$$

다소 오차는 있지만 원주율 π와 황금비 φ가 나온다. 이것을 의도한 것인지 아니면 단순한 우연인지는
알 수 없으나, 어쨌든 불가사의한 일이다. 피라미드가 특별히 아름다워 보이는 것은 황금비가 숨어 있
기 때문일 것이다. 이번에 종이접기에서 소개하는 피라미드는 $\frac{2D}{L}$=φ(황금비)로 접을 수 있게 순서를 구
상했다. 덧붙이자면 '기자의 3대 피라미드' 가운데 오직 쿠푸왕 피라미드만이 이 비율로 건설되었으며
카프레왕 피라미드와 멘카우레왕 피라미드에서는 이 비율이 보이지 않는다.

스핑크스 Sphinx

스핑크스의 긴 앞다리를 접기 위해 전
개도에 앞다리 부분을 추가했다. 전개
도를 보며 종이접기의 모양을 생각하
는 방법은 매우 유용하다.

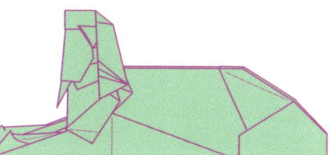

사용한 종이
24cm

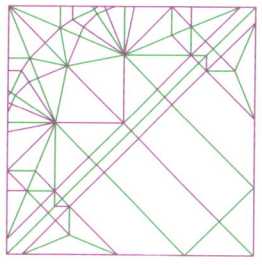

54%

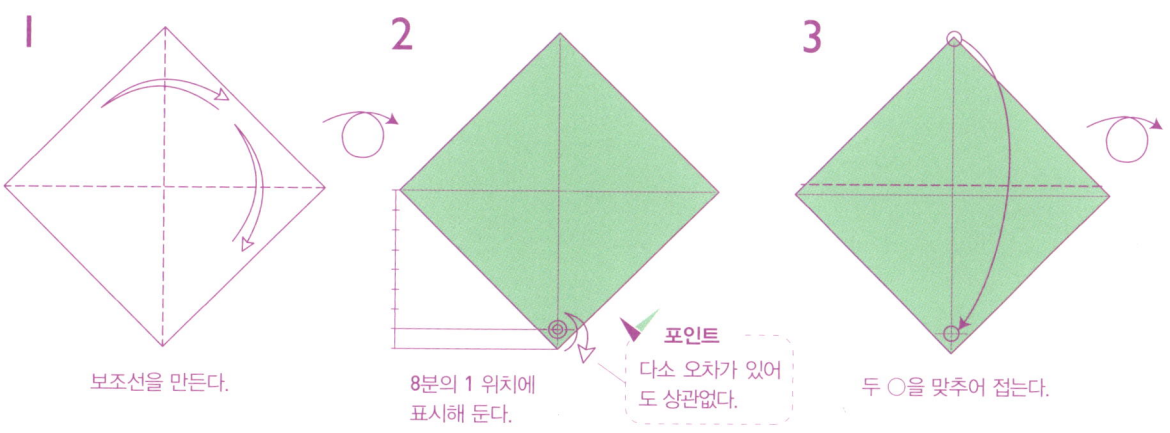

1 보조선을 만든다.

2 8분의 1 위치에 표시해 둔다.

포인트
다소 오차가 있어
도 상관없다.

3 두 ○을 맞추어 접는다.

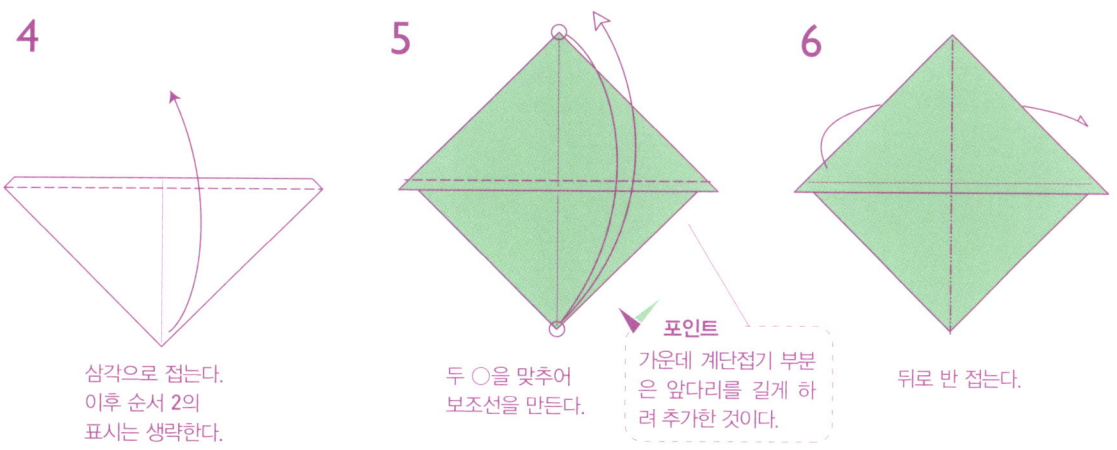

4 삼각으로 접는다.
이후 순서 2의
표시는 생략한다.

5 두 ○을 맞추어
보조선을 만든다.

포인트
가운데 계단접기 부분
은 앞다리를 길게 하
려 추가한 것이다.

6 뒤로 반 접는다.

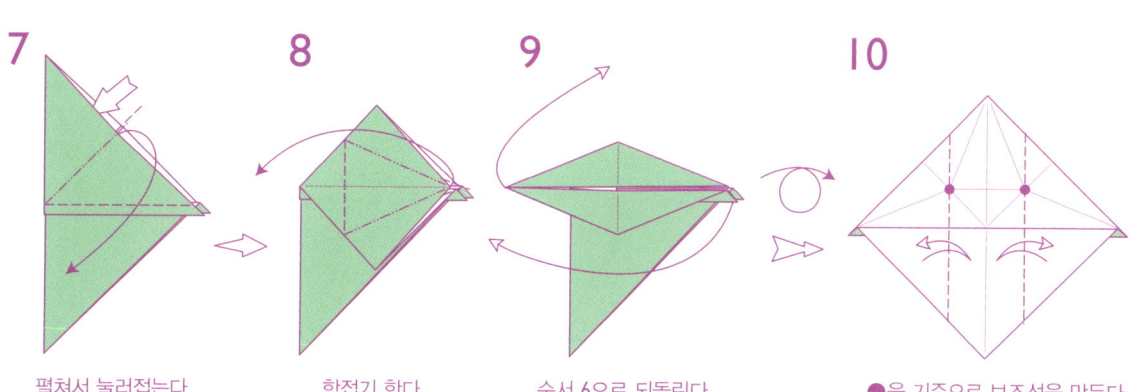

7 펼쳐서 눌러접는다.

8 학접기 한다.

9 순서 6으로 되돌린다.

10 ●을 기준으로 보조선을 만든다.

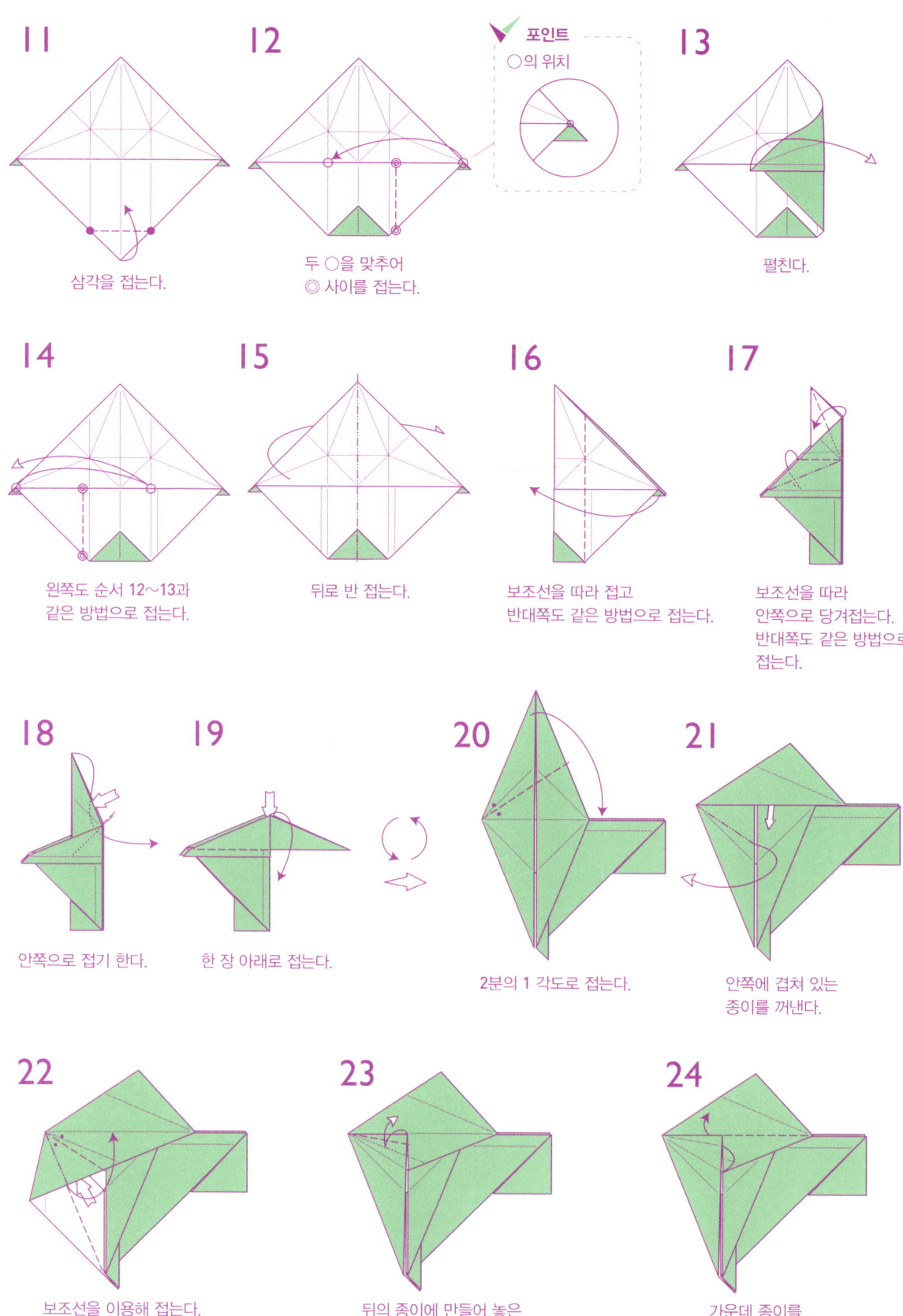

11

삼각을 접는다.

12

두 ○을 맞추어
◎ 사이를 접는다.

✔ 포인트
○의 위치

13

펼친다.

14

왼쪽도 순서 12~13과
같은 방법으로 접는다.

15

뒤로 반 접는다.

16

보조선을 따라 접고
반대쪽도 같은 방법으로 접는다.

17

보조선을 따라
안쪽으로 당겨접는다.
반대쪽도 같은 방법으로
접는다.

18

안쪽으로 접기 한다.

19

한 장 아래로 접는다.

20

2분의 1 각도로 접는다.

21

안쪽에 겹쳐 있는
종이를 꺼낸다.

22

보조선을 이용해 접는다.

23

뒤의 종이에 만들어 놓은
보조선에 맞추어 접었다 편다.

24

가운데 종이를
위로 올린다.

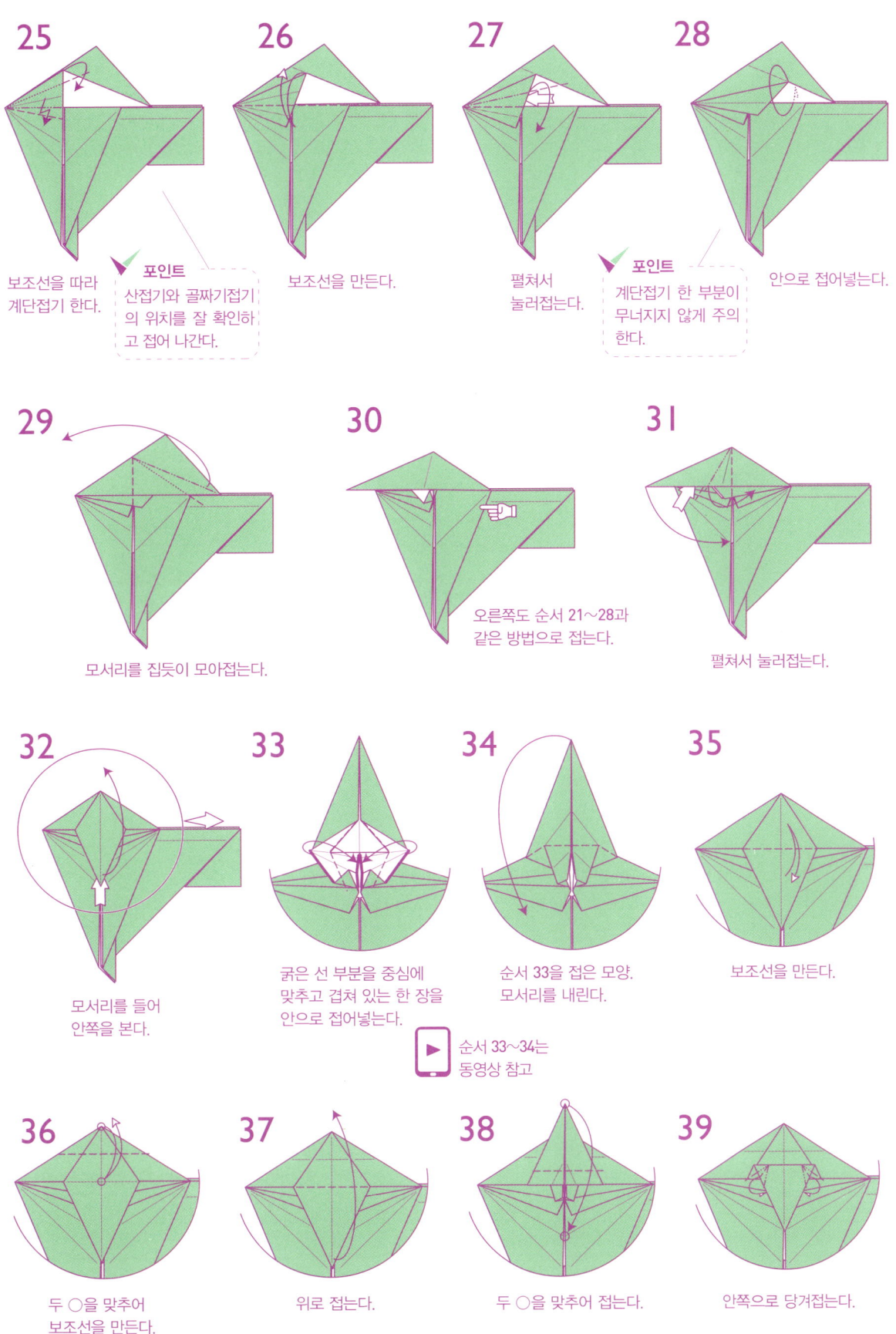

25 보조선을 따라
계단접기 한다.

포인트
산접기와 골짜기접기
의 위치를 잘 확인하
고 접어 나간다.

26 보조선을 만든다.

27 펼쳐서
눌러접는다.

포인트
계단접기 한 부분이
무너지지 않게 주의
한다.

28 안으로 접어넣는다.

29 모서리를 집듯이 모아접는다.

30 오른쪽도 순서 21~28과
같은 방법으로 접는다.

31 펼쳐서 눌러접는다.

32 모서리를 들어
안쪽을 본다.

33 굵은 선 부분을 중심에
맞추고 겹쳐 있는 한 장을
안으로 접어넣는다.

순서 33~34는
동영상 참고

34 순서 33을 접은 모양.
모서리를 내린다.

35 보조선을 만든다.

36 두 ○을 맞추어
보조선을 만든다.

37 위로 접는다.

38 두 ○을 맞추어 접는다.

39 안쪽으로 당겨접는다.

40

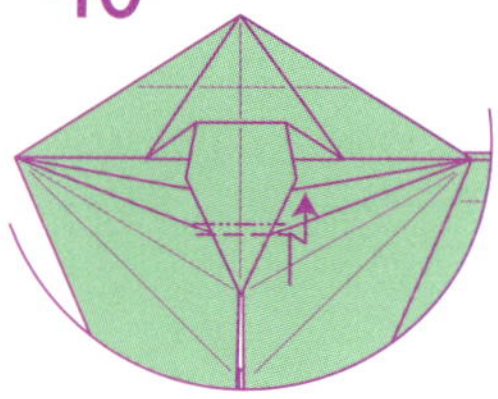

안쪽에 계단접기 한다.

✔ **포인트**

순서 39~40은 명확한 기준이 없으므로 스핑크스의 얼굴을 상상하며 접어 보자.

41

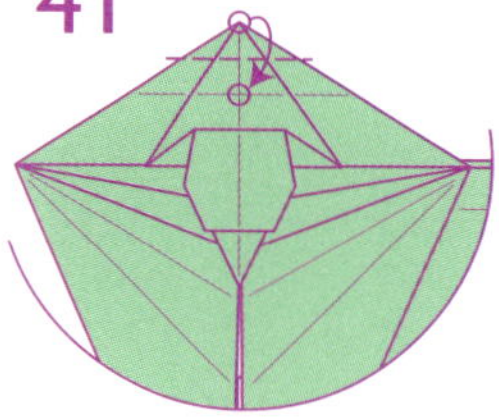

두 ○을 맞추어 접는다.

42

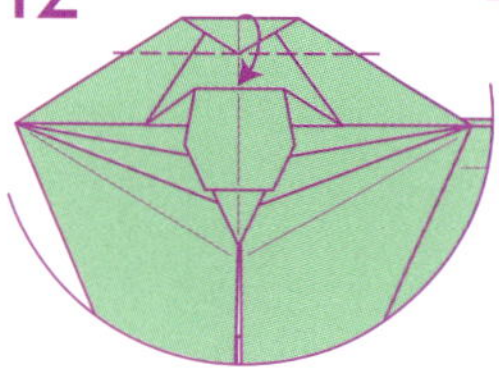

순서 36에서 만든 보조선으로 접는다.

43

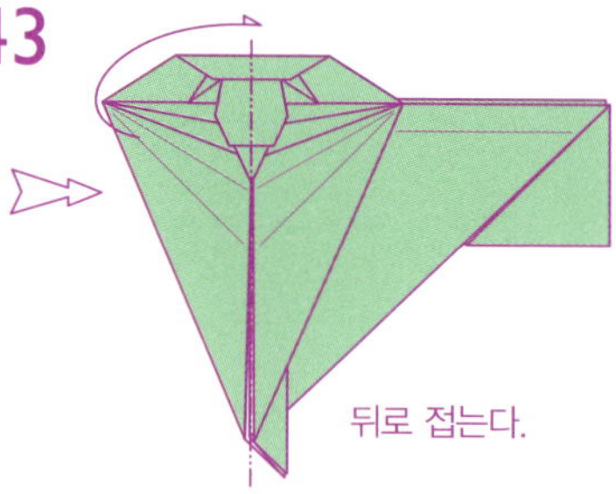

뒤로 접는다.

✔ **포인트**

종이가 두껍게 겹쳐 있으므로 찢어지지 않도록 둥글게 만들며 천천히 접는다.

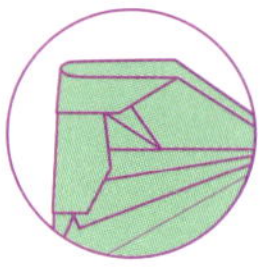

44

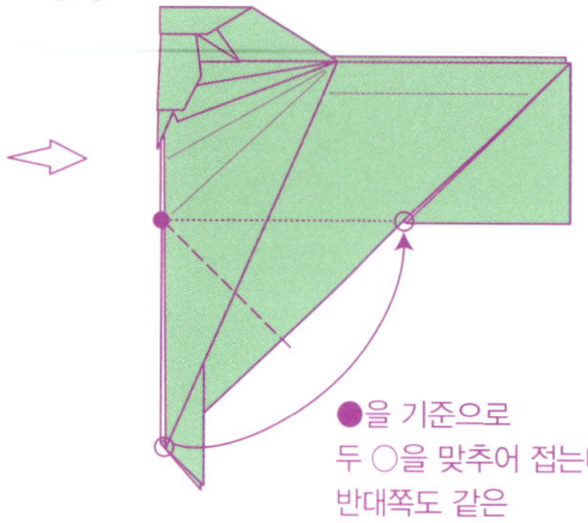

●을 기준으로 두 ○을 맞추어 접는다. 반대쪽도 같은 방법으로 접는다.

45

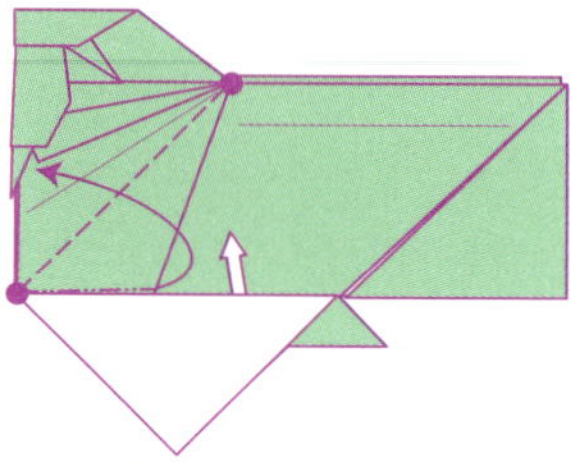

안쪽에서 종이를 꺼내고 ●을 기준으로 접는다. 반대쪽도 같은 방법으로 접는다.

46

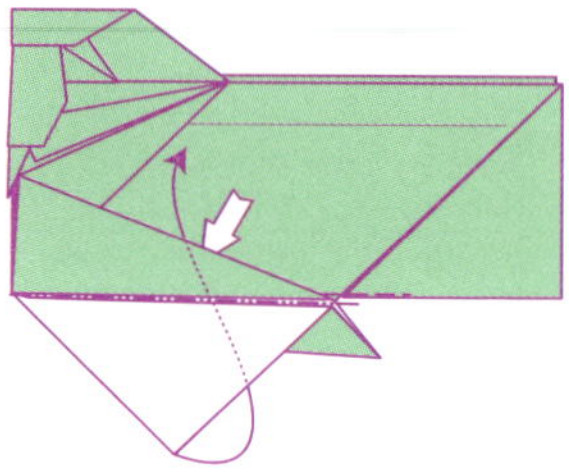

안쪽으로 접기 한다. 반대쪽도 같은 방법으로 접는다.

✔ **포인트**

조금 어긋나도 상관없으며, 그보다는 앞과 뒤 위치를 맞추는 것이 중요하다.

47

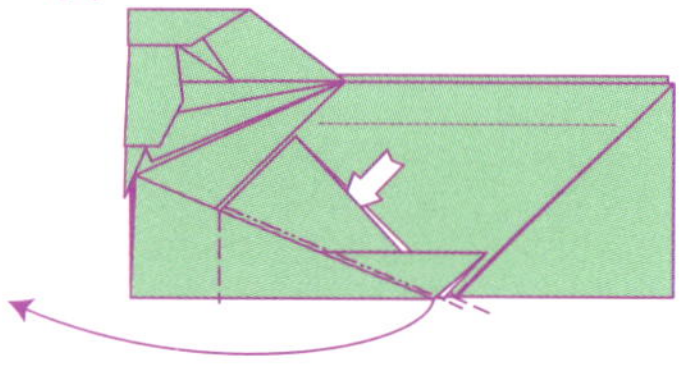

모서리를 집듯이 접는다. 반대쪽도 같은 방법으로 접는다.

48

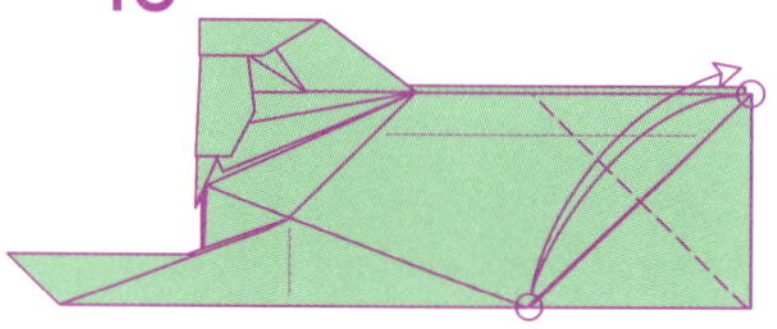

두 ○을 맞추어 보조선을 만든다. 반대쪽도 같은 방법으로 접는다.

49

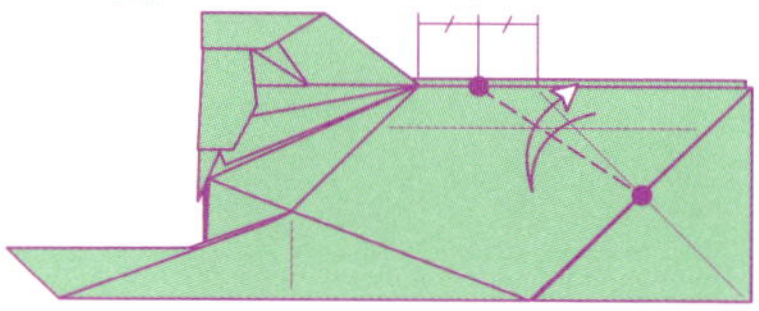

●을 기준으로 보조선을 만든다. 반대쪽도 같은 방법으로 접는다.

50

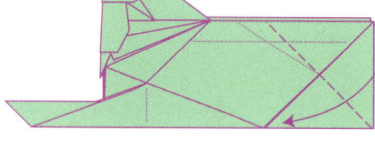

보조선을 따라 접고 반대쪽도 같은 방법으로 접는다.

51

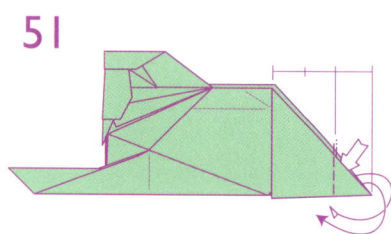

밖으로 뒤집어접기 한다.

52

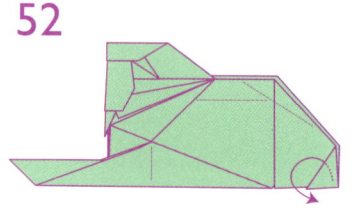

안쪽 종이를 밖으로 꺼내고 반대쪽도 같은 방법으로 접는다.

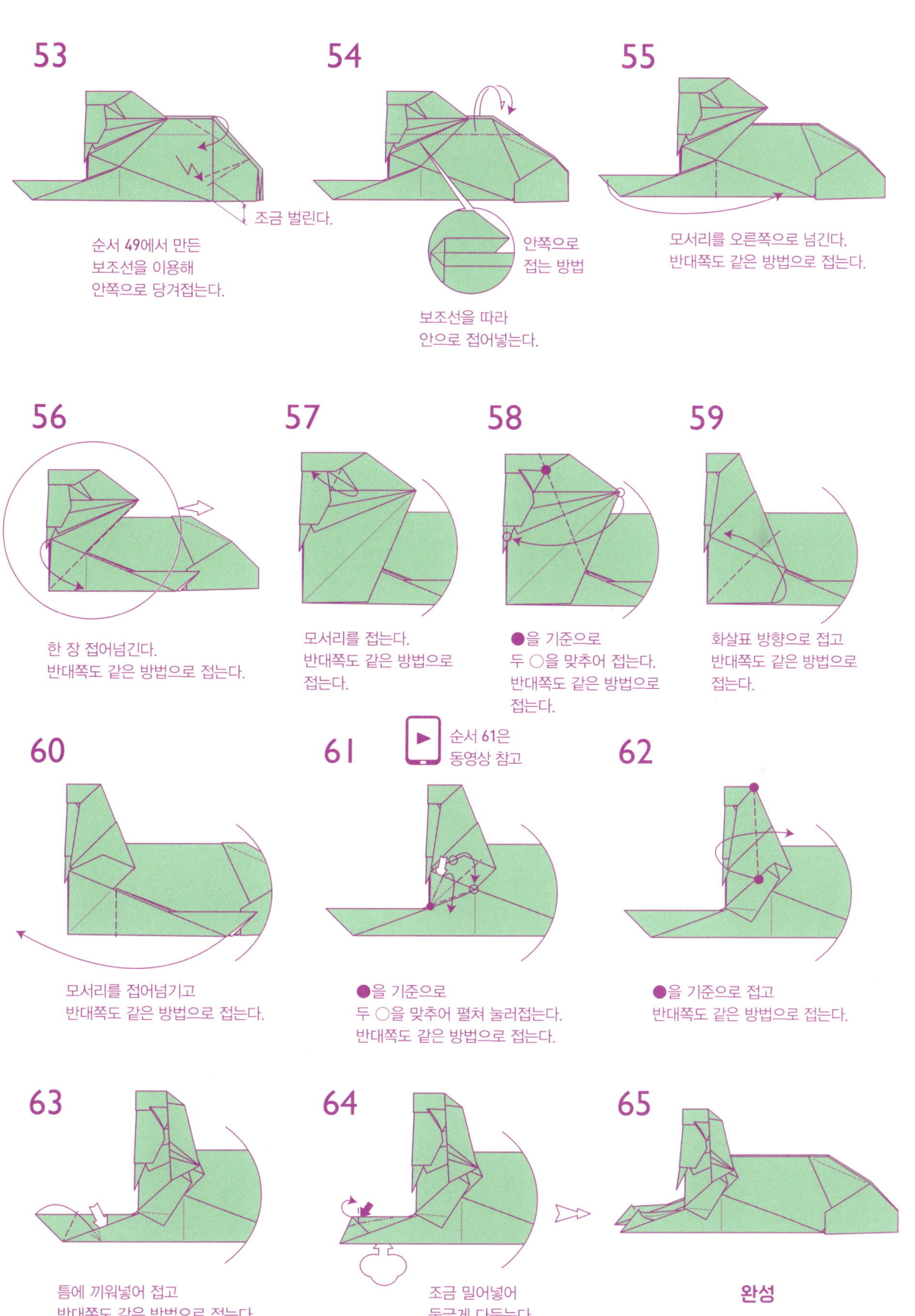

53

순서 **49**에서 만든
보조선을 이용해
안쪽으로 당겨접는다.

54

안쪽으로
접는 방법

보조선을 따라
안으로 접어넣는다.

55

모서리를 오른쪽으로 넘긴다.
반대쪽도 같은 방법으로 접는다.

56

한 장 접어넘긴다.
반대쪽도 같은 방법으로 접는다.

57

모서리를 접는다.
반대쪽도 같은 방법으로
접는다.

58

●을 기준으로
두 ○을 맞추어 접는다.
반대쪽도 같은 방법으로
접는다.

59

화살표 방향으로 접고
반대쪽도 같은 방법으로
접는다.

60

모서리를 접어넘기고
반대쪽도 같은 방법으로 접는다.

▶ 순서 **61**은
동영상 참고

61

●을 기준으로
두 ○을 맞추어 펼쳐 눌러접는다.
반대쪽도 같은 방법으로 접는다.

62

●을 기준으로 접고
반대쪽도 같은 방법으로 접는다.

63

틈에 끼워넣어 접고
반대쪽도 같은 방법으로 접는다.

64

조금 밀어넣어
둥글게 다듬는다.
반대쪽도 같은
방법으로 접는다.

65

완성

바다거북 Sea Turtle

전승 종이접기에는 다양한 기본형이 있
으며, 창작 종이접기에서도 기본형을 잘
활용하면 대단히 유용하다. 이 작품에는
전승 종이접기 기본형 중 방석접기 기본
형을 사용했다.

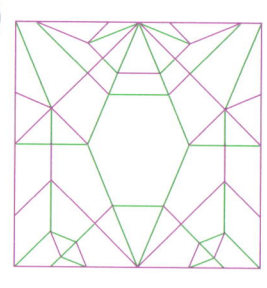

사용한 종이
15cm

65%

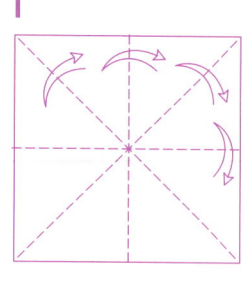

1

보조선을 만든다.

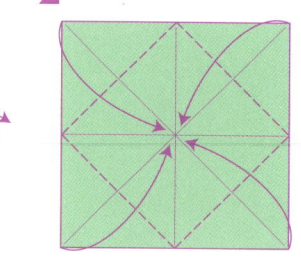

2

중심에 맞추어
삼각을 접는다.

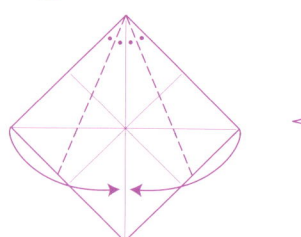

3

2분의 1 각도로
겹친 채 접는다.

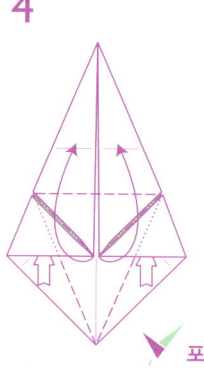

4

모서리를 집듯이
모아 위로 접는다.

포인트
전승 종이접기
의 방석접기 기
본형+물고기접
기 기본형이다.

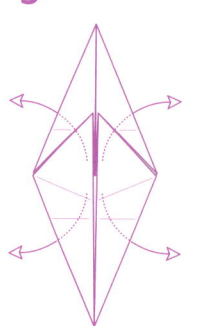

5

뒤쪽 종이를
펼친다.

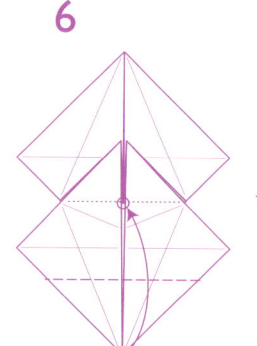

6

두 ○을 맞추어 접는다.

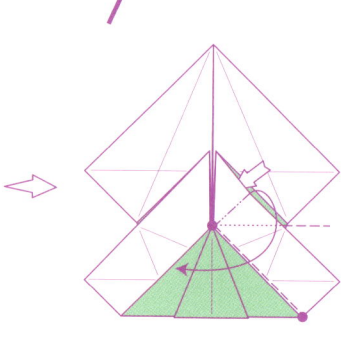

7

●을 기준으로
펼쳐서 누르듯이 접는다.

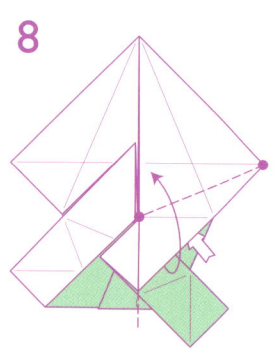

8

위 한 장을
●을 기준으로 접는다.

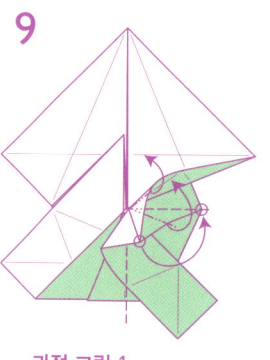

9

과정 그림 1
○을 맞추어 접는다.

10

과정 그림 2

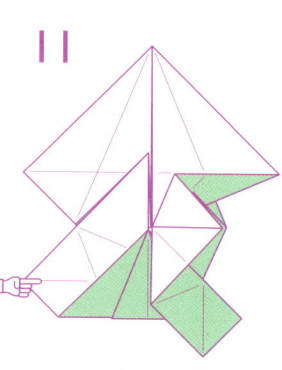

11

왼쪽도 순서 7~10과
같은 방법으로 접는다.

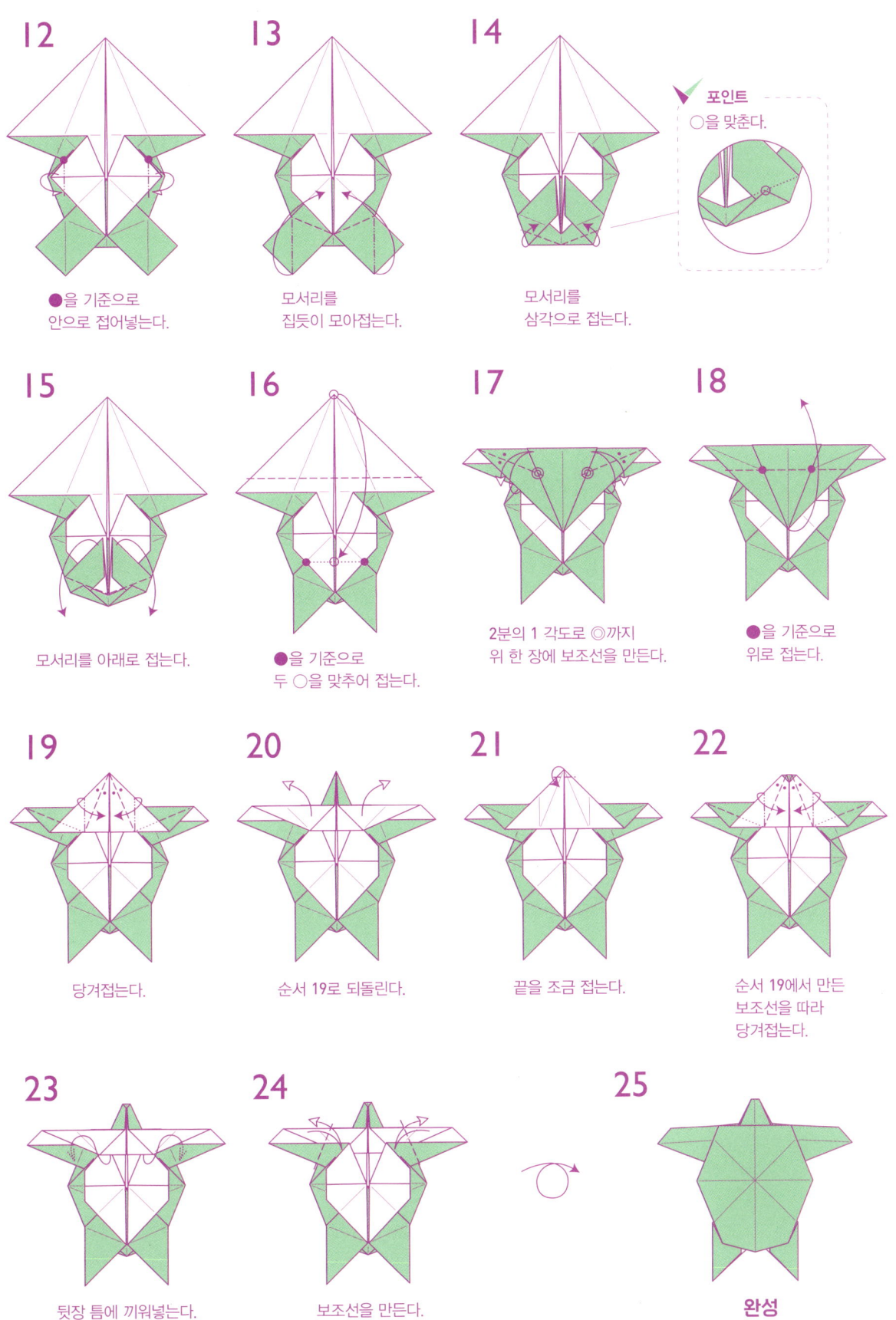

12

●을 기준으로
안으로 접어넣는다.

13

모서리를
집듯이 모아접는다.

14

모서리를
삼각으로 접는다.

✔ **포인트**
○을 맞춘다.

15

모서리를 아래로 접는다.

16

●을 기준으로
두 ○을 맞추어 접는다.

17

2분의 1 각도로 ◎까지
위 한 장에 보조선을 만든다.

18

●을 기준으로
위로 접는다.

19

당겨접는다.

20

순서 19로 되돌린다.

21

끝을 조금 접는다.

22

순서 19에서 만든
보조선을 따라
당겨접는다.

23

뒷장 틈에 끼워넣는다.

24

보조선을 만든다.

25

완성

개구리 Frog

전승 종이접기 기본형에 국한되지 않고
한 작품에서 사용한 기본형을 다른 작품
에도 응용할 수 있다. 이 작품과 다음에
실린 수녀(177쪽)는 같은 기본형으로 접
은 것이다.

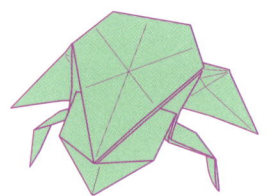

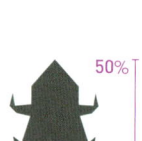

사용한 종이
15cm

50%

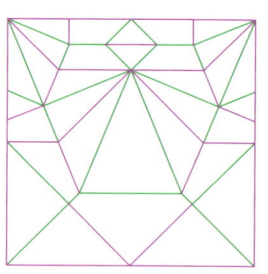

I

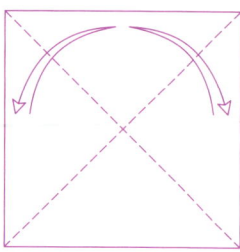

보조선을 만든다.

2

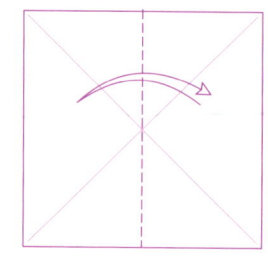

보조선을 만든다.

3

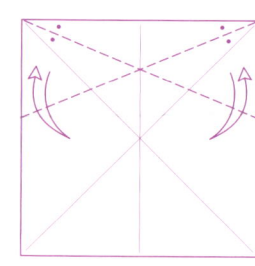

2분의 1 각도로
보조선을 만든다.

4

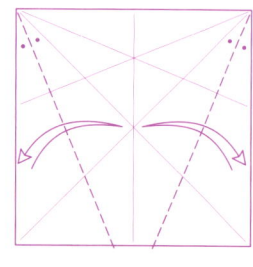

2분의 1 각도로
보조선을 만든다.

5

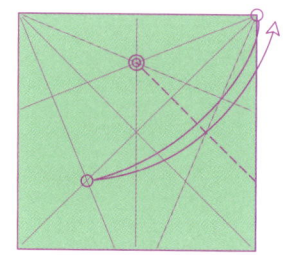

두 ○을 맞추어 ◎까지
보조선을 만든다.

6

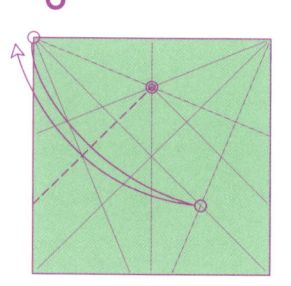

두 ○을 맞추어 ◎까지
보조선을 만든다.

7

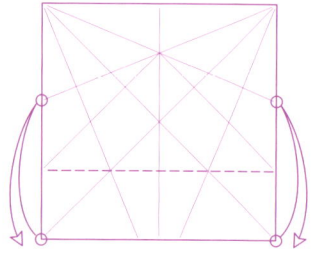

○끼리 맞추어
보조선을 만든다.

8

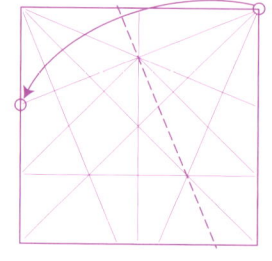

두 ○을 맞추어 접는다.

9

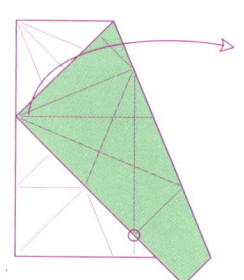

○이 순서 2에서 만든
보조선과 만나는지
확인하고 펼친다.

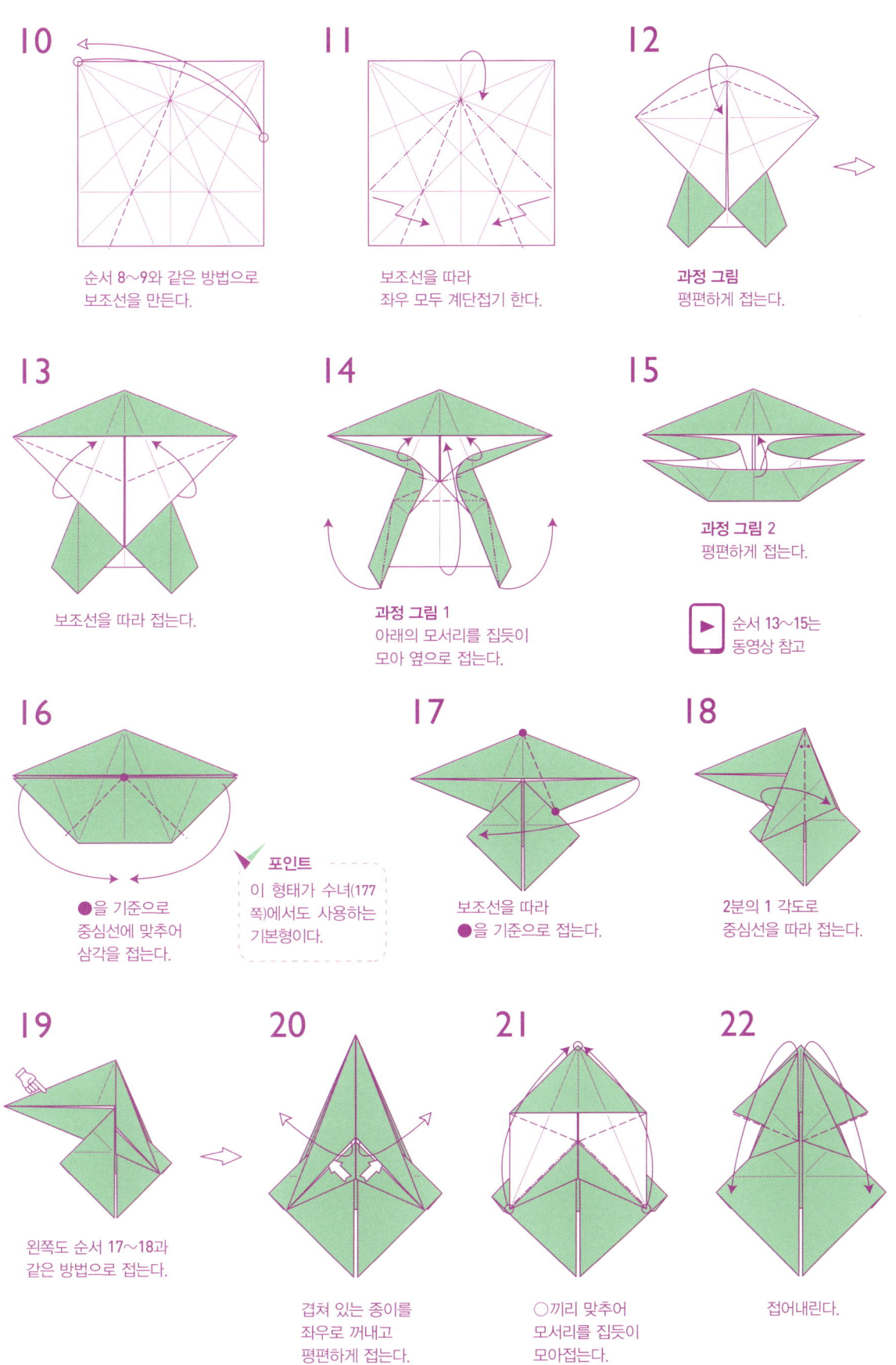

10

순서 8~9와 같은 방법으로
보조선을 만든다.

11

보조선을 따라
좌우 모두 계단접기 한다.

12

과정 그림
평편하게 접는다.

13

보조선을 따라 접는다.

14

과정 그림 1
아래의 모서리를 집듯이
모아 옆으로 접는다.

15

과정 그림 2
평편하게 접는다.

▶ 순서 13~15는
동영상 참고

16

●을 기준으로
중심선에 맞추어
삼각을 접는다.

✔ **포인트**
이 형태가 수녀(177
쪽)에서도 사용하는
기본형이다.

17

보조선을 따라
●을 기준으로 접는다.

18

2분의 1 각도로
중심선을 따라 접는다.

19

왼쪽도 순서 17~18과
같은 방법으로 접는다.

20

겹쳐 있는 종이를
좌우로 꺼내고
평편하게 접는다.

21

○끼리 맞추어
모서리를 집듯이
모아접는다.

22

접어내린다.

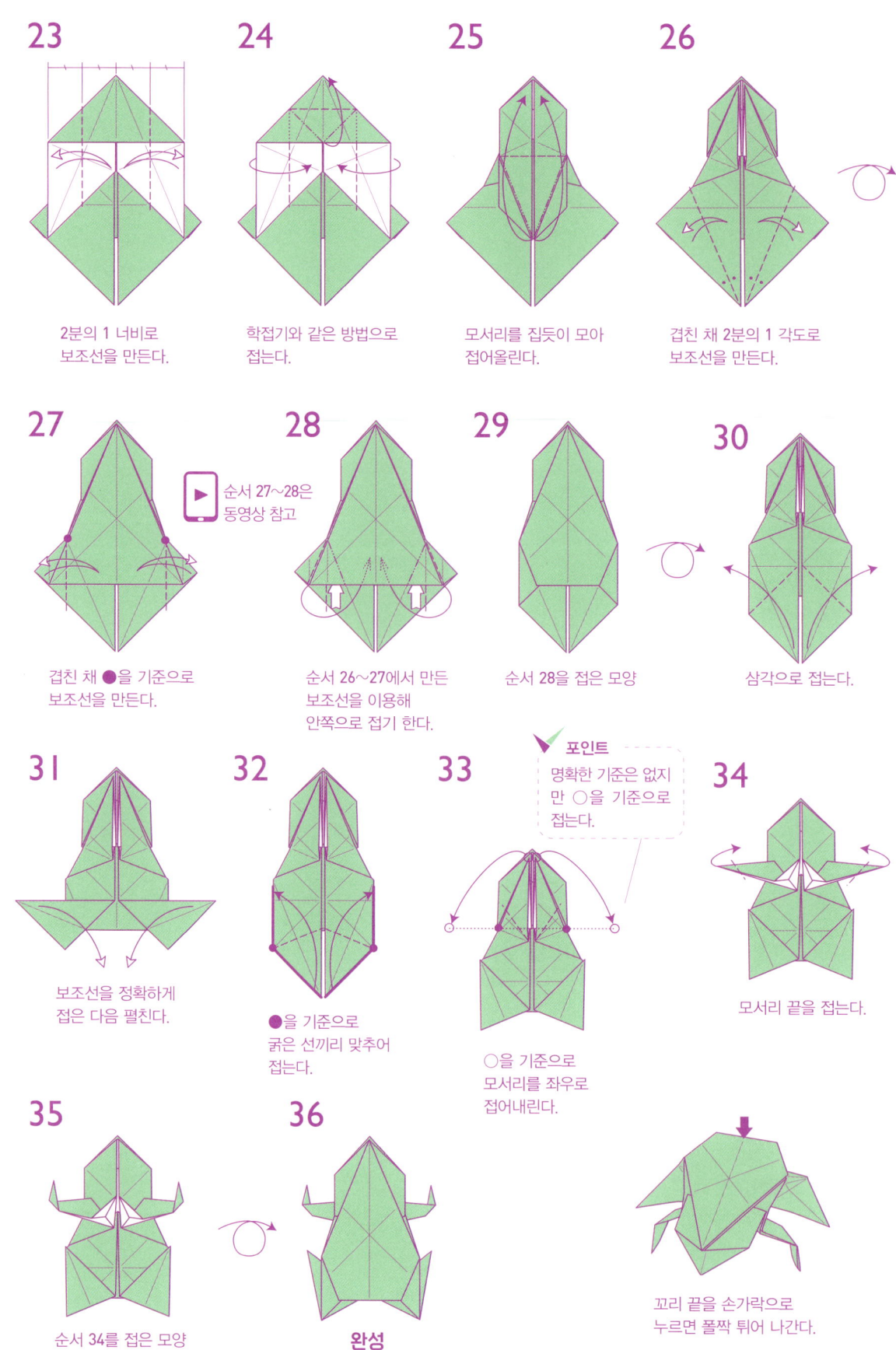

23

2분의 1 너비로
보조선을 만든다.

24

학접기와 같은 방법으로
접는다.

25

모서리를 집듯이 모아
접어올린다.

26

겹친 채 2분의 1 각도로
보조선을 만든다.

27

겹친 채 ●을 기준으로
보조선을 만든다.

순서 27~28은
동영상 참고

28

순서 26~27에서 만든
보조선을 이용해
안쪽으로 접기 한다.

29

순서 28을 접은 모양

30

삼각으로 접는다.

31

보조선을 정확하게
접은 다음 펼친다.

32

●을 기준으로
굵은 선끼리 맞추어
접는다.

33

포인트
명확한 기준은 없지
만 ○을 기준으로
접는다.

○을 기준으로
모서리를 좌우로
접어내린다.

34

모서리 끝을 접는다.

35

순서 34를 접은 모양

36

완성

꼬리 끝을 손가락으로
누르면 폴짝 튀어 나간다.

수녀 Nun

처음 보조선을 만드는 방법이 개구리
와 다르지만 기본형은 같다. 창작에서
는 이렇게 다른 작품의 접는 방법을 활
용하는 것도 좋은 방법이다.

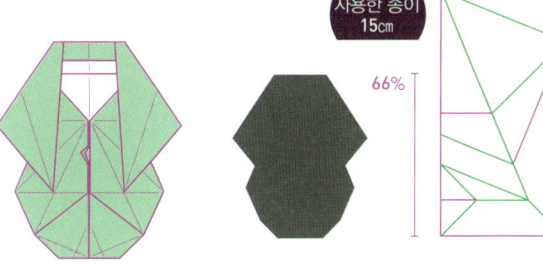

사용한 종이
15cm

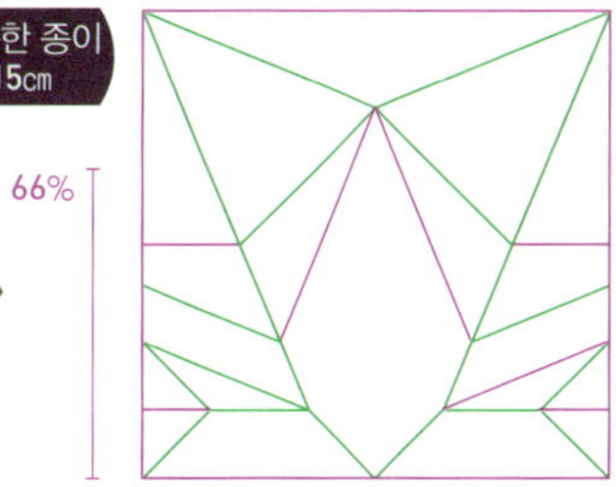

66%

I

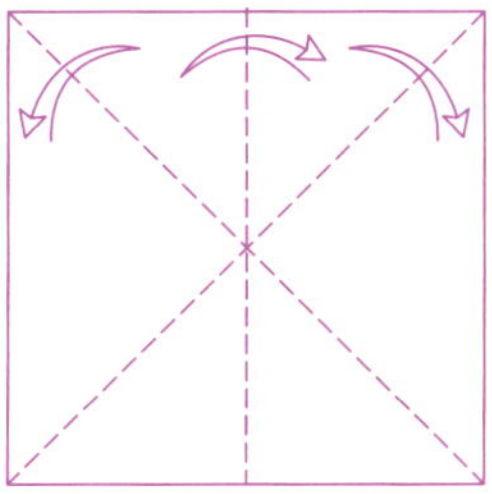

보조선을 만든다.

2

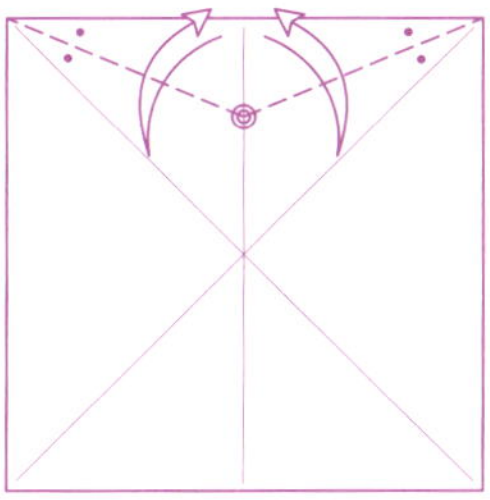

2분의 1 각도로
◎까지 보조선을 만든다.

3

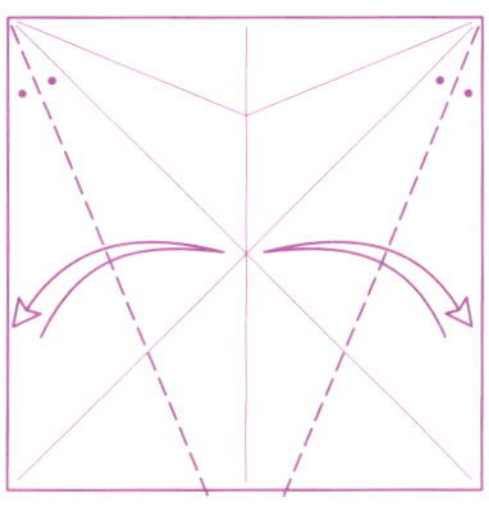

2분의 1 각도로
보조선을 만든다.

4

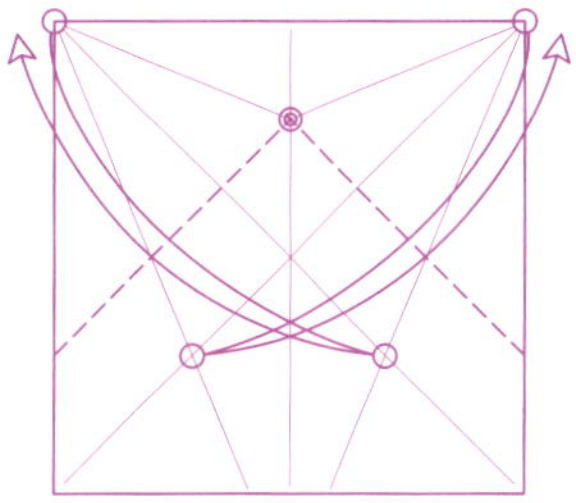

○끼리 맞추어 ◎까지
보조선을 만든다.

5

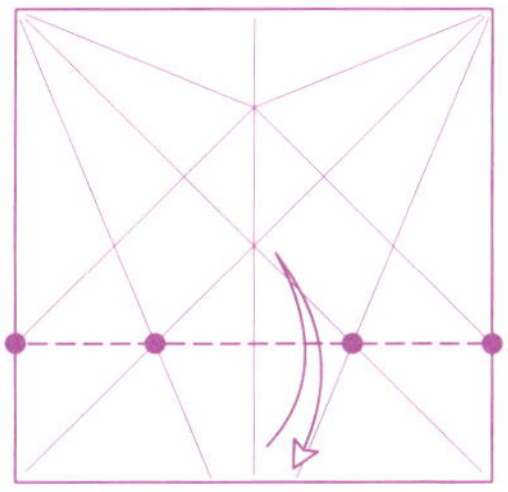

●을 기준으로
보조선을 만든다.

6

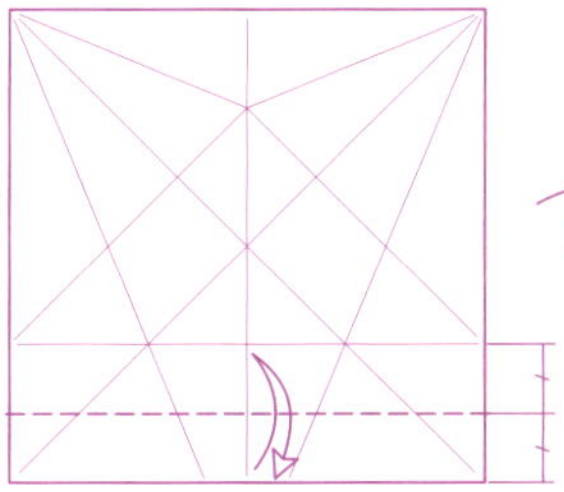

2분의 1 너비로
보조선을 만든다.

7

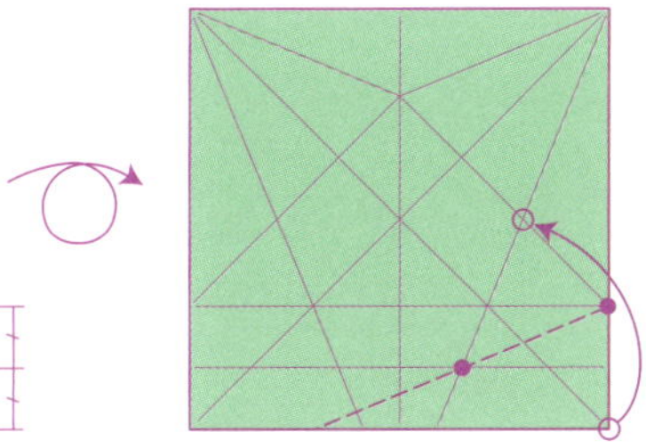

●을 기준으로
두 ○을 맞추어 접는다.

8

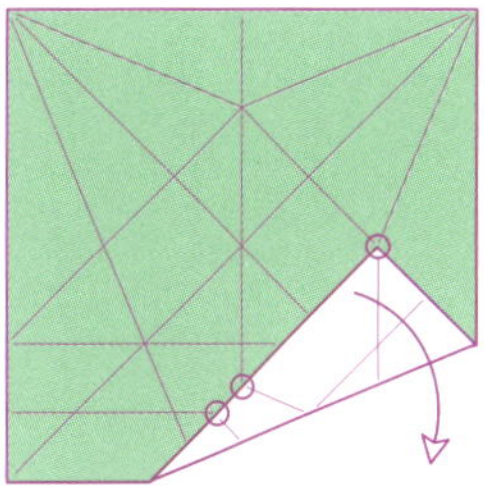

○이 미리 접어 둔
보조선들과 만나는지
확인하고 펼친다.

9

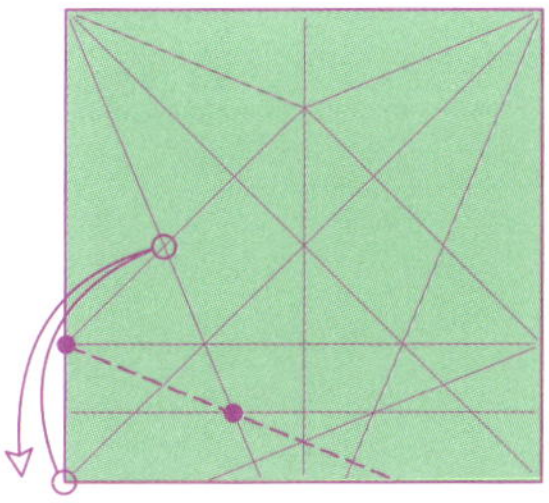

왼쪽도 순서 7~8과
같은 방법으로 보조선을 만든다.

10

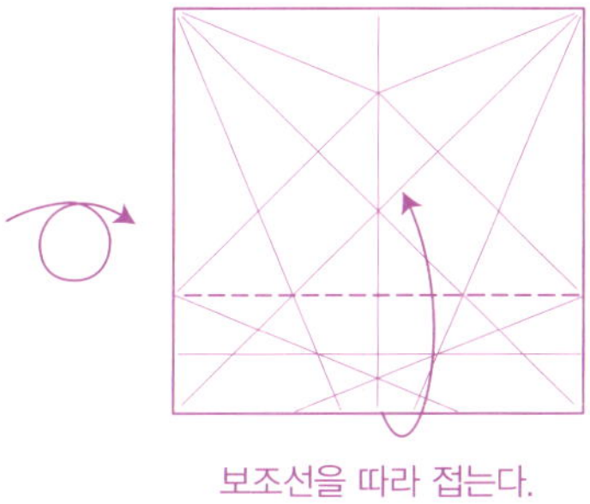

보조선을 따라 접는다.

II

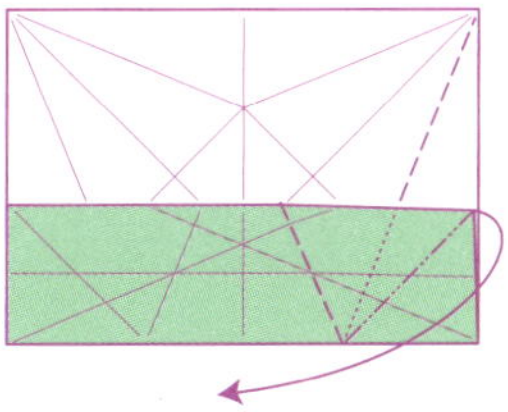

보조선을 따라 모서리를
집듯이 모아접는다.

12

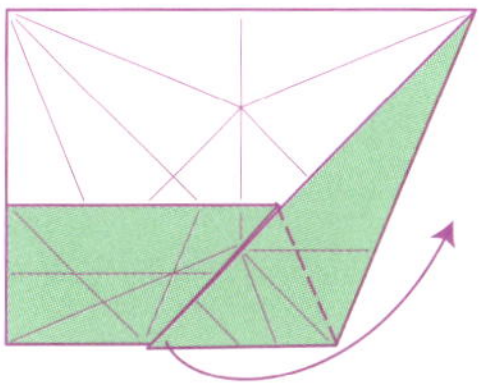

모서리를 화살표 방향으로
접는다.

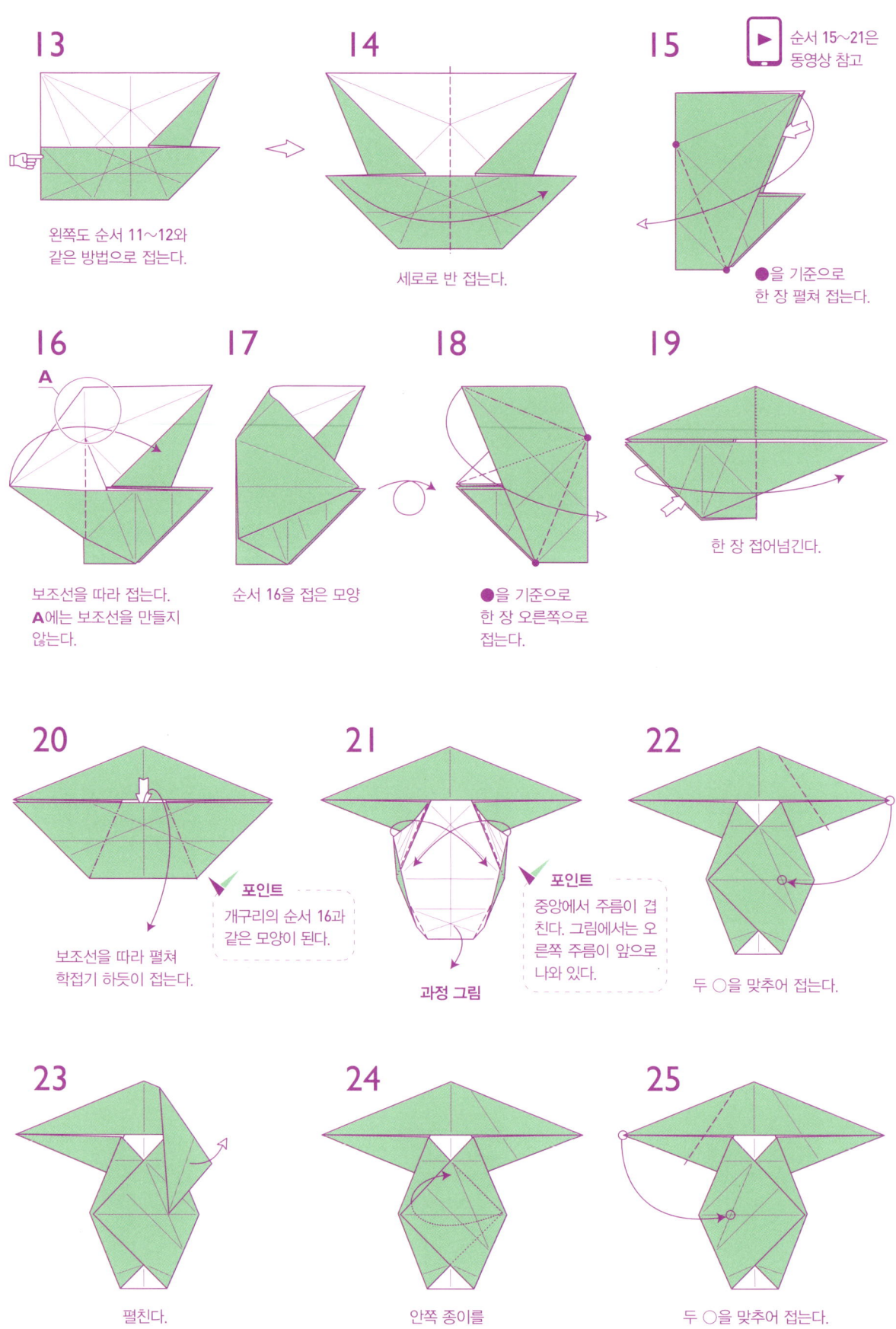

13

왼쪽도 순서 11~12와
같은 방법으로 접는다.

14

세로로 반 접는다.

15

▶ 순서 15~21은
동영상 참고

●을 기준으로
한 장 펼쳐 접는다.

16

A

보조선을 따라 접는다.
A에는 보조선을 만들지
않는다.

17

순서 16을 접은 모양

18

●을 기준으로
한 장 오른쪽으로
접는다.

19

한 장 접어넘긴다.

20

보조선을 따라 펼쳐
학접기 하듯이 접는다.

✔ 포인트
개구리의 순서 16과
같은 모양이 된다.

21

✔ 포인트
중앙에서 주름이 겹
친다. 그림에서는 오
른쪽 주름이 앞으로
나와 있다.

과정 그림

22

두 ○을 맞추어 접는다.

23

펼친다.

24

안쪽 종이를
밖으로 꺼낸다.

25

두 ○을 맞추어 접는다.

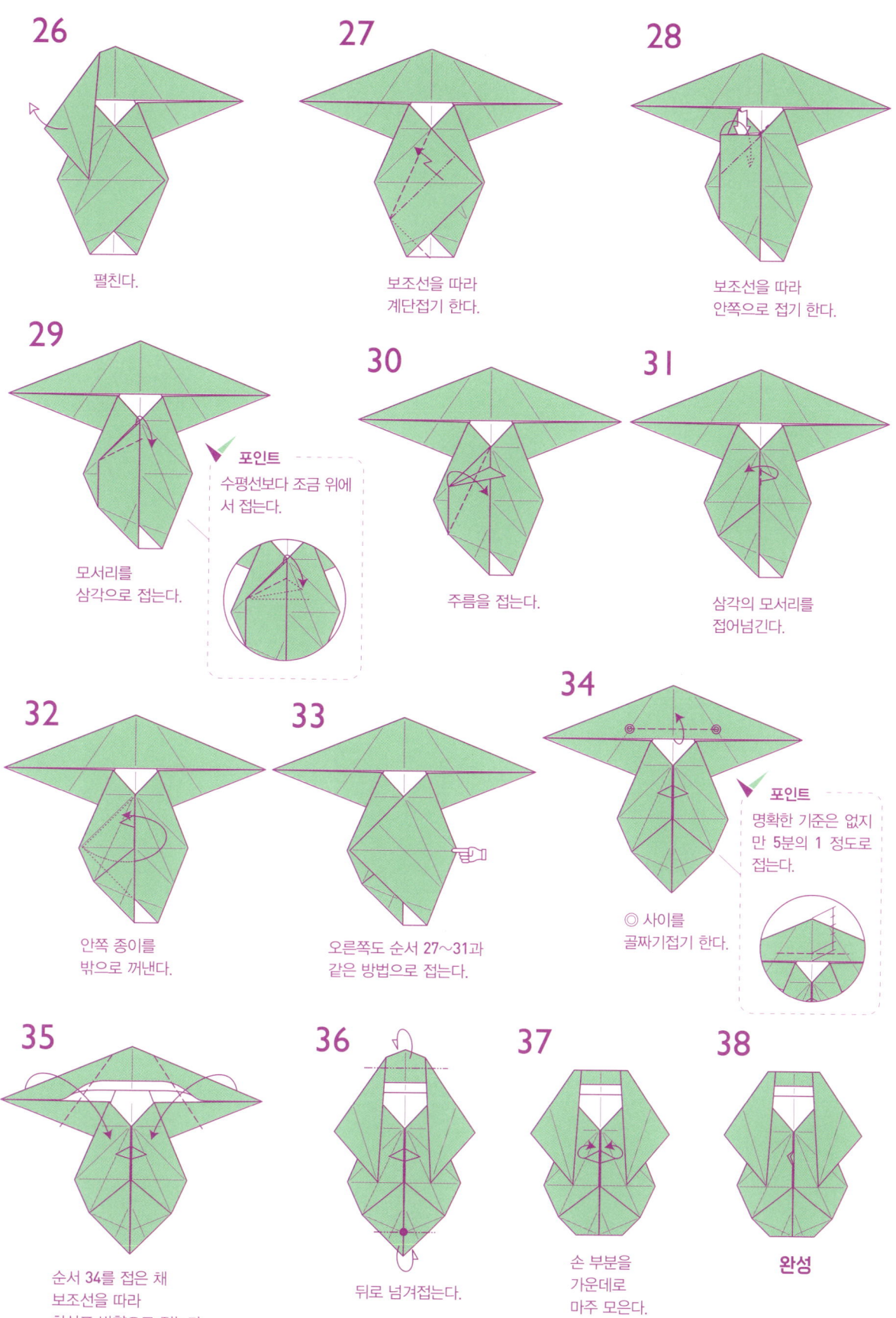

26

펼친다.

27

보조선을 따라
계단접기 한다.

28

보조선을 따라
안쪽으로 접기 한다.

29

모서리를
삼각으로 접는다.

포인트
수평선보다 조금 위에
서 접는다.

30

주름을 접는다.

31

삼각의 모서리를
접어넘긴다.

32

안쪽 종이를
밖으로 꺼낸다.

33

오른쪽도 순서 27~31과
같은 방법으로 접는다.

34

◎ 사이를
골짜기접기 한다.

포인트
명확한 기준은 없지
만 5분의 1 정도로
접는다.

35

순서 34를 접은 채
보조선을 따라
화살표 방향으로 접는다.

36

뒤로 넘겨접는다.

37

손 부분을
가운데로
마주 모은다.

38

완성

티라노사우루스 Tyrannosaurus

전승 종이접기 기본형의 대표라면 역시 학접기 기본형을 들 수 있다. 학접기 기본형을 활용한 것이라고는 상상할 수 없는 공룡 티라노사우루스를 접어 보자.

사용한 종이
15~24cm

75%

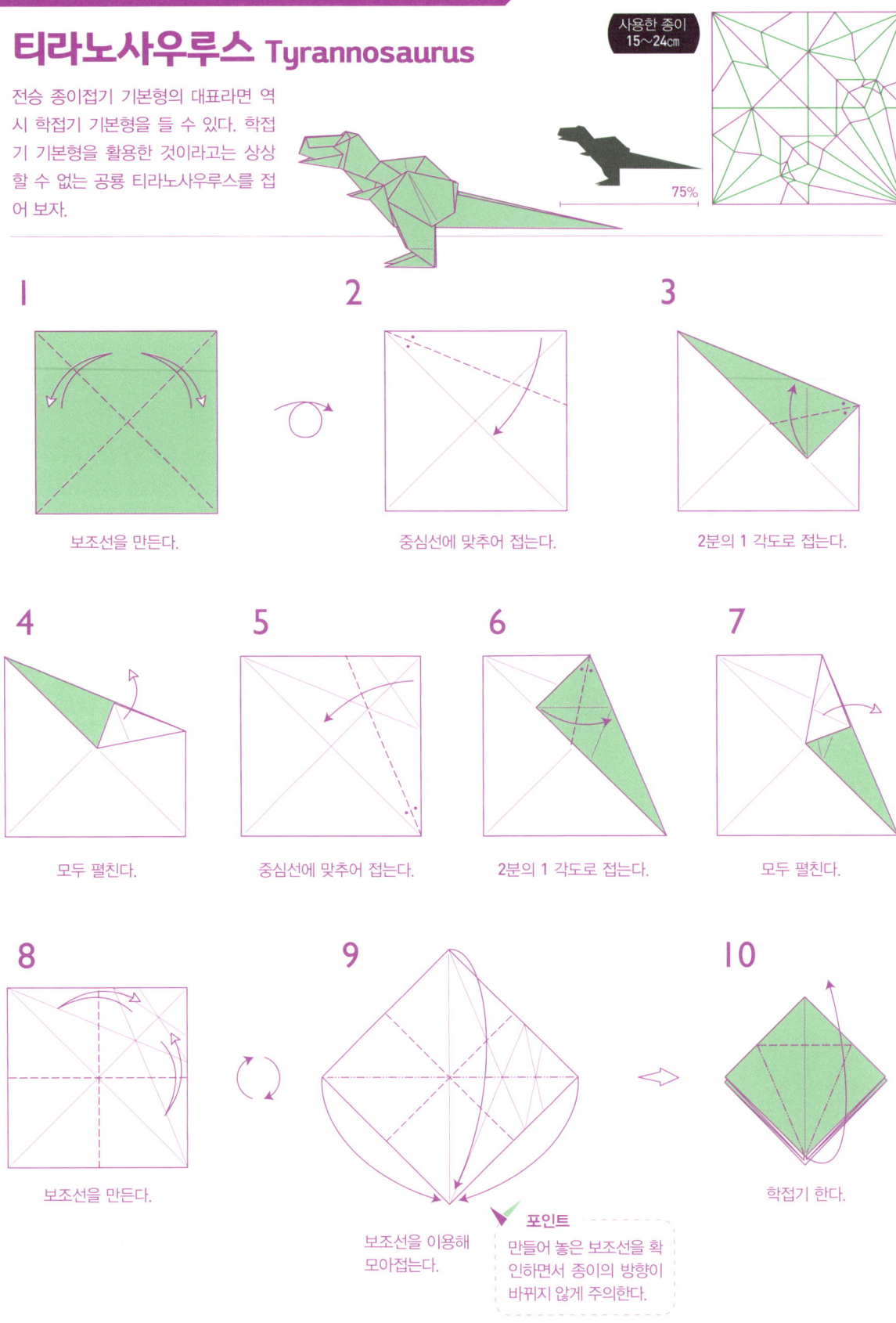

1

보조선을 만든다.

2

중심선에 맞추어 접는다.

3

2분의 1 각도로 접는다.

4

모두 펼친다.

5

중심선에 맞추어 접는다.

6

2분의 1 각도로 접는다.

7

모두 펼친다.

8

보조선을 만든다.

9

보조선을 이용해
모아접는다.

포인트
만들어 놓은 보조선을 확인하면서 종이의 방향이 바뀌지 않게 주의한다.

10

학접기 한다.

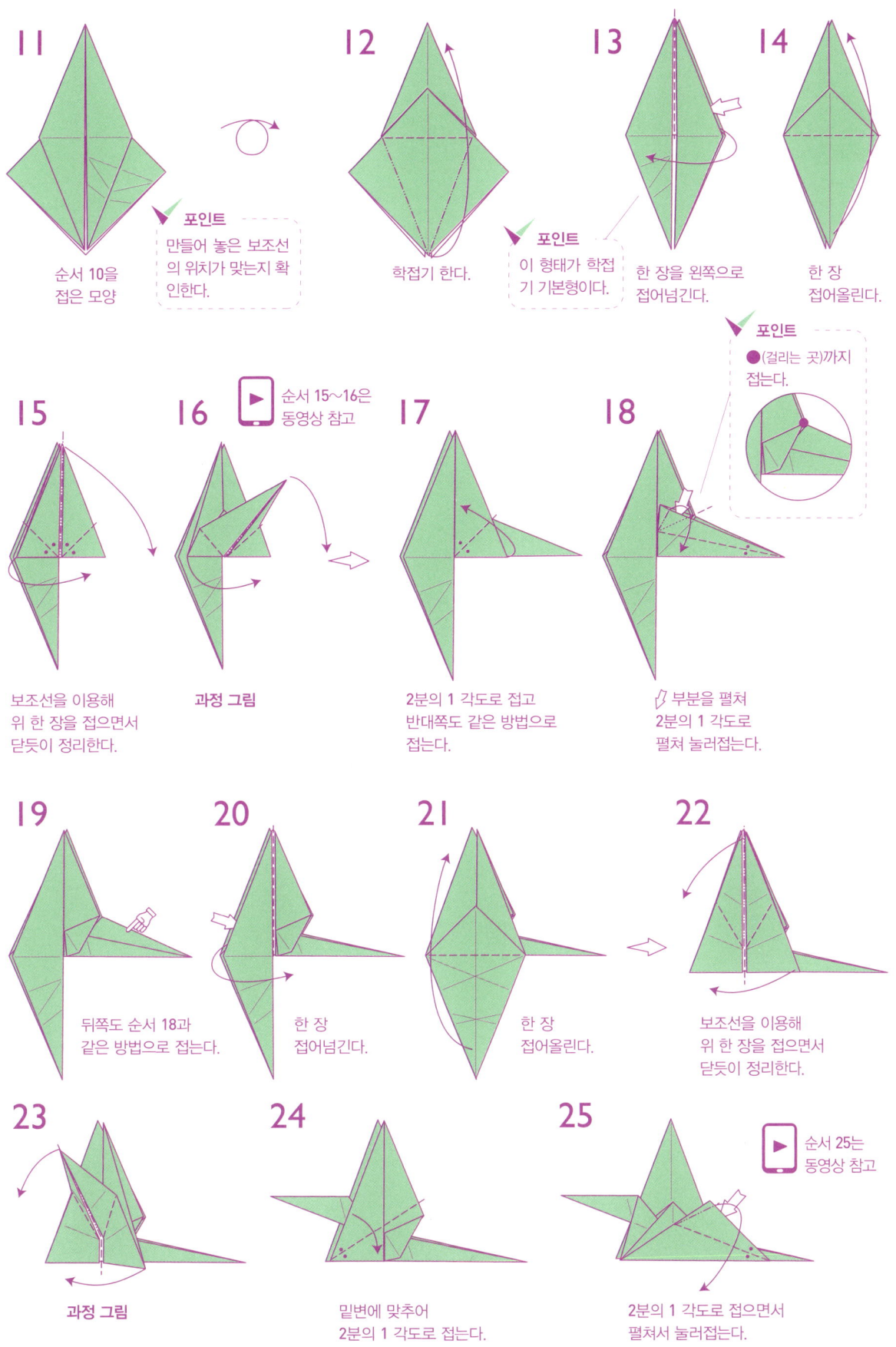

11

순서 10을
접은 모양

포인트
만들어 놓은 보조선
의 위치가 맞는지 확
인한다.

12

학접기 한다.

포인트
이 형태가 학접
기 기본형이다.

13

한 장을 왼쪽으로
접어넘긴다.

14

한 장
접어올린다.

포인트
●(걸리는 곳)까지
접는다.

15

보조선을 이용해
위 한 장을 접으면서
닫듯이 정리한다.

16

과정 그림

▶ 순서 15~16은
동영상 참고

17

2분의 1 각도로 접고
반대쪽도 같은 방법으로
접는다.

18

↗ 부분을 펼쳐
2분의 1 각도로
펼쳐 눌러접는다.

19

뒤쪽도 순서 18과
같은 방법으로 접는다.

20

한 장
접어넘긴다.

21

한 장
접어올린다.

22

보조선을 이용해
위 한 장을 접으면서
닫듯이 정리한다.

23

과정 그림

24

밑변에 맞추어
2분의 1 각도로 접는다.

25

▶ 순서 25는
동영상 참고

2분의 1 각도로 접으면서
펼쳐서 눌러접는다.

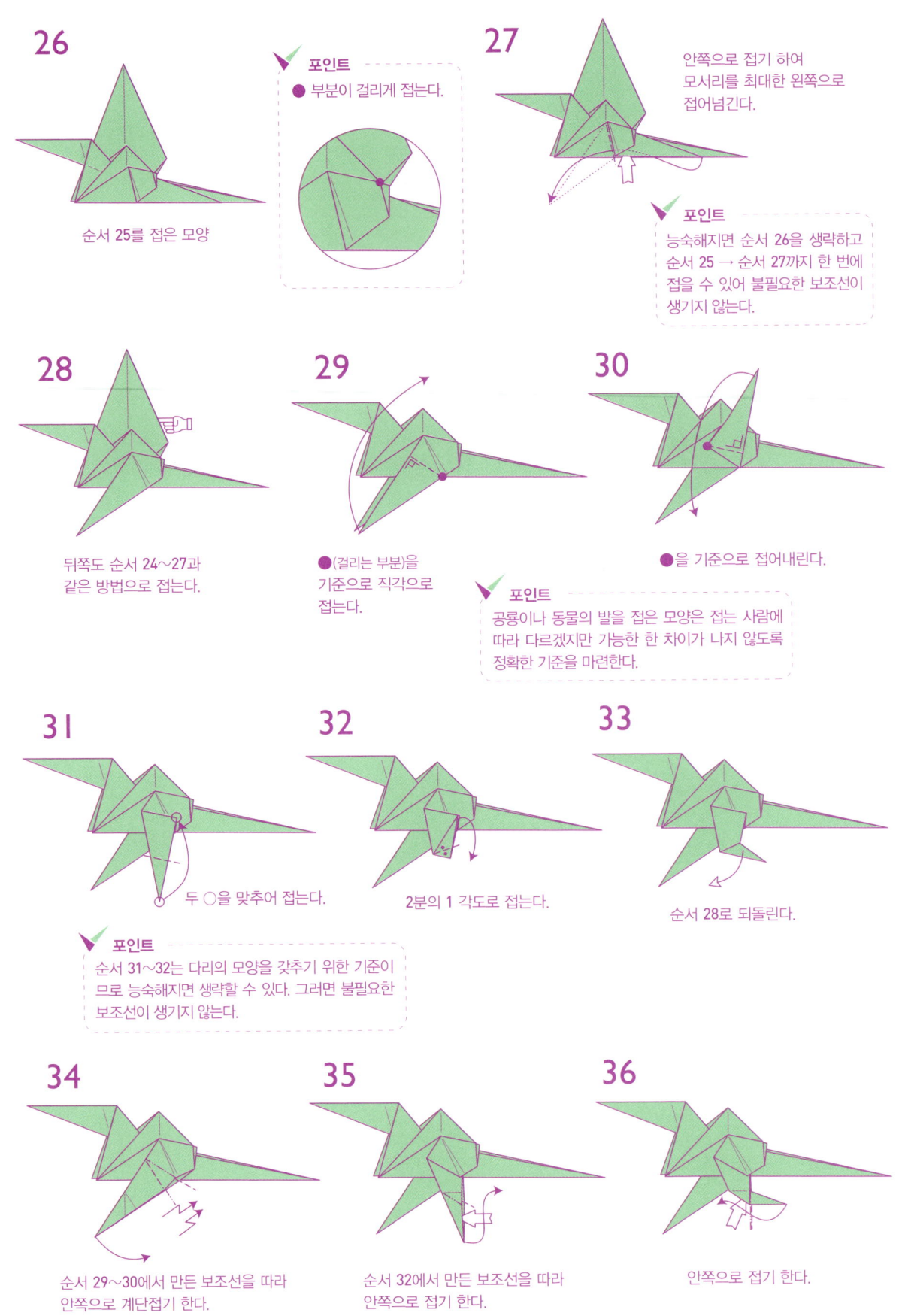

26

순서 25를 접은 모양

포인트
● 부분이 걸리게 접는다.

27

안쪽으로 접기 하여
모서리를 최대한 왼쪽으로
접어넘긴다.

포인트
능숙해지면 순서 26을 생략하고
순서 25 → 순서 27까지 한 번에
접을 수 있어 불필요한 보조선이
생기지 않는다.

28

뒤쪽도 순서 24~27과
같은 방법으로 접는다.

29

●(걸리는 부분)을
기준으로 직각으로
접는다.

30

●을 기준으로 접어내린다.

포인트
공룡이나 동물의 발을 접은 모양은 접는 사람에
따라 다르겠지만 가능한 한 차이가 나지 않도록
정확한 기준을 마련한다.

31

두 ○을 맞추어 접는다.

포인트
순서 31~32는 다리의 모양을 갖추기 위한 기준이
므로 능숙해지면 생략할 수 있다. 그러면 불필요한
보조선이 생기지 않는다.

32

2분의 1 각도로 접는다.

33

순서 28로 되돌린다.

34

순서 29~30에서 만든 보조선을 따라
안쪽으로 계단접기 한다.

35

순서 32에서 만든 보조선을 따라
안쪽으로 접기 한다.

36

안쪽으로 접기 한다.

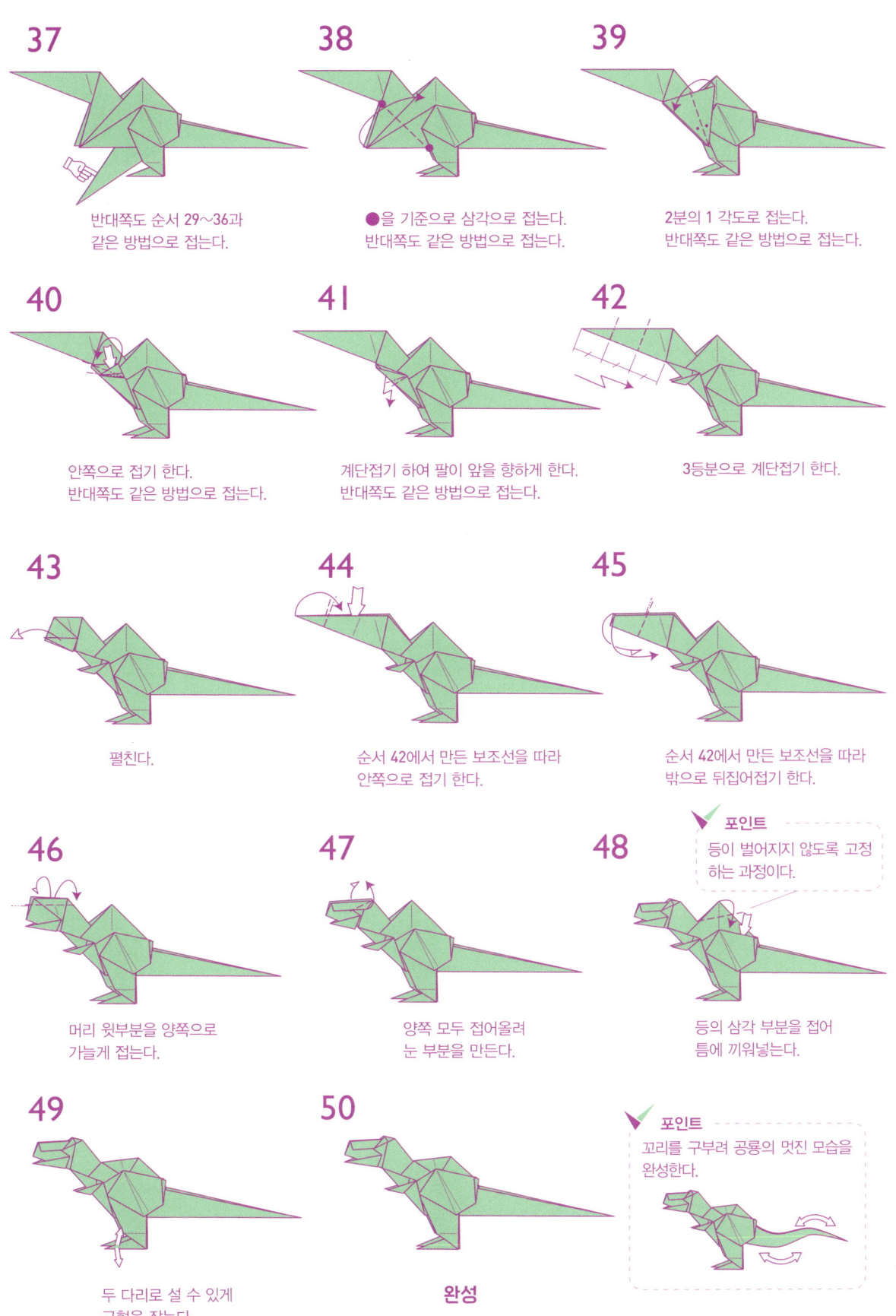

37

반대쪽도 순서 29~36과
같은 방법으로 접는다.

38

●을 기준으로 삼각으로 접는다.
반대쪽도 같은 방법으로 접는다.

39

2분의 1 각도로 접는다.
반대쪽도 같은 방법으로 접는다.

40

안쪽으로 접기 한다.
반대쪽도 같은 방법으로 접는다.

41

계단접기 하여 팔이 앞을 향하게 한다.
반대쪽도 같은 방법으로 접는다.

42

3등분으로 계단접기 한다.

43

펼친다.

44

순서 42에서 만든 보조선을 따라
안쪽으로 접기 한다.

45

순서 42에서 만든 보조선을 따라
밖으로 뒤집어접기 한다.

46

머리 윗부분을 양쪽으로
가늘게 접는다.

47

양쪽 모두 접어올려
눈 부분을 만든다.

48

✔ **포인트**
등이 벌어지지 않도록 고정
하는 과정이다.

등의 삼각 부분을 접어
틈에 끼워넣는다.

49

두 다리로 설 수 있게
균형을 잡는다.

50

완성

✔ **포인트**
꼬리를 구부려 공룡의 멋진 모습을
완성한다.

여우 Fox

다리와 꼬리, 얼굴 등을 원 영역 설계 방법으로 만든 작품이다. 꼬리와 머리를 종이 내부에서 접어 나가다 보면 색다른 재미를 느낄 것이다.

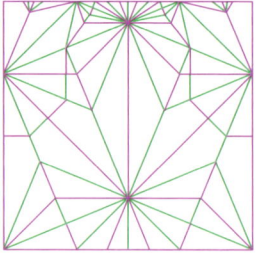

사용한 종이 35cm

58%

1

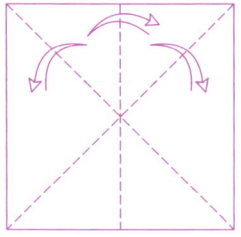

대각선과 세로로
보조선을 만든다.

2

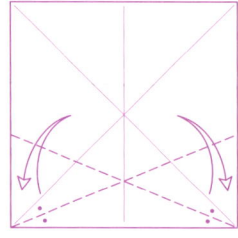

2분의 1 각도로
보조선을 만든다.

3

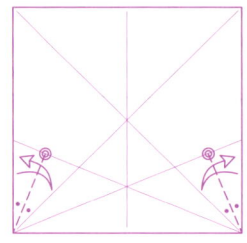

2분의 1 각도로
◎까지 보조선을 만든다.

4

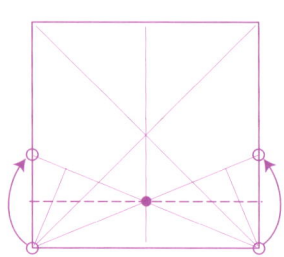

● 을 기준으로
○끼리 맞추어 접는다.

5

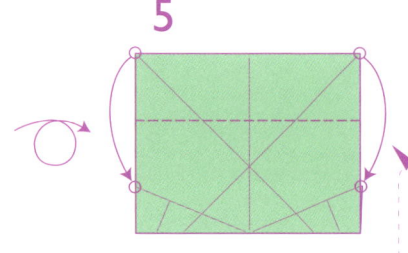

○끼리 맞추어 접는다.

> ✔ **포인트**
> 순서 5를 접음으로써 순서 6~13의 보조선을 정확한 위치에 만들 수 있다.

6

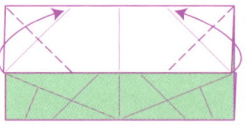

위 한 장을
삼각으로 접는다.

7

한 장을 다시 펼친다.

8

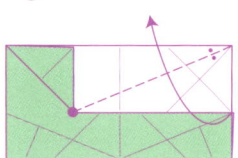

●을 기준으로 접는다.

9

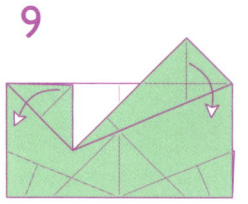

두 곳을 다시 펼친다.

10

삼각으로 접는다.

11

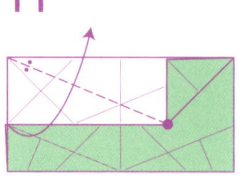

●을 기준으로 접는다.

12

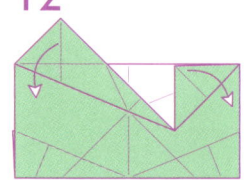

두 곳을 다시 펼친다.

13

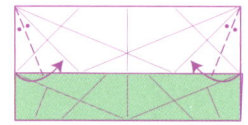

2분의 1 각도로 접는다.

14

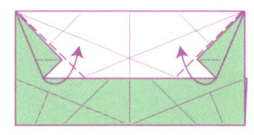

보조선을 따라
골짜기접기 한다.

15

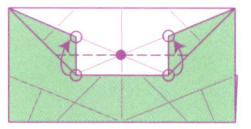

●을 기준으로
○끼리 맞추어 접는다.

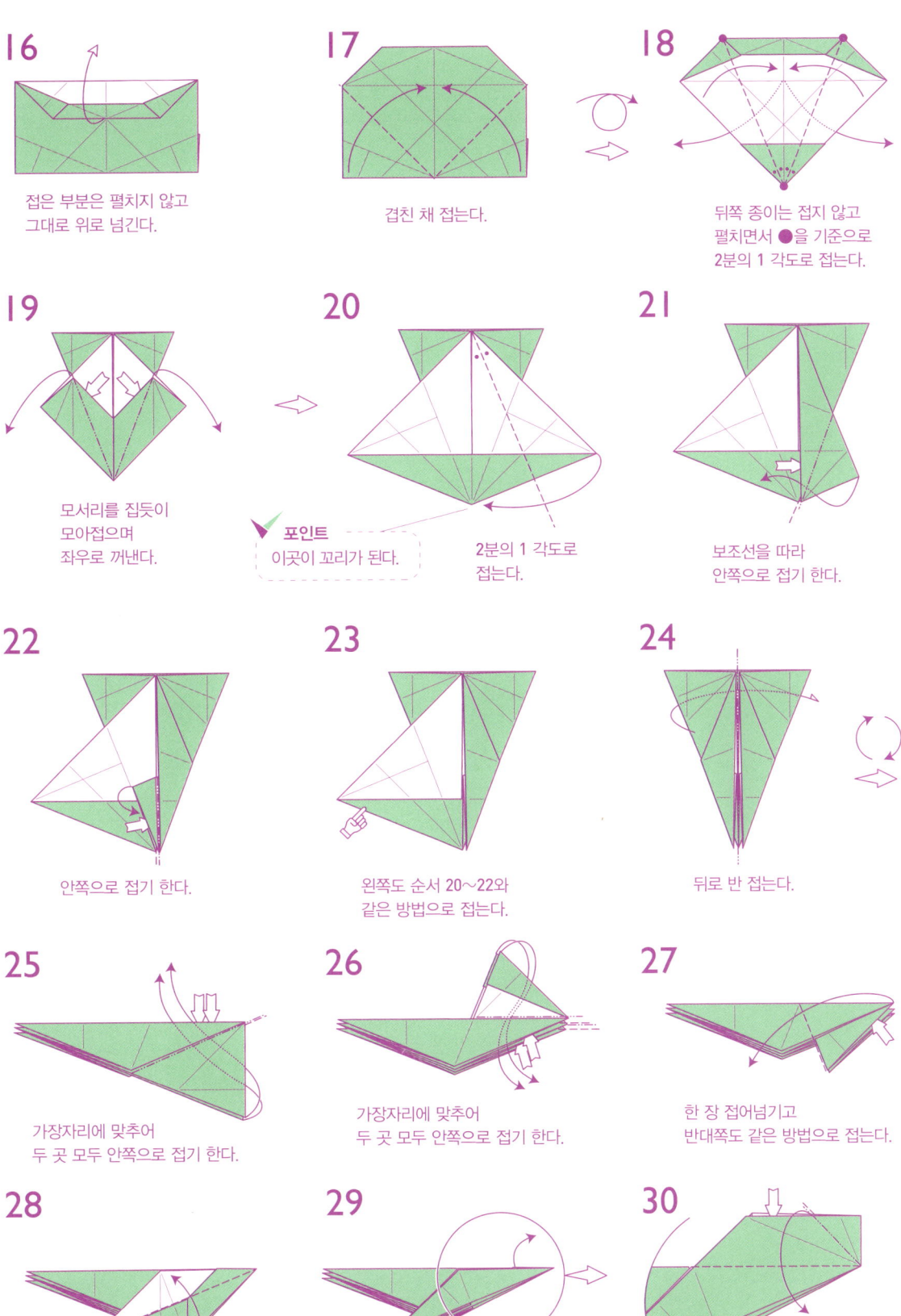

16

접은 부분은 펼치지 않고
그대로 위로 넘긴다.

17

겹친 채 접는다.

18

뒤쪽 종이는 접지 않고
펼치면서 ●을 기준으로
2분의 1 각도로 접는다.

19

모서리를 집듯이
모아접으며
좌우로 꺼낸다.

20

✔ **포인트**
이곳이 꼬리가 된다.

2분의 1 각도로
접는다.

21

보조선을 따라
안쪽으로 접기 한다.

22

안쪽으로 접기 한다.

23

왼쪽도 순서 20~22와
같은 방법으로 접는다.

24

뒤로 반 접는다.

25

가장자리에 맞추어
두 곳 모두 안쪽으로 접기 한다.

26

가장자리에 맞추어
두 곳 모두 안쪽으로 접기 한다.

27

한 장 접어넘기고
반대쪽도 같은 방법으로 접는다.

28

한 장 접어올리고
반대쪽도 같은 방법으로 접는다.

29

안에 겹쳐 있는 종이를
꺼낸다.

30

펼쳐서 눌러접는다.

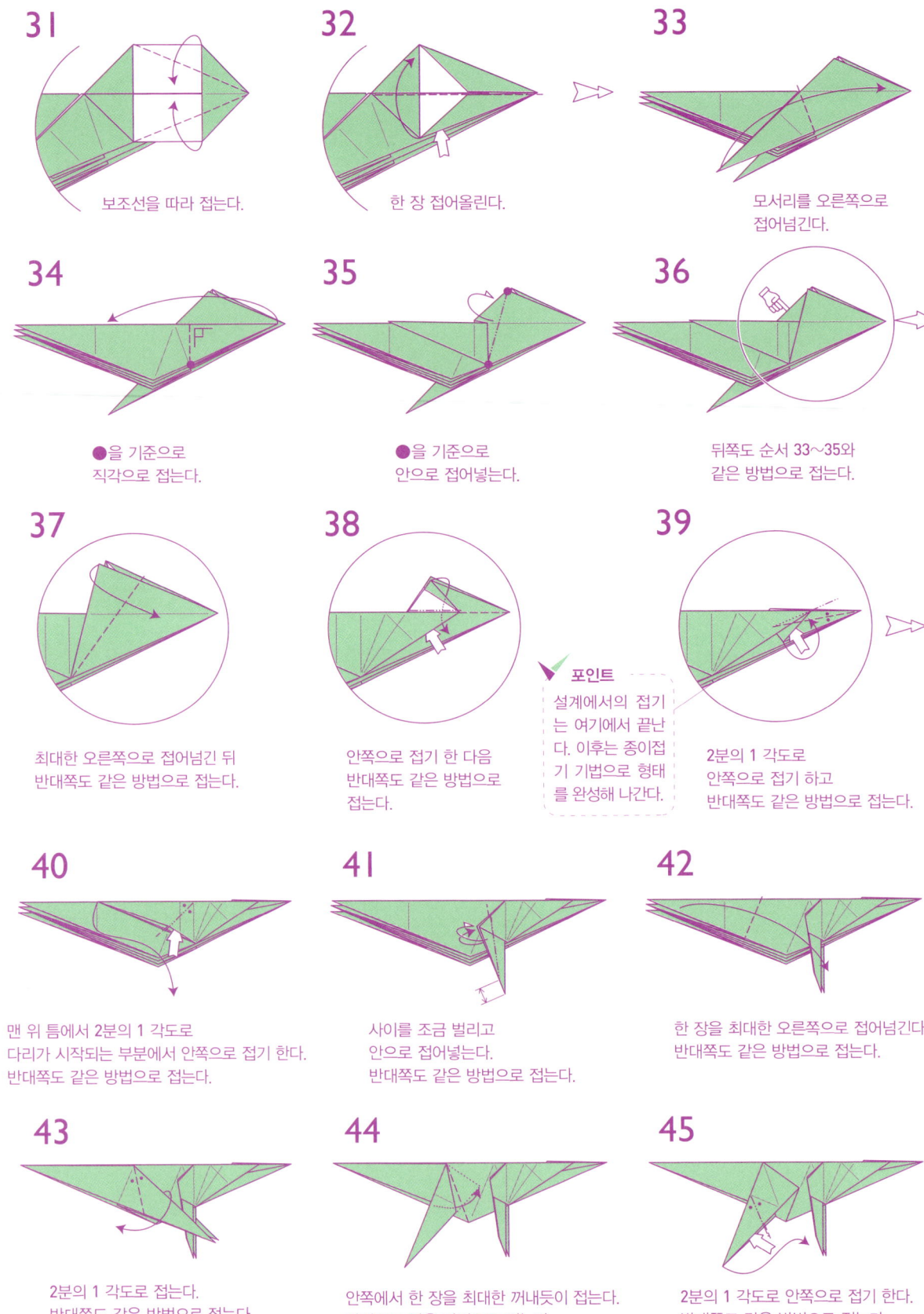

31

보조선을 따라 접는다.

32

한 장 접어올린다.

33

모서리를 오른쪽으로
접어넘긴다.

34

●을 기준으로
직각으로 접는다.

35

●을 기준으로
안으로 접어넣는다.

36

뒤쪽도 순서 33~35와
같은 방법으로 접는다.

37

최대한 오른쪽으로 접어넘긴 뒤
반대쪽도 같은 방법으로 접는다.

38

안쪽으로 접기 한 다음
반대쪽도 같은 방법으로
접는다.

포인트
설계에서의 접기
는 여기에서 끝난
다. 이후는 종이접
기 기법으로 형태
를 완성해 나간다.

39

2분의 1 각도로
안쪽으로 접기 하고
반대쪽도 같은 방법으로 접는다.

40

맨 위 틈에서 2분의 1 각도로
다리가 시작되는 부분에서 안쪽으로 접기 한다.
반대쪽도 같은 방법으로 접는다.

41

사이를 조금 벌리고
안으로 접어넣는다.
반대쪽도 같은 방법으로 접는다.

42

한 장을 최대한 오른쪽으로 접어넘긴다.
반대쪽도 같은 방법으로 접는다.

43

2분의 1 각도로 접는다.
반대쪽도 같은 방법으로 접는다.

44

안쪽에서 한 장을 최대한 꺼내듯이 접는다.
반대쪽도 같은 방법으로 접는다.

45

2분의 1 각도로 안쪽으로 접기 한다.
반대쪽도 같은 방법으로 접는다.

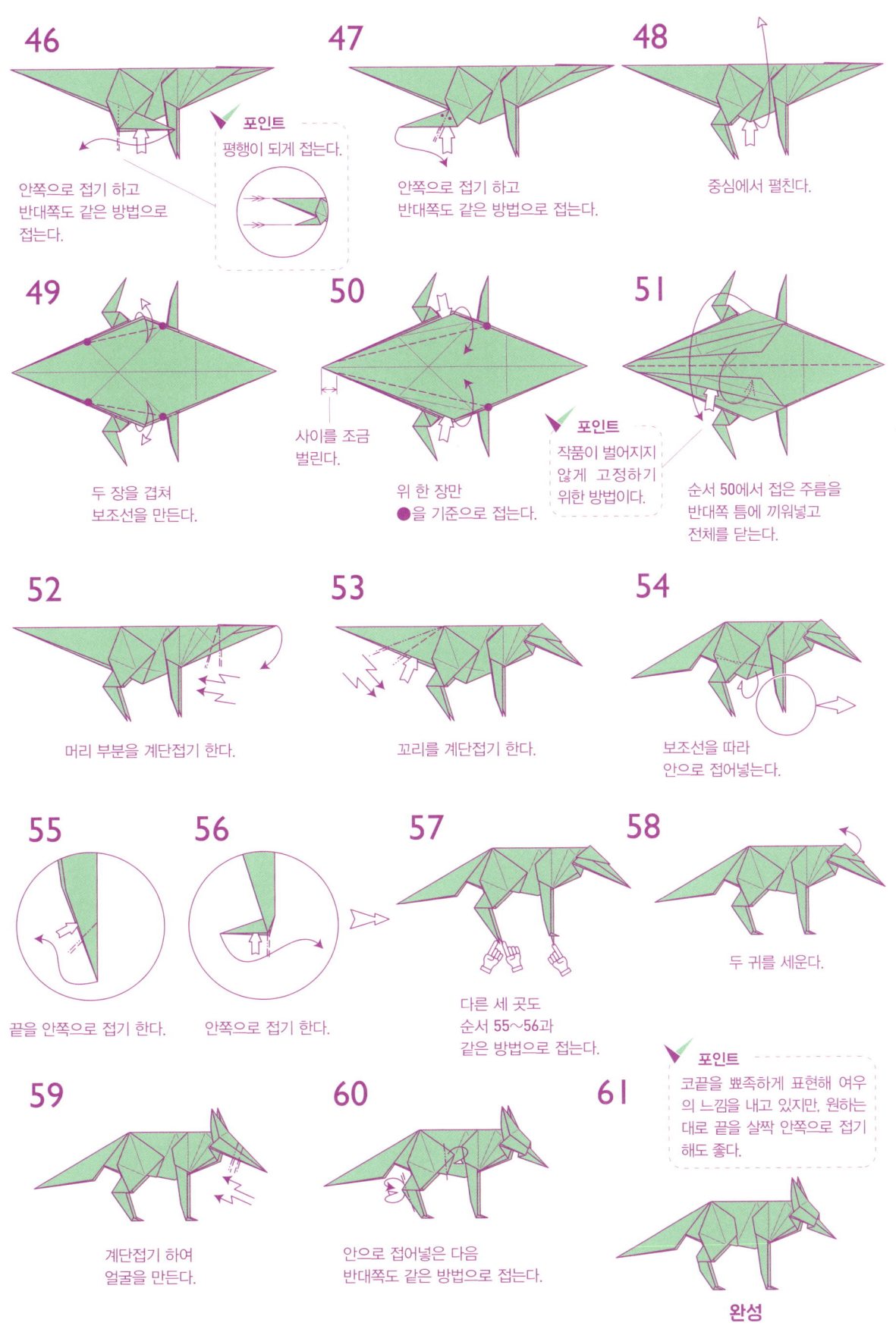

46

안쪽으로 접기 하고
반대쪽도 같은 방법으로
접는다.

✔ **포인트**
평행이 되게 접는다.

47

안쪽으로 접기 하고
반대쪽도 같은 방법으로 접는다.

48

중심에서 펼친다.

49

두 장을 겹쳐
보조선을 만든다.

50

사이를 조금
벌린다.

위 한 장만
●을 기준으로 접는다.

✔ **포인트**
작품이 벌어지지
않게 고정하기
위한 방법이다.

51

순서 50에서 접은 주름을
반대쪽 틈에 끼워넣고
전체를 닫는다.

52

머리 부분을 계단접기 한다.

53

꼬리를 계단접기 한다.

54

보조선을 따라
안으로 접어넣는다.

55

끝을 안쪽으로 접기 한다.

56

안쪽으로 접기 한다.

57

다른 세 곳도
순서 55~56과
같은 방법으로 접는다.

58

두 귀를 세운다.

✔ **포인트**
코끝을 뾰족하게 표현해 여우
의 느낌을 내고 있지만, 원하는
대로 끝을 살짝 안쪽으로 접기
해도 좋다.

59

계단접기 하여
얼굴을 만든다.

60

안으로 접어넣은 다음
반대쪽도 같은 방법으로 접는다.

61

완성

히포캄포스 Hippocampus

그리스 신화 속 괴물로 상반신은 말, 하반신은 물고기이다. 얼굴 부분에는 유니콘에서 접은 얼굴을 이용했다. 다른 작품에서 접은 일부를 활용하는 것도 창작의 한 방법이다.

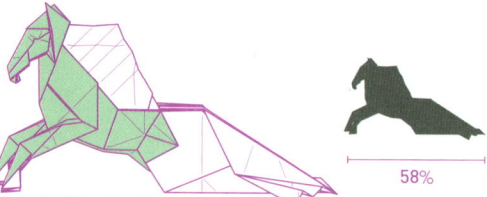

사용한 종이 35cm

58%

1

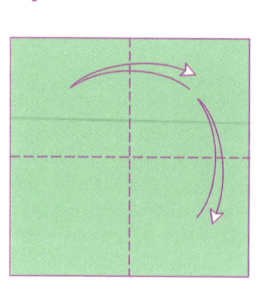

보조선을 만든다.

2

2분의 1 너비로
보조선을 만든다.

3

2분의 1 너비로
보조선을 만든다.

4

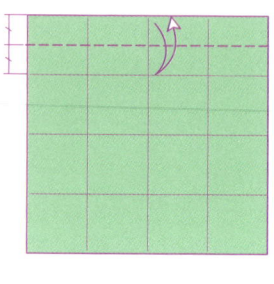

2분의 1 너비로
보조선을 만든다.

5

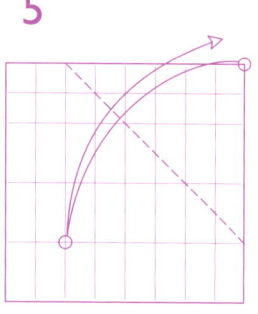

두 ○을 맞추어
보조선을 만든다.

6

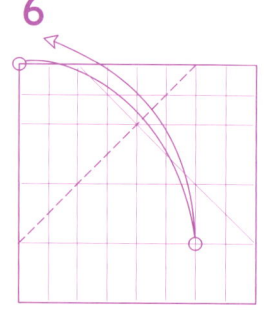

두 ○을 맞추어
보조선을 만든다.

7

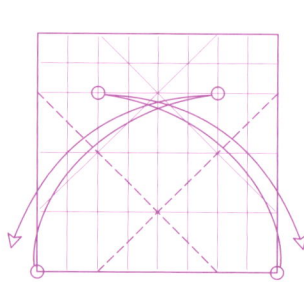

아래쪽도 순서 5~6과
같은 방법으로 보조선을 만든다.

포인트
종이 방향에 주의하면서 접는다.

8

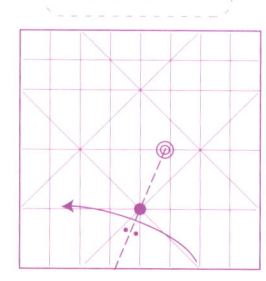

●을 기준으로 2분의 1 각도로
◎까지 접는다.

9

포인트
보조선 만드는 과정
이 이어진다.

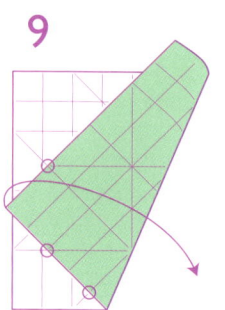

○이 미리 접어 둔
보조선과 일치하는지
확인하고 펼친다.

10

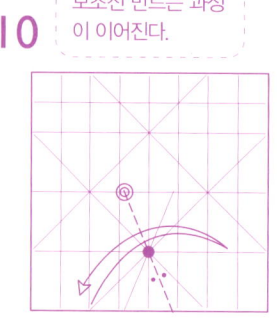

순서 8~9와 같은 방법으로
보조선을 만든다.

11

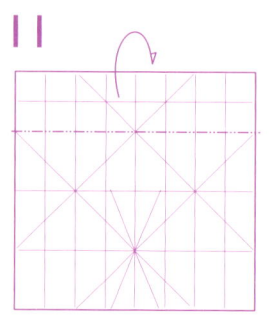

뒤로 접는다.

12

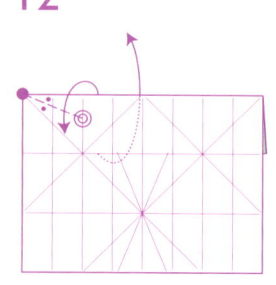

뒤쪽 종이는 접지 않고 펼치면서
●을 기준으로 2분의 1 각도로
◎까지 접는다.

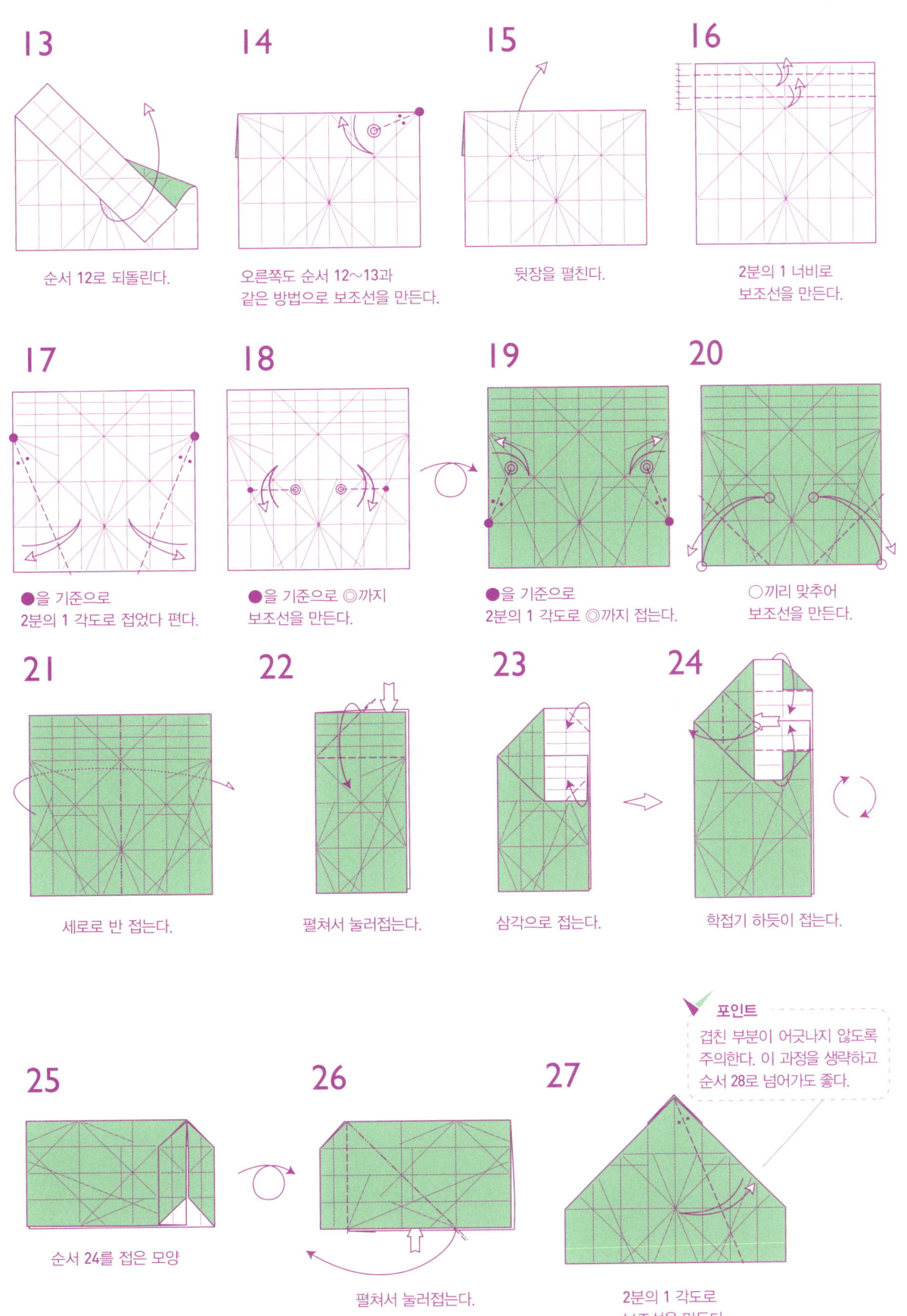

13

순서 12로 되돌린다.

14

오른쪽도 순서 12~13과
같은 방법으로 보조선을 만든다.

15

뒷장을 펼친다.

16

2분의 1 너비로
보조선을 만든다.

17

●을 기준으로
2분의 1 각도로 접었다 편다.

18

●을 기준으로 ◎까지
보조선을 만든다.

19

●을 기준으로
2분의 1 각도로 ◎까지 접는다.

20

○끼리 맞추어
보조선을 만든다.

21

세로로 반 접는다.

22

펼쳐서 눌러접는다.

23

삼각으로 접는다.

24

학접기 하듯이 접는다.

포인트
겹친 부분이 어긋나지 않도록
주의한다. 이 과정을 생략하고
순서 28로 넘어가도 좋다.

25

순서 24를 접은 모양

26

펼쳐서 눌러접는다.

27

2분의 1 각도로
보조선을 만든다.

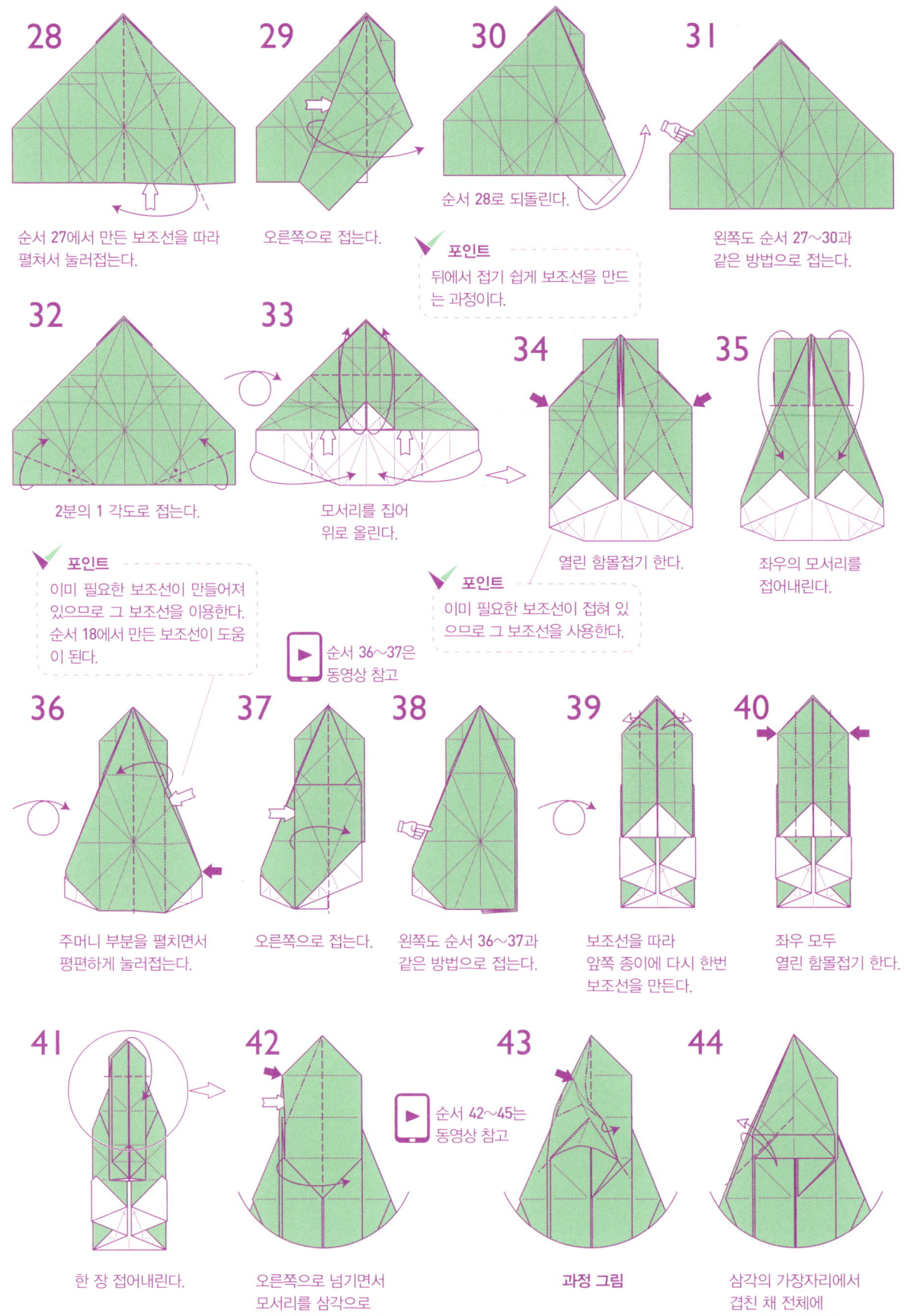

28

순서 27에서 만든 보조선을 따라
펼쳐서 눌러접는다.

29

오른쪽으로 접는다.

30

순서 28로 되돌린다.

✔ **포인트**
뒤에서 접기 쉽게 보조선을 만드
는 과정이다.

31

왼쪽도 순서 27~30과
같은 방법으로 접는다.

32

2분의 1 각도로 접는다.

✔ **포인트**
이미 필요한 보조선이 만들어져
있으므로 그 보조선을 이용한다.
순서 18에서 만든 보조선이 도움
이 된다.

33

모서리를 집어
위로 올린다.

34

열린 함몰접기 한다.

✔ **포인트**
이미 필요한 보조선이 접혀 있
으므로 그 보조선을 사용한다.

35

좌우의 모서리를
접어내린다.

📱 순서 36~37은
동영상 참고

36

주머니 부분을 펼치면서
평편하게 눌러접는다.

37

오른쪽으로 접는다.

38

왼쪽도 순서 36~37과
같은 방법으로 접는다.

39

보조선을 따라
앞쪽 종이에 다시 한번
보조선을 만든다.

40

좌우 모두
열린 함몰접기 한다.

41

한 장 접어내린다.

42

오른쪽으로 넘기면서
모서리를 삼각으로
평편하게 눌러접는다.

📱 순서 42~45는
동영상 참고

43

과정 그림

44

삼각의 가장자리에서
겹친 채 전체에
보조선을 만든다.

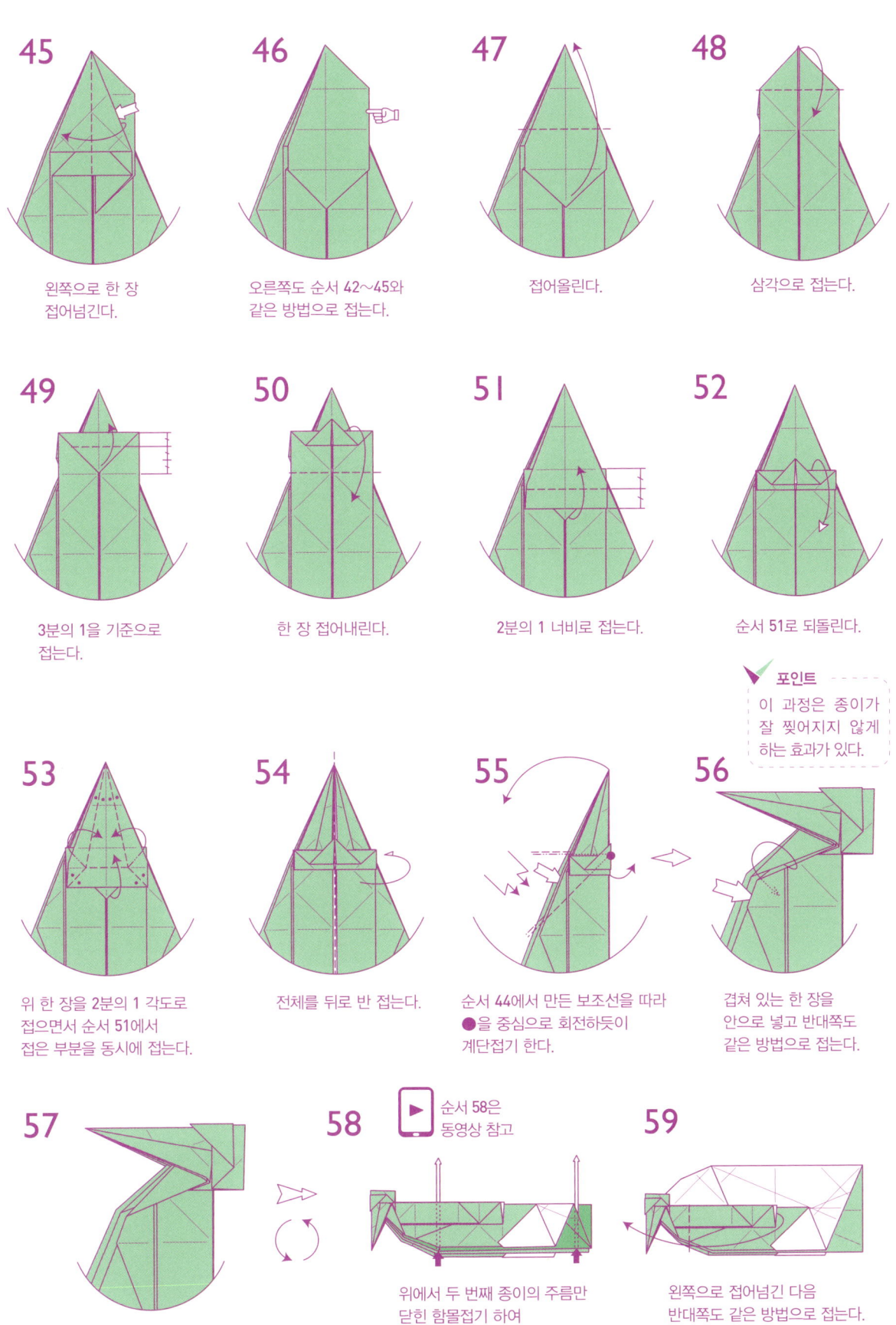

45

왼쪽으로 한 장
접어넘긴다.

46

오른쪽도 순서 42~45와
같은 방법으로 접는다.

47

접어올린다.

48

삼각으로 접는다.

49

3분의 1을 기준으로
접는다.

50

한 장 접어내린다.

51

2분의 1 너비로 접는다.

52

순서 51로 되돌린다.

✔ **포인트**
이 과정은 종이가
잘 찢어지지 않게
하는 효과가 있다.

53

위 한 장을 2분의 1 각도로
접으면서 순서 51에서
접은 부분을 동시에 접는다.

54

전체를 뒤로 반 접는다.

55

순서 44에서 만든 보조선을 따라
●을 중심으로 회전하듯이
계단접기 한다.

56

겹쳐 있는 한 장을
안으로 넣고 반대쪽도
같은 방법으로 접는다.

57

순서 56을 접은 모양

58 ▶ 순서 58은
동영상 참고

위에서 두 번째 종이의 주름만
닫힌 함몰접기 하여
반대쪽으로 넘긴다.

59

왼쪽으로 접어넘긴 다음
반대쪽도 같은 방법으로 접는다.

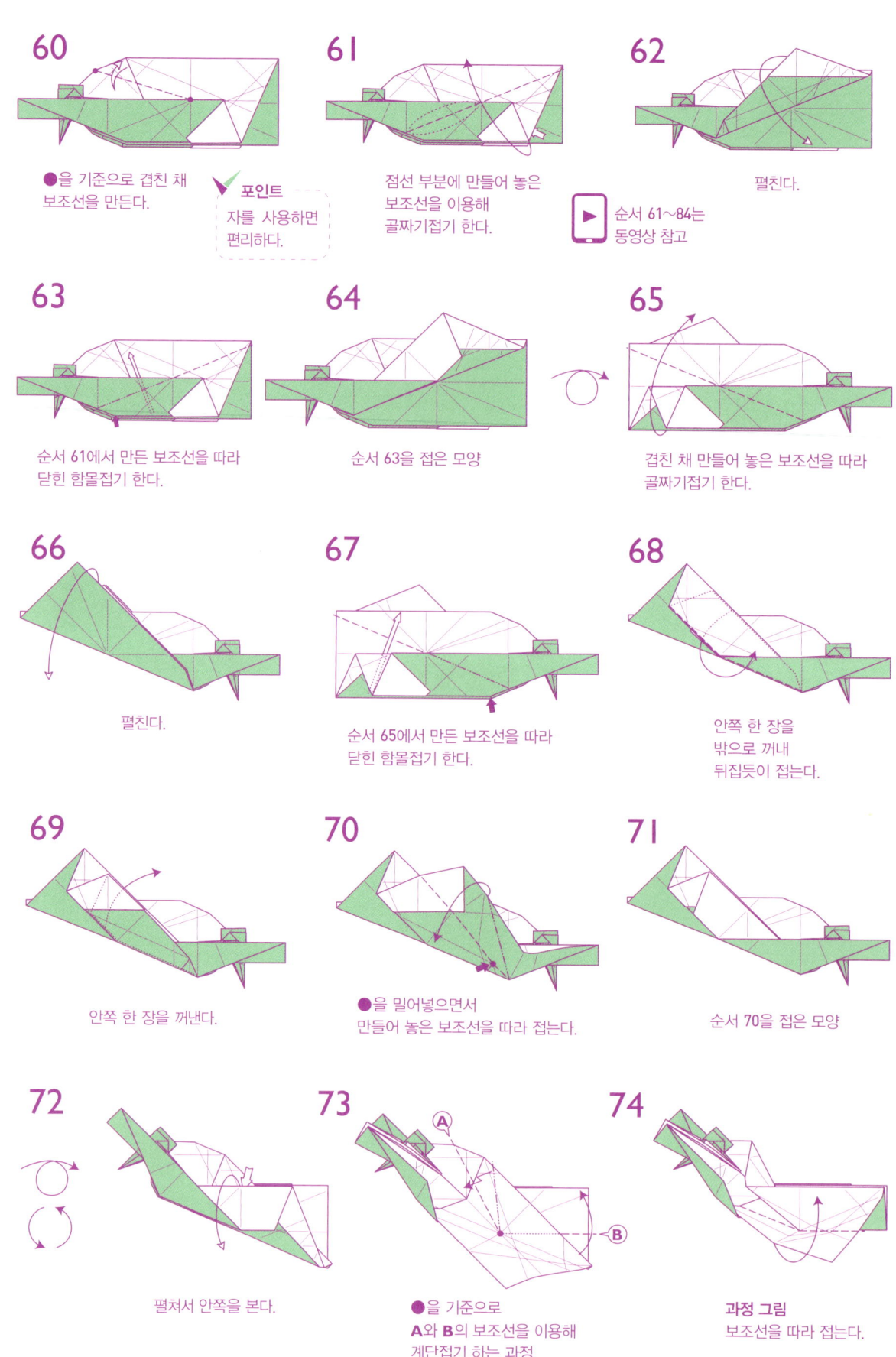

60
●을 기준으로 겹친 채
보조선을 만든다.

포인트
자를 사용하면
편리하다.

61
점선 부분에 만들어 놓은
보조선을 이용해
골짜기접기 한다.

순서 61~84는
동영상 참고

62
펼친다.

63
순서 61에서 만든 보조선을 따라
닫힌 함몰접기 한다.

64
순서 63을 접은 모양

65
겹친 채 만들어 놓은 보조선을 따라
골짜기접기 한다.

66
펼친다.

67
순서 65에서 만든 보조선을 따라
닫힌 함몰접기 한다.

68
안쪽 한 장을
밖으로 꺼내
뒤집듯이 접는다.

69
안쪽 한 장을 꺼낸다.

70
●을 밀어넣으면서
만들어 놓은 보조선을 따라 접는다.

71
순서 70을 접은 모양

72
펼쳐서 안쪽을 본다.

73
●을 기준으로
A와 **B**의 보조선을 이용해
계단접기 하는 과정

74
과정 그림
보조선을 따라 접는다.

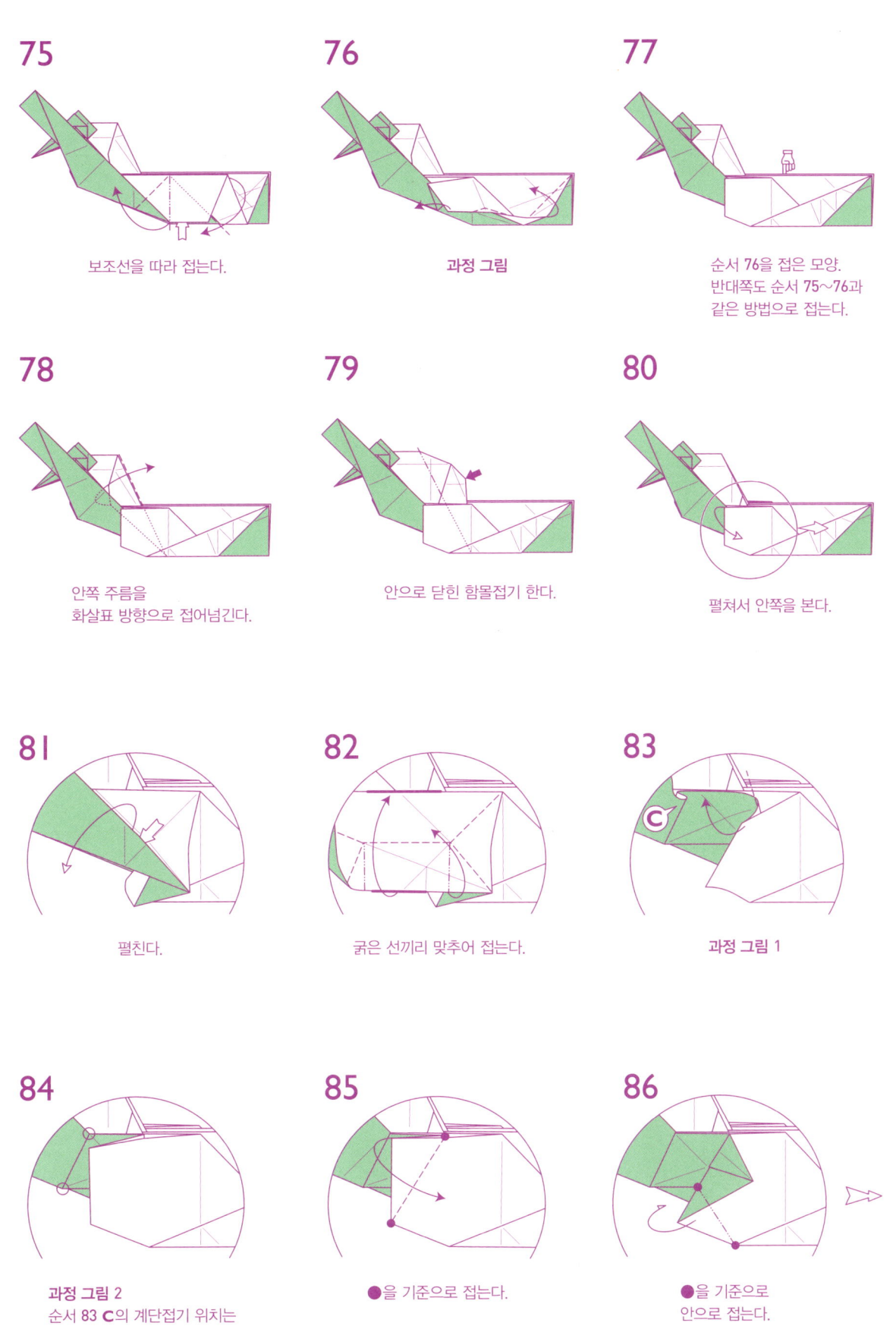

75

보조선을 따라 접는다.

76

과정 그림

77

순서 **76**을 접은 모양.
반대쪽도 순서 **75~76**과
같은 방법으로 접는다.

78

안쪽 주름을
화살표 방향으로 접어넘긴다.

79

안으로 닫힌 함몰접기 한다.

80

펼쳐서 안쪽을 본다.

81

펼친다.

82

굵은 선끼리 맞추어 접는다.

83

과정 그림 1

84

과정 그림 2
순서 **83 C**의 계단접기 위치는
○을 기준으로 맞춘다.

85

●을 기준으로 접는다.

86

●을 기준으로
안으로 접는다.

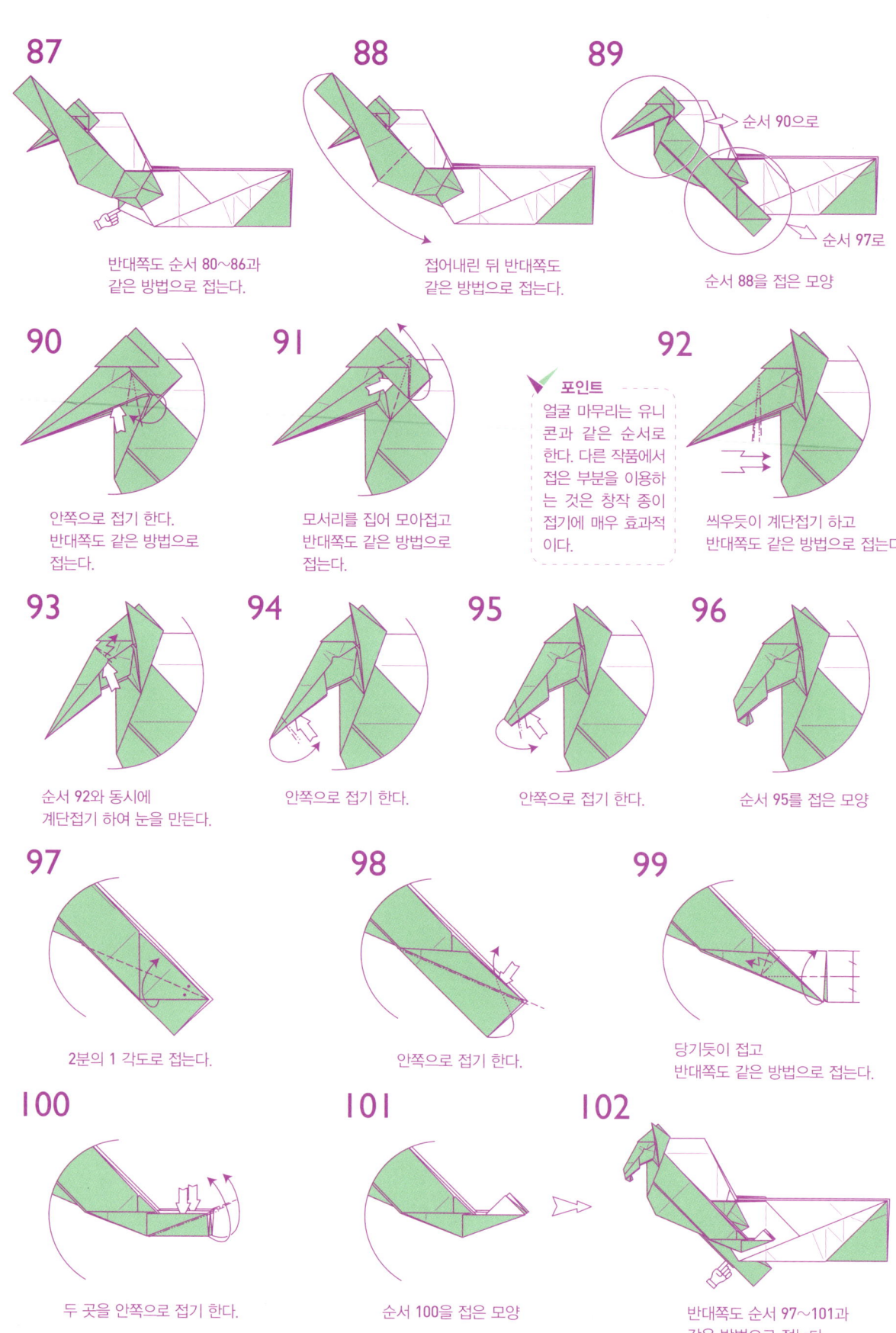

87

반대쪽도 순서 80~86과
같은 방법으로 접는다.

88

접어내린 뒤 반대쪽도
같은 방법으로 접는다.

89

순서 90으로

순서 97로

순서 88을 접은 모양

90

안쪽으로 접기 한다.
반대쪽도 같은 방법으로
접는다.

91

모서리를 집어 모아접고
반대쪽도 같은 방법으로
접는다.

✔ **포인트**

얼굴 마무리는 유니
콘과 같은 순서로
한다. 다른 작품에서
접은 부분을 이용하
는 것은 창작 종이
접기에 매우 효과적
이다.

92

씌우듯이 계단접기 하고
반대쪽도 같은 방법으로 접는다.

93

순서 92와 동시에
계단접기 하여 눈을 만든다.

94

안쪽으로 접기 한다.

95

안쪽으로 접기 한다.

96

순서 95를 접은 모양

97

2분의 1 각도로 접는다.

98

안쪽으로 접기 한다.

99

당기듯이 접고
반대쪽도 같은 방법으로 접는다.

100

두 곳을 안쪽으로 접기 한다.

101

순서 100을 접은 모양

102

반대쪽도 순서 97~101과
같은 방법으로 접는다.

103

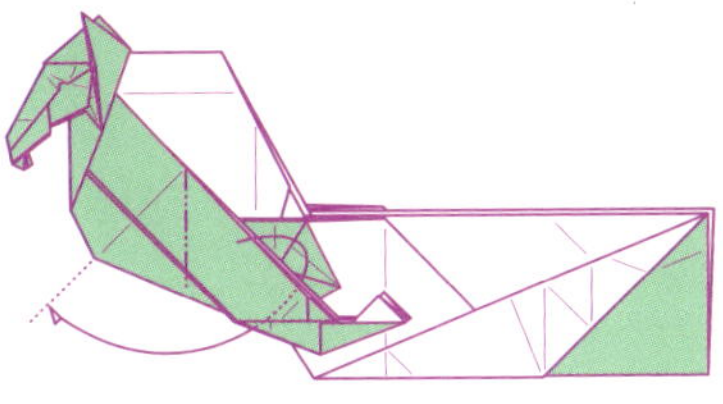

안으로 산접기 하고
반대쪽도 같은 방법으로 접는다.

104

순서 104~111은
동영상 참고

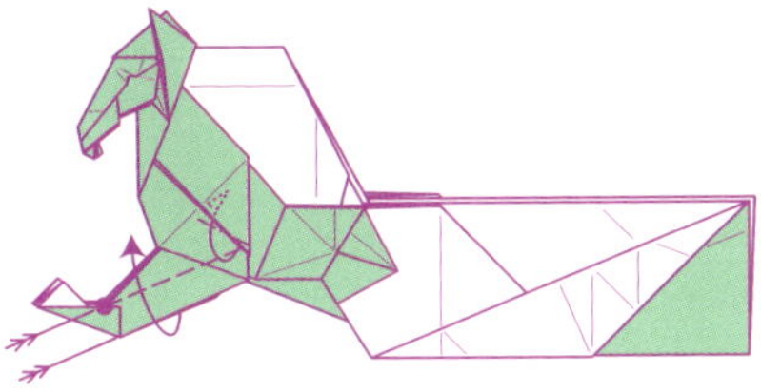

●을 기준으로 다리 위쪽 겹친 부분을
안으로 접어넣으면서 평행하게 접는다.
반대쪽도 같은 방법으로 접는다.

105

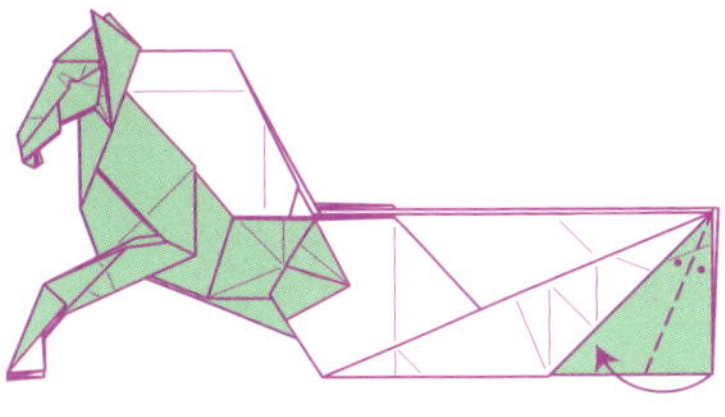

겹친 채
2분의 1 각도로 접는다.

106

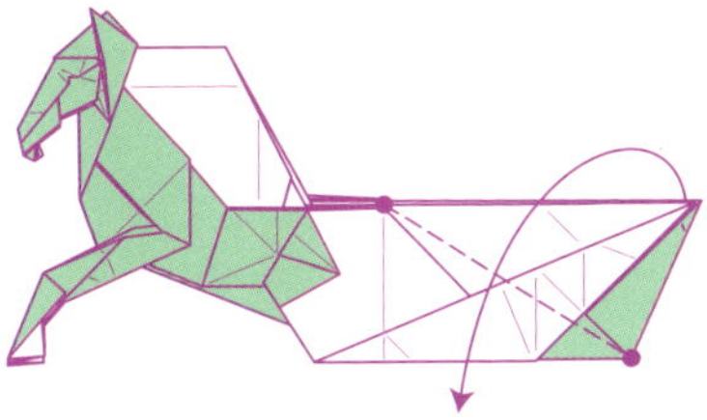

겹친 채 ●을 기준으로 접는다.

107

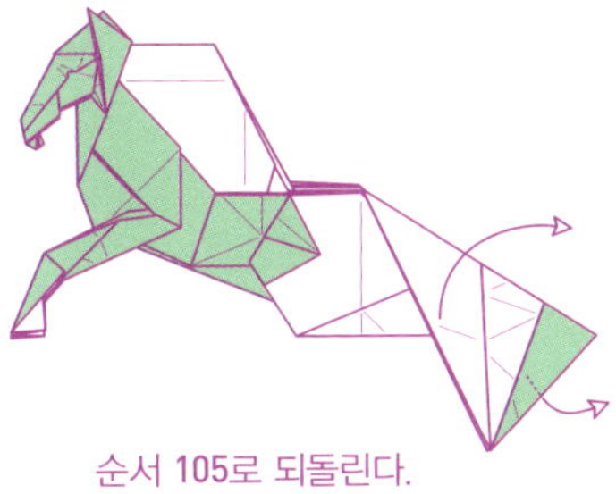

순서 105로 되돌린다.

108

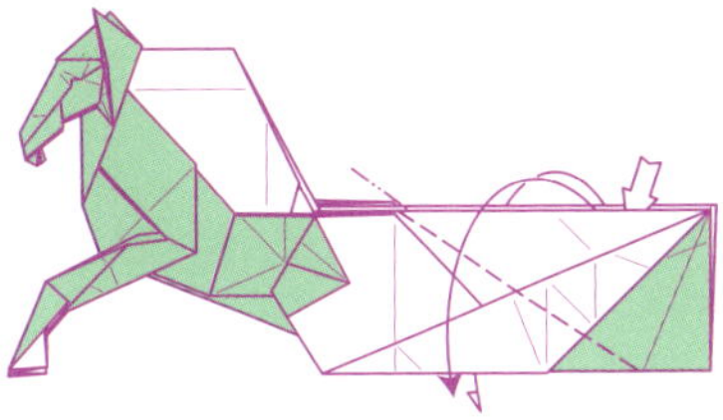

순서 106에서 만든 보조선을 따라
밖으로 뒤집어접기 한다.

109

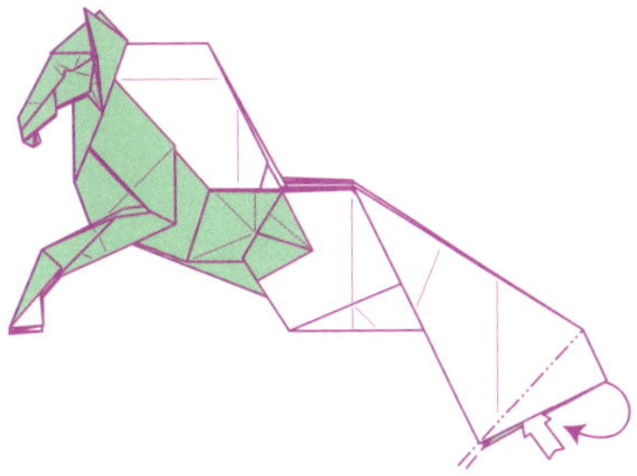

보조선을 따라
안쪽으로 접기 한다.

110

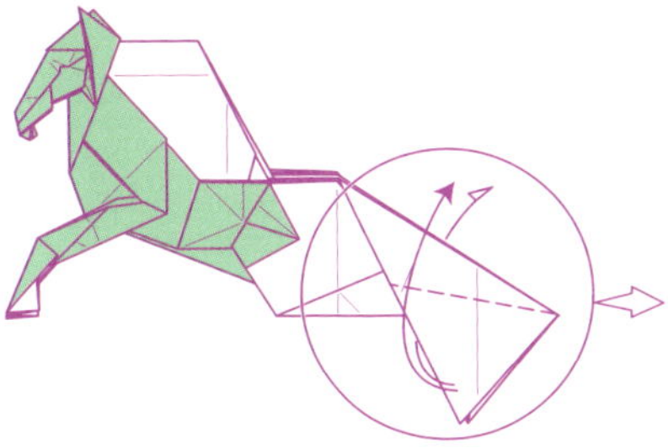

양쪽을 동시에 접는다.

111

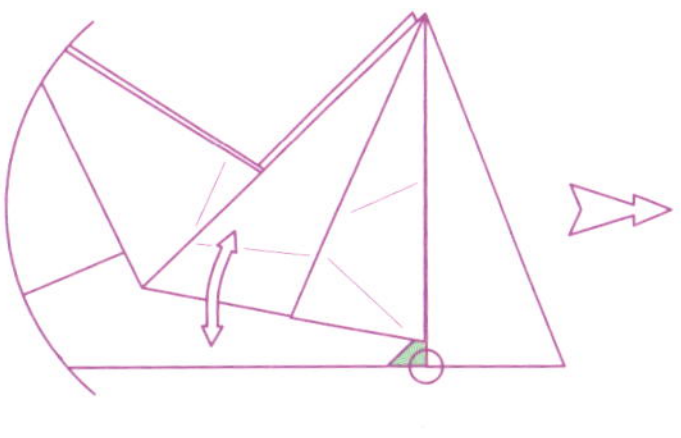

○에 틈이 생기지 않도록
순서 110에서 접은 각도를 조절한다.

112

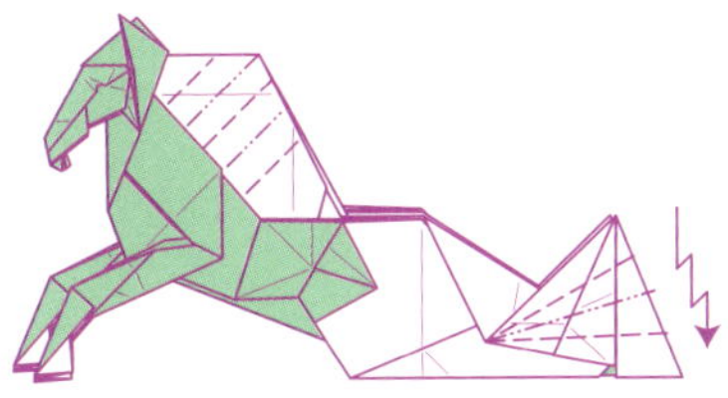

등지느러미에 보조선을 만들고
꼬리지느러미는 양쪽 모두
계단접기 한다.

113

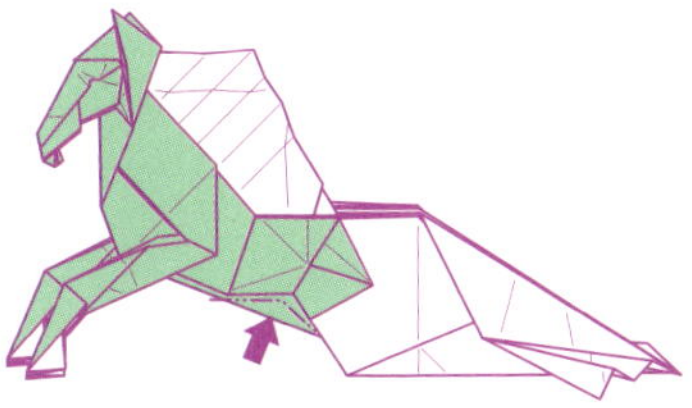

몸통을 둥글게 다듬는다.

114

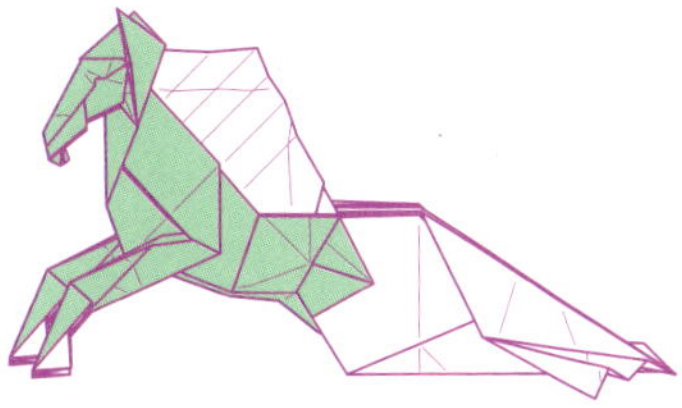

완성

https://www.youtube.com/playlist?list=PLEwkRM60ARqbWrt
TRn2cQhzwBtsDPU0Gz

발상과 기법의 리얼 종이접기

1판 1쇄 인쇄 | 2024년 5월 16일
1판 1쇄 발행 | 2024년 5월 24일

지은이 | 가와하타 후미아키
옮긴이 | 이진원
감수자 | 오경란

디자인 | 요코타 미쓰타카
촬영 | 히라타 가이
도면 교정 | 도쿄대 종이접기서클 Orist
동영상 협력 | 나가야마 류나

발행인 | 김기중
주간 | 신선영
편집 | 백수연, 민성원
마케팅 | 김신정, 김보미
경영지원 | 홍운선

펴낸곳 | 도서출판 에밀
주소 | 서울시 마포구 동교로 43-1 (04018)
전화 | 02-3141-8301
팩스 | 02-3141-8303
이메일 | info@theforestbook.co.kr
페이스북 | @forestbookwithu
인스타그램 | @theforest_book
출판신고 | 2012년 10월 10일 제2012-000321호

ISBN | 979-11-86706-20-6 (13630)

* 에밀은 도서출판 더숲의 실용지식 브랜드입니다.
* 이 책은 도서출판 에밀이 저작권자와의 계약에 따라 발행한 것이므로
  본사의 서면 허락 없이는 어떠한 형태나 수단으로도 이 책의 내용을 이용하지 못합니다.
* 잘못된 책은 구입하신 곳에서 바꾸어 드립니다.
* 책값은 뒤표지에 있습니다.
* 여러분의 원고를 기다리고 있습니다. 출판하고 싶은 원고가 있는 분은 info@theforestbook.co.kr로
  기획 의도와 간단한 개요를 적어 연락처와 함께 보내주시기 바랍니다.